Heibonsha Library

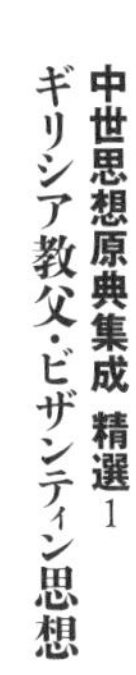

中世思想原典集成 精選1
ギリシア教父・ビザンティン思想

Corpus fontium mentis medii aevi

Heibonsha Library

中世思想原典集成 精選 1

ギリシア教父・ビザンティン思想

Corpus fontium mentis medii aevi

上智大学中世思想研究所
編訳監修

平凡社

本シリーズ全七巻は、一九九二年から二〇〇二年にかけて平凡社から刊行された『中世思想原典集成』全二〇巻・別巻（『中世思想史』／総索引）を基に、精選・再編集したものです。

本巻には、右集成の第一巻・第二巻・第三巻の作品から収録しました。

目次

凡例

1――本巻には『中世思想原典集成』（平凡社、一九九二―二〇〇二年）第一巻・第二巻・第三巻から一七作品の翻訳と訳註（底本註を含む）を収録し、あらたに解説と各作品解題を加えた。収録作品の底本書誌は巻末にまとめた。

2――翻訳部分において、［ ］は底本によるもの、〔 〕は訳者による補記・補訳を示す。（ ）は原則として原文を踏襲した。なお一部の著作において、版面の天余白に底本の章節番号・頁を付した場合がある。

3――固有名の日本語表記は原音を尊重したが、慣用優先の例外もある。ギリシア語の普通名詞を除く古典語の長音は原則としてこれを無視し、ラテン語は概して古典読みを採った。聖書関係のものは新共同訳に依拠した。

4――聖書引用文は、邦訳聖書各種を参照しつつも、原文に即して翻訳した。なお各書名およびその略語は新共同訳に従った。詳細は巻末の聖書書名略語一覧を参照されたい。

解説

はじめに

本巻に収録した著述家の活動範囲は、時代的には紀元一世紀から八世紀、地理的にはローマ帝国の主にギリシア語が話されていた地域、ペロポネソス半島、北アフリカに加え、小アジア、パレスティナ、シリアにおよぶ。原著はほぼギリシア語（一部シリア語、アラビア語）である。この広範囲にわたる時空間で成立したテクストから見えてくるものは、キリスト教の思想のヘレニズムの哲学・文化吸収による発展の軌跡であり、これに伴うギリシア哲学の主要概念の変奏であり、時代の変転のなかで信仰の核心を死守した当事者たちの苦闘である。

一、使徒教父・護教論家

キリスト教は紀元一世紀にローマ帝国支配下のイスラエルに、ユダヤ教の懐から生じたいわば新興宗教であった。それは、ナザレのイエスがキリスト（塗油された者・救い主）であり神の子であることを信じ、その死と復活によって神はその民と「新たな契約」を結んだと信じ、自らの救いと完成を待望するこの小さな共同体のなかであった。この集団から紀元五〇年代に使徒の書簡が、その後に四福音書と使徒言行録、終末と完成を記した黙示録が纏められ、一五〇年代に正典「新約聖書」が成立する。紀元九〇年にはユダヤ教でも正典の制定が行われるが（ヤムニア会議）、キリスト教はそれをも「旧約聖書」として受け入れていく。

キリスト教は次第にヘレニズム世界全体へと広がるが、草創期のキリスト教の姿は「使徒教父文書[*1]」と呼ばれる文書群が伝えている。「使徒教父」（Patres Apostolici）の呼称に明確な規定はないが、「使徒の弟子たち」つまりイエス・キリストの直弟子であった使徒たちとの関わりのなかで自らの信仰を育んだ教父たち、と考えてよい。彼らの手による使徒教父文書は九〇年代から一五〇年代にかけて著され、聖書に次ぐ権威のある書物とされ読み伝えられた。この中で異彩を放つのが『十二使徒の教え（ディダケー）』（Doctrina duodecim apostolorum; Didache）である。他の使徒教父文書が使徒の権威を掲げていないのに対して、本書はまさに『十二使徒を通じて諸国の民に伝えられた主の教え』（*Διδαχὴ κυρίου διὰ τῶν δώδεκα ἀποστόλων τοῖς ἔθνεσιν*）を正式名称とする。成立年代については意見が分かれるが、使徒時代にきわめて近いと考えられる。「生命の道」と「死の道」の具体的指標となる徳と悪徳のリスト、典礼規定、日々の生活の規定、末尾に終末論的警告が簡潔に記される。筆致はごく具体的で、聖書の引用が散見される。本書の内容を深く心に刻みつつ信仰生活を営んでいた信仰共同体の息遣いが感じられる。この素朴な文書が、後に三世紀の『使徒戒規』（Didascalia apostolorum）や四世紀の『使徒憲章』（Constitutiones apostolicae）の原型となり、名だたる教父が引用するものとなる。

キリスト教共同体は当初は特殊集団と見なされており、外部に対して自らの信仰の真正性を説明し、信仰を護る必要に迫られる。「外部」とは、一つはローマ帝国・ヘレニズム世界であり、他はユダヤ教である。ここでギリシアの哲学的思惟および弁論・修辞学を用いて自らの立場を擁護し相手を論駁する「護教論家（弁証家）」（Apologisti）と呼ばれる著述家が出現する。ギリシア哲学の用語で信徒が自らの信仰を語り出すこの営為が「キリスト教思想」の幕を開ける。ローマで教理学校を開きこの地で殉教したユスティノス（Ioustinos 一〇〇頃―六五年頃）はその代表的な人物であった。彼は哲学遍歴の末にキリスト教に改宗するが、哲学者たる自負は持ち続けている。ヘレニズム世界からの偏見に対して彼は、ストア派およびプラトン主義（実際には中期プラトン主義）のロゴス論とこれに基づく神認識・真理認識がキリスト教信仰に通底することを、ロゴス＝キリスト論を用いて説く。対象化を拒む神は、聖書にあるとおり全知全能の創造主・万物の源・父である。この神の理性(ロゴス)であるキリストは、炎が炎を生み出すように〈父〉から生まれた〈子〉であり、真理全体を具現する仲保者である。他方ギリシア哲学で理性(ロゴス)による探求により到達された真理は、人間の理性(ロゴス)が「種子的理性(ロゴス)」であることに鑑みて、真理ではあるが、その一面でしかない。だがキリストに出会うことのなかったギリシアの哲学者たちも、理性(ロゴス)に従って生きていたかぎりでキリスト教に属する者である。[*2]『ユダヤ人トリュフォンとの対話』（Dialogus cum Tryphone Judaeo）はキリスト教徒によるユダヤ教論駁書として最古のものである。本書でユスティノスはユダヤ教内に浸透していたキリスト教批判と対峙しつつ、キリスト教信仰の骨子を旧約聖書の記述から跡づける。

ヘレニズム世界に向けたユスティノスの態度を、ラテン教父テルトゥリアヌス（Quintus Septimus Florens Tertullianus　一六〇以前―二二〇年以降）はキリスト教信仰の合理化として厳しく退ける。背景には異端的グノーシス主義の席巻という時代状況がある。グノーシス主義自体はヘレニズム化した後期ユダヤ教において成立しており、「ヨハネ福音書」にもその影響は見られる。しかし覚知（グノーシス）を重視する秘教的運動は容易に、正統信仰の立場からすれば、異端派の温床となりえた。異端的グノーシス主義の特徴をつづめれば、二元論的思考で精神と物質（身体）を対立させて後者を悪とし、旧約の神は物質界を創造した悪しき神であるとして新約の神から切り離し、救済史観を否定して、真の認識である覚知（グノーシス）によって救いがもたらされるとするものである。イエスの受肉・受難の救済史的意義がこの枠組みでは消失し、旧約聖書と新約聖書の連続性も断ち切られる。ユスティノス自身も異端的グノーシス主義を批判しているものの、ユスティノスの理性観（ロゴス）それ自体が、テルトゥリアヌスからすれば理性（ラティオ）の過大評価として断罪対象である。なお異端的グノーシス主義に対しては、小アジア出身のリヨン司教エイレナイオス（Eirenaios　一三〇／四〇―二〇〇年頃）が、イエスの言動に触れた使徒からその弟子への史的事実の語りに根差した信仰理解（使徒継承性）と旧約・新約聖書の連続性に基づいた救済史観を掲げる独自の歴史神学を展開して、これを論駁している。*3

二、アレクサンドレイア学派

二―三世紀、北アフリカのアレクサンドレイアがキリスト教の教理発展とヘレニズム世界の一大経済・文化都市という土地柄への文化受容の現場となる。間歇的に生じる迫害の合間を縫ってキリスト教徒は確実に増加していた。同地にはすでに相当数のユダヤ人が、自らの信仰を守りつつ世代を重ねている。ラビ・フィロン（Philon　前二五／二〇頃―後四五／五〇年頃）はこの街で、ユダヤ教の世界宗教化を思い描き「創世記」を比喩的に解釈していた。「律法」のギリシア語訳は彼によれば「ノモス」である。「神」のギリシア語訳はプラトンの『ティマイオス』（Timaeus〔種山恭子訳、岩波書店、一九七五年〕）に倣い「デーミウールゴス」であり、創造の第一の日には神はイデアを創造した、とする。比喩的解釈自体はヘレニズム的テクスト解釈の手法であった。傑出した二名の教父がこの時期のアレクサンドレイアで活動する。

クレメンス（Titus Flavius Clemens　一五〇頃―二一五年以前）は学問遍歴の末、同地でストア派の教理教師パンタイノス（Pantainos　一八〇年頃活動）と出会って改宗し、師を引き継ぐかたちで教理教育を担う。真理はキリストにおいて完全な形で現出するが、ユダヤ人に対しては預言者を通して、ギリシア人に対しては哲学者と詩人を通して現れていた、とクレメンスは言う。新約聖書のみならず旧約聖書も、ギリシアの哲学・神話・詩にしても、さらにはエジプトの宗教にしても、すべての善きものの源は神にある。旧約聖書にも諸文化のテクストにもイエス・キリストをめぐる事柄が予示されている（予型論）。ここから彼は、異端的グノーシス主義とテルトゥリアヌスの流れを汲む反知性主義の双方に抗いながら、諸文化が伝えるテクストからの引用を織りなして主著『ストロマテイス』[*4]（Stromata〔綾織物の意〕）全八巻を著した。

フィロンの伝統を受け継ぐクレメンスにとって、哲学に代表されるヘレニズム的教養はキリスト教理解のための準備教育《プロパイディア》である。信仰はまず素朴な信仰内容の受容とそれに基づく実践から始まる。だが信仰内容は真理である以上、理解し尽くすことはできないにせよ、理解に開かれたものではある。この信仰理解にヘレニズム的教養は資する。さらに教育に裏打ちされた信仰があってこそ信徒には、正統ならぬ言説を前にした際、身を引くことも可能となる。クレメンスの理性への信頼は、ユスティノスと共有するストア的・中期プラトン主義的なロゴス論に支えられていた。神的ロゴスが受肉したイエスは全き真理であり、種子的理性《ロゴス》をもって生きる人間の教育者である。人間の理性が構築した文化はすでに真理の一展開型ではある。しかし真理そのものであるイエスの言葉への傾聴は、福音的生を生の現場である文化状況にふさわしい仕方で実現させ、さらには当の文化の行為規範自体をキリスト教的に深化させる。『教育者』（Pedagogus）における信徒の日常生活の細部に至る規定はこれを企図したものであった。所載の『救われる富者は誰か』（Quis dives salvetur）でクレメンスは、理性《ロゴス》（理性《ロゴス》は人間にとって自然本性《フュシス》である）に従って生きるという一事以外は「善悪無記《アディアフォラ》」とするストア派的倫理観から「清貧」の新たな解釈を開き、豊かな境遇のうちで財産への執着を捨ててこれを施しに使うという道を示しながら、「理性《ロゴス》に従って生きる」という倫理規定自体を、神的愛の行為を目指す福音的生に向けて昇華させた。

　セプティミウス・セウェルス帝（Lucius Septimius Severus　在位一九三―二一一年）治世下、迫害の嵐が吹き荒れる三世紀初頭にはクレメンスの姿はアレクサンドレイアから消えている。初期のキリスト教徒迫害は、痛ましい報告とは裏腹に国策としてなされていたわけではない。数々の植民地を従えるローマ帝国は元来、諸宗教・諸文化に対して寛容であった。だが帝国自体が危機に瀕していくこの時期、迫害は帝国一致を誇示するために政策的・組織的に遂行される。捕縛対象は主には洗礼志願者と指導者側にある聖職者・教師とされ、アレクサンドレイアの教理教育は壊滅するかに思われた。しかし自らも迫害で父を失った若きオリゲネス（Origenes 一八五頃―二五四年頃）がこれを支える。長く私塾であった教理学校は迫害終息後、アレクサンドレイア司教の下で公認の教理教育機関となった。その充実のためにオリゲネスはアンモニオス・サッカス（Ammonios Sakkas 一七五頃―二四二年頃）のもとで哲学（中期プラトン主義）を学び体系的思考を身に着ける。二千余の著述（ラテン語に訳されたもののみ現存）の基盤となったのは旧約聖書の批判校訂版『六欄組対訳聖書（ヘクサプラ）』（Hexapla）の編纂であった。同書はヘブライ語原文、当該箇所のギリシア文字音写、七十人訳を含む四つのギリシア語訳を併記したものである。この徹底的な聖書のテクスト研究をもとに彼は聖書解釈を行う。その際にオリゲネスは、新約・旧約聖書は神を著者とする一つの完結した書物であり、各テクスト・各章句は聖書全体の意味を背景に解釈されるべきであるとした。さらに解釈する側つまり聖書の読者・聴き手である人間は身体・心・霊の三層構造を持つとし、聖書の文言もこれに対応して三重の意味層――字義的ないし歴史的意味・修徳的意味・霊的意味――があるとする。ここから彼の聖書解釈は、字義的な意味を前提とし修徳的意味を介して霊的解釈へと向かい、最終的には聴き手・読者の内的状態を神へと直接に開かれた霊的次元に高めることを目指す。この高みは「雅歌」に比喩的に示されている。彼自身「雅歌」についての註解・講話を手がけた。[*5] 魂と神の関係への透徹した彼の洞察は、主知主義的神秘主義と主意主義的神秘主義双方の源泉となる。数多の聖書講解を著したオリゲネスの聖書解釈の手法とその前提としての人間観を教父たちは継承していくのである。

さらにオリゲネスはキリスト教思想史において初の体系的著作『諸原理について』[*6]（De principiis）全四巻を記す。一なる神から、神の像でありかつ理性的存在者の原理である〈子〉と、霊的存在者の聖化の原理である聖霊が永遠の相において生じる。この三位の神の下に、純粋に理性的な存在者が出来する。この存在者が自らの自由意思で神に背くことで、時間的・物質的世界がその浄化のために創造される。人間の魂も身体の成立以前に存在していたが、罪によって物質的世界の中で身体を纏うこととなる。だが神はすべての存在者が神に立ち返ることをその慈愛において望み、覚知（グノーシス）の源泉である〈子〉を、無垢の人間的魂と結合させるという仕方でこの世に遣わした。このキリストへの回心を通してすべての理性的存在者は自らの本来性を取り戻し、神との一致へと還帰する。後に問題視される言説も含みながらも、父・子・聖霊という三位の神による世界創造とキリストを媒介とした被造物の救済という図式は、四世紀以降の新プラトン主義を背景とした教理形成の基盤となる。終生オリゲネスは殉教した父を模範とし峻厳な生活を自らに課したが、そうした彼の姿はその学識とともに人々に深い印象を与えた。

三、アレイオス論争とカッパドキアの三教父

デキウス帝（Gaius Messius Quintus Decius　在位二四九―五一年）による迫害終息後、しばらくは穏やかな時代が続く。だが三〇三年二月より、突如ディオクレティアヌス帝（Gaius Aurelius Valerius Diocletianus　在位二八四―三〇五年）はローマ全土に向けて、キリスト教徒への強制的な

棄教、聖職者等の投獄を命じる勅令を次々と発した。凄惨極まる迫害は後継のガレリウス帝（Gaius Galerius Valerius Maximianus　在位三〇五―一一年）に引き継がれたが、その最晩年、死に瀕した皇帝は寛容令を発布する。さらに権力抗争に勝利したコンスタンティヌス一世（Constantinus I　在位三〇六―三七年）は三一三年、ミラノ勅令によりキリスト教を公認した。ここにキリスト教は初めて外圧のない時代を迎えることとなる。しかし大迫害時の混乱は長くキリスト教世界において分派を形成する一要因であり続けた。

分派ないし異端はこうした史的状況のみならず、信仰を言語化する営為そのものから出来する。たしかに信仰内容には理解可能性があり、先人は既存の哲学用語・哲学的枠組みをもちいて信仰理解を深めている。しかし信仰において人間は、理解し尽くしえぬ神との関わりに生きている。信仰集団が自らを生かす神的超越について理解を求め、それを言語化する際、言語化されたものと、この営為の的である当のものとの間には、架橋しえない深淵が横たわる。さらに理解は概念化と命題形成を通して遂行されている以上は普遍化へと向かい、信仰集団の共通理解もこの地平において可能になる。だが信じられている当のものはイエス・キリストという個的現実である。信仰の的である神の子の歴史への、さらに信仰者の生の現場への介入は、普遍化の方向性のうちに捉えきれるものではない。

「一なる神」でありながら父・子・聖霊が神として聖書に記されている。このことはいかに理解可能か。イエス・キリストが神の子・神のロゴスの受肉であれば、そしてイエスがまさに一存在者であれば、イエスの本質（ウーシア）ないし自然本性（フュシス）についていかに考えるべきか。一存在者に神と人間の二つの本性があるとはとうてい理解しがたい。この問題はすでに二―三世紀の教父たちにも突きつけられていた。異端とされたグノーシス主義から生じ、〈子〉の受肉の事実性を否認するキリスト仮現説に対し、イエス・キリストの史的存在を堅持する必要がある。とはいえ史的イエスの神性の主張が一神教を揺るがせてはならない。この難問を乗り越えようとする際に二つの異端説が生じた。一は人間イエスが神の養子となったとする「養子説」であり、他はイエス・キリストは救済のための神の一様態であるとする「様態論」である。後者からは受難したのは〈父〉であるという「天父受難説」が生じる。また三世紀までの教父は一なる神と父・子・聖霊との関わりを、父から生まれた子は父に従属し、聖霊もまた子に従属するという、後に「従属説」とされた仕方で語っていた。これではいまだ三位がまさに一なる神であることの十分な説明とはならない。信仰の現場での説教や講話から教義論争は生じて来る。迫害終息とともにキリスト教界には、自ら信仰理解について反省し、諸説を批判しながら正統信仰を言語化し、さらに言語化されたものを再吟味する時代が到来した。三位一体論とキリスト論の形成に向かう大きなうねりがキリスト教界全体を巻き込んでいく。四大公会議が開かれた四―五世紀はこうした時代であった。

そうしたなか、アレクサンドレイア司教区の一小教区がアンティオケイアで学んだアレイオス(Areios 二五六頃―三三六年)に任されていた。〈父〉と〈子〉についての彼の教説が不穏当である、という訴えが司教アレクサンドロス(Alexandros 在位三一二―三二八年)にもたらされる。これがアレイオス論争の発端であった。アレクサンドレイア教会会議でアレイオスとその一派は断罪され追放処分となった。アレイオス派の同地からの移動とアレイオス派・反アレイオス派双方の支持者獲得の運動のなかで論争による混乱は帝国全体に広がり、皇帝の介入を許しながらニカイア公会議（三二五年）、コンスタンティノポリス公会議（三八一年）が開催される。論争初期の緊迫した空気が当事者たちの書簡から感じられる（本巻所載は、アレイオス『書簡集』[Epistulae]、アレクサンドレイアのアレクサンドロス『すべての司教への手紙』[Epistula encyclica]、カイサレイアのエウセビオス『教区の信徒への手紙』[Epistula ad ecclesiam Caesariensem]）。アレイオスとその支持者たちは総じて「御言葉（ロゴス）あるいは〈子〉は最大の被造物である」と主張する。神は不変・不生であり、ロゴスは〈子〉として生まれた以上は神ではなく、神の知恵（ソフィア）から区別される被造物である。他の被造物はこのロゴスを介して創造されたが、ロゴスである〈子〉は神から直接に創造され、神と他の被造物の中間的存在である。一神教的な構図と、イエス・キリストの具体性に鑑みて、彼らの主張は分かりやすいものではあった。だがこの教説は、キリストは神でありながら人間と同じものとなった（フィリ二：六-七参照）というキリスト教信仰の根本と相容れない。

ニカイア公会議からコンスタンティノポリス公会議の間には半世紀以上の年月が流れている。ニカイア信条を追認したコンスタンティノポリス信条は、アレイオス派を排斥した三位一体についての定式化をなす。[*7] これに尽力したのがアタナシオス（Athanasios 二九五頃―三七三年）とカッパドキアの三教父、バシレイオス（Basileios 三三〇頃―七九年）、ナジアンゾスのグレゴリオス（Gregorios 三二五／三〇―九〇年頃）、ニュッサのグレゴリオス（Gregorios 三三五頃―九四年）であった。二つの異なる流れが彼らの人生を導いている。彼らには隠遁生活への憧憬があった。クレメンスやオリゲネスが活躍した時期、ナイル河畔に広がる砂漠に祈りと霊性を深めることに徹する隠修士たちが現れる。私財すべてを施した後に彼らは苫屋に住み、口を糊するための単純な手仕事は行うが、手を休めることなく短い祈りを不断に唱える（射禱）。後の聖人伝の原型となり、アタナシオスが著した最初の隠修士アントニオス（Antonios 二五一頃―三五六年）の伝記『アントニオス伝』[*8]（Vita Antonii）から彼らの姿が垣間見える。主日に共同の礼拝に与り、霊的指導者の教えを乞うこともあるが、基本的には独居である。祈りの生活から流れ出る彼らの珠玉の言葉はやがてビザンティン霊性を潤し、ヘシュカスムの奔流となり、今日までも受け継がれる。[*9]情念の動きをつぶさに観察し、神愛による情念の浄化を求めて謙遜に至り、謙遜において情念にも苛まれることのない不動心（アパティア）に至ることを、彼らは修養のうちに目指していた。やがてこの地にパコミオス（Pachomios 二九〇頃―三四六年）が共住形態の修道院を築き上げる。バシレイオスはより優れた修養形態を模索して著名な修行者を訪ね歩く旅に二年ほど身を置いたが、共住形態での修養が謙遜と従順さらには隣人愛の実現にふさわしいと考えた。アントニオス的な隠修士の在り方をも合わせ、帰郷後に彼は『修道士大規定』[*10]（Regulae fusius tractatae）と『修道士小規定』（Regulae brevius tractatae）を著す。この二つの規定は現在も正教会の修道制に息づいており、西方の「ベネディクトゥス戒律」[*11]にも影響を与えた。

アタナシオスとカッパドキアの三教父に共有されている他の流れは、ヘレニズム的教養・修辞学と哲学である。論駁の際の舌鋒の鋭さと講話・説教の荘重さは修辞学に裏打ちされていた。またオリゲネスにより集約的に伝えられたプラトン、アリストテレス、ストア派、中期プラトン主義、さらにプロティノス（Plotinos 二〇五頃―七〇年）による新プラトン主義は、具体的な教義形成とともに、それをも包括するキリスト教思想の展開に大きく寄与している。前述のバシレイオスの修道規定も、アリストテレスの人間観と「友愛」の「隣人愛」への読み込みで、さらにストア派の「自足（アウタルケイア）」をキリスト教的な魂への配慮へと変奏することで成立していた。「御言葉（ロゴス）あるいは〈子〉は最大の被造物である」というアレイオス派に対して、アタナシオスは〈子〉・ロゴスの受肉の意味が人間の救いにあることから反論するが、そこにはアリストテレスの自然学・形而上学的枠組みが見られる。つまり、救いとは「神化（テオーシス）」である。神ならぬ人間が神へと変化することは現に神である方の働き（エネルゲイア）によるのであって、〈子〉が被造物であれば神化（テオーシス）はありえない。

　三位が同一本質（ホモウーシオス）であることを強調したのはカッパドキアの三教父であった。彼らは「一つの本質（ウーシア）・三つの自立存在（ヒュポスタシス）／三つの位格（プロソーポン）」として神的三位一体を定式化する。ギリシア哲学の諸概念はそのままで教理に資するわけではない。「本質」の原語「ウーシア」（ousia）は邦語では文脈により「真実在」とも「実体」とも訳される。「ウーシア」概念は存在者を本質面から主題化する際に機能し、またそうした本質を持つ存在者・存在現象について我々が「語る」際に一〇範疇（アリストテレス）中の「実体」として機能する。だがこの「ウーシア」概念は、自立存在そのものを表す概念でありうるのか。そこには新たな概念を導入すべきではなかろうか。この揺らぎのうちに彼らは三位一体について、語り尽くしえないにせよ、語るための活路を見出していく。「ヘブライ人への手紙」には〈子〉の神性を示すべくストア派で使用されていた概念「基体（ヒュポスタシス）」（hypostasis）が用いられている（ヘブ一：三。新共同訳では「本質」と訳出）。プロティノスも一者・知性・魂を「三つのヒュポスタシス」と語っていた。自立存在（ヒュポスタシス）の代わりに「位格（プロソーポン）」（prosopon）

が使用される場合もある。語源は不確かではあるが「コリントの信徒への手紙二」（二コリ四：六。新共同訳では「（キリストの）御顔」と訳出）にはこの用語が使用されている。〈子〉・〈聖霊〉が〈父〉と同一本質（ホモウーシオス）の神であることが確かめられた上で、「ウーシア」概念で示しえない――否、そもそも人間の概念把握をすり抜ける――存在者の自存性自体が父・子・聖霊に備わることを三教父は主張していく。この点は、すでにテルトゥリアヌスが、ラテン語で祖型を造っている。「自立存在（スブスタンティア）」（substantia）や「位格（ペルソナ）」（persona）を用いて、一なる神の三位を語りつつ、彼はプラクセアス（Praxeas 一九〇年頃活動）の天父受難説を論駁したのである。[*12] ニカイア、コンスタンティノポリス公会議が開催されていくなかで、カッパドキアの教父たちはテルトゥリアヌス的な思惟を洗練させていった。三名の性格はそれぞれであった。バシレイオスには組織の長たる才があり親アレイオス派とその政治勢力から自陣を守り抜く。「創世記」を自然学的に解釈したことも稀有であった（所載『ヘクサエメロン』[Hexaemeron] 第一講話）。学友ナジアンゾスのグレゴリオスは詩才に秀で、バシレイオスの逝去後は格調高い文体で盟友の思惟を先鋭化する（所載『クレドニオスへの第一の手紙』[Epistula ad Cledonium presbyterum contra Apolinarium I]）。弟ニュッサのグレゴリオスの本領は神秘的思索にある。オリゲネスの聖書解釈と三層的人間観を深め、浄化・照明・一致という神化（テオーシス）の道行きをモーセの生涯に重ねて示し、[*13]「雅歌」の比喩的解釈から神の人間への自己脱出（エペクタシス）に基づく人間の神への自己脱出（エペクタシス）の相にある両者の愛の関係を紡ぎ出した（所載『雅歌講話』第六講話[*14] [In Canticum Canticorum]）。『雅歌講話』はラテン中世に受容され、十二世紀の修道院神学における愛の神秘主義の系譜、さらには近世のカルメル会の霊性の源泉となった。

四、ネストリオス派とカルケドン信条

〈子〉・ロゴスの神性が堅持されると、イエス・キリストの本性の問題が浮上する。一つの存在者に二つの本性が、つまりは神的本性と人間本性がありうるのか。そうであれば両本性はいかに一つとなっているのか。ラオディケイアのアポリナリオス（Apollinarios 三一〇頃―九〇年頃）は、イエスにおいては人間的精神ないし理性的魂の代わりに神的ロゴスがあるとした。ナジアンゾスのグレゴリオスは決然とイエスにおいては神的本性と人間本性の双方があるとし（両性論）、神的ロゴスが全き人間本性を受容してこそ人間の救済は成るのであり、神的ロゴスを受容しうるのは人間の精神のみである、とアポリナリオスを厳しく批判する（『クレドニオスへの第一の手紙』三二）。

アンティオケイアにはイエスの史的具体性を強調する学風がある。この地に学びコンスタンティノポリス大司教に叙せられていたネストリオス（Nestorios 三八一頃―四五一年以降）は異端派の一掃に尽力していた。しかし四二八年降誕日の自らの説教が物議を醸すことになる。教義論争との関わりなしに民衆のうちには「神の母(テオトコス)」という聖母への呼称があった。他方で「人間の母(アントローポトコス)」という呼称もある。同日の説教でネストリオスは、キリストの神性を保ちながらアポリナリオス主義に陥ることを避けるべく、聖母の呼称を「キリストの母(クリストトコス)」とすることを提案する。これを伝え聞いたアレクサンドレイア司教キュリロス（Kyrillos 三七〇／八〇―四四四年）は、両本性のキリストの基体(ヒュポスタシス)ないし位格(プロソーポン)における結合が揺るがされる危惧を覚え、ネストリオスに反論する。一つの基体(ヒュポスタシス)における神性と人性の合一から、人間イエスの属性が神的ロゴスに述定さ

れ、その逆も可能になる（属性の交流）。「聖母が神の母である」ことはここから言表されうる。所載した当事者間の書簡（キュリロスとネストリオス往復書簡）からは、相手の言説を自らの枠組みに取り込みながら解釈していく様が見て取れる。キュリロスのネストリオス宛の第二の書簡の末尾には一二の批判文が加筆される。ネストリオスの著述また説教の記録は乏しく、当人とネストリオス派の主張は他の異端論争の場合と同様その異同を入念に精査すべきであるが、キュリロスのこの批判はそのまま四三一年のエフェソス公会議におけるネストリオス派の異端宣告文となった。

この時期、エウテュケス（Eutyches　三七八頃―四五四年頃）という人物も登場する。修道士であった彼は、イエスの人間本性は神的本性に解消されるとした。この説も単性論であり救済の可能条件を満たしていない。こうした異端派に対して四五一年のカルケドン公会議では、ローマ教皇レオ一世（Leo I　在位四四〇―六一年）の教書[*15]に依拠し、キリストの一つの位格における二つの本性について「混合、変化、分割、分離なく……（両本性は）唯一の位格、唯一の基体に含まれる」（カルケドン信条[*16]）と規定した。しかしこの信条は親カルケドン派と反カルケドン派の長く熾烈な抗争を引き起こすことになる。

五、ビザンティン思想

「ビザンティン」という時代区分を設けることは難しい。三三〇年、コンスタンティヌス帝がビザンティウムをコンスタンティノポリスという新たな都市としたことをもって「ビザンティン」の起点と考えてよい。これによりローマ帝国東部の政治的拠点が現出した。テオドシウス帝（Theodosius I　在位三七九―九五年）が息子二人に東西ローマを分割統治させて以降、千年余コンスタンティノポリスは東ローマ帝国の首都であり続けた。キリスト教の中心地は事実上ローマとコンスタンティノポリスとなる。だがバルカン半島の政情不安で東西ローマの交流は希薄になり、双方の支配下にある地域はそれぞれ別の道を歩むこととなる。西ローマ帝国は衰亡の一途をたどるが、東ローマ帝国は七世紀以降イスラーム勢力に晒されながらも十五世紀半ばまで存続し続ける。コンスタンティヌス帝によるニカイア公会議開催よりその兆しはあったが、公会議は東ローマ帝国皇帝が招集し西側からは代表が派遣されることが通例となった。皇帝の権力は世俗のみならず教会にまで及び、教義論争は容易に政治論争化する。精神的権威を持つ修道院・修道士のみが皇帝に対する反対勢力となりうる力を有していた。テオドシウス帝による事実上のキリスト教国教化（三九二年）から、「異教」のギリシア哲学との直接の対話の機会は閉ざされていく。ユスティニアヌス帝（Justinianus I　在位五二七―六五年）による五二九年のアテナイのアカデメイア閉鎖はその象徴的な事件であった。そのためビザンティン思想は、主にはヘレニズム的思惟をも豊かに伝えるギリシア教父のテクストの反芻から展開されていくこととなる。

カルケドン信条をめぐる長きにわたる論争は、理性を超える神秘の言語化さらには定式化の困難とともに論理的さらには哲学的思惟の限界を露呈させ、その突破を促すこととなる。六世紀前半よりパウロの弟子「ディオニュシオス・アレオパギテス」（使一七：三四参照）が著したとする一連の文書が流布し、権威ある書として読み継がれていった。偽書の疑いも持たれるがその確定は十九世紀、著者はいまだ不明である。偽ディオニュシオス・アレオパギテス（Dionysios Areopagites　五〇〇年頃）にはプロクロス（Proklos　四一〇／一二―八五年）による存在流出の段階性と、神との一致への上昇の道行きを描くニュッサのグレゴリオスの影響が顕著である。だが彼の主要関心は神認識および神についての語りにある。存在現象は我々の認識活動を喚起し、認識した物・事を我々は言語化する。しかし通例、現象してくるものは被造物であり、人間の認識能力と言語能力はこれに対応している。では神について語る際にはどうすべきか。偽ディオニュシオスは「否定神学」を標榜する。この「否定」は、人間の認識能力と言語能力を神が無限に超越することを示す「否定」であり、「肯定」「否定」の対立を超えた「否定」である。彼の思想はその後の東方神学のみならずラテン中世にも絶大な影響を与えた。そこでの影響力は神秘思想に留まるわけではない。その神学的言語についての体系的・反省的思考は、十二―十三世紀の諸学校で講じられ、論じられることが可能であったことから、スコラ学の神学的・形而上学的思惟に奥行を与えていくこととなるのである（所載『神秘神学』[De mystica theologia]）。

キリストの単性論・両性論の議論から「単意説」が出来する。キリストに神的本性と人間本性の双方があろうと彼の意志は神的意志ただ一つである、とするのである。この説にはキリストに人間本性が存在することの意義が見失われる危険があった。証聖者マクシモス（Maximos Homologetes; Maximus Confessor　五八〇―六六二年）は神学的人間論から単意説を批判する。キリストにおいて人間本性と神的本性が位格的に結合していることで、彼の人間本性は完全な神化（テオーシス）に到達している。ところで本性は行為の原理であり、神的本性は神が意志することの、人間本性は人間が意志することの原理である。人間の意志はその本性に従うなら神ないし神の意志するものを無条件に目指す。だが人間には本性に背き自らの情念に従う傾向がある。この情念を滅却し本来的な意志のみに従って神に向かうことが神化であり、イエスの人間的意志は両本性の結合のゆえにそれを成し遂げることが出来た。福音書に記されたイエスのゲッセマネの祈り（マタ二六：三九）には、キリストが神的意志と人間的意志の双方を持ち人間的意志が情念を克服し本来的な志向に基づいて神的意志に自らを委ねていく様が鮮やかに描写されている。本性を行為の原理とするのは教父を通して伝えられたアリストテレス的思考である。こうしたマクシモスの思索はビザンティン思想を方向づける。『愛についての四〇〇の断章』（Capita de caritate. 所載は序言と第一の一〇〇の断章）はキリストに倣いつつ情念からの浄化と自己否定を行うことへの誘いであるが、マクシモスにとって両意説はキリストが我々の模範であることとの根拠であった。

教義論争の他の要因は、「本性（フュシス）」「基体（ヒュポスタシス）」「位格（プロソーポン）」等の鍵概念の規定がなされていない現状にあった。「本質（ウーシア）」と「本性（フュシス）」はヘレニズム的概念であり、「基体（ヒュポスタシス）」と「位格（プロソーポン）」は新約聖書には見られるにせよ比較的新しい概念である。正統信仰を形成すべく、これらの概念規定に着手したのがダマスコスのヨアンネス（Ioannes 六五〇頃―七五〇年頃）であった。三部構成の『知識の泉』（Fons scientiae）は、哲学（第一部。上記の諸概念の規定はここでなされる）と異端史（第二部。教会史・教理史）を経て神学（第三部）へと進む形式をとるが、これは後の神学教育課程の標準となった。本書所載の第三部はオリゲネスの流れを汲むキリスト教教理の体系書であり、ギリシア教父と公会議に基づくキリスト教信仰の総合である。これは『正統信仰論』（De fide orthodoxa;

Expositio fidei）としてラテン語に翻訳され、教義要綱としてラテン世界で中世末にまで大きな影響を与えた。

キリストの位格（プロソーポン）における両本性の結合は聖画像論争の解決に資することになる。聖画像（イコン）崇敬は文献的にはすでに五世紀には見られ、六世紀以降ビザンティンで本格化する。聖画像（イコン）の前に香を焚きしめ額づくことは祈りの生活の中心であった。だが八世紀前半から一世紀余、聖画像崇敬の禁止さらに聖画像破壊運動（イコノクラスム）の嵐が吹き荒れる。イスラームの影響、皇帝による反修道院的な政策など、教理的な問題のみが原因ではなかったが、聖画像破壊派と擁護派はやがて自説の神学的根拠を提示していく。片や聖画像崇敬は偶像崇拝であるとする。しかしダマスコスのヨアンネスはこれを擁護し、ロゴスの受肉により不可視の神が血肉を持つ可視的なものとなったことから、旧約的な聖画像崇敬の禁止はすでに解かれているとする。さらに崇敬は崇拝ではないとした上で、崇敬は描かれたキリストに向かう態度としてふさわしく、その崇敬は描かれたキリストを通してキリスト自身に届くとした。

論争はさらに、描かれたキリストの身分とそこでの両本性をめぐってなされる。破壊派は、聖画像崇敬を認めた場合、聖画像に描かれている形姿は神的本性と切り離されたキリストの人間本性であるとすればネストリオス派の異端となり、聖画像のイエスに神的本性をも描かれているとすればエウテュケス派の異端に陥る、とする。擁護派はキリストの受肉の意義と、「偶像」と「肖像（エイコーン）」の意味の区別からこれに反論する。所載はストゥディオスのテオドロス（Theodoros 七五九―八二六年）による『聖画像破壊論者への第一の駁論』（Adversus Iconomachos I）である。

本テクストにかならずしも崇拝と崇敬の区別はないが要旨は以下である。受肉したキリストは描写されうる。聖画像は単なる偶像ではなく肖像（エイコーン）である。肖像（エイコーン）は語源的には類似をその原義とする。類似は原像の類似として初めて類似である。キリストの肖像（エイコーン）は原像であるキリストの類似像であり、その類似性においてキリストの両本性結合を指し示している。この指し示しのためにこそ聖画像は崇敬に値し、これを前にした神観相も可能なのである。聖画像崇敬が最終的に認められるのは九世紀半ばであるが、この論争は当の問題領域を超えて、〈父〉の像（エイコーン）としてのキリストの人間本性の意味について新たな視座を拓くものとなったのである。

おわりに

聖画像論争で終わる本巻はカルケドン信条の余波を追うことに留まり、ビザンティンで展開された深遠な修道院的霊性には触れてはいない。だが小論からですら、砂漠の師父の祈りとギリシア教父の思索が、その後のビザンティン霊性の源泉であると語ることは許されるであろう。

ビザンティン思想は同時代のラテン中世との交流が乏しいなかで展開されている。しかし西ローマ帝国の崩壊で古代世界との繋がりが断ち切られたラテン世界にとって、ギリシア教父・ビザンティン思想の移入は必須であった。カロリング・ルネサンスはニュッサのグレゴリオスまた偽ディオニュシオスの翻訳・註解なしには語ることはできず、トマス・アクィナス（Thomas Aquinas　一二二四／二五―七四年）のテクストは偽ディオニュシオスやダマスコスのヨアンネスの引用に満ちている。政治的・宗教的状況からビザンティン世界では古典古代のテクストとの接触は限定的ではあったが、フォティオス（Photios 八一〇頃—九三年以降）、ミカエル・プセロス（Michael [Konstantinos] Psellos 一〇一八—八一年以降）、その弟子イタロス（Ioannes Italos 一〇二五—八二年以降）など優れた人文学者も登場する。彼らの生涯は多難なものであり、コンスタンティノポリスそのものも一二〇四年に第四回十字軍による占領という悲劇を経験する。だがそうしたなかにあって次第にラテン中世の思想への関心が喚起され、十四世紀にはトマスの『神学大全』（Summa theologiae）、『対異教徒大全』（Summa contra gentiles）がギリシア語に翻訳された。そして東ローマ帝国滅亡前夜、数多の碩学がプラトン原典を初めとする貴重なテクストを携えてイタリア半島に渡り、イタリア・ルネサンスが開花するのである。

佐藤直子

本巻は、上智大学中世思想研究所編訳監修の『中世思想原典集成』（平凡社、一九九二—二〇〇二年）のうち第一巻『初期ギリシア教父』（監修・小高毅、一九九五年）、第二巻『盛期ギリシア教父』（監修・宮本久雄、一九九二年）、第三巻『後期ギリシア教父・ビザンティン思想』（監修・大森正樹、一九九四年）所収の著作から精選・編集された（一部部分掲載）。本稿および各解題執筆にあたっては、当該各巻の監修者による総序、当該作品翻訳者による解説、K・リーゼンフーバー『中世思想史』村井則夫訳、平凡社ライブラリー、二〇〇三年、同『西洋古代・中世哲学史』矢玉俊彦訳、平凡社ライブラリー、二〇〇〇年を参照している。なお本書・本稿に関わる著述家の主要箇所は次に纏められている。小高毅編『原典古代キリスト教思想史1　初期キリスト教思想家』『同2　ギリシア教父』教文館、一九九九―二〇〇〇年。伝記的記述はエウセビオス『教会史』によるところが多いが、全訳としては以下がある。エウセビオス『教会史』上下、秦剛平訳、講談社学術文庫、二〇一〇年。

＊1――『使徒教父文書』荒井献編、講談社文芸文庫、一九九八年。

＊2――ユスティノス『第一弁明』(Apologia prima)、『第二弁明』(Apologia secunda)、『ユダヤ人トリュフォンとの対話（序論）』柴田有・三小田敏雄訳、『キリスト教教父著作集』1、教文館、一九九二年。

＊3――エイレナイオス『使徒たちの使信の説明』(Demonstratio praedicationis apostolicae) 小林稔・小林玲子訳、本集成第一巻、一九七―二八一頁。『エイレナイオス1　異端論駁1』(Adversus haereses)、『同2　同2』大貫隆訳、『同3　同3』『同4　同4』小林稔訳、『同5　同5』大貫隆訳、『キリスト教教父著作集』2／I-II、3／I-III、教文館、一九九九―二〇一七年。

＊4――アレクサンドレイアのクレメンス『ストロマテイス』(第五巻) 秋山学訳、本集成第一巻、二八三―四一六頁。全訳としては『アレクサンドリアのクレメンス1　ストロマテイス（綴織）1』『同2　同2』秋山学訳、『キリスト教教父著作集』4／I-II、教文館、二〇一八年。

＊5――オリゲネス『雅歌注解・講話』(Commentarium in Canticum Canticorum; In Canticum Canticorum homiliae) 小高毅訳（上智大学神学部編、P・ネメシェギ責任編集『キリスト教古典叢書』10）、創文社、一九八二年。

＊6――オリゲネス『諸原理について』小高毅訳（同編、同責任編集『キリスト教古典叢書』9）、創文社、一九七八年。

＊7――「ニカイア信条」DS125-126、H・デンツィンガー編、A・シェーンメッツァー増補改訂版『カトリック教会文書資料集――信経および信仰と道徳に関する定義集』A・ジンマーマン監修、浜寛五郎訳、エンデルレ書店、一九六四年、二七頁参照。「コンスタンティノポリス信条」DS150、同、三八頁参照。

＊8――アタナシオス『アントニオス伝』小高毅訳、本集成第一巻、七六七―八四七頁。

＊9――『砂漠の師父の言葉――ミーニュ・ギリシア教父全集より』谷隆一郎・岩倉さやか訳、知泉書館、二〇〇四年。

＊10――バシレイオス『修道士大規定』桑原直己訳、本集成第二巻、一七一―二八〇頁。

＊11――ヌルシアのベネディクトゥス（Benedictus de Nursia 四八〇頃―五四七／六〇年頃）『戒律』（Regula）、古田暁訳、本集成第五巻『後期ラテン教父』一九九三年、二三九―三二八頁。

＊12――『テルトゥリアヌス1 プラクセアス反論』土岐正策訳、『キリスト教教父著作集』13、教文館、一九八七年、所収。

＊13――ニュッサのグレゴリオス『モーセの生涯』谷隆一郎訳、『キリスト教神秘主義著作集』1『ギリシア教父の神秘主義』教文館、一九九二年。同書には偽ディオニュシオス・アレオパギテスの『神名論』（De divinis nominibus）、『神秘神学』熊田陽一郎訳が所収されている。

＊14――全訳としては以下がある。ニュッサのグレゴリオス『雅歌講話』大森正樹・宮本久雄・谷隆一郎・篠崎榮・秋山学訳、新世社、一九九一年。

＊15――DS290-295、デンツィンガー前掲書、六五―六七頁参照。

＊16――DS300-303（特に302）、同右、六九―七〇頁、レオ一世『書簡二八――コンスタンティノポリスのフラウィアヌスへの手紙（レオのトムス）』（Epistula 28 ad Flavianum Constantinopolitanum [Tomus Leonis]）加藤和哉訳、本集成第四巻『初期ラテン教父』一九九九年、所収参照。

十二使徒の教え

杉崎直子訳

『十二使徒の教え』（Doctrina duodecim apostolorum）また単に『ディダケー（教え）』（Didache）として略称される本書は、教会法規に関する三世紀の『使徒戒規』（Didascalia apostolorum）や四世紀の『使徒憲章』（Constitutiones apostolicae）の原型となり、また教会史家エウセビオス（Eusebios 二六三／六五頃―三三九／四〇年）やアタナシオス（Athanasios 二九五頃―三七三年）、ルフィヌス（Rufinus 三四五頃―四一〇／一一年）からは聖書に準ずるものとして扱われ、他の教父たちの著述にもしばしば引用された重要な文書である。しかしその全貌が明らかになるには、十九世紀末、当時のコンスタンティノポリスの正教会付属図書館での完全なギリシア語写本――「エルサレム写本」（Codex Hierosolymitanus. 一〇五六年エルサレム総主教の書庫で作成された）――の発見を待たなければならなかった。

成立年代と成立地に関しては見解が分かれるところではあるが使徒時代に近い一世紀後半から二世紀前半、シリアとする説が有力である。内容は四部に分かれる。(一) 第一―六章、「生命の道」と「死の道」を通して示される洗礼志願者への準備教育（ユダヤ教への改宗者向けに作成されていた文章をキリスト教用に改訂したもの）。(二) 第七―一〇章、典礼に関する記述（洗礼、断食、主の祈り、聖餐式の規定）。(三) 第一一―一五章、教会法的規定（真の預言者と偽預言者の区別の仕方、真の教師の迎え方、主日の聖餐式への与り方、監督や奉仕者への接し方）。(四) 第一六章、小黙示録とも言われる終末論的警告。このようにかならずしも体系的なまとまりを示す構成ではないことから、本書を初代教会の諸文書の編集により成立したとする説もあり、これに従えば本書の成立年代は前述より下る可能性もある。しかし後のキリスト教諸規定に与えた影響の大きさに鑑みれば、きわめて重要な文書であることには相違はない。

十二使徒を通じて諸国の民に伝えられた主の教え[*1]

第一章

（1）二つの道がある。[*2] その一つは生命の道であり、もう一つは死の道である。この二つの道には大きな相違がある。

（2）さて生命の道は以下のようなものである。まず第一にあなたを造った神を愛しなさい。第二に自分自身のように隣人を愛しなさい〔マタ二二：三九、マコ一二：三一、ルカ一〇：二七〕。あなたが自分に起こらないよう望むことは何でも、あなたも他人に行わないようにしなさい。[*3]

（3）これらの言葉の教えは次のようなものである。あなたがたに悪口を言う者に祝福を祈り、あなたがたの敵のために祈りなさい〔マタ五：四四。ルカ六：二七-二八参照〕。あなたがたを迫害する者のために断食しなさい。自分を愛してくれる人を愛したところで、どんな恵みがあろうか。異邦人[*4]でさえこのことをしている[*5]ではないか〔マタ五：四六-四七、ルカ六：三二〕。あなたがたはあなたがたを憎む者を愛しなさい。[*6] そうすれば敵をもたなくなるであろう。

(4) 肉〔や身体〕の欲望を避けなさい。そうすればあなたは完全になるであろう。もし誰かがあなたの右の頬を打つならば、彼に別の頬をも向けなさい〔マタ五：三九〕。もし誰かがあなたに一ミリオン行かせようとするなら、彼とともに二ミリオン行きなさい〔マタ五：四一〕。もし誰かがあなたの上着を奪い去るなら、下着をも与えなさい〔ルカ六：二九〕。もし誰かがあなたのものをあなたから取るならば、取り返そうとしないように。なぜならあなたはそうできないのだから。[*7]

(5) 求めるすべての者に与え、取り返そうとしないようにしなさい。父はすべての者にご自分の恩恵の賜物が与えられることを望むからである。掟に従って与える者は幸いである。彼は罰を受けないからである。得る者は災いである。しかし、もし必要があって何かを得るなら、罰を受けないであろう。必要がないのに得る者はなぜ何のために得たのかについて裁きを受けるであろう。彼は拘禁されて、彼が行ったことについて尋問されるであろう。そして彼は最後の一クァドランスを返すまで、そこ〔牢〕から出られないであろう〔マタ五：二六〕。

(6) しかしこのことについてもすでに言われている。すなわちあなたの施しは誰に与えたらよいかわかるまで、両手のうちに温存すべきである。[*8]

第二章

(1) 教えの第二の掟は次のようなものである。

(2) 殺すな。姦淫するな。少年を堕落させるな。[*9] 淫らなことをするな。[*10] 盗むな。魔術を使うな。

毒を盛るな。堕胎によって子供を殺すな。生まれた子[*11]を殺すな。
（3）隣人のものを欲するな。偽りの誓いを立てるな。偽証するな。悪口を言うな。恨みを抱くな。
（4）二重の意見をもったり、二枚舌を使うな。二枚舌は死の罠だからである。
（5）あなたの言葉は偽りや空虚なものであってはならず、行動がともなわなければならない。
（6）貪欲、強欲、偽善者であってはならず、悪意をもったり、傲慢であってもいけない。また隣人に対してひどい仕打ちをするな。
（7）どんな者をも憎まず、ある者に対しては叱責し、ある者のためには祈り、また別の者には自分の魂以上に愛しなさい。

第三章

（1）わが子よ、あらゆる悪や悪と同種のすべてのものから逃れよ。
（2）腹を立てるな。怒りは殺人に通じるからである。妬んだり、争いを好んだり、怒り狂うな。これらすべてから殺人が生じるからである。
（3）わが子よ、貪欲になるな。貪欲はふしだらに通じるからである。猥褻な話をしたり、淫らな目つきをするな。それらすべてから姦淫が生じるからである。
（4）わが子よ、鳥占い師[*12]になるな。それは偶像崇拝に通じるからである。魔術師、占星術師[*13]、呪術師[*14]になることなく、さらにそれらを見［聞き］することを望むな。これらすべてから偶像崇拝が生じるからである。

（5） わが子よ、嘘つきになるな。嘘は盗みに通じるからである。強欲になったり、自惚（うぬぼ）れたりするな。そのすべてから盗みが生じるのだから。

（6） わが子よ、不平を言うな。不平は冒瀆へと通じるからである。傲慢にならず、悪意をもつな。これらすべてから冒瀆が生じるからである。

（7） 柔和になりなさい。柔和な人たちは地を受け継ぐ［マタ五：五］からである。

（8） 忍耐強く、憐れみ深く、純朴、平静、善良になりなさい。あなたが聞いた言葉に常に畏れおののきなさい。

（9） 高ぶることなく、あなたの魂に厚かましさを加えるな。あなたの魂が高慢な人々と交わることがないように、正しい人々、謙虚な人々と交わりなさい。

（10） 神なしには何ごとも起こりえないことを認識して、あなたに起こることを善として受け入れなさい。

第四章

（1） わが子よ、あなたに神の言葉を語る者のことを昼も夜も思い出しなさい。主として彼を敬え。主のこと[*15]が語られるところ、そこに主がおられるからである。

（2）聖なる者たちの言葉に依り頼むために、その顔を毎日求めなさい。
（3）対立を起こさず、争う者を和解させなさい。正しく裁きなさい。罪を裁く際、依怙贔屓してはならない〔申一：一六―一七参照〕。
（4）そうであるか否か迷ってはならない。[16]
（5）得るためには手を出すが、与えるためには手を引く者にはなるな。[17]
（6）もしあなたの手に何かをもっているならば、罪の償いとしてそれを与えなさい。
（7）与えることをためらうことなく、与えるときには不平を漏らすな。そうすればあなたは優れた報いの授け主が誰であるかわかるだろうから。
（8）貧しい者に背を向けるな。あらゆるものをあなたの兄弟と分かち合いなさい。何ものも自分のものであると言うな。[18]もしあなたが不死なるもの[19]に与るものであるなら、それよりどれだけ多く死すべきもの[20]に与っていることか。
（9）あなたの息子や娘を放任せず、若いうちから神への畏敬を教えなさい。
（10）同じ神に望みをかけるあなたの奴隷や女中に対し、無慈悲に命じてはならない。双方にとっての神に対する畏れを失わないように。神は外見によって人を招くために来られるのではなく、霊が準備した者のために来られるのだから。
（11）奴隷であるあなたがたは敬意と畏れをもって、あなたがたの主人[21]を神の似姿として、主人に従いなさい。
（12）あらゆる偽善や主に喜ばれないものはすべて憎みなさい。

(13) 主の掟を放棄することなく、あなたが受けたものを守りなさい。何一つ加えたり、取り去ることがあってはならない。*22

(14) 教会ではあなたの罪を告白しなさい。悪意をもって祈りに就いてはならない。これこそが生命の道である。

第五章

(1) 他方、死の道は次のようなものである。まず第一にそれは悪であり、呪いに満ちている。すなわち殺人、姦淫、貪欲、淫らな行い、盗み、偶像崇拝、魔術、呪術、略奪、偽証、偽善、二心、欺き、高慢、悪意、傲慢、貪り、猥褻な話、妬み、横柄、思い上がり、自負心、〔不遜〕*23がそれである。

(2) 彼ら〔死の道を歩む者〕は善人の迫害者であり、真理を憎み、偽りを愛し、正義の報いを知らず、善や正義の裁きから離れ、善にではなく悪に心を配る者である。そして柔和や忍耐からかけ離れ、空しいものを愛し、報酬を求め、貧しい者を憐れまず、虐待される者のために骨折らず、自分自身を造った方を知らない。子供を殺し、神の被造物を貶め、貧しい者に背を向け、苦しんでいる人を虐待し、金持ちを弁護し、貧者を不法に裁く者であり、あらゆる罪に陥る者である。子供たちよ。あなたがたはこれらすべてから救われているように。

第六章

(1) 誰かがあなたをこの「教え」の道から逸らすことのないように気をつけなさい。その人は神から離れてあなたを教育しているのだから。
(2) もしあなたが主の軛をすべて負うことができるならば、完全になるであろう。もしそれができなければ、あなたにできる限りのことをしなさい。
(3) 食物については、できる限り慎みなさい。ただし、偶像に供えられた肉については〔食べないよう〕十分に注意しなさい。それは死んだ神々[*24]に対する礼拝だからである。

第七章

(1) 洗礼については、次のように授けなさい。これらすべてのこと[*25]を前もって述べたうえで、父と子と聖霊の御名によって〔マタ二八：一九〕、生きた水[*26]で洗礼を授けなさい。
(2) もしあなたが生きた水をもっていなければ、他の水[*27]で洗礼を授けなさい。冷たい水でできなければ温かい水で授けなさい。[*28]
(3) 両方とももっていなければ、父と子と聖霊の御名によって、頭に三度水を注ぎなさい。[*29]
(4) 洗礼に先立って授洗者、受洗者、またもし可能なら他の人々もあらかじめ断食をしなさい。あなた〔授洗者〕は受洗者に、前もって一日あるいは二日断食するよう命じるように。

第八章

（1）あなたがたは偽善者[*30]と同じ日に断食してはならない。実に、彼らは週の二日目〔月曜日〕と五日目〔木曜日〕に断食する。あなたがたは四日目〔水曜日〕と準備日[*31]〔金曜日〕に断食しなさい。

（2）偽善者のように祈るのではなく、主が福音の中で命じたように次のように祈りなさい。「天におられる私たちの父よ、御名が崇められますように。御国が来ますように。御心が行われますように、天におけるように地の上にも。私たちに必要な糧を今日与えて下さい。私たちの負い目を赦して下さい。私たちも自分に負い目のある人を赦しますように。私たちを誘惑に遭わせず、悪い者から救って下さい[*32]。力と栄光は永遠にあなたのものだからです[*33]」。

（3）日に三度このように祈りなさい。

第九章

（1）聖餐[*34]については、次のように感謝の祈りを捧げなさい。

（2）初めに杯について。「私たちの父よ、あなたの僕（しもべ）〔子〕ダビデの聖なる葡萄の木についてあなたに感謝します。それはあなたがあなたの僕[*35]〔子〕イエスを通して私たちに知らせたものです。栄光があなたに永遠にありますように」。

(3) 裂かれたパンについて。「私たちの父よ。あなたがあなたの僕〔子〕イエスを通して私たちに知らせて下さった生命と知識についてあなたに感謝します。栄光があなたに永遠にありますように。

(4) 山々の上に散らされていたこれらのパンが集められて一つにされたように、あなたの教会が地の果てからあなたの御国へと集められますように。栄光と力はイエス・キリストによって永遠にあなたのものだからです」。

(5) 主の名において受洗した者以外には誰も、あなたがたの聖餐から食べたり飲んだりしてはならない。主がこのことについて「聖なるものを犬に与えてはならない」〔マタ七：六〕と言われたからである。

第一〇章

(1) 満ち足りた後、次のように感謝の祈りを捧げなさい。

(2) 「聖なる父よ、あなたが私たちの心の内に住まわせて下さったあなたの聖なる名について、またあなたがあなたの僕〔子〕イエスを通して私たちに知らせて下さった知識と信仰と不死についてあなたに感謝します。

(3) すべてを支配される主よ。あなたはあなたの御名のゆえに万物を創造されました。あなたは人間に食物と飲み物を与えて楽しませて下さいました。それは人間があなたに感謝して祈るためです。しかし私たちにはあなたの僕〔子〕を通して霊的な食物と飲み物、そして永遠の生命を賜りました。

(4) あなたは力ある方ですので、何よりもまず、あなたに感謝の祈りを捧げます。栄光があなたに永遠にありますように。

(5) 主よ、すべての悪から救い、あなたの愛において完全にするために、あなたの教会を顧みて下さい。そして教会を聖別して、四方から、あなたが準備なさった御国へと導き集めて下さい。力と栄光は永遠にあなたのものだからです。

(6) 恵みが来ますように。この世が過ぎ去りますように。ダビデの神にホサナ。もし聖なる者であるならば来なさい。聖なる者でなければ悔い改めるように。マラナタ、[36]アーメン」。

(7) 預言者には彼らが望む限り感謝の祈りを捧げることを許しなさい。[37]

第一一章

(1) さてあなたがたのところへやって来て、以上で述べたこれらすべてのことを教える者があれば、彼を受け入れなさい。

(2) しかしもし教える者が転向し、別の教えを説いて〔正しい〕教えを取り消すならば、彼の言うことを聞いてはならない。一方、主の正義と知識を増すよう教えるならば、主を受け入れるように[*38]彼を受け入れなさい。

(3) 使徒と預言者については、福音の教義に従ってこのように行いなさい。(4) あなたがたのところへ来る使徒はすべて、主を受け入れるように受け入れなさい。(5) しかし彼は一日しかとどまらないことになっている。ただしもし必要ならもう一日とどまることがある。しかしもし三日とどまるなら、彼は偽預言者である。(6) 使徒は立ち去る際、次の宿を見つけるまでに〔必要な〕パン以外携えてはならない。もし金銭を求めるなら、彼は偽預言者である。

(7) 霊において語るすべての預言者を試みたり、判断を下してはならない。すべての罪は赦されるが、この罪は赦されないからである[*39]。(8) しかし、霊において語る者すべてが預言者なのではなく、主の生き方に添う者が預言者である。したがって偽預言者と預言者とはその行いから見分けられる。(9) 霊において食事を〔供することを〕命じるすべての預言者は、自分ではそれを食べない。もしそうでなければ、偽預言者である。(10) 真理を教えるが、教えたことを実行しない預言者は、偽預言者である。(11) 真の預言者と認められたすべての預言者が、教会のこの世的な秘儀のために行動して、自身がしていることを人に行うよう教えないとしても、彼はあなたがたの許で裁かれるべきではない。彼は神の許で裁きを受けるのだから。昔の預言者たちもこのように行ってきた[*40]。(12)「金銭あるいは他の何かを与えよ」と霊において語るなら、彼の言うことを聞いてはならない。しかし他の貧しい人のために与えよと言うなら、誰も彼を裁いてはならない。

第一二章

(1) 主の名において来る者はすべて受け入れなさい。その後あなたがたは彼を吟味して理解するべきである。あなたがたは左右〔正誤〕を理解しているだろうから。

(2) もし来る者が旅人であるならば、できる限り彼を助けなさい。彼はたとえ必要であっても、二日か三日しかあなたがたの許にとどまることはない。

(3) あなたがたの許に滞在することを欲する者が職人であれば、働かせて食べさせなければならない。

(4) 彼が技術をもたなければ、あなたがたの判断に従って、彼がキリスト者として、あなたがたの許で怠けて生活することのないように配慮しなさい。

(5) もし彼がこのようにすることを望まないなら、彼はキリストを騙る商売人*41である。このような人々には注意しなさい。

第一三章

(1) あなたがたの許に滞在することを望む真の預言者は皆、食物を受けるに値する。

（2）同様に真の教師も、働く者が食物を受けるのが当然である〔マタ一〇：一〇〕ように食物を受けるに値する。

（3）そこであなたは葡萄搾り器や脱穀場の初物、さらに牛や羊などすべての初物をとって、預言者に捧げなさい。彼らこそがあなたがたの大祭司だからである。

（4）もし身近に預言者がいなければ、貧しい者に与えなさい。

（5）練り粉を作るならば、掟に従って初物をとって捧げなさい。

（6）同様に葡萄酒あるいはオリーヴ油の瓶を開ける際には、初物をとって預言者に捧げなさい。

（7）金銭や衣服、すべての財産の初物を、あなたがよいと思う仕方でとって、掟に従って捧げなさい。

第一四章

（1）主の日ごとにあなたがたは集まり、あなたがたの生贄（いけにえ）が純粋になるように、前もってあなたがたの罪を告白したうえで、パンを裂き、感謝の祈りを捧げなさい。

（2）友人と争っている者は皆、仲直りするまではあなたがたに加えてはならない。あなたがたの生贄が汚れないためである。

（3）主によって述べられたことは次のようなことだからである。すなわち、主は言われる。「あらゆる場所と時に、純粋な生贄を私に捧げるように。私は偉大な王であり、諸国の民にとって私の名は驚異であるから」〔マラ一：一一参照〕。

第一五章

(1) あなたがた自身のために、主にふさわしい監督や奉仕者[*42]として、柔和で、金銭に執着せず、真実で、吟味された者を選びなさい。彼らもまたあなたがたのために、預言者や教師としての奉仕をするのだから。
(2) したがって彼らを軽視してはならない。預言者や教師とともにあなたがたに尊敬されてきたのは、彼らだからである。
(3) 福音にあるように、怒りではなく平和のうちに互いに過ちを戒めなさい。他人を不当に扱うすべての者に対して、彼らが悔い改めない限り、誰も話しかけてはならないし、あなたがたの言葉を聞かせてもならない。
(4) あなたがたの祈り、施し、すべての行いは、私たちの主の福音にあるように行いなさい。

第一六章

(1) あなたがたの生命について、目を覚ましていなさい。あなたがたの燈火(ともしび)を消さず、腰の力を抜かずに[*43]用意していなさい。あなたがたは私たちの主が来られる時を知らないのだから。[*44]

（2）あなたがたの魂にふさわしいことを求めて、しばしば集まりなさい。もし終わりの時にあなたがたが完全な者とされないなら、あなたがたの信仰のすべての時もあなたがたの役に立たないからである。
（3）終わりの日々には偽預言者や破壊者が増えるであろう。そして羊は狼に変わり、愛は憎しみに変わる。
（4）不法が増加し、人々は互いに憎み、迫害し、裏切るであろう〔マタ二四：一〇参照〕。そのとき、世を惑わす者が神の子として現れ、しるしや不思議な業を行う〔マコ一三：二二〕。地は彼の手に引き渡され、彼はかつてないほどの違法を行うであろう。
（5）そのとき、人の世は火のような試みを受けることになる。そして多くの者が躓き、死ぬであろう。しかし自らの信仰にとどまる者は、呪われた者[*45]自身によって救われる。
（6）そのとき、真理のしるしが現れる。最初に天が開かれるというしるしがあり、次に喇叭の音のしるし、そして第三に死者の復活〔一コリ一五：五一‐五五参照〕がある。
（7）ただしすべての者の復活があるわけではなく、「主はすべての聖なる者とともに来られる」〔ゼカ一四：五参照〕と言われているように復活する。[*46]
（8）そのとき、世は主が天の雲の上に乗って来られるのを見る〔マタ二四：三〇、マコ一三：二六参照〕。

訳註

*1――この標題は、エルサレム写本に記されたものであり、一般には省略して『十二使徒の教え』あるいは『ディダケー（教え）』の名で知られている。

*2――エレ二一：八「主はこう言われる。見よ、私はお前たちの前に命の道と死の道を置く」。

*3――マタ七：一二「人にしてもらいたいと思うことは何でも、あなたがたも人にしなさい」の逆説的な言い方。

*4――標題の「諸国の民」にもこ語 *ἔθνος*（異邦人）が用いられている。標題からもわかるように、この文書はイスラエル人以外のキリスト者にも向けられており、ここで述べられている「異邦人」は神ヤーウェへの信仰をもたない異教徒を意味する。

*5――エルサレム写本では *τοῦτο*（このこと）ではなく、*τὸ αὐτὸ*（同じこと）となっている。いずれにせよ、前文の「自分を愛してくれる人を愛する」を指す。

*6――ここでは *φιλεῖτε* が使われているが、エルサレム写本では *ἀγαπᾶτε* となっている。新約聖書では、後者が人間同士、人間の神・キリストに対する愛、神・キリストの人間に対する愛とあらゆる場合に用いられるのに対し、前者の場合、人間からキリストに向けては用いられるが、神に対する愛には用いられていない。そのため、前者を親しい者同士の低次の愛、後者をより高次の愛と区別する説もあるが、ヨハ二一：一五のように両者が交互に用いられている例もあり、特に区別はないとされる。新約聖書中で、同様の意味をもつ個所（マタ五：四四、ルカ六：二七）では、ともに *ἀγαπάω* が用いられている。

*7――直訳ではこのように「あなたはそうできないのだから」となるが、Lake によれば、これでは意味をなさないので「あなたはたとえそうできたとしてもそうしないのだから」と解釈される。Lake,

p. 311. この最後の部分は聖書の引用ではないと思われる。

＊8――直訳では「両手のなかで汗をかかせる（*ἱδρόω*）べきである」となる。聖書にはこのような記述はなく、後年写本を筆写した者がこの個所を付け加えたとされている。

＊9――少年を対象とした同性愛を意味する。同じ少年愛でも、恋愛の対象が女性よりも美少年であることの多かったギリシアでは *παιδεραστέω*（少年を愛する）と表現されるのに対し、ここでは *παιδοφθορέω*（少年を堕落させる）となっている。Cf. Plato, Symposium 181C-D.（『饗宴』鈴木照雄訳、岩波書店、一九七四年）

＊10――前述の姦淫（*μοιχεύω*）が凌辱を意味するのに対し、*πορνεύω* は売春、密通を指す。

＊11――*γεννηθέν* とあるが、*γεννηθέντα* とする写本もあり、独訳（Wengst, Lindemann/Paulsen, Geerlings）、英訳（Glimm）に従って後者の意味に訳した。「間引き」を意味すると思われる。

＊12――鳥占い（*οἰωνοσκόπος*）はギリシア以来一般に行われ、鳥の飛び方や鳴き声によって戦争の勝敗、運命などを占う。Cf. Homerus, Ilias II, 858（『イーリアス』呉茂一訳、岩波書店、一九五六―六四年）（ただしここでは同義の *οἰωνιστής* が使われている）。

＊13――*μαθηματικός*. 古典では主に数学者、科学者を意味するが、バウアー（Griechisch-deutsches Wörterbuch zu den Schriften des Neuen Testaments und der frühchristlichen Literatur, herausgegeben von Kurt Aland und Barbara Aland, 6. Aufl. 1988）によれば、ここでは占星術師を意味する。

＊14――原文では *περικαθαίρων*. 文字通りに魔術によって浄化を行う者を意味する。

＊15――原文では *κυριότης*. 一般には「主権」を意味するが、ここでは主の本質を表している（Lindemann/Paulsen: das Wesen des Herrn; Glimm: the doctrine of the Lord）。

＊16――神に対して疑いや迷いをもつことなく信仰することを意味すると思われる。シラ七：一〇「ためらい

ながら祈ってはならない」、ヤコ一：六「いささかも疑わず、信仰をもって願いなさい」。

*17――シラ四：三一「もらうときに手を出すのなら、返すときには出し渋るな」。

*18――「使徒言行録」にも「一人として持ち物を自分のものだと言う者はなく、すべてを共有していた」（使四：三二）とあるように、私有財産の放棄が勧められていた。

*19――不死なるもの（*ἀθάνατος*）は、ギリシア以来伝統的に神のことを意味して用いられている。

*20――不死なるものに対して、死すべき者（*θνητός*）は人間を意味する。

*21――*κύριοι* と複数形で用いられていることから、ここでは「神なる主」を意味するのではなく、世俗の主人を意味している。

*22――申四：二「あなたたちは私が命じる言葉に何一つ加えることも減らすこともしてはならない」。

*23――マタ一五：一九、ガラ五：二〇、ロマ一：二九に以上の悪徳が羅列してある。

*24――オリュンポスの神々など、異教の神を示す。

*25――前述の生命の道と死の道。

*26――泉や川の水のように流れる水を意味する。水溜まりの水などの溜まり水に比べて流れる水はより純粋で、浄化作用があると考えられ、洗礼の際好んで用いられた。

*27――流水以外の溜まり水。

*28――冷水のほうが温水よりも純粋で自然な状態と考えられていた。

*29――*βαπτίζω*「水に浸す」の言葉通りに、当時の洗礼は通常全身を水に浸すかたちで行われた。しかしここに記されているように、水が足りない場合には、頭に三度水を注ぐ形式も可能であった。『ディダケー』はこのような形式の洗礼が記述された最古の文献である。

*30――偽善者（*ὑποκριτής*）は、新約聖書ではマタ六：二、六：五、六：一六などに見られるようにしばし

ばファリサイ派に向けて用いられるが、ここではファリサイ派のやり方をなお行うユダヤ人のキリスト者を意味している。

*31――ユダヤ教の週（σάββατον）は日曜日から始まって土曜日で終わる。元来 σάββατον は安息日を意味し、ユダヤ教では週の七日目、すなわち現在の金曜日の日没から土曜日の日没までを指す。したがって安息日の準備日は土曜日の前日の金曜日となる。

*32――聖書に次いで古い主の祈りの記述。一つ目の「天」と「負い目」が単数形ではなく複数形であること、また二つ目の「赦す」がアオリスト形ではなく現在形であることを除いて、「マタイによる福音書」の主の祈り（マタ六：九―一三）とまったく同形である。

*33――この最後の言葉は新約聖書の主の祈りには含まれず、典礼上補足されたものである。元来シリアの教会の典礼で用いられ、ビザンティン教会に継承された。

*34――原語は、「感謝の祈りを捧げる」（εὐχαριστέω）の名詞形の εὐχαριστία、原義は「感謝」。

*35――多くの場合、メシアの称号としての子には υἱός が使われるが、ここでは παῖς が用いられている。同様の用例が使三：一三、四：二七に見られる。

*36――μαρὰν ἀθά はアラム語で「主は来られた」の意味。一コリ一六：二二では μαράνα θά となっており、「主よ来て下さい」の意味になる。

*37――この後コプト語のテクストでは八節として次のような祈りが続く。「香油については次のように感謝の祈りを捧げなさい。父よ、あなたがあなたの僕（子）イエスを通して私たちに告げ知らせて下さった香油の芳香について、あなたに感謝します。あなたに栄光が永遠にありますように。アーメン」。

*38――Glimm は「主の名において受け入れる」の意味であると註釈している。Glimm, p. 180.

*39――マタ一二：三一「人が犯す罪や冒瀆は、どんなものでも赦されるが、霊に対する冒瀆は赦されない」。

*40——Lake によれば、この昔の預言者に対する言及はホセ一：二以下を指すとも考えられるようであるが、前文も含めてその意味するところは不明である。Wengst もこの個所について詳細に註釈しているが、いずれも曖昧な説である。Lake, p. 327; Wengst, S. 98-99.

*41——Wengst の解釈では、キリスト教徒であるということで、自らは労することなく、キリスト教共同体に面倒をみてもらう者を意味する。Wengst, S. 87.

*42——監督（*ἐπίσκοπος*）と奉仕者（*διάκονος*）は現在の司教と助祭を指す。

*43——「ルカによる福音書」では、「腰に帯を締め、燈火をともしていなさい」（ルカ一二：三五）となっている。

*44——このような終末に向けての警告は、新約聖書の中でもしばしばなされている。「あなたがたも用意していなさい。人の子は思いがけない時に来るからである」（マタ二四：四四、ルカ一二：四〇）。「あなたがたは、その日、その時を知らないのだから」（マタ二五：一三）。

*45——写本には *κατάθεμα* とある。Wengst の解釈に従って「呪われた者」と訳した（Wengst, S. 99）。ガラ三：一三に記されているように、呪われた者とはキリストを意味すると思われる。「キリストは私たちのために呪いとなって、私たちを律法の呪いから贖い出して下さいました。〈木に架けられた者は皆呪われている〉と書いてあるからです」（ガラ三：一三）。Glimm は、原文を「呪い」と修正するKlauser の提案に従って、「自らの信仰にとどまる者は、呪いから救われる」と訳している（Glimm, p. 184; cf. Th. Klauser, Doctrina duodecim apostolorum. Barnabae epistula [Florilegium Patristicum 1], Bonn 1940）。

*46——世の終わりには、キリストと聖人のみが復活すると考えられていたようである。

ユダヤ人トリュフォンとの対話

ユスティノス
久松英二訳

解題

ユスティノス（Ioustions　一〇〇頃―六五年頃）はサマリアの異教徒の家に生まれた。哲学諸派を遍歴した後プラトン学派に落ち着いていたが、ある日出会ったキリスト教徒の老人との対話からキリスト教こそ真の哲学であると確信し、回心して入信した。その後、哲学者の衣（パリウム）を纏いつつキリスト教の説教者として各地を巡り、一五〇年頃ローマで当時唯一のキリスト教的哲学学校を開設。哲人皇帝マルクス・アウレリウス（Marcus Aurelius　在位一六一―八〇年）の治下、一六五年頃に殉教している。

真作とされるのは『第一弁明』（Apoligia prima）、『第二弁明』（Apologia secunda）、『ユダヤ人トリュフォンとの対話』（Dialogus cum Tryphone Judaeo）である。両『弁明』では、ストア学派と中期プラトン主義のロゴス論を骨格にローマ帝国・ヘレニズム世界に対してキリスト教を擁護しつつ、信仰とギリシア的知の統合を図った。キリストは完全な神的ロゴスでありキリスト教こそ真の哲学ではあるが、人間の理性（ロゴス）もこれに依拠する以上、ギリシアの哲学者たちも真理の一側面には触れていた、とする。

『弁明』の後一五五―六〇年頃に書かれたとされる本書『対話』は、ユダヤ教徒に向けられた最古のキリスト教弁証文学である。「七十人訳」に精通したトリュフォンなる人物のキリスト教批判とそれへのユスティノスの応答は、当時のユダヤ教・キリスト教双方の自己理解と相互理解を示す史料となっている。全一四二章の本書は序論と三部構成の本論からなり、各部ではそれぞれ、旧い契約と律法の有効性、キリストをめぐる諸問題、異邦人の救いが主題となる。所載は『対話』第二部である。ユスティノスは、イエスがキリストであることを確認した上で（第四八―五四章）、キリストが創造に先立って存在していたことを旧約の記述から示し（第五五―六五章）、処女降誕についてラビへの批判を交えつつ述べていく（第六六―七六章）。

ユダヤ人トリュフォンとの対話

四八 (1) トリュフォンは言った。「以上の件[*1]に関して、われわれ[*2]は君の見解をすべて聞き知った。そこで、君が先に中断していた話題を取り上げ、それに決着をつけてくれたまえ。私にはどうも奇妙で、証明などまったくできないように思える節があるからだ。つまり君は、〔君たちの言う〕キリストは永遠から存在される神であるのに、やがて〔人から〕生まれ、人間となることに甘んじた、しかも彼は人間からの人間ではないと言うのだが、これは私には奇妙であるばかりか、馬鹿げたことのようにも思えるのだ」。(2) これに対して私は答えた。「君たちの民族に属する者は、神ご自身がきっぱり言われたように、神の戒めではなく、自分たちの教師の戒めを知ろうとし、またそれを守ろうと望んでいる〔イザ二九・一三参照〕。とりわけそういう者にこの陳述内容が奇妙に思えることは私も承知だ」。さらに続けて言った。「さて、トリュフォン、この方が神のキリストだということは動かせない事実である。彼は万物の創造者の子として、神として先在していたが、処女(おとめ)を通して人間に生まれたのだ、ということを仮に私が証明できないとしてもである。(3) しかし、この方が誰であろうと、とにかく神なるキリストであるということは完全に証明済みで、だから彼は先在していたが、父の御旨に従ってわれわれと同様に苦しみを受ける人間として肉をもって生まれることに甘んじた、ということを私が証明しないとしたら、その点に限って私が誤っていると言うのは正しいが、とにかくこの方がキリストであることを否定するのは正しくない。たとえ彼が人間からの人間として生まれたように見えたにしても、あるいは彼は選びによってキリストになったのだということがもしかして証明されるにしてもである」。(4) 私は続けた。「実際に、友よ、君たちの民族には、彼をキリストとは認めても、やはり人間からの人間だったのだと主張する者たち*3もいるからだ。こういう人々には私は同調しないし、私と同じ考えをもつ大部分の人もそんなことは言わないだろう。なぜなら、われわれは人間の教えではなく、祝された預言者たちが宣べ伝えたことやキリストが教えたことに聴き従うよう、まさに彼自身によって命じられたからだ」。

四九 (1) トリュフォンは言った。「彼は人間であったが、選びにより油を注がれ、キリストとなったと言う者たちのほうが、君が述べているような意見をもつ者たちより私には説得力があると思われるのだ。なぜなら、われわれは皆、キリストが人間からの人間であり、エリヤが到来してこの方に油を注ぐことを期待しているからだ。仮に当のその人がキリストとして出現したのであれば、やはり彼は人間からの人間であるとみなされるべきだが、いずれにせよエリヤはまだ来ていないのであるから、私は断言するが、その人はキリストではない」。

(2) そこで私は彼に尋ねた。「御言葉はゼカリヤを通して〈エリヤが〉この〈大いなる恐るべき主の日が来る前に〉〔マラ三・二三〕やって来る、と述べてはいないだろうか」。

彼は答えた。「もちろん述べている」。

「もしキリストの二つの来臨、つまり先の議論で何度も確かめられたように、一つは彼が苦しみを受け、〈風格も、好ましい容姿もない〉〔イザ五三：二〕方として現れ、もう一つは彼が栄光のうちに万民の審判者として来るということ〔ダニ七：一四、七：二六–二七参照〕が預言されたのだ、と御言葉がわれわれに認めさせるならば、われわれは次のように考えはしないだろうか。つまり、神の言葉が宣言しているのは、エリヤというのはかの大いなる恐るべき日、すなわちこの方の第二の来臨の先駆者だということだと」。

彼は答えた。「もちろんだとも」。

(3) 私は続けた。「さて、われらの主もその教えの中でそうしたことが起こると告げて、その際〈エリヤ〉も〈来る〉〔マタ一七：一一〕と言われたのだ。われわれも知っている。われらの主イエス・キリストが栄光の内に天より来るとき、このことが起こるということを。彼の第一の来臨に際しては、しかし、エリヤの内にあった神の霊は先触れをなす方としてまずヨハネに、すなわち君たちの民族から出た預言者に臨んだのである。彼の後に続く預言者は君たちのあいだから一人も出ていない。彼はヨルダンの河岸に坐り、こう叫んだ。〈私は悔い改めに導くために、あなたたちに水で洗礼を授けているが、私の後から来る方は、私よりも優れておられる。私は、その人の履物をお脱がせする値打ちもない。その方は、聖霊と火であなたたちに洗礼をお授けになる。そして、手に箕（み）をもって、脱穀場を隅々まできれいにし、麦を集めて倉に入れ、殻を消えることのない火で焼き払われる〉〔マタ三：一一–一二〕。(4) まさにこの預言者を君たちの王ヘロデは牢に閉じ込めたのである。そして自分の誕生日に姪が踊りを踊り、それが気に入ったので、欲しいものを願うようにと彼女に言った。そこで少女の母は牢にいるヨハネの首を要求するようにと唆した。そう要求された彼は人を遣わし、ヨハネの首を盆に載せて持って来るよう命じたのである〔マタ一四：六–一一参照〕。(5) だからこそわれらのキリストは世にいたとき、エリヤはキリストに先立って来なければならないと主張する者たちに言ったのだ。〈確かにエリヤが来て、すべてを元通りにする。言っておくが、エリヤはすでに来たのだ。人々は彼を認めず、好きなようにあしらったのである〉〔マタ一七：一一–一二〕。そしてこう書かれている。〈そのとき、弟子たちは、彼が洗礼者ヨハネのことを言われたのだと悟った〉〔マタ一七：一三〕。

(6) トリュフォンは言った。「エリヤの内にあった預言をなさしめる神の霊がヨハネにも臨んだという君の説明も、私には奇妙に思えるのだが」。

これに対して私は言った。「君には思い当たらないのか。同じことがヌンの子ヨシュアにも起こったということを。彼が民の指導をモーセから引き継ぐ際、モーセは手をヨシュアの上に置くよう命じ〔民二七：一八、申三四：九参照〕、そして神ご自身〈あなたの内にある霊の一部をとって、彼に授ける〉*4〔民一一：一七〕と言ったではないか」。

(7) 彼は答えた。「まったくその通りだ」。

私は言った。「モーセがまだ人々のあいだにいた頃、神はモーセに臨んでいた霊の一部をヨシュアに授け、それと同じように、霊をエリヤからヨハネに譲り渡すことができたのだが、それは、キリストが第一の来臨の際に栄光を帯びずに現れたように、エリヤの内に完全に純粋なかたちでとどまっていた霊の第一の来臨もキリストのそれと同様、栄光を帯びたものではないということを〔人が〕悟るためであった。(8)〔キリストの第一の来臨が栄光を帯びていないということは〕〈主は隠された手でアマレクと戦う〉〔出一七：一六〕と言われているからである。アマレクが打ち負かされたことは君たちも否定しないだろう。ところで、キリストの栄光ある来臨の際には、彼はアマレクと戦うであろう、とだけ言われる。ならば、隠された手で神はアマレクと戦う、と御言葉が語ったその表現は何を意味しているのだろうか。君たちも解することができるが、神の隠された力とは十字架に付けられたキリストの内に存しており、そういう彼に対して悪霊、そして端的には地のすべての主権と勢力が震えおののいたのだ〔エフェ一：二一、コロ二：一〇参照[*5]〕。

五〇 (1) トリュフォンは言った。「君はわれわれが吟味したすべての点について多くの人々とずいぶん議論を重ねてきたようで、だから質問されたことはすべて答えられる用意ができているように私には思える。そこで、まず答えてくれ。万物の創造者以外にさらにもうひとりの神がいるということを君はどう証明できるのか。さらに、その方が処女（おとめ）から生まれることに甘んじたということについても証明してもらいたい」。

(2) 私は答えた。「さしあたって、イザヤの預言からある個所を引用することを許してもらいたい。それはまさに、このわれらの主イエス・キリストの先駆者、洗礼者であり預言者であるヨハネについて語っているのだが」。

彼は言った。「よろしい」。

(3) そこで私は言った。「さて、イザヤは先駆者について次のように予告した。〈ヒゼキヤはイザヤに「あなたの告げる主の言葉はありがたいものです。自分の在世中は平和と正義があるように」と言った〉〔イザ三九：八〕。さらに〔イザヤはこう語った〕〈民を慰めよ、祭司らよ。エルサレムの心に語りかけ、彼女を慰めよ。彼女の苦役は終わり、その咎は償われたと。その罪に倍する報いを主の御手から受けたと。砂漠に呼びかける声がある。主の道を備えよ、私たちの神の小道を平らにせよ。谷はすべて身を起こし、山と丘はすべて身を低くせよ。曲がりくねった道はまっすぐに、でこぼこの道は平らにされよ。主の栄光が現れ、肉なる者はすべて神の救いを見る。主が語ったからである。(4) 呼びかけよ、と声は言う。私は言う、何と呼びかけたらよいのかと。肉なる者は皆、草に等しく、人の栄光は皆、野の花のようなもの。草は枯れ、花はしぼむ。だが、主の言葉はとこしえに立つ。高い山に登れ、良い知らせをシオンに伝える者よ。声を挙げよ、恐れるな、ユダの町々に告げよ。見よ、あなたたちの神。主は力を帯びて来、御腕をもって統治する。見よ、主の勝ち取られたものは御許に従い、その働きの実りは御前を進む。主は羊飼いとして群を養い、仔羊を御腕をもって集め、子を宿した羊を慰める。(5) 誰が掌にすくって海を量り、手の幅をもって天を測り、手に摑んですべての土を量ったであろうか。誰が山々を秤にかけ、もろもろの谷を天秤にかけたであろうか。誰が主の思いを知りえたであろうか。誰が彼の助言者であり、彼に勧めを与えたであろうか。あるいは彼は誰と相談し、〔誰が〕彼に勧めを与えたであろうか。あるいは誰が彼に裁きの道を教え、あるいは英知の道を知らせたか。国々はすべて革袋からこぼれる一滴のしずく、天秤の傾きと等しく、唾とみなされる。レバノンは薪に足りず、四つ足の獣は生贄（いけにえ）に足りない。国々はすべて無に等しく、空しいものとみなされる〉〔イザ四〇：

一一―一七〕」。

五一 (1) 私が話をやめたところでトリュフォンは言った。「君は大した人物だが、君が引用してくれた預言の言葉はすべて私にはどうにでも解釈できるようなもので、君が論証しようと思っていること〔つまりキリストとその先駆者ヨハネについて〕の証明には全然なっていないのだが」。そこで私は答えた。「トリュフォンよ、もし預言者たちが消え去っていなかったなら、つまり、かのヨハネの後に君たちの民族の中からまだそういう者が現れ出たとするならば、この引用は君にはどうにでも解釈できる代物かもしれない。(2) しかしながら、ヨハネは事実登場して人々に大声で悔い改めを説いたのだ。そして、彼がまだヨルダンの河岸に坐っている頃に、キリストがやって来て彼の預言者としての、また洗礼者としての役目を終わらせ、福音を宣べ伝えて〈天の国は近づいた〉〔マタ四：一七〕とか、自分がファリサイ人や〈律法学者たちから多くの苦しみを受けて〉十字架に付けられ、〈三日目に復活し〉〔マタ一六：二一〕、再びエルサレムに現れて、弟子たちともう一度〈飲み食いを共にする〉〔ルカ二二：三〇〕と言い、また、すでに述べたように[*6]、自分の再臨までの期間中――これは実際に起こっていることだが――異端者や偽預言者が彼の名を名乗って語るだろう、と預言したのだ〔マタ二四：五―一一参照〕。そうならば、〔上のイザヤの預言は〕どうしていかようにも解釈できるようなものでありえようか。なにしろすでに起こった事実があるのだから、それに納得せざるをえないだろう。(3) さらに、君たちの民族からもはや一人も預言者が出ないだろうということ、また神がその制定について前もって告知した新しい契約――それはまさにキリスト自身――がすでにあることを人が悟ったということを、〔主〕は次のように語った。〈律法と預言者は、ヨハネの時までである。それ以来、天の国は力ずくで襲われており、激しく襲う者がそれを奪い取ろうとしている。あなたがたが認めようとすればわかることだが、実は、彼は現れるはずのエリヤである。聞く耳のある者は聞きなさい〉〔ルカ一六・一六、マタ一一・一二－一五〕」。

五二 (1) さらに私は続けた。「キリストの来臨が二度あるということ、最初〔の来臨〕の時、彼は苦しみを受けるということ、彼の後に君たちの民族から一人の預言者も一人の王も出ないということ、苦難を受けるキリストを信じる諸国の民が彼の再臨を待ち望むということ、これらは太祖ヤコブによって預言されていたのである」。さらに言った。「しかし、聖霊はこの最後の預言について、譬えを用いて謎めいた仕方で語ったのである」。私は続けた。(2)「すなわち、彼はこう語ったのだ。〈ユダよ、兄弟たちはあなたを讃えた。あなたの手は敵の首を押さえ、父の子たちはあなたを伏し拝んだ。ユダは獅子の子。私の子よ、あなたは若いときから立ち上がった。彼は背を伸ばして眠った。獅子と小獅子のように。誰が彼を起こすだろうか。支配者はユダから、指導者はその領地から消え去ることはない。彼のためにとっておかれているものが来るまで。彼は諸国の民の期待となるだろう。彼は驢馬の子を葡萄の木に、雌驢馬の子を葡萄の蔓につなぐ。彼は自分の衣を葡萄酒で、着物を葡萄の汁で洗う。彼の目は葡萄酒によって輝き、歯は乳のように白い〉〔創四九・八－一二〕。(3) さらに、君たちは、自分たちの民族には預言者や指導者は、その民族の初めからこのイエス・キリストが生まれ、苦しみを受ける時点まで出なかったなどと、まさか厚顔にも言うわけはなかろうし、そんなことを証明することはできないのだ。実際、君たちは、ヘロデは――彼の治世にあの方は受難したのだが――アスケロン人だった〔したがって、真の意味で自分たちの指導者ではなかった〕けれども、[*7]自分たちの民族にはちゃんと大祭司〔という指導者〕がいたのだ、と言っている。つまり、当時モーセの律法に従って供え物を捧げたり、その他のもろもろの掟を守る者がいたし、ヨハネの時まで預言者が途切れることなく現れたのだ。同様に、君たちの民がバビロンに捕われの身となったときも、国が戦いに明け暮れているときも、聖なる器が奪われたときも、君たちには君たちの民の主であり、指導者であり、支配者である預言者が欠けることはなかったのだ。なぜなら、預言者たちの内にある霊が君たちの王に油を注ぎ、〔王として〕立てたからである。(4) しかしながら、われらのイエス・キリストが君たちの民族の内に現れ、死んで以来は、預言者は一人も出なかったし、今もまだ出ていないのだ。君たちはしかも君たち自身の王の支配下にあることをやめ、それに加えて〈お前たちの地は荒廃し、果樹園の見張り小屋のように捨て去られた〉〔イザ一・七―八〕。御言葉がヤコブを通して〈彼は諸国の民の期待となるだろう〉と語ったとき、これは、彼の二度の来臨および諸国の民が彼を信じるようになるだろうということを象徴的に言ったものである。そのことは君たちも早晩わかるであろう。[*8]なぜなら、あらゆる国々から成り立ち、キリストへの信仰によって敬虔で義なる者となったわれわれは、彼の再臨を心待ちにしているからである。

五三 (1) 〈彼は驢馬の子を葡萄の木に、雌驢馬の子を葡萄の蔓につなぐ〉という言葉は、最初の来臨の際に彼がなした業のみならず、彼を信じるであろう諸国の民のことまでも前もって明らかにしている。なぜなら、この者たちは、当のキリストが来て、自分たちに教えを授けるために弟子たちを遣わし、そうやってこの方から約束された財を希望しつつ、忍耐のうちにすべてを引き受けるために、彼の軛(くびき)を背負い、その下に首を垂れるようになるまでは、まるで鞍もなく、頸に軛のない驢馬の子のようだったからだ。(2) われらの主イエス・キリストがエルサレムに入ろうと考えたとき、彼は実際弟子たちにベトファゲ村の入口につないである一頭の雌驢馬を、子驢馬とともに彼のところに引いて来るよう命じた〔マタ二一・一―二参照〕。そして、これに乗って彼はエルサレムに入ったのだ。キリストによってなされるとはっきり預言されていた通りのことを彼はなし、またそれが周知のこととなった以上は、この方こそキリストであるということは明々白々である。だが、君たちはこれらのことがすべて事実となり、聖書によって証明されているにもかかわらず、まだ心を頑なにしているのだ。(3) 一二人の〔預言者の〕一人、ゼカリヤはそういうことが起こるだろうということを次のように預言した。〈娘シオンよ、大いに踊れ。娘エルサレムよ、歓呼の声を挙げよ。見よ、あなたの王があなたの方に来る。彼は正しく、救いをもたらす方。心優しく、貧しい方。彼は軛を負った動物に、雌驢馬の子に乗られる〉〔ゼカ九・九〕。(4) いまや預言の霊および太祖ヤコブが、彼は軛を負った雌驢馬をその子とも所有するだろうと述べ、さらにまた、すでに触れたように、彼自身が弟子たちにその両方の動物を引いて来るよう命じたということは、すなわち君たちの会堂に属する人々と諸国の民がこぞって彼を信じるようになるということを意味しているのだ。軛のない驢馬の子は諸国の民の象徴であり、軛を負った雌驢馬は君たちの民族の象徴だからである。というのは、君たちは預言者によって与えられた掟を負っているからである。(5) ゼカリヤの預言の中にさらに語られているのは、まさにこのキリストが打ち叩かれ、弟子たちが四散してしまうということである〔マコ一四：二七―二八、一四：四九並行参照〕。これもやはり成就している。なぜなら、彼が十字架に付けられた後、共にいた弟子たちは実際に四散してしまったからである。そして、この四散状態は彼が死者の中から復活してから、自分がそのような苦難を受けるということは預言されていたことだったのだと弟子たちを確信させるまで続いたのだ〔同〕。このようにして確信したからこそ、彼らはこのことを教えるために全世界に赴いたのである。（6）だから、われわれも彼への信仰と彼の教えの内に固く立っている。預言者や、地の至るところで目に見える仕方であの十字架に付けられた方の名において神を礼拝する者たちがわれわれに確信をもたせたからである。だから、ゼカリヤによって次のようにも語られた。〈剣よ、起きよ、私の羊飼いに立ち向かえ、私の民の男に立ち向かえと万軍の主は言われる。羊飼いを撃て、羊の群は散らされるがよい〉〔ゼカ一三：七〕。

五四　（1）モーセによって言い伝えられ、また太祖ヤコブによって預言されていた〈彼は自分の衣を葡萄酒で、着物を葡萄の汁（*αἷμα*）で洗う〉ということは、主が自分を信じる者をその血（*αἷμα*）で洗い浄めるということを意味するのである。すなわち、彼によって罪の赦しを得た者たちを、聖霊は彼の衣と呼んだのである。彼は彼らの内に力によって常に現存し、第二の来臨のときには目に見えるかたちで現存するのである。（2）御言葉が葡萄の汁（*αἷμα*）について語ったのだとするならば、それは次のことを明示しようとする意図があったからである。すなわち、キリストは確かに血（*αἷμα*）をもっていたが、それはけっして人間の種からではなく、神の力によるものであるということである。つまり、葡萄の汁を生成させるのが人間ではなく神であるように、キリストの血も人間の血族からではなく、神の力に由来するのだと預言されたのである。諸君、私が引用したこの預言は、だからキリストは人間からの人間ではなく、通常の人間的な仕方で生まれたのではないということを証明しているのだ」。

五五 (1) トリュフォンは答えた。「〔キリストは人間からの人間ではない、という君の見解にはまだ納得できないが〕もし君がその見解を他の議論で裏づけることになれば、われわれは〔葡萄の汁と血に関する〕君の解釈をもう一度思い出すであろう。しかし、今は目下の話題をさらに進めて、預言の霊が万物の創造者とは別のもうひとりの神〔の存在〕を認めていたという証拠をわれわれに示してくれたまえ。もっとも、太陽と月について語らないよう注意したまえ。それらは神が諸国の民に神々として礼拝することを許したものだと聖書に書かれている〔申四：一九参照〕[*9]。こういう言い方を利用して預言者たちはしばしば〈あなたたちの神は、神々の中の神、主なる者の中の主〉〔申一〇：一七〕と述べ、これに〈偉大にして勇ましく畏るべき者〉〔同〕という言葉をよく付け加える。(2) こういう文面はそれらがほんとうに神々なのだということを述べているわけではなく、御言葉がわれわれに教えているのは、万物を創造した真の神とは、神々とか主とみなされている事物の上に立つ主ひとりだけなのだということである。これをよりはっきりと表現するために、聖霊は聖王ダビデを通して、諸国の民の神々は神々とみなされてはいるが、実は悪霊の偶像であり、神々ではない〔詩九六：五参照〕、そして神は偶像を作り、それを拝む者どもを呪う〔詩一一五：八参照〕と語られたのである」。

(3) 私は言った。「トリュフォンよ、私がやろうとしているのは、それをやれば偶像やそれに類似したものを拝む者たちが断罪されると自分自身承知しているような証明ではなく、むしろ誰も異論を挟むことができないようなそれである。ここで取り上げる証明〔としての聖書記事〕は君たちには馴染みがないように思えるだろう。しかるに、君たちはそういう個所を毎日朗読しているのだ。そのことからしても、君たちの性根が良くないために、神がその言葉に含まれている知恵を認識する力を君たちには隠していたということを君たちも悟るだろう。もっとも、幾人かの例外はいる。彼らに対して神は大いなる憐れみによる恵みによって、イザヤ〔の言葉〕に従えば、救いへの種を残したのである〔イザ一：九参照〕。それは、君たちの民族がソドムやゴモラのようにすっかり滅び去ってしまわないためだったのだ。だから、私が今聖書を使ってしゃべろうとすることに注意してくれたまえ。それを解説する必要はない。聞くだけで十分だ。

五六 (1) さて、祝された人であり、かつ神の忠実な僕（しもべ）モーセ〔民一二：七参照〕は、マムレの樫の木のところで、二人の御使いとともにアブラハムの前に現れたのは神であったと報告している〔創一八：一-三参照〕。この御使いたちはソドムを裁くためにもうひとりの神から遣わされた者たちである。この神とは常に天上にとどまり、見ることも接することもできない方、万物の創造者であり父であるとわれわれが認める方である。(2) 以上のことをモーセは次のように語った。〈神はマムレの樫の木のところで彼〔アブラハム〕に現れた。彼が真昼に天幕の入口に坐っていたときであった。目を上げて見ると、三人の人が彼に向かって立っていた。彼はこれを見て、天幕の入口から走り出て迎え、地にひれ伏して言った〉云々〔創一八：一-三〕と続いて、〈アブラハムは朝早く、主と対面した場所へ行き、ソドムとゴモラ、およびあたり一帯を見下ろすと、見よ、炉の煙のように地面から炎が立ち上っていた〉〔創一九：二七－二八〕」。以上を引用した後、私はトリュフォン一行にこの引用文を知っているのかと尋ねてみた。

(3) すると彼らは、確かに知っている、しかしながら、それが万物の創造主以外にもうひとりの神ないし主がいる、あるいは聖霊がそのような者について語っているということの証明には全然なっていないと答えた。

(4) そこで私は言った。「君たちが聖書〔のこの記事〕を知っている以上、私は、万物の創造者の許に別の神、別の主がおり、またそのように語られているという私の主張を、君たちが納得できるよう努めよう。この者はまた、天の御使いとも呼ばれている。万物の創造者――この方を超えるいかなる神も存在しない――が人間に伝えたい事柄を、彼が告げ知らせるからである」。もう一度上記を引用した後、私はトリュフォンに尋ねた。「君は御言葉が語っているように、神はマムレの樫の木の下でアブラハムに現れたと思うのだね」。彼は答えた。「その通り」。

(5) 私は言った。「では、この神は、聖なる預言の霊が語るように、アブラハムに現れた三人の人物の一人だったのだろうか」。彼は言った。「いや、違う。神はあの三人の人物が登場する前にすでに彼に現れた。だから御言葉が〈人〉と呼んでいるあの三人は御使いだったのだ。そのうちの二人はソドムの滅びに際して遣わされ、残りの一人はサラに子供ができるという良き知らせをもたらした。それが彼の遣わされた理由であり、その使命を果たすと彼は去って行ったのだ」。

(6) 私は言った。「ならば、天幕の中にいて〈来年の今頃、私はここに戻って来る。その頃、サラには男の子が生まれている〉〔創一八：一四〕と言い、その後サラに子供ができたとき〔創二一：一-二参照〕、実際にもう一度現れ、そのとき、それは神であったと御言葉が預言して書き記しているのは、あの三人のうちの一人ではなかったのか。君たちが私の言っていることに合点がいくよう、次のようなモーセの的確な言葉を聞きたまえ。(7)〈サラが、エジプトの女奴隷ハガルがアブラハムとのあいだに儲けた子が、彼女の息子イサクをからかっているのを見て、アブラハムに言った。「あの女とあの子を追い出して下さい。あの女の息子は、私の子イサクとともに跡継ぎとなるべきではありません」。アブラハムはその子について非常に苦しんだ。神はアブラハムに言った。「あの子供とあの女奴隷のことで苦しまなくてもよい。すべてサラが言うこと、その声に聴き従いなさい。あなたの子孫はイサクによって伝えられるからだ」〉〔創二一：九-一二〕。(8) さあ、サラの願いをめぐってアブラハムに助言する必要があると前もって知っていたがゆえに、また戻って来る、と樫の木の下で言った方が、聖書にある通り戻って来たということ、そして〈神はアブラハムに言われた。「あの子供とあの女奴隷のことで苦しまなくてもよい」〉という言葉が示す通り、その方が神であるということを君たちは理解したか」。そう私は質問した。

(9) そこでトリュフォンは言った。「確かに。だが、君はそれをもって、アブラハムに現れた神、さらに他の太祖たちや預言者たちに現れた神とは別の神がいるということを証明しているわけではない。むしろ、天幕の中でアブラハムのそばにいた三人がすべて御使いだったというわれわれの理解が正しくなかったことを証明してくれただけだ」。

(10) 再び私は言った。「あの三人のうち一人が〈神〉であること、また先に触れたように、彼が万物の創造主なる神の使信をその望む人々に告げ知らせるという理由から〈御使い〉とも呼ばれていることを、私が聖書にもとづいて君たちに証明できなかったとしたら、同行していた二人の御使いと同じくこの地上に人間の形でアブラハムに現れた者――実は世の創造以前から存在する神でもあるのだが――について、君たちの民全員が考えている通りに〔つまり単なる御使いだと〕君たちも考えるのは当然であろう」。彼は言った。「まったくその通りだ。これまでわれわれはそう理解していたのだから」。

(11) 私は言った。「聖書に立ち返って、私は君たちが次のことを納得できるよう努めたい。すなわち、アブラハム、ヤコブおよびモーセに現れたと言われ、またそう書き記されている方が、世を創造した神とは異なるもうひとりの神なのだということを。ただしこれは数字の上でそうなのであって、認識の問題ではない。*10 というのは、私は言うが、彼は世の造り主――彼を超えるいかなる神も存在しない――がなさりたいこと、関わりたいこと以外は何もしないからである」。

(12) トリュフォンは言った。「では、そういう方がいるということを証明してくれたまえ、この点でわれわれが一致できるように。その方が万物の創造者の考えに反するようなことを肯定することも、行うことも、しゃべることもしないという君の主張をわれわれは受け入れるから」。

そこで私は言った。「すでに私が引用した聖書個所が君たちにそれをはっきりわからせるであろう。すなわち、〈太陽が地上に昇ったとき、ロトはツォアルに着いた。主はソドムの上に天から、主の許から硫黄の火を降らせ、これらの町とあたり一帯を滅ぼした〉〔創一九：二三－二五〕。

(13) トリュフォンとともにとどまっている者のうち第四番目の者が言った。「それならば、ソドムに行った二人の御使いのうちの一人、すなわち御言葉がモーセを通して主と呼んでいる者も、アブラハムに現れた者と同じくやはり神であったと言うべきである」。

(14) 私は言った。「われわれが万物の創造主として知っている方以外に、聖霊がもうひとりの別の者を主と宣言していることを十分認識する必要があることは、何も先に挙げた引用だけにもとづくものではないのだ。モーセのみならず、ダビデもそうだ。なぜなら、このことは彼を通して語られてもいるからだ。すなわち、〈わが主に賜った主の御言葉。「私の右の座に着くがよい。私があなたの敵をあなたの足台とするまで」〉〔詩一一〇:一〕。これはすでに私が引用した[*11]。さらに別の表現でこう書かれてある。〈神よ、あなたの王座は代々限りなく、あなたの王権の笏は公平の笏。あなたは正義を愛し、不義を憎む。だから、神、あなたの神はあなたに油を注がれた。喜びの油を、あなたに結ばれた人々の前で〉〔詩四五:七-八〕。(15) さて、聖霊は万物の父とそのキリストのほかに、もうひとりの誰かを神であり主であると宣言している、そういうふうに君たちは主張するのかしないのか答えてくれたまえ。私は、主と呼ばれているのは聖書ではソドムへ行った二人の御使いのどちらでもなく、彼らとともにアブラハムに現れ、かつ神と呼ばれているあの方なのだということを聖書そのものから証明することを君たちに約束しよう」。

(16) そこでトリュフォンは言った。「証明したまえ。ごらんの通り、もう日も暮れ始めているから。それに、われわれはそのような墓穴を掘りかねないような答えを出す覚悟もない。なにしろ、われわれは〔君のように〕こういう問題に質問、詮索、証明ずくめでかかってくる人の話をいまだかつて聞いたことがない。もっとも、もし君がすべての事柄に関して聖書を引き合いに出さないとしたら、われわれは君の話を傾聴することはないであろう。だが、君は聖書から証明しようと苦心している。それに、万物の創造者を超えるいかなる神も存在しないと君は断言している」。

(17) 私は言った。「さて、聖書が次のように語っているのを君たちは知っている。〈主はアブラハムに言われた。「なぜサラは、年とった自分にほんとうに子が生まれるだろうか、と言って笑ったのか。神に不可能なことがあろうか。来年の今頃、私はここに戻って来る。その頃、サラには男の子が生まれている」〉〔創一八：一三―一四〕。少し飛ばしてさらに〈男たちはそこを立って、ソドムとゴモラを見下ろす所まで来た。アブラハムも彼らを見送るためにいっしょに行った。主は言われた。「私が行おうとしていることを私の僕アブラハムに隠す必要があろうか」〉〔創一八：一六―一七〕とある。(18) さらにもう数節進むと次のように言われている。〈主は言われた。「ソドムとゴモラの叫びが大きくなった。彼らの罪は非常に重い。私は降って行き、彼らの行跡がはたして私に届いた叫びの通りかどうか見て確かめよう」。男たちはそこを立って、ソドムに入っていったが、アブラハムはなお主の御前にいた。アブラハムは進み出て言った。「まことにあなたは、正しい者を悪い者といっしょに滅ぼされるのですか」〉云々〔創一八：二〇―二三〕。なお、私はこの〔聖書の〕記事全体を先に書き記したので、ここでもう一度同じことを繰り返す必要はないが、ただトリュフォンとその同伴者たちのために証明になるような部分だけは言及しておく必要があると私には思われる。*12

(19) そこで私は次のような個所を示した。その件はこうである。「主はアブラハムと語り終えると、去って行かれた。アブラハムも自分の住まいに帰った。二人の御使いが夕方ソドムに着いたとき、ロトはソドムの門の所に坐っていた」云々〔創一八：三三－一九：一〕と続いて、「男たちは手を伸ばして、ロトを家の中に引き入れて家の戸を閉めた」云々〔創一九：一〇〕と続き、「〔二人の〕御使いたちは彼と妻と二人の娘の手をとった。主が彼を憐れまれたからである。(20) 彼らはロトたちを連れ出して、彼らに言った。〈救え、お前の命を救え。後ろを振り返ってはいけない。低地のどこにもとどまるな。山へ逃げなさい。さもないと滅びることになる〉。ロトは彼らに言った。〈主よ、お願いします。あなたの僕はあなたの御前で恵みを見出しましたし、またあなたの正義は大きなものとなりました。私を生き永らえさせて下さる限りそうなのです。しかし、私は山まで逃げ延びることはできません。おそらく、災害に巻き込まれて死んでしまうでしょう。(21) ご覧下さい、あの小さな町を。あそこなら近いので、逃げて行けます。あれは小さな町です。そこで私の命を救って下さい〉。主は彼に言った。〈見よ、私はあなたの面目を顧み、あなたの言うその町は滅ぼさないことにしよう。急いで逃げなさい。あなたがあそこに着くまでは、私は何も行うことができないのだから〉。そこで、その町はツォアルと名づけられた。太陽が地上に昇ったとき、ロトはツォアルに着いた。主はソドムとゴモラの上に天から、主の許から硫黄の火を降らせ、これらの町とあたり一帯を滅ぼした」〔創一九：一〇、一九：一六－二五〕。

(22) 私は話を締めくくり、付け加えた。「友よ、今わからないか。三人のうちの一人、神であり主である者、かつ天に住む方に仕えている者が二人の御使いの主であることを。彼がソドムに行ったとき、彼は残って、モーセが記録したようなことをアブラハムに語ったのだ。語り合った後、彼は去り、アブラハムは自分の住まいに帰った。(23) 彼が到着した後、ロトに語りかけたのはもはやあの二人の御使いではなく、御言葉が明らかにしている通り彼自身である。彼が主であり、天にいる主から、すなわち万物の創造者から、〈主はソドムとゴモラの上に天から、主の許から硫黄の火を降らせた〉〔創一九：二四〕と御言葉が報告しているように、それをソドムとゴモラにもたらす使命を受けたのである」。

五七 (1) 私が沈黙したので、トリュフォンは言った。「なるほど、聖書によればわれわれはそう認めざるをえないようだ。ただし、その彼がアブラハムによって用意され、差し出されたものを食べたという報告〔創一八：六‐八参照〕が問題視されるに値するということは君も認めるはずだ」。

(2) そこで私は答えた。「確かに彼らは食べたと書かれてある。確かに、食べたと言われているのは三人であって、例の二人だけではないとわれわれは聞いている。この二人は実際に御使いであって、しかもわれわれにとっては明らかなことであるが、彼らは天において糧を与えられている者たちである。もっとも、われわれ人間が食しているものと同じ糧で養われているわけではないが。実際、君たちの父祖たちが砂漠の食事として食べたマナについて、聖書は〈彼らは御使いのパンを食べた〉〔詩七八：二五〕と述べている。しかしながら私は言いたい。彼らが食べたと言明している御言葉は、われわれが〈火はすべてを食い尽くした〉と表現する場合と同じ意味のことを語っているのであり、彼らが歯や顎を使って噛みながら食べたというふうにはけっして考えてはならないのだ。そういうわけで、比喩的表現に少しでも慣れているならば、ここには何の困難な問題も存しないのだ」。

（3）　そこでトリュフォンは言った。「彼らがアブラハムによって用意された食事を食べ、摂取したと書かれてある、その食事の仕方に関する問題は解決可能である。だからもう先に進んで、われわれに君の主張していることの証明をしたまえ。かのアブラハムに現れた神であり、万物の創造者なる神に仕える者が、君が言ったように、どうして処女（おとめ）から生まれ、すべての人と同じような苦しみを受ける人間となったのか」。

（4）　私は言った。「トリュフォンよ、まず先に、これまでの話題に関して多くの事例からもう少し証明をまとめて提示したいが、それを許してくれたまえ。これらの証明からも君たちが〔先の話題に関する私の主張を〕納得するようになるためだ。それがすんでから、君が差し出した疑問点に答えたい」。

彼は言った。「君が思うようにしたまえ。君がやっていることは、私にとっても実にありがたいのだから」。

五八　（1）　そこで私は言った。「君たちに聖書を引用して聞かせたいと思うが、苦心して純専門家的な引用の蘊蓄を披露するつもりはない。そのような才能は持ち合わせていないから。ただ、私には神からその聖書〔の個所〕を理解するためだけの恵みを授かっているのだ。私はすべての人が、無償で、しかもたっぷりとこの恵みに浴するようにと勧めている。それは、私がその〔勧めるという義務を怠ったという〕理由で、万物の創造者なる神がわれらの主イエス・キリストを通してなす裁きの日に断罪されたくないからだ」。

（2）　トリュフォンは言った。「確かに君のやっていることは敬虔の名に値するものだ。それにしても、専門家的な才能がないという君の発言を聞くと、君は本心を語ってはいないように思える」。

そこで私は答えた。「そう君が思うのなら、それでもかまわない。だが、私は真実を語ったと確信している。それはともかく、私が今やろうとする残りの証明に注意を向けたまえ」。

彼は言った。「話したまえ」。

(3)　私は言った。「兄弟よ、モーセはたびたび、太祖たちに現れ、神と呼ばれている〔先ほどから問題になっている〕その方が、さらに〈御使い〉および〈主〉とも呼ばれている〔創一八：一、一八：三三、三一：一一、三一：一三参照〕と書き記している。それは、君たちがそうした呼び名から、すでに君たちが認めたように、彼が万物の父に仕える方であることを再確認するためであり、より多くの証明によって納得し、それにしっかりとどまるためである。(4)　神の御言葉はモーセを通してアブラハムの孫ヤコブの言行について、次のように語って聞かせている。〈羊たちの発情期の頃のことだが、夢の中で私が目を上げて見ると、雌羊と雌山羊に交尾している雄山羊と雄羊は白い縞やぶちがあり、また灰色の斑があった。そのとき、夢の中で神の御使いが「ヤコブ、ヤコブ」と言われた。(5)　私は「主よ、何でしょうか」と言った。彼は言った。「目を上げて見なさい。雄山羊と雄羊は白い縞やぶちがあり、また灰色の斑がある。ラバンがあなたになしていることを私は見た。私は神の場所（ベテル）——あなたが石柱に油を注ぎ、誓願を立てたその場所であなたに現れた神である。さあ、今すぐこの土地を出て、あなたの故郷に帰りなさい。私はあなたと共にいる」〉〔創三一：一〇-一三〕。(6)　また、別の個所でヤコブについて次のように語って聞かせている。〈その夜、彼は起きて、二人の妻と二人の側女、それに一一人の子供を連れてヤボクの渡しを渡った。彼は皆を導いて川を渡らせ、持ち物を渡した。ヤコブは独り後に残った。そのとき何者かが夜明けまで彼と格闘した。ところが、その人は彼に勝てないとみて、彼の腿の関節を打ったので、格闘をしているうちにヤコブの腿の関節が麻痺してしまった。その人は言った。「もう去らせてくれ。夜が明けてしまうから」。(7) 彼は答えた。「いいえ、祝福して下さるまでは放しません」。「お前の名は何というのか」とその人が尋ね、「ヤコブ」と答えると、その人は言った。「お前の名はもうヤコブではなく、これからはイスラエルである。お前は神に強かったから、人にも強くなろう」。「どうか、あなたのお名前を教えて下さい」とヤコブが尋ねると、「どうして私の名を尋ねるのか」と言って、彼をその場で祝福した。ヤコブはその場所を「神の顔」と名づけた。「顔と顔とを合わせて神を見て、私の魂は喜んだ」と言ったからである〉〔創三二:二三-三一〕。(8) さらに他の個所でこのヤコブについて次のように報告されている。〈ヤコブは一族の者すべてとともに、カナン地方のルズ、すなわちベテルに着いた。彼はそこに祭壇を築いて、その場所をエル・ベテルと名づけた。兄エサウを避けて逃げて行ったとき、神がそこでヤコブに現れたからである。リベカの乳母デボラが死に、ベテルの下手にある樫の木の下に葬られた。ヤコブはそこを「嘆きの樫の木」と名づけた。ヤコブがシリアのメソポタミアから帰って来たとき、神は再びルズで彼に現れ、彼を祝福した。神は彼に言った。「あなたの名はもはやヤコブとは呼ばれない。イスラエルがあなたの名となる」〉〔創三五:六-一〇〕。(9) 彼は神と呼ばれている。彼は神であり、これからもそうである」。

(10) 皆が〔わかったというふうに〕頭を縦に振ったので、私は続けて語った。「次の記事についても君たちに話す必要がある。それは彼が兄弟エサウを逃れて行く途中のヤコブにどのように現れたのかを報告している。彼とは御使い、神、主であり、男の姿でアブラハムに現れ、人間の姿でかのヤコブと格闘した方のことである。(11) 記事の内容は次の通りである。〈ヤコブは「誓いの井戸」を立って、ハランへ向かった。とある場所に来たとき、日が沈んだので、そこで眠った。彼はその場所にあった石を一つ取って枕にして、その場所に横たわった。すると、彼は夢を見た。見よ、先端が天まで達する階段が地に向かって伸びており、しかも、神の御使いたちがそれを昇ったり降ったりしていた。主がその上に立っていた。(12) 彼は言った、「私は、あなたの父祖アブラハムの神、イサクの神、主である。恐れるな。あなたが今横たわっているこの土地を、あなたとあなたの子孫に与える。あなたの子孫は大地の砂のように多くなり、西へ、東へ、北へ、南へと広がっていくであろう。地上の氏族はすべて、あなたとあなたの子孫によって祝福に入る。見よ、私はあなたと共にいる。あなたがどこへ行っても私はあなたを守り、かならずこの地に連れ帰る。私は、あなたに語ったことを果たすまでけっして見捨てない」。(13) ヤコブは眠りから覚めて言った。「主がこの場所におられるのに、私は知らなかった」。そして、恐れおののいて言った。「ここはなんと畏れ多い場所だろう。これはまさしく神の家であり、ここは天の門だ」。ヤコブは朝早く起きて、枕にしていた石を取り、それを記念碑として立て、先端に油を注いで、その場所を「神の家」と名づけた。その町の名はかつてルズと呼ばれていた〉〔創二八：一〇－一九〕」。

五九 (1) 以上引用した後、私は言った。「さらに、君たちに「出エジプト記」から引用することを許したまえ。これは、燃える柴の炎の中に現れ、モーセと語られたのがまさにその御使い、神、主、男、人間、アブラハムとヤコブに現れたその方であることを証明するものである」。彼らは、自分たちは疲れてもおらず、大いに楽しんで聞き入っていると言ったので、続けて話した。

(2)「『出エジプト記』と題されたその書にこう書かれている。〈長い年月が経ち、エジプト王は死んだ。その間イスラエルの人々は労働のゆえにうめき、叫んだ〉云々〔出二：二三〕と続いて、〈さあ、行って、イスラエルの長老たちを集め、言うがよい。「あなたたちの先祖の神アブラハムの神、イサクの神、ヤコブの神である主が私に現れて、こう言われた。私はあなたたちを顧み、あなたたちがエジプトで受けてきた仕打ちをつぶさに見た」〉〔出三：一六〕」。(3) 私はこれに付け加えて言った。「君たちにわかるか。御使いとして燃える炎の中で自分に語ったとモーセが報告しているその方というのが、実は神であり、自らアブラハム、イサク、ヤコブの神であることを告げたのだということを」。

六〇 (1) トリュフォンは言った。「君が今引用した記事をわれわれはそのようには理解していない。〔われわれの理解では〕燃える炎の中に現れたのは御使いであったが、モーセと語ったのは神なのだ。したがって、そこでの出現に際しては、御使いと神、このふたりが同時に現れたのである」。

(2) 再び私は答えた。「友よ、たとえモーセが経験した出現に際し、御使いと神が同時に現れたということがそのとき事実であったにしても、先ほど引用した記事が君たちに物語っているように、モーセが〈アブラハムの神、イサクの神、ヤコブの神〉〔出三：六〕と言ったその方は万物の創造者ではないのであって、私が君たちに示したように、彼はアブラハムとヤコブに現れ、万物の創造者の御旨を行い、同様にソドムの裁きに際してこの方の意志を果たした方なのだ。たとえ、君たちが主張するように、それがふたりであった、つまり御使いと神であったにしても、万物の創造者であり父である方が、天上のものすべてを離れ去って、地上の一角に現れたなどと誰も――たとえほんのわずかの理解力しかない人でも――言う気にはなれないだろう」。

(3) トリュフォンは言った。「アブラハムに現れた方、神かつ主と名づけられた方が、天におられる主から委任されて、ソドムの地に災いをもたらした方であることはすでに証明されたのであるから、たとえモーセに現れた神といっしょに御使いがそこにいたとしても、柴の中からモーセと語った神は、万物の創造者としての神ではなく、アブラハム、イサク、ヤコブに現れたと証言されている方、万物の創造者である神の御使いと呼ばれ、かつそのように考えられているということ、なぜなら彼が父であり万物の創造者の事柄を人間に告げ知らせるから、ということをわれわれも〔もっとよく〕理解しておきたいものだ」。

(4) 私は言った。「そこでトリュフォンよ、私は、モーセの出現体験において御使いおよび神と呼ばれる方が〔ふたりではなく〕同一の方として現れ、モーセと語られたということを証明しよう。御言葉は次のように語っている。〈柴のあいだに燃え上がっている炎の中に主の御使いが現れた。彼が見ると、柴は火に燃えているのに、柴は燃え尽きない。モーセは言った。「この大いなる光景を見に行ってみよう。柴が燃え尽きないのだから」。主は、彼が見に来るのをご覧になり、柴のあいだから声をかけられた〉〔出三：二-四〕。(5) このように、御言葉は夢の中でヤコブに現れた方を御使いと呼んでいるし、夢に現れた当の御使いがヤコブに〈私はあなたが兄弟エサウから逃げている途中あなたに現れた神である〉〔創三一：一三、三五：一、三五：七参照〕と語ったと伝え、さらにアブラハムの時代にはソドムの裁きに際して、天上の主の中の主として罰を執行したと伝えている。同じようにここでもやはり御言葉は、モーセに現れたのは主の御使いであると伝え、次いで彼を〈御使い〉および〈神〉と名づけている。つまり、彼は世を超えて存在し、その上に何も存在しえない神に仕える者――上に挙げた多くの引用はそう言っている――と同一の方なのだということを御言葉は宣言しているのである」。

六一　(1)　私は言った。「私の友よ、君たちにもう一つ聖書からの証言を与えよう。神は万物の創造に先立って、初めに自ら一つの理性的力を生んだ。それを聖霊はあるときは〈主の栄光〉〔出一六：七参照〕、あるときは〈子〉〔詩二：七参照〕、あるときは〈知恵〉〔箴八：一二参照〕、あるときは〈御使い〉〔創三一：一一参照〕、あるときは〈神〉〔創三一：一三参照〕、あるときは〈主〉〔創一八：一参照〕、あるときは〈御言葉〉〔詩三三：六〕と呼び、また自ら人間の姿でヌンの子ヨシュアに現れたとき〈将軍〉〔ヨシュ五：一四参照〕と名乗った。すべて同じことを指している。なぜなら、それらは父の御旨に仕える者であり、父からその意志によって生まれたからである。

(2)　しかし、これと同じようなことがわれわれにも起こっているということをわれわれは見ないだろうか。たとえば言葉を発するとき、われわれは言葉を生んでいるのであるが、その際にわれわれの中の言葉が減少するというような、つまり何かを一部失うということはない。一つの火によって発生する別の火も同じであることがわかる。この場合、燃え移る火は減少することなく同じ状態にとどまるし、燃え移されて発生する火も燃え続けはするが、燃え移った火を減ずることはない。(3) 知恵の御言葉、すべてのものの父から生まれた神そのもの、生んだ方の御言葉、知恵、力、栄光自身が私に証ししようと、ソロモンを通して語った。〈もし私があなたたちに、日毎に起こる事柄を告げるならば、私は永遠の事柄について想い起こし、それを数え上げよう。主はその御業への道の初めに私を造られた。時間に先立って、私の土台を据えられた。太初、大地を造られる前から、深淵を造られる前から、水の源が流れ出る前から、山々が形づくられる前から、すべての丘よりも先に私を生み出して下さった。(4) 神は大空の下に土地と人の住まない地と人の住む高地を造られた。彼が天を広げられたとき、私は彼とともにそこにいた。風の上に王座を据えられたとき、上から雲に力をもたせ、深淵の源に勢いを与えられたとき、大地の基（もとい）を固められたとき、私は彼とともにそこにいた。私は主を楽しませる者。日毎に私はたえず主の御前で楽しんだ。彼が完成された大地を喜ばれ、人の子らを喜ばれたからだ。(5) さて、子らよ、私に聴き従え。私に聴き従う者、そして私の道を守り、毎日私の戸口の前で眠り、私の入口の柱を見守る者は、いかに幸いなことか。なぜなら、私の出口は人生の出口だからである。彼には主に喜ばれる用意ができている。だが、私に対して罪を犯す者は、魂を損ない、私を憎む者は死を愛する〉〔箴八：二二－三六〕。

六二 (1) 友よ、同じことを神の御言葉はまたモーセを通して語られた。すなわち、御言葉がわれわれに啓示しているのは、彼が告知する神が、人間創造の際に上と同じ意味合いで次のように語ったということだ。〈「われわれにかたどり、われわれに似せて、人を造ろう。そして海の魚、空の鳥、家畜、地の獣、大地のすべて、地を這うものすべてを支配させよう」。そして、神は人を造られた。神にかたどって人を創造された。男と女に創造された。神は彼らを祝福して言われた。「産めよ、増えよ、地に満ちて地を従わせよ」〉〔創一：二六―二八〕。(2) 今引用した言葉を君たちが歪曲して、君たちの教師と同じことを、つまり神は――われわれもしばしば、何かやろうとするとき、〈造ろう〉と独り言を言うように――自分自身に向かって〈造ろう〉と言った、ないしは神は元素に向かって、つまり大地やその他の元素――われわれは、人間がそういうものから造られたことを知っている――に向かって〈造ろう〉と言ったというふうに言わないためにも、私はモーセの他の言葉を引用したい。この個所によってわれわれは、神が数として区別された、理性をもつ何者かに向かって語っているということを確実に知る。(3) その個所は次の通りである。〈神は言われた。「見よ、アダムはわれわれのひとりのように、善悪を知る者となった」〉〔創三：二二〕。〈われわれのひとりのように〉と言うとき、それは互いに集まった者たちの頭数、少なくともふたりの者を指しているのである。一方、君たちのあいだで異端と言われている説が正しいとか、この異端の教師が、神は御使いに話しかけられた、あるいは人間の体は御使いが造ったということを証明できるなどと私は言わない。(4) むしろ、実際父から出、すべての被造物より先に生まれた方が彼と共にいたのであり、その彼に父が語りかけたのだ。それは御言葉がソロモンによって明らかにした通りである。つまり、まさに彼こそすべての被造物に先立つ根源であり、父から子として生まれた方であり、ソロモンが〈知恵〉と呼ぶ方である。彼についてはまたヌンの子ヨシュアに起こった啓示においても同様のことが語られている。この点に関する私の話が君たちに理解できるよう、「ヨシュア記」の中から次の個所を聞きたまえ。(5) すなわち、〈ヨシュアがエリコにいたとき、目を上げて見ると、前方に一人の男が立っていた。ヨシュアが歩み寄って、「あなたは味方か、それとも敵か」と問いかけると、彼は答えた。「いや。私は主の軍の将軍である。今、着いたところだ」。ヨシュアは地にひれ伏して拝し、彼に「主よ、あなたの僕に何をお言いつけになるのですか」と言うと、主の将軍はヨシュアに言った。「あなたの足から履物を脱げ。あなたの立っている場所は聖なる所である」。エリコ〔の城門〕は閉じられ、堅固にされたので、誰もそこを去らなかった。主はヨシュアに言われた。「見よ、私はエリコとその王と勇士たちをあなたの手に渡す」〉〔ヨシュ五：一三－六：二〕」。

六三 (1) トリュフォンは言った。「友よ、君の主張には強力な証明がいろいろとあるものだ。もはや残っているのは、その方が父の意志に従って、処女(おとめ)を通して人間に生まれ、十字架に付けられて死ぬということに甘んじたということを証明することだ。さらに、その後復活して天に昇ったという点も証明したまえ」。

(2) 私は答えた。「諸君、その点は先に言及した預言者の言葉の中ですでに私が証明したことなのだが、君たちのためにそれらをもう一度取り上げて説明しよう。この点に関して君たちが同意してくれるよう努めてみたいからだ。さて、イザヤが語った言葉は次の通りである。〈誰が彼の血統(γενεά)を物語るであろうか。彼の命は地から取り去られたのだから〉〔イザ五三：八〕。君は思わないか。この部分は、民の背きのゆえに死に引き渡された〔イザ五三：五、五三：八参照〕と神が語っているその方が人間にその出自(γένος)をもたないことを言おうとしているのだと。

彼の血についてモーセは、すでに私が述べたように、象徴的な言い回しで〈着物を葡萄の汁（*αἷμα*）で洗う〉〔創四九：一一〕と表現したが、それは彼の血（*αἷμα*）が人間の種からではなく、神の意志によってできたからである〔ヨハ一：一三参照〕。(3) それから、ダビデによって語られたこと、すなわち〈あなたの聖なる人々の輝きのうちに、私は明けの明星が現れる前にあなたを胎より生んだ。主は誓い、思い返されることはない。「あなたは永遠にメルキゼデクと同じような祭司」〉〔詩一一〇：三‐四〕〔という記事〕は、君たちに次のことを暗示してはいないだろうか。つまり、万物の父なる神は、彼が初めから人間の胎から生まれることも意図していたのだと。(4) また、他の個所で、これもすでに引用された個所だが、そこで彼は語っている。〈神よ、あなたの王座は代々限りなく、あなたの王権の笏は公平の笏。あなたは正義を愛し、不義を憎む。だから、神、あなたの神はあなたに油を注がれた。喜びの油を、あなたに結ばれた人々の前で。ミルラ、アロエ、シナモンの香りはあなたの衣から、象牙の宮殿から放たれ、そこであなたのために喜び祝う。王の娘らはあなたの誉れに浴し、王妃は金に彩られた衣を着、色彩を帯びてあなたの右に立つ。娘よ、聞け。見て、あなたの耳を傾けよ。あなたの民と、あなたの父の家を忘れよ。王はあなたの美しさを慕う。なぜなら、王はあなたの主。彼を崇めよ〉〔詩四五：七‐一二〕。(5) この発言からも明白であるように、彼は崇められるべき方なのであり、そして世界の創造者によって神でありキリストであると証しされているのだ。神の御言葉が、一つの魂、一つの集い、一つの教会として彼を信じる者たちに、すなわち彼の名によって成り立ち、彼の名に参与する――われわれは皆、キリスト者と呼ばれているのだから――教会に娘として語りかけているということも先の発言内容は同様にはっきりと宣言しているし、さらには昔の父たちの慣習を忘れるようにとわれわれに教えている。〈娘よ、聞け。見て、あなたの耳を傾けよ。あなたの民と、あなたの父の家を忘れよ。王はあなたの美しさを慕う。なぜなら、王はあなたの主。彼を崇めよ〉と言われているからである」。

六四 (1) トリュフォンは言った。「異邦の出である君たちには、聖書が暗示しているように、彼が主でありキリストであり神であると認められてもよいであろう。彼の名にちなんで皆キリスト者と呼ばれている君たちにとっては。だが、われわれはその彼をも創造した神に仕えるのであって、だから彼〔への信仰〕を告白したり、崇めたりする必要はないのだ」。

(2) これに対して私は言った。「トリュフォンよ、仮に私が君たちのように空しい口論を好き好んでやる人間だとしても、もはやこれ以上君たちと議論する気にはなれない。というのは、君たちは言われたことを理解しようとする気がなく、もっぱらひねくれたことを言うばかりだから。だが、今は神の裁きに対する恐れから、君たちの民族の誰かについて、その人が万軍の主の恵みにより救われうる者に属するか否かを速断することはすまい。だから、君たちが意地の悪い人物であるとはいえ、私は君たちのあらゆる反論や文句に応答し続けるつもりでいる。それに、私はどういう民族の人であれ、こうした問題について私とともに検討したい人や、私に質問したい人皆に対して一貫して同じ態度で臨んでいるのだ。(3) さて、君たちの民族において救われる者が、そもそもこの〔イエスという〕方によって救われるのであり、彼の分け前に与っているのだということを、君たちはすでに知っているのである。もっとも、私が先に聖書から引用した部分に君たちが注意していたならばの話だが。もしそうなら、当然のことながらこういう質問を君たちが出すこともなかったはずである。しかしながら、もう一度先ほど私が言及したダビデの言葉を引用してみよう。どうか分別をもってほしい。悪意をもって振舞ったり、文句を言ったりすることだけに躍起にならないように。

(4) さて、ダビデによって語られた言葉は次の通りである。〈主こそ王。もろもろの〔国の〕民はおののけ。彼はケルビムの上に御座を置かれる。地は震えよ。主はシオンにいまし、大いなる方。すべての民の上に高くいます。御名の大いなることを告白せよ。彼は畏るべき方、聖なる方。王の誉れは裁きを愛する。あなたは公平を整え、ヤコブの裁きと正義を行われた。われらの神、主を崇めよ。その足台に向かってひれ伏せ。主は聖なる方。彼の祭司からはモーセとアロンが、御名を呼ぶ者からはサムエルが主を呼ぶと、彼は彼らに耳を傾けられた。彼は雲の柱から彼らに語りかけられた。なぜなら、彼が彼らに与えた証しと定めを彼らは守ったからである〉〔詩九九：一−七〕。(5) ダビデによって語られた他の言葉、これもすでに引用されたものだが、これを君たちは、「ソロモンについて」という題が付いているという理由で、愚かにもソロモンについて語られたものだと主張している。ところが、これはソロモンについて言われているのではなく、〔キリスト〕が太陽に先立って存在していたということ、および君たちの民の中から救われる者は彼によって救われるということが証明されているのである。(6) 以下はその引用である。〈神よ、あなたの裁きを王に、あなたの正義を王の子にお授け下さい。王が正しくあなたの民を裁き、あなたの貧しい人々を裁きますように。山々が民に平和をもたらし、丘々が正義をもたらしますように。王が民の貧しい人々を〔正しく〕裁き、乏しい人の子らを救い、虐げる者を砕きますように。王が太陽とともに永らえ、月に先立って、代々に永らえますように〉云々〔詩七二：一-五〕と続いて〈太陽に先立って、彼の名は永らえる。地上の民は皆、彼によって祝福を受け、国々の民は皆、彼を幸いな方と言祝ぐ。イスラエルの神、主は讃えられますように。ただひとり驚くべき御業を行う方。その栄光の御名はとこしえに讃えられますように。その栄光は全地を満たす。そうなりますように、そうなりますように〉〔詩七二：一七-一九〕。(7) 同じように私が先に引用した、やはりダビデによって語られたもう一つの言葉も君たちに次のこと、すなわちその方は天の高みから来ることになっていたこと、そして再びその場所に戻ると言われていた事実を思い出させるはずだ。そうすれば君たちは、彼が上から降りて来、人間のうちに人間となり、再び来る神――そのとき、彼を刺し貫いた者は彼を見つめて嘆くだろう〔ゼカ一二：一〇参照〕――なのだと認めるだろう。(8) その引用は次の通りである。〈天は神の栄光を物語り、大空は御手の業を告げる。昼は昼に語り伝え、夜は夜に知識を送る。話すことも、語ることもなく、その声は聞こえないが、その響きは全地に、その言葉は世界の果てに向かう。彼は太陽に幕屋を据えられ、花嫁の部屋から出る花婿のように、道を走る巨人のように歓喜する。天の高みを出で立ち、天の高みを目指して行く。その熱から隠れうるものはない〉〔詩一九：二-七〕」。

六五 (1) トリュフォンは言った。「聖書の証言がこれほどだとは、いやはや参ってしまった。ところで、イザヤが語った次の聖書個所についてどう言ったらよいものか、私にはわからないのだが。そこでは、神は自身の栄光を他の誰にも渡さないと言っているのだ。つまり、〈私は主なる神、これが私の名。私は栄光と名誉を他の誰にも渡さない〉〔イザ四二・八〕と」。

(2) これに対して私は言った。「トリュフォンよ、もし君がこれだけを引用し、しかしそれに先行する部分や、それに後続する部分に注意を払わなかったにしても、ただ、素直に、また悪意なく〔答えを待ちつつ〕沈黙するなら、責められることはない。しかし、そうやって議論を袋小路に追い込んで、そのあげくに聖書は相互矛盾を含んでいると私に言わせることができると思っているなら、君は見当違いをしている。私がそんなことを考えることもできるわけがないからだ。たとえそのように見えるなんらかの聖書個所、矛盾があると受け取られそうなそんな個所を指摘されたとしても、私は聖書のある個所が他の個所と矛盾することはけっしてないと確信しているので、そういう場合にはいっそ書かれてあることが理解できないと言うつもりだし、聖書には矛盾があると考える者に対しては、むしろ私と同じ意見をもつよう説得に努めたい。(3) どんな意図をもって君たちがこういう質問をしたのかは神がご存知である。だが、私は君たちにこの引用が何を意味しているのか教えてあげよう、神はその栄光をただひとりキリストに授けるということをここで君たちが理解するために。諸君、私はトリュフォンが引用した部分の文脈にあるいくつかの短い言葉、およびこれとつながっている一連の言葉を取り上げてみたい。異なる章節から〔ばらばらに〕ではなく、一つにまとまったものとしてそれらを引用したいからである。私の話に注意を向けたまえ。(4) 以下はその引用である。〈主である神は語られる。天を創造して、これを据え、地とそこにあるものを固定し、その上にいる者に息を与え、そこを踏む者に霊を与えられる方が。主なる神である私は、正義をもってあなたを呼び、あなたの手を取り、あなたを力づけよう。民の契約、諸国の光としてあなたを形づくった。見ることのできない目を開き、捕われ人をその枷から、闇に住む人をその牢獄から救い出すために。(5) 私は主なる神、これが私の名。私は栄光を他の誰にも渡さず、栄誉を偶像に与えない。見よ、初めのことは成就した。新しい私が告げることは新しい。私がそれを告げる前に、それはあなたたちに明らかにされた。新しい歌を神に歌え。その支配は地の果てから〔及ぶ〕。海に降りて、たえず航海する者たちよ、島々とそこに住む者たちよ。(6) 荒れ野は喜べ、その村々と農地、ケダルに住む人々は喜ぶ。山の頂からは岩に住む人々が叫び声を挙げる。彼らは神に栄光を帰し、その栄誉を島々に告げ知らせる。万軍の神である主は出で立ち、戦いを終わらせ、熱情を奮い起こし、鬨の声を挙げ、敵を圧倒される〉〔イザ四二・五−一三〕」。(7) 以上を引用した後、私は彼らに言った。「さあ友よ、わかったか。神が言っているのは、その栄光は諸国の光として立てられた者には渡されるが、その他には誰にも渡されないということであって、トリュフォンが言ったように、神は栄光を自身の中にしまっておく、などというものではないことを」。

トリュフォンは答えた。「われわれもわかった。だから残った議論にけりをつけてくれたまえ」。

六六 (1) 当初、私はこの方〔キリスト〕が一人の処女から生まれたということ、およびその処女降誕がイザヤによって預言されていたということを証明するつもりだったが、それができなかった。そこで私は議論をその点に戻したのである。そして、その預言そのものを再び引用した。(2) それは次の通りである。「主はさらにアハズに向かって言われた。〈主なるあなたの神に、しるしを求めよ。深みに、あるいは高みに〉。しかし、アハズは言った。〈私は求めない。主を試すようなことはしない〉。イザヤは言った。〈ダビデの家よ聞け。人間との小競り合いだけでは足りないのか。どうしてまた主とも競り合うのか。それゆえ、私の主が御自らあなたたちにしるしを与えられる。見よ、処女が身籠って男の子を産み、彼らはその名をインマヌエルと呼ぶ。彼は凝乳と蜂蜜を食べる。(3) 悪を知る、あるいは選ぶ以前に、彼は善を選ぶ。なぜなら、この子は悪ないし善を知る前に、善を選ぶために悪を拒否するから〉」〔イザ七：一〇－一六〕。「この子がお父さん、お母さんと呼べるようになる前に、ダマスコからその力を、サマリアからその戦利品をアッシリアの王の前で得るから」〔イザ八：四〕。「領土は占領される。二人の王の存在ゆえにあなたに重荷となるその領土が。しかし、神はあなたとあなたの民と父祖の家の上に、エフライムがユダからアッシリアの王を追い払って以来、臨んだことのないような日々を臨ませる」〔イザ七：一六－一七〕。(4) 私は付け加えて言った。「さて、われらのキリストを除けば、肉によるアブラハムの民族の中から誰も処女から生まれた者はなく、またそのように生まれたと伝えられている者もいないということは誰にとっても明らかである」。

六七 (1) トリュフォンは答えた。「聖書は〈見よ、処女（παρθένος）が身籠って男の子を産む〉ではなく、〈見よ、若い女（νεᾶνις）が身籠って男の子を産む〉〔イザ七：一四〕と言っており、後は君が引用した通りである。それに、この預言全体はヒゼキヤのことを語っているのである。その預言の通りのことが彼に起こったというのは実証されているのだから。(2) ところで、ギリシア人と呼ばれる人々の神話に次のような話がある。ペルセウスはダナエという処女から生まれたが、それはギリシア人のあいだでゼウスと呼ばれている者が黄金〔の雨〕に身を転じて彼女に降りかかったからだと。彼らと同じようなことを語る君たちは恥を知るべきだ。そして、このイエスはむしろ人間からの人間として生まれたのであって、もし彼がキリストなのだと聖書から証明されるとするならば、それは彼が掟に適った完全な生活を送ったがゆえに、キリストへの選びにふさわしいと認められたからなのだと主張すべきである。奇跡話は控えよ。ギリシア人のように馬鹿にされないために」。

(3) これに答えて私は言った。「トリュフォンよ、私は君たちが、そして端的にすべての人が次のことを確信するよう願っている。たとえ笑ったりからかったりしながらよりひねくれたことを君たちが言っても、君たちは私に自説を曲げさせることはないと。逆に、君たちが［私への］反論と考える話やものごとの中から、むしろ私の主張を裏づけるものを聖書の証言とともに取り出すことがしょっちゅうあるのだ。(4) ところで、いくつかの掟はモーセによって制定されたが、それは君たちの民の頑なな心ゆえだったという、われわれがいつも共通にもっている理解を御破算にしようとするならば、君の振舞いは正しくないし、真理への愛に適ったものでもない。というのも、この方が実際にキリストであったと証明された場合でも、選ばれてそうなったのであり、それは掟に適った生活を送ったからだと君は言い張っているからだ」。

(5) トリュフォンは言った。「彼が割礼を受けたとか、その他モーセによって敷かれたもろもろの掟を守ったということは、君自身が認めていることだ[*13]」。

(6) 私は答えた。「そう私は認めたし、今も認める。ただし、私が認めたのは、彼がすべてを引き受けたのは、それを通して義とされるためなのではなく、自分の父、万物の創造者、主なる神の救済意志を実現するためであったということだ。というのは、彼が十字架上に死ぬこと、人間となり、君たちの民族が彼に与えたあらゆる仕打ちに耐えることに甘んじたということも私は認めるからである。(7) だが、トリュフォンよ、君は先に自分で認めたことをもはや認めないのであるから答えてくれたまえ。モーセ以前の義人や太祖たちは、御言葉が証しするところによれば、モーセを通して初めて制定された律法を何一つ守らなかった。彼は祝された者たちの相続に与って救いを得ているのかいないのか」。

(8) トリュフォンは答えた。「聖書によれば然りと言わざるをえない」。

私は続けた。「もう一つ似たような質問を君にしたい。神が君たちの父祖たちに生贄(いけにえ)や献げ物をするよう命じられたのは、彼にそれが必要だったからか、それとも彼らの心の頑なさや偶像崇拝への傾きゆえだったのか」。

彼は答えた。「この点についても、われわれは聖書に書いてある通りに認めねばならない」。

(9) さらに私は尋ねた。「神はホレブ山での契約とは別の新しい契約を結ぶと告げた〔エレ三一：三一参照〕が、このことは聖書にも預言されていたか」。

彼は答えた。「それは預言されていた」。

再び私は質問した。「古い契約は君たちの父祖たちと結ばれたが、その際彼らは神の声を聞くこともできないほど恐れ、震えたであろうか」〔出二〇：一九参照〕。

彼は然りと答えた。

(10) 私は言った。「ならば、どうか。神はもう一つ別の契約があると約束したが、それは先に締結されたときとは状況が異なり、恐れも震えも稲光もともなわずに締結されると彼は言った。神はどんな戒めと業が永遠なるもの、あらゆる民族に通用するものと考えたのか、また君たちの民の頑なな心を考慮して——預言者たちもこのことを宣言しているが——神はどんなことを命じたか、そういうことがその契約に示されているのだ」。

(11) 彼は言った。「真理を愛し、争いを好まない人なら、この点についてもどうしても同意せざるをえない」。

私は言った。「私はどうもわからない。誰か他人をつかまえて争いを好む者と責めながら、君自身が明らかに何度もそういう言動をしているではないか。自分でそうだと認めたこととは矛盾することを始終言っているのだから」。

六八 (1) トリュフォンは言った。「神が生まれて人間となることに甘んじたなどということを君は無謀にも証明しようとするが、そんなことは信じられないことであり、ほとんど不可能なことだ」。

私は言った。「もし私が人間的水準での教えや議論で論証を立てようとするならば、君たちは私を支持する必要はない。しかるに、私がこの点に関する聖書記事を君たちにうんざりするほどたくさん引用して、そのことを君たちに理解させようとすると、君たちは神の思いと望みを理解するにあまりにも心が頑なになってしまう。だが、君たちがそういう状態で居続けるとしても、私はいっこうにかまわない。どうせ君たちと別れても、われわれが出会う前から私がもっていたものはずっとそのままだ」。

（2）　トリュフォンは言った。「友よ、見よ、君は多くの苦労と努力の末、そういうものを獲得したのだ。だから、われわれもまた浮かび上がってくるすべての疑問を慎重に検討したうえで、聖書がわれわれに有無を言わせない点を是認しなければならないのだ」。

これに対して私は言った。「私は、君たちがあらゆる方法で疑問点を吟味しようと頑張るのをやめてもらいたいのではなく、自分自身でそうだと認めた事柄に対して、何の根拠もなく、今度はそれとは逆のことを言わないでほしいということだ」。

（3）　そこでトリュフォンは言った。「そのように努めよう」。

さらに私は言った。「すでに尋ねたことではあるが、ここでもう一度君たちに尋ねたい。なぜなら、この質問をもって私は討論を即座に終わらせるつもりだからだ」。

トリュフォンは言った。「尋ねてみよ」。

私は言った。「聖書では、万物の創造者および人となった――多くの聖書記事が君たちにそれを証明したが――キリスト以外に誰かほかの主および神と呼ばれ、礼拝されるべき者がいると君たちは思っているのか」。

（4）　トリュフォンは言った。「〔父とキリスト以外に、ではなく〕ただ父ひとりをおいてほかにそういう者がいるのかということにこれほど疑問をもっているわれわれが、どうしてそういうことを認めることができようか」。

さらに私は言った。「私が君たちにこういう質問をせざるをえないのは、〔君たちの真意を〕知りたいからだ。もしかしたら君たちは神の前では違うことを考えているのではないか。さあ正直に答えてみたまえ」。

彼は言った。「いや、友よ、そんなことはない」。

さらに私は言った。「君たちがほんとうにそう考えているのであれば、御言葉は〈誰が彼の血統を物語るであろうか〉〔イザ五三：八〕と言っているのだから、イエスは人間の種からの者ではないということも君たちは認めざるをえないのではないか」。

(5)　トリュフォンは言った。「では、御言葉がダビデに対し、神は〈御自分のために彼の腰から息子を儲け、その子のためにその王国を据え、彼を御自分の栄光の王座に坐らせる〉〔詩一三二：一一〕と言ったのはどういうことだ」。

(6)　私は言った。「トリュフォンよ、もしイザヤの語った預言、すなわち〈見よ、処女が身籠る〉〔イザ七：一四〕がダビデの家にではなく、十二部族の他の家について言われたのであれば、話はややこしくなってしまったであろう。預言自体はしかし、ダビデの家について語られたのであるから、神がダビデに神秘的な言い方で語られたことがどのように成就したのかを、イザヤは詳しく物語ったのである」。私は続けた。「しかし友よ、君たちは少なくとも知っているだろう。なんらかの行為について謎めいた方法で、あるいは譬えのかたちで、あるいは神秘的に、あるいは象徴的に語られた言葉の多くは、そういったことを語り、ないし実行した者たちの後に登場する者たちに解釈されたということを」。

(7)　トリュフォンは言った。「まったくその通りである」。

「さて、このイザヤの預言そのものが、君たちが主張するようにヒゼキヤについてではなく、まさにわれらのキリスト自身について語られているということを、もし私が証明するならば、この点でも君たちにどうしても心得ておいてほしいことがある。すなわち、エジプトの王プトレマイオスの許にいた君たちの七〇人の長老たちが行った翻訳*14はいくつかの点で真実ではない、とあつかましくも言い切った君たちの教師連中を信用しないようにということだ。(8) たとえば、自分たちの考えの愚かさや自分勝手さを明確にまた公然と暴露する聖書の記事がある場合、連中はあつかましくもそういう記事は書かれていないと言う。一方、人間的事柄に当てはめることができると考えて利用できる記事がある場合、その記事はわれらのイエス・キリストその方についてではなく、彼らが試みる解釈に合う人物について語られていると主張する。こうして、今われわれが議論している聖書記事にしても、彼らは君たちに、それはヒゼキヤについて言われたものだと教えたのである。約束しておいたように、そういう彼らが間違っていることを私は示そう。(9) この〔イエスという〕方がキリストであり、受難する方であり、崇むべき方であると明白に証言している聖書の諸記事——君たちにはすでに引用してみせたが——をわれわれが彼らに引用してみせれば、確かに彼らはそうした記事がキリストについて述べているものと認めざるをえないのであるが、しかるに、神が来、苦しみを受け、支配し、崇むべき方となるだろうと自分たちも認めておきながら、〔まさにそうなった〕この〔イエスという〕方がキリストなのではないと彼らはあつかましくも言うのである。これがいかに馬鹿げたこと、愚かなことであるかも君たちに証明しよう。しかし、君がくだらない仕方で持ち出した議論にとりあえず返答しておく必要があるので、それに対する答えを出し、その後で残った話題に関する証明を行おう」。

六九　（1）　私は続けて言った。「トリュフォンよ、次のことを知りたまえ。いわゆる悪魔と呼ばれる者がギリシア人の語り伝えの中で〔聖書〕のまねごととしてやった事柄、たとえばエジプトの魔術師やエリヤの時代の偽預言者を利用してやったような事柄、そういうものを通して、私の聖書の知識と聖書への忠誠はしっかりとしたものとなったということを。（2）　すなわち、彼ら〔ギリシア人たち〕は、ゼウスの息子ディオニュソスが前者のセメレとの性的交わりによって生まれ、その彼が葡萄の木の発見者であったと言い、さらにずたずたに切り裂かれて死に、復活して、天に昇っていったと語り伝え、また彼にまつわる密儀に驢馬を持ち出している。ここで私が気づかないわけがあろうか。悪魔が、先に引用したモーセによって伝えられた太祖ヤコブの預言をまねているということに。（3）　さらに、彼らはヘラクレスについて、彼は力強く、全世界を旅し、ゼウスの子としてアルクメネから生まれ、死んだ後天に昇っていったと語り伝えているが、これも同じように聖書がキリストについて〈道を走る巨人のように力強い〉〔詩一九：六〕と語ったことの模倣だと考えないわけにはいかない。さらにまた、〔悪魔は〕死者を蘇らせ、また他の病を癒した者としてアスクレピオスを持ち出すが、これとて同様キリストに関する預言の猿まねだと言わざるをえないではないか。（4）　しかしながら、私はキリストがそういうことをしたということを報告するような聖書個所をまだ君たちには引用してみせなかったので、一つの個所ぐらいは言及しておく必要がある。その個所から君たちは、御言葉が神の知識に欠けた者（*ἔρημοι*）——私が言いたいのは、目があっても見えず、心があっても理解せず、そういう木の偶像を拝む〔詩一一五：四-八、イザ六：一〇参照〕異邦人のことである——にさえ、そういうことをやめて、キリスト自身に希望を抱くだろうと予告されたことを汲み取ることができるだろう。(5) すなわちこう言われている。〈乾いた砂漠よ(ἔρημος)、喜び躍れ。砂漠よ、喜び、百合のような花を咲かせよ。ヨルダンの砂漠は花を咲かせ、喜び、レバノンの栄光とカルメルの誉れを与えられる。私の民は主の崇高さと栄光を見る。弱った手と麻痺した膝を強くせよ。慰められよ、心おののく人々よ、強くあれ、恐れるな。見よ、あなたたちの神は裁きにおいて報いを与えられ、また与えられるであろう。彼は来られ、われらを救われる。そのとき、見えない人の目が開き、聞こえない人の耳が聞こえるようになる。そのとき歩けなかった人が鹿のように躍り上がり、どもっていた人は明瞭に語るようになる。砂漠に水が湧きいで、乾いた地に谷ができ、水のない地は沼地となり、水の湧き出る所は乾いた地となるからである〉〔イザ三五：一－七〕。(6) 神の知識に欠けた地(ἔρημος)、つまり異邦人の地に、神の許から湧き出る生ける水の泉とはキリスト自身なのである。この方は君たちの民族において現れ、生まれつき肉体的に目の見えない人々、口の利けない人々、歩けない人々を癒された。すなわち、彼はその言葉によって、三番目の者を躍り上がるように、二番目の者を利けるように、一番目の者を見えるようにしたのである。しかしまた、彼は死者を蘇らせて生きる者とした。そのような業によって、彼は同時代の人々を驚嘆させたが、それは彼らが彼のことを意識するようになるためであった。(7) にもかかわらず、こういうことが起こるのを目撃した人々は、魔術によって生じた光景だと主張したのである。なぜなら、彼らはイエスをあつかましくも魔術師、民を欺く者と呼んだからである。しかるに、彼がそういうことをなしたのは、後に彼を信じるようになる人々に次のことを確信させるためであった。すなわち、たとえ誰かがなんらかの肉体的苦痛を負っていても、もしイエスが授けた教えを守るならば、イエスはその再臨のとき彼を完全無欠のまま蘇らせ、さらに彼を死ぬことも朽ちることも悲しむこともない状態へともたらすという確信である。

七〇 (1) ミトラ教の密儀を伝える者は、この〔ミトラという〕者が岩から生まれたと言い、また彼を信じる者たちが秘儀を授かる所を洞窟と呼んでいるが、私にはこれが〈一つの石が大きな山から人手によらず切り出された〉〔ダニ二・三四〕とダニエルが言った言葉の猿まね、さらにはイザヤが語ったことの猿まねでもあるとしか考えられない。しかも後者については、その言葉を彼らはすべてまねようと試みたのである。なぜなら、人々は正義の行いに関する言葉を巧みに彼らにも引用させたからである。(2) とにかく、今触れたイザヤの言葉を君たちに示しておかねばならない。それはこの引用をもって君たちが上に触れた事情を把握するためだ。それはこうなっている。〈遠くにいる者よ、私の成し遂げたことを聞け。近くにいる者は、私の力強さを知る。シオンにいる罪人は取り除かれる。罪人よ、神を無視する者を震えが襲う。誰があなたたちに永遠なる場所を告げるであろうか。正義に歩み、正しい道を語り、不法と不正を憎み、手を賄賂から清く保ち、耳を塞いで不正な流血の裁きを聞かず、目を閉じて不義を見ようとしない者。このような人は堅固な岩の高い所にある洞窟に住む。(3) 彼の糧は備えられ、水は絶えることがない。あなたたちは栄光に輝く王を見、あなたたちの目は遠くから見る。あなたたちの魂はたえず主を畏れる。学のある者はどこにいるのか。助言をなす者たちはどこにいるのか。養われる者たち、小さな民と大きな民を数える者はどこにいるのか。彼らは助言を求めず、言葉の重みを理解せず、だから聞かなかった。軽蔑さるべき民、聞きはするが、理解しない〉〔イザ三三・一三―一九〕。(4)さて、この預言には、われらのキリストが、彼を信じる者のために肉を受け、それゆえにまた苦しみをも受けた記念としてわれわれに与えたパンについて、そしてまたその血の記念として感謝しながら与えた杯について〔一コリ一一・二三―二五参照〕はっきりと表明されているのである。さらに、われわれがまさにこの方を栄光に輝く王として見るだろうということもこの預言は言明している。(5)また、彼を信じるだろうと前もってわかっている民が、主をたえず畏れることになるだろうということも理解される。これも預言の言葉に宣言されていることなのだ。さらに、聖書の中に書かれている内容を理解していると人々から見られている人および預言を聞いている人が、実は理解していないということも聖書は知らせている」。私は続けた。「トリュフォンよ、私はペルセウスが処女から生まれたと聞けば、これもやはり欺きの蛇の猿まねだと思っている。

七一 (1) それから、エジプト王プトレマイオスの許にいた七〇人の長老たちによってなされた〔聖書の〕翻訳を良しとはせず、自分たちで勝手に解釈しようと試みている君たちの教師たちを私は信用しない。(2) 君たちに知ってもらいたいことだが、その教師たちはプトレマイオスの許にいた長老たちによってなされた翻訳から多くの聖書個所を削除したが、まさにそこには十字架に付けられたこの方が神であり人であり、十字架に付けられて死ぬと宣べ伝えた方であることがはっきりと証明されてあるのだ。私は君たちの民族に属する者がそういった個所をすべて否認するということを承知しているので、それらについてとやかく言うのは控え、その代わり君たちも認めている個所を検討材料としてあたってみたい。(3) 今まで私が君たちに引用してあげた個所はすべて君たちも認めた。例外は〈見よ、処女が身籠る〉〔イザ七：一四〕という言葉である。君たちはこれに反対し、〈見よ、若い女が身籠る〉〔が正しい〕と主張している。私は約束しておいた。この預言が、君たちが教えられたように、ヒゼキヤについてではなく、私のこのキリストについて語ったものであることを証明すると。では、いよいよその証明をやってみよう」。

(4) そこでトリュフォンは言った。「まず先に、君がまったく削除されたと考えている聖書の個所を若干われわれに引用してみせてほしいのだが」。

七二 (1) 私は答えた。「君たちの望む通りにしよう。さて、過越規定についてエズラがなした解説から彼らは次の個所を削除したのである。〈エズラは民に言った。「この過越はわれらの救い主、われらの逃避である。われわれが彼をしるしにおいて卑しめ、その後彼に希望を置くだろうということをあなたたちが思い、そのことを心に銘記するならば、この場所は永遠に荒廃することはないであろう。万軍の主はそう言われる。だが、あなたたちが彼を信じず、その宣べ伝えに聴き従わなければ、あなたたちは諸国のあいだで笑い者となるであろう」〉[*15]。(2) さらに、彼らはエレミヤの言葉から次の個所を省いた。〈私は屠り場に引かれる羊のようだ。彼らは私に対して悪だくみをしていた。「さあ、彼のパンに木を投げ入れ、彼を生ける者の地から絶とう。彼の名は二度と思い出されることはない」〉〔エレ一一：一九〕。(3) エレミヤの言葉に由来するこの一節は、ユダヤの会堂の若干の〔聖書の〕写しに今でも見出されるが——というのは、ごく最近になって削除されたから——、とにかくこの言葉によれば、ユダヤ人はキリスト自身について審議し、彼を十字架に付けて殺そうと決めたということが証明されており、また彼はイザヤの預言にもあるように〈屠り場に引かれる小羊〉〔イザ五三：七〕として告知され、ここでは〈罪なき羊〉〔エレ一一：一九〕として明らかにされている。彼ら〔教師たち〕は、こうして〔解釈の〕困難にぶつかり、〔文言を削除するという〕冒瀆行為に走ったのである。(4) さらにまた、彼らはエレミヤその人の言葉から同じように次の部分を省いた。〈主なる神は墓地に眠る彼のイスラエルの死者たちを思い出され、御救いを彼らに告げ知らせるために彼らの所に降りていかれた〉*16。

七三 (1) ダビデによって語られた「詩編」九五〔九六〕からも、彼らは〈木から〉*17という短い句を削除した。というのは、〈国々にふれて言え、主は木から支配すると〉というふうに語られた文から、彼らは〈国々にふれて言え、主は支配すると〉〔詩九六：一〇〕という部分だけを残したからだ。(2) さて、神および主として彼は支配した、と諸国のあいだで語り継がれている人物は、君たちの民族の人間の中からは、あの十字架に付けられた方おひとり以外は誰もいない。彼について聖霊は同じ詩編の中で、彼は救われた、彼は復活したと語り、彼は諸国の神々と同じではない、なぜなら彼らは悪霊の偶像だからと告知したのである。(3) ここで言われていることを君たちが理解できるよう、君たちにその詩編を全部紹介してあげよう。こうなっている。〈新しい歌を主に向かって歌え。全地よ、主に向かって歌え。主に向かって歌い、御名を讃えよ。日から日へ、御救いの良い知らせを告げよ。国々に主の栄光を語り伝えよ。すべての民にその驚くべき御業を。大いなる主、大いに讃美される主、神々を超えて、最も畏るべき方だから。諸国の民の神々はすべて悪霊だが、主は天を造られたから。御前には讃美と美しさがあり、聖所には聖性と偉大さがある。諸国の民よ、主に帰せよ。栄光と誉れを主に帰せよ。御名の栄光を主に帰せよ。(4)供え物を携えてその庭に入り、聖なる庭にいます主にひれ伏せ。全地よ、御前におののけ。国々にふれて言え、主は支配すると。彼は世界を固く据えられ、それは揺らぐことがないから。彼は民を公平に裁かれる。天よ、喜び祝え、地よ、喜び躍れ。海とそこに満ちるものよ、とどろけ。野とそこにあるすべてのものよ、喜び勇め。森の木々よ、喜び歌え、主を迎えて。主が来られるから。地を裁きに来られるから。主は世界を正しく裁き、真実をもって民を裁かれる〉〔詩九六：一─一三〕」。

(5) トリュフォンは言った。「君が言うように、民の指導者たちが聖書からなんらかの記事を削除したかどうかを知ることができるのは神である。だが、思うにそういうことは信じがたい」。

(6) 私は言った。「そう、確かに信じがたく思われる。それは、地上のマナに満腹した人々がやったような仔牛の像の製造よりも、子供を悪霊に生贄として捧げることよりも、預言者たち本人を殺すことよりも恐ろしいことなのだから」。さらに続けて言った。「それにしても、君たちは彼らが聖書の記事を削除したという話を聞いたことさえないとみえる。とにかく、この問題になっている点はすでに上に引用した聖書個所およびこの後引用する予定の個所――それは君たちのために取ってあるのだ――で十分明らかである」。

七四 (1) トリュフォンは言った。「君がわれわれの要求に応じて以上の個所を引き合いに出したことは承知している。しかしながら、君が最後にダビデの言葉から引用したあの詩編については、あれはほかでもなく天と地を造った父についてのみ言われたことだと私には思われるのだ。君自身はこれはあの苦しみを受けた方、つまり君が懸命にキリストだということを証明しようとしている方について言われていると主張しているのだが」。

(2) 私は答えた。「聖書がその詩編の中で言っている内容について私が語っているあいだは、お願いだから私の話に注意を向けてくれたまえ。そうすれば、君たちは私が間違ったことを話しているのでもなく、実際君たちが唆されているのでもないということを認識するだろう。そういうふうに心の落ち着きを取り戻すことによって、君たちは聖霊によって語られるさらに多くの他の言葉をも理解できるのだから。〈新しい歌を主に向かって歌え。全地よ、主に向かって歌え。主に向かって歌い、御名を讃えよ。日から日へ、御救いの良い知らせを告げよ。すべての民にその驚くべき御業を〉〔詩九六：一-三〕。(3) 聖霊は救いの秘義、すなわちキリストの受難――彼はこれによって救いを果たされた――を知っている全地の人々に、万物の父である神に向かってたえず讃えて歌うよう呼びかけているが、さらに次のことを悟るようにとも呼びかけているのである。すなわち、あの〔イエスという〕方も讃美と畏敬に値する方であり、天地を造った方であり、人類のために救いの業を果たされた方であり、十字架に付けられて死んだ後、父により全地を支配する権能を与えられた方なのだということを。さらに〔……〕*18

(4) 〈この民が入っていく土地で、彼らは私を捨てて、私と結んだ契約を破る、私があの日彼らと結んだ契約を。私は彼らを見捨て、私の顔を彼らから背ける。民は焼き尽くされることになり、多くの災いと苦難に襲われる。その日、民は「これらの災いに襲われるのは、私の内に神がおられないからである」と言う。私はそれでも、その日、かならず私の顔を彼らから背ける。彼らが他の神々に向かうことにより行ったすべての悪のゆえである〉〔申三一：一六-一八〕。

七五 (1)「出エジプト記」において、アブラハムにもヤコブにも啓示されなかったと言われる神の名そのものがイエスでもあったということが、モーセを通して謎めいた仕方で説明されている。われわれはそれがわかっている。すなわち、次のように言われている。〈主はモーセに言われた。この民に言いなさい。見よ、私はあなたの前に使いを遣わして、あなたを道で守らせ、私の備えた場所に導かせる。あなたは彼に心を留め、その声に聴き従い、彼に逆らってはならない。彼はあなたをけっして見捨てないからである。彼は私の名を帯びているからである〉〔出二〇：二二、二三：二〇-二一〕。(2) さて、君たちの父祖をその土地に導いたのは誰であろうか。もうわかってくれたまえ。それは始めはアウセス〔ホシェア〕と呼ばれていたが、後にイエス〔ヨシュア〕と呼ばれるようになった者である〔民一三：一六参照〕。もし君たちがこのことを悟るなら、イエスとはまた〈彼は私の名を帯びているからである〉とモーセに語られた方の名であることもわかろう。彼はイスラエルとも呼ばれ、その同じ名前をヤコブに与えたからである〔創三二：二八-二九[*19]〕。(3) さらに、イザヤにおいて歴然としているのは、神の意向を伝えるために遣わされる預言者たちが神の使いとか使徒と呼ばれていることである。そこで〔自ら預言者である〕イザヤが〈私を遣わして下さい〉〔イザ六：八〕と言っているからである。そして、イエスという名にちなんで呼ばれた方が力強く大いなる預言者となったということは誰にとっても明らかである。(4) それゆえ、この神はいろいろな姿でアブラハムやヤコブやモーセに自身を示したのだ。われわれがその真実を知っているならば、その彼が万物の父の御旨に従って人間として処女(おとめ)から生まれることもできたはずだということを疑ったり、信用しない理由はどこにあろうか。しかも、こういう出生も父の望みであったということをはっきりとわからせてくれるような聖書記事はたくさんあるのだ。

七六 (1) たとえば、ダニエルが〈永遠の王権を受けた者〉を〈人の子のような者〉と呼んだこと〔ダニ七：一三―一四参照〕、これはまさにそういうことを暗示してはいないだろうか。というのも、〈人の子のような者〉という表現は、確かにこの者が人間の姿をもち、人間となったということを意味してはいるが、しかし人間の種からの者ではないということは明らかだからである。また、〔ダニエルが〕彼を人手によらず切り出された石〔ダニ二：三四参照〕と呼んでいるのも、謎めいてはいるがやはり同じことを言っている。彼が〈人手によらずに切り出された〉という表現は、彼が人間の業によるのではなく、彼を生み出した万物の父なる神の望みに由来するからである。(2) さらに、イザヤが〈誰が彼の血統（*γενεά*）を物語るであろうか〉〔イザ五三：八〕と言ったとき、彼はその方の出自（*γένος*）が記述不可能であることを明らかにしたのである。なぜなら、人間からの人間でその出自の記述不可能な者は誰もいないからである。また、モーセが〈着物を葡萄の汁（*αἷμα*）で洗う〉〔創四九：一一〕と言ったとき、私が君たちに繰り返し述べたように、彼は暗示的な言い方で次のことを預言したのではなかったか。すなわち、この方は確かに血（*αἷμα*）をもってはいるが、しかし人間に由来する血ではない、ちょうど葡萄の汁が人間でなく神が造り出したものであるように、ということだ。(3) さらに、イザヤが彼を〈大いなる助言の使い〉〔イザ九：五〕と呼んだとき、彼は次のことを予告したのではなかったか。すなわち、この方は教えるために来、教師になったということである。なぜなら、彼だけが父の大いなる助言を包み隠さず教えたからである。その助言は父に嘉(よみ)され、また嘉されるであろう人々のみならず、人間であろうと天使であろうと、父の御旨に背いた者に対しても向けられている。(4)〈彼らは東や西から来て、アブラハム、イサク、ヤコブとともに宴会の席に着く。だが、御国の子らは、外の暗闇に追い出される〉〔マタ八:一一-一二〕と、この方が言ったのだ。(5)また、彼は〈かの日には大勢の者が私に、「主よ、主よ、私たちは御名によって食べ、飲み、預言し、悪霊を追い出したではありませんか」と言うであろう。そのとき私は彼らに言おう。「私から離れ去れ」〉〔マタ七:二二-二三〕とも言った。別の個所、すなわち彼が救われるに値しない者を裁こうとする場面ではこう言った。〈父が悪魔とその使いどものために用意しておられる外の暗闇に行け〉〔マタ二五:四一、二二:一三参照〕。(6)さらに他の個所では〈蛇、蠍(さそり)、大百足(むかで)や敵のあらゆる力を踏みつぶす権威を、私はあなたがたに授ける〉〔ルカ一〇:一九〕と言った。そして今、ポンティオ・ピラトの下に十字架に付けられたわれらの主イエスを信じるわれわれは、すべての悪霊と汚れた霊を追い払っている。彼らはわれわれに屈服しているのである。つまり、いくら預言者が暗示めいた仕方で、キリストが苦しみを受け、その後すべてのものの支配者となるということを宣べ伝えたとしても、やはりこの方自身がそういうことは聖書にはっきりと述べられているると説いて使徒たちに納得させるまでは、誰もそのこと〔の真意〕を解することができなかったのだ。(7)自分が十字架に付けられる前に〈人の子は多くの苦しみを受け、律法学者やファリサイ派の人々から排斥され、十字架に付けられ、三日の後に復活することになっている〉〔マコ八:三一〕と言った所以である。ダビデもまた、この方は父の御旨に従って、太陽と月に先立って胎より生まれた〔詩七二：五、七二：一七、一一〇：三参照〕と宣べ伝え、彼は力強く崇むべき神〔詩二四：八、七二：一一参照〕キリストであると言明したのである」。

訳註

＊1――「以上の件」とは、本書前半（第一―四七章）のテーマ、すなわち旧約に対する新約の優位性という大文脈のうち最後の議論に当たる、律法を守ることとキリストのもたらす救いとの関係をめぐる問題（第四四―四七章）を指す。

＊2――トリュフォンとその同伴者たちを指す。

＊3――これは二世紀に起こったユダヤ・キリスト教的グループで、養子説を唱えるエビオン派を指す。

＊4――この語は本来「彼ら」、すなわちイスラエルの七〇人の長老たちを指すが、ユスティノスはこの個所をヨシュアの選び（民二七：一八、申三四：九参照）と混同したため、これを「彼（ヨシュア）」とした。

＊5――「主は隠された手でアマレクと戦う」という引用はモーセ率いるイスラエル人とアマレク人との戦いが背景となってはいるが、「主」はキリスト、「アマレク」は悪霊どもの象徴とみなされ、前者の後者に対する勝利の預言として機能している。しかも、その勝利は二度ある。二度目の勝利はキリストの「栄光を帯びた」来臨、すなわち再臨の時であり、そのときは端的に「主はアマレクと戦う」と言われる。しかし、「隠された手」による勝利はすでに既成事実となったキリストの第一の来臨の際に起こった、とユスティノスは考える。このとき、キリストは苦難と死、すなわち十字架という「栄光を帯びない」仕方で悪霊どもを屈服させた。この「栄光を帯びない」というのが、主の第一の来臨の特

徴であり、それが「隠された」手ないし力という表象の意味するところである。

＊6――ユスティノスはこれについて本書第三五章第三節ですでに触れている。

＊7――アスケロン出身のヘロデとは、エウセビオスの『教会史』(Historia ecclesiastica I, 6, 2『教会史1』秦剛平訳、山本書店、一九八六年、四二―四三頁参照)によればヘロデ大王(Herodes I 前七三頃―前四年、在位前三七―歿年)を指す。しかし、ユスティノスは、彼の治世をキリストの受難期と結びつけているところから、明らかにこれを大王の子のヘロデ・アンティパス(Herodes Antipas ガリラヤとペレアのテトラルケース。在位前四―後三九年)と混同している。

＊8――Cf. Justinus Martyr, Apologia prima 32.

＊9――「申命記」四章一九節を、その原意とは違って、神が異邦人に太陽や月を対象とする偶像礼拝を許したと解釈するのは、ユスティノスのみならず、アレクサンドレイアのクレメンス(Clemens 一五〇頃―二一五年以前)やオリゲネス(Origenes 一八五頃―二五四年頃)にも当てはまる。Cf. Haeuser, S. 83, Anm. 2.

＊10――ユスティノスは父と子は数的には二つであるが、考えや意志において二つは一致していると考えている。ただし、後の四世紀のキリスト論をめぐる教義論争で確立したペルソナ概念はユスティノスにまだ知られていないことに留意すべきである。

＊11――本書第三二章第三節参照。

＊12――ここで著者は、トリュフォンとその同伴者にではなく、本書の読者に対して話しかけている。なお、「この〔聖書の〕記事全体」とは「創世記」一八章一―二八節を、「先に」とは本書第五六章第二節を指す。しかし、そこで引用されているのは同聖書個所の冒頭と末尾の部分だけである。ユスティノス自身がほんとうに「記事全体」を引用したのであれば、「云々と続いて」という表現を使って同記事

を大幅に省略したのは、写字生であろう。

＊13――しかし、トリュフォンが指摘したようなイエスと掟の関係について、ユスティノスは本書の中ではこの個所まで一度も言及していない。

＊14――旧約聖書のギリシア語訳、いわゆる「七十人訳（セプトゥアギンタ）」を指す。

＊15――この「エズラ記」からの引用と思われる文言はどの旧約写本にも翻訳にも見出されないが、ラクタンティウス（Lucius Caelius Firmianus qui et Lactantius 二五〇頃―三二五年頃）が一度言及している。Cf. Lactantius, Divinae institutiones IV, 18, 22.

＊16――この文章が入った「エレミヤ書」本文は現存していないが、ユスティノスの手元にはあったと想定される。しかも、この一文はエイレナイオス（Eirenaios 一三〇／四〇―二〇〇年頃）の主著『異端反駁』（Adversus haereses）中に数回引用されている。このいわゆる「ヤハウェの陰府降り」を含んだ「エレミヤ書」は一般に「外典エレミヤ書」と呼ばれ、問題の個所は二世紀前半にキリスト教徒によって挿入されたと考えられる。これについては久松英二「陰府への降下――その歴史と意義」『南山神学別冊』第四号（南山大学大学院神学研究室、一九八五年）、八九―九二頁参照。

＊17――この言葉は多くのラテン著作家に言及されているが、実際にヘブライ語およびウルガタ訳聖書にはなく、ギリシア語訳についても一例を除けばいずれの写本にも見出されない。おそらくキリスト者による後代の挿入句であろう。

＊18――テクストはここで欠損している。

＊19――わかりにくい論理である。ユスティノスはヤコブがイスラエルと名づけられたのは、ペヌエルで格闘した者がイスラエルという名であったことを前提しており、この名をヤコブに授けたと考える。次に「彼は私の名を帯びている」という句の「彼」とはイエス（＝ヨシュア）で、「私」とはヤコブが格闘

した相手と同一視されており、両者とも同じ一人のキリストの予型的存在とみなされている。「名を帯びている」という表現では、ヤコブが「イスラエル」から同名を授けてもらったように、「イエス」という名も「私」の名と同じ名を「私」から授かったというふうに解釈されている。したがって、イスラエルとも呼ばれるキリストの予型的存在、すなわち「私」の名は「イエス」なのだという理屈になる。

救われる富者は誰か

アレクサンドレイアのクレメンス
秋山　学訳

解題

圧倒的な富を背景に、古代のアレクサンドレイアは異文化が犇めき合う一大文化都市であった。アテナイの異教徒の家庭に生を享けたと目されるクレメンス（Titus Flavius Clemens 一五〇頃―二一五年以前）は学問遍歴の末、アレクサンドレイアで私的な教理学校を開いていたパンタイノス（Pantainos 一八〇年頃活動）と出会い、同校の教師となり司祭となる道を歩む。激しい迫害が間歇的に生じ、自身も晩年はカッパドキアのカイサレイアに逃れることになるが、アレクサンドレイアでキリスト教徒はすでに非力な少数派ではなかった。ギリシア的教養と経済力を有する者たちを福音へと導くことがクレメンスの課題であり、神のロゴスと関わっているはずの信仰を確実な「覚知（グノーシス）」にまで昇華させていくこと、さらにはアレクサンドレイアで福音的生を営むための指針を与えていくことが、彼の著述の目的であった。ギリシア哲学・文学さらにはエジプトの知恵までもが織り込まれた代表作『ストロマテイス』（綾織物 Stromata〔秋山学訳、教文館、二〇一九年〕）全八巻は、古代ギリシアのテクストを今日に伝える史料的役割をも果たしている。

収録した『救われる富者は誰か』（Quis dives salvetur）は一九〇―二一〇年頃に著された「マルコによる福音書」第一〇章一七―三一節への註解形式を取る作品である。クレメンスは、「行ってあなたの持ち物を売り払い、貧しい人々に施せ」（マコ一〇：二一）を字義通りに解釈することを戒めつつ、これを富への執着を捨て常に施しができるような心がけでいることへの勧告であるとする。ストア的ロゴス論・倫理観に立脚するこの解釈は、後代の清貧理解に大きな影響を与える。のみならず、「愛」をもって「富」を使用することで兄弟としての他者の生命・霊魂を活かす（第三七―三八節）という主張は、時代背景を超えて、今日に生きる我々に「富」といかに向き合うべきかを真摯に考えさせる。

救われる富者は誰か

序

追従ではなく、祈りと教化が富者を救うこと。

一 (1) 富裕な人に称讃の言葉を贈るような人々は、人にへつらう不自由な者と判断されて当然だと私には思われる。なぜなら彼らは、大きな報酬を期待するがゆえに、なんら感謝に値しないことを感謝に値することのように見せかけたいと望んでいるからである。だがそればかりではない。むしろ彼らは不敬で企みを抱く者たちとみなされるべきであろう。(2) まず不敬であるというわけは、「すべての者は神から出て、神によって保たれ、神に向かって」おり〔ロマ一一：三六〕、神が唯一完全にして善き方であるにもかかわらず、彼らが神を讃え神に栄光を帰するのを怠り、〔財産という〕神からの賜物を、救いのない泥まみれの生活に翻弄されているような、総じて神の裁きをこうむっている人々に帰しているからである。*1 (3) 次に企みを抱く者だというわけは、獲得したものの余剰それ自体が、十分になると、霊魂を弛緩させ腐敗させ、そこを通ってこそ救いを手にすることができる道から外れさせるからである。また彼らは、無制限に称讃を受けることへの快楽をちらつかせつつ、富裕な人々の思慮をさらに迷わせる。そうしながら彼らは富者に対して、富者が驚嘆される理由となる富以外は、すべて軽蔑するように仕向けているのである。実際、彼らは諺で言われているように「火の上にさらに火を運び」*2、傲慢に傲慢を重ねさせ、富のかさを増す。その富は本性的に重いけれども、さらにその上にいっそうの重みを重ねる。むしろその重みは危険で死をもたらす病として、取り除き軽減すべきである。というのも自らを高め、大いなるものとする者には、逆に卑しきものへの転化と墜落が待ち受けているからである。これは神の言葉が教えている通りでもある〔マタ二三：一二参照〕。(4) 私には、富める人々に対して卑劣な癒しを施し、悪意をもって誉めそやすよりは、彼らとともに生の重荷を担い、また彼らのためにあらゆる手だてを尽くして救いの手を差し伸べるほうが、はるかに人間愛に満ちているように思われる。それはまず、われわれが神に懇願することによってなしうるであろう。神は自分の子供たちに対して、賜物をかならずまた快く与える方だからである。あるいは救い主の恵みに頼り、言葉を通して彼らの霊魂を癒すことでなしうるであろう。こうしてわれわれは彼らを照らし、真理の獲得に向けて導くことができよう。というのも真理に至り、善き業（わざ）によって輝きを得た者のみが、永遠の生の重みを取り去りうるだろうからである。(5) また、祈りも生の最後の日にまで及ぶ力強く輝かしい霊魂を必要とし、生活のあり方も、救い主のすべての掟を満たそうとする高貴で堅実な態度を要求するのである。

富者が救いを諦める理由。

二 (1) しかしながら富める人々の救いが、財産をもたない人々の救いよりも困難であるように思われる理由は、単純ではなく多様であるのかもしれない。(2) つまりある人々は、主の声をただちに喜んで聞く。なぜなら駱駝が針の穴を通るほうが、富者が天の王国に入るよりも容易だからである〔マコ一〇：二五〕。彼らはもはやこの世に生きることを諦めたかのように自らに対して投げやりで、この世のすべてを喜び、この世での生が唯一自分たちに残された生であるかのようにそこにしがみつき、来世への道からは遠く離れ、主や師〔キリスト〕が誰を富者と呼ぶかということや、どのようにすれば人間には不可能なことも可能になるかといったことを、もはや問うてみることはしない。(3) 一方、こういったことを正しくまた的確に理解してはいるものの、救いにつながることどもを軽んじ、待ち望んでいる事柄のために必要な準備を整えることをしない人々もいる。(4) 私が言っているのは、救い主の力と輝かしい救いに気づいている富者たちのことであって、真理に与(あずか)っていない者どものことは、私の念頭にはない。

キリスト者にとって、富者の教化は義務であること。

三 (1) さて真理を愛し兄弟を愛する者は、救いに招かれている富裕な者たちに対して、傲慢で横柄な態度をとってはならないし、また逆に自分の利益を期待して彼らに追従するようなことがあってはならない。まず初めに言葉でもって、彼らからその空しい不安を取り除いてやる必要がある。そして主の言葉を必要に応じて解説することにより、もし彼らが主の命令に従うなら、天の国を相続する権利が彼らから奪い取られはしないということを説かなければならない。(2) しかる後、彼らが恐れるべきでない恐怖に脅えているときには、救い主が意志ある者どもを喜んで受け容れるということを忠告すべきである。そのときには同時に、どのようにしてまたいかなる行為と態度によれば希望に与ることができるかに関して、前もって示してやり教示してやるのがよい。それは、希望が彼らの手に届かないものとなったり、あるいは逆にいとも簡単に手に入れうるものとなったりはしないということを言うためである。(3) ここで、われわれもわずかなもの、はかないものをそれぞれ大きなもの、不滅のものと比較することができるように、この世のことどもに富んでいる者は、陸上競技者の場合を例にとり、上で述べたことを自分のこととして考えてみたまえ。(4) 富める者のうちある者は、勝てるということや栄冠を手中に収めることができるということに関して希望を失い、初めから競技に参加することすらしない。その一方である者は、考えの内では上のような希望を抱きながら、適切な努力、鍛練、適切な糧を身につけることをせず、栄冠を得ることができずに希望を失ってしまう。(5) それと同じように、地上で「富という」服を身にまとっている者は、自らが救い主の最高の褒賞から除外されていると は思わないようにしたまえ。もし真に信心深く、神の人間愛をよく理解しているのであれば。けれどももし、なお鍛練に励まずまた報賞を目指して競技することもせず、戦わずまた汗を流すこともしないままでいる者は、不死性という栄冠に与る希望はないものと思いたまえ。(6) むしろ自らを鍛錬者である御言葉にさらし、審判者であるキリストの許に置きたまえ。彼の食物と飲み物は主の新しい契約として、鍛錬は命令として、美しき態度は優美さまた飾りとして準備されていると考えたまえ。愛、信仰、希望、真なる認識、公正さ、柔和、堅忍、貞潔も同様である。そして最後の喇叭(らっぱ)が走路の終点を知らせ、この世といういわば競技場からの出立ちを告げるとき、彼は勝利者と認められて堂々と審判者の前に立ち、天上の祖国に適う者とされ、その国に向けて、栄冠を帯び天使の布告とともに帰還するのである。

第一部 「あなたの持ち物を売り払え」という主の言葉の意味について

神の力添えを願う祈り。

四 (1) では、これから本題に入りたい。われわれに対して救い主が、兄弟たちをまず希望に向け、次いで希望の成就に向けて、真理、摂理に適ったこと、救いを提供できるように導き給わんことを。(2) 神は、求める者には恵みを与え、願う者には教え、無知を解き、絶望を取り払う。そして富める人々に関してもやはり同じように、その立場を理解し確かな忠告を与えてくれるような言葉を提示しているのである。(3) というのも、やはり御言葉そのものに耳を傾けるほど確かなことはないからである。それは福音に含まれているもので、今までわれわれが十分に検討せず、幼さゆえに誤って理解していたために、われわれを困惑させてきたものである。

「マルコによる福音書」一〇章一七-三一節による「富める若者」の物語。

(4)「イエスが旅に出ようとすると、ある人が走り寄って、跪いて尋ねた。(5)〈善い先生、永遠の命を受け継ぐには、何をすればよいでしょうか〉。イエスは言った。〈なぜ私を「善い」というのか。神おひとりのほかに善い者は誰もいない。「殺すな、姦淫するな、盗むな、偽証するな、奪い取るな、父母を敬え」という掟をあなたは知っているはずだ〉。(6) すると彼は〈先生、そういうことはみな、子供の時から守ってきました〉と言った。イエスは彼を見つめ、慈しんで言われた。〈あなたに欠けているものが一つある。行って持っている物を売り払い、貧しい人々に施しなさい。そうすれば、天に富を積むことになる。それから、私に従いなさい〉。(7) その人はこの言葉に気を落とし、悲しみながら立ち去った。たくさんの財産をもっていたからである。(8) イエスは弟子たちを見回して言われた。〈財産のある者が神の国に入るのは、なんとむずかしいことか〉。(9) 弟子たちはこの言葉を聞いて驚いた。イエスはさらに言葉を続けられた。〈子たちよ、神の国に入るのは、なんとむずかしいことか。金持ちが神の国に入るよりも、駱駝が針の穴を通るほうがまだやさしい〉。弟子たちはますます驚いて、〈それでは、誰が救われるのだろうか〉と互いに言った。イエスは彼らを見つめて言われた。〈人間にできることではないが、神にはできる。神は何でもできるからだ〉。(10) ペトロがイエスに、〈この通り、私たちは何もかも捨ててあなたに従ってまいりました〉と言い始めた。イエスは言われた。〈はっきり言っておく。私のためまた福音のために、家、両親、兄弟、財産を捨てた者は誰でも、それを百倍受けることであろう。今この世で迫害を受けながら、畑、財産、家、兄弟を有したところで何になろうか。来たるべき世での生命は永遠のものである。しかし先にいる多くの者が後になり、後にいる多くの者が先になるであろう〉」〔マコ一〇：一七－三一〕。

福音の言葉をより深く理解することの必要性。

五　(1)　これらのことは「マルコによる福音書」に記されていることである。もっとも他のすべての福音書においても、おそらくは少しずつ個々の言い回しにおいて違っている点があるにせよ、みな一致して同一の意味を伝えている。[*3] (2)　ここでは次のことを明確にする必要がある。すなわちそれは、救い主がなんら人間的な仕方ではなく、すべてを神的かつ神秘的な知恵にもとづき、自分の弟子たちがこの言葉を肉[*4]によることなく受け取るように教えているのだということである。そこで、これらの言葉に隠された意味を、ふさわしい探究と理解によって検討し学び取らなければならない。(3)　というのも主自身によって、弟子たちのためにわかりやすく説明されたように見える事柄が、実は今なお、主の比喩をもって語られたことに劣らないばかりか、むしろそれに優る注意深さを必要とするように思われるためである。これは、その御言葉の内に潜む意味が限りなく深遠だからである。(4)　あるいはまた、弟子たちの限られた交わりの中で、あるいは主によって「御国の子ら」〔マタ一三：三八〕と呼ばれている人々に対して、主自身により説明されているように思われる御言葉は、いっそう大いなる省察を必要とするからである。それらの御言葉は、実に単純なかたちで述べられているように見えるし、それゆえに聞いている人々からはまったくその意味を質されることがない。けれどもそれらは、救いという目的全体にとってきわめて重要であり、しかも驚くべき天上的な意味の深みに包まれている。それゆえ、表面的な字義にもとづいてその意味を受け取るのはふさわしくない。むしろほかならぬ救い主の霊と、その語られえぬ意味に向けて知性を集中させることが肝要である。

キリストは人間の師であること——「マルコによる福音書」一〇章一七節の解説。

六　(1)　というのも、われわれの主にして救い主なる方は、自らにとって最もふさわしい問いかけがなされるのを喜ぶからである。すなわちその問いとは、生命である方が生命に関して問われ、救い主が救いに関して問いかけられ、伝えられる教えの眼目について教えの師が尋ねられ、真なる不死性に関して真理である方が問い質され、父の言葉に関して御言葉が尋ねられ、完全な休らいに関して完全な方が問われ、堅固な不滅性に関して不滅なる方が問われる問いなのであるから。(2)　主は、自らがこの世に降ったことの意味について問われ、自らが教育し、教え、与え尽くすことどもについて問いを受ける。それは主が、福音の意図するところは永遠の生命を賜物として授けるところにあるということを示すためであった。(3)　その際に主は神として、これから自分が尋ねられること、そしてこの青年が自分に答えようとすることを予見していた。というのも預言者中の預言者、すべての預言者の霊の主よりも偉大なる者はいないだろうからである。(4) さて、まず主は「善き方」と呼ばれた。そこで主は、この最初の言葉そのものの内に手がかりを見出し、教えを始める。そして弟子を善にして第一の、そして唯一なる永遠の生命の与え主[*5]へと向ける。この生命とは、子が父から受けてわれわれに与えるものである。

あらゆる教えのうちで最も偉大かつ重要なもの——永遠にして善なる神の認識。

七 (1) こういうわけで、生命に関する教えのうち最大で最も肝要なものとは、永遠にして永遠性の与え手、第一にして至高、一(いっ)なる善き神を知ることである。このことを初めからたがうことなく霊魂の内にとどめなければならない。神は覚知(グノーシス)と認識(カタレープシス)とによって捉えることができる。(2) というのも神に関する知とは、不変にして揺らぐことなき根拠、生命の礎(いしずえ)だからである。この神とは真に存在する方であり、存在性すなわち永遠性を与える方である。存在性と存続性とは、この方から他の諸存在に与えられる。(3) なぜなら神に関する無知は死であるのに対して、神に対する知識、親しさ、神への愛、そして神に似ることのみが生命だからである。[*6]

「神に対する知識」にもとづく主の教え。

八　（1）　そういうわけで、真なる生命を生きようと欲する者には、まず第一にこの神を知ることが勧められる。この神とは「子および子が啓示するであろう者を除いては、誰も知ることがない」〔マタ一一：二七〕方である。次いでこの方の後に学ぶべきなのは、救い主の偉大さ、その恵みの新しさである。なぜなら実に、使徒によれば「律法はモーセを通じて与えられたが、恵みと真理はイエス・キリストを通じてもたらされた」からである〔ヨハ一：一七〕。また、信仰深い「仕える者」[*7]を通して与えられたものと、真なる子によってもたらされたものとは、等しくないからである。

モーセの律法はキリストの恵みの準備であること。

（2）　であるからもし、かのモーセの律法が永遠の生命を与えるのに十分であるのならば、救い主自らが到来し、われわれのために、誕生から十字架[*8]に至るまで受難を経て人性をことごとく体験したことは意味のないものになることであろう。また、律法の掟をすべて「幼い頃から」守り、跪いて不死性を他人に願い求めたこの青年も意味のない者となることであろう。（3）　というのもこの青年は、律法を満たしてきたというばかりではなく、その幼少の頃から変わることなくそうしてきたからである。いったい、若い情念や生々しい怒りや金銭愛が生む不正を生じさせないような輝かしい賜物があれば、それよりも偉大なるものが何かあるだろうか。だからもし誰か、若さゆえの血気や年齢ゆえの熱い思いの内にありながら、成熟しまた年齢よりも長じた考えをなす者があったならば、彼は驚くべき秀でた、思慮において熟年の域に達した競技者である。(4) だがここに登場する青年は、正義に関して欠けている点は何もないが、生命そのものが自らには欠けているということをはっきりと自覚していた。それゆえに彼はこの生命を、ただ一人それを与えることのできる方に求めたのである。そして彼は律法に関しては雄弁に語るが、神の子には嘆願する。(5) この青年は「信仰から信仰へ」〔ロマ一：一七〕移ったわけである。彼は、いわば律法の内にあって翻弄されたために、危難ゆえに停泊地を求める者のように、救い主の許へと停泊するのである。

九 (1) これに対してイエスは、律法に記されていることを完全には満たしていないからという理由でこの青年を咎めることはしなかった。むしろイエスは彼を慈しみ、彼が学んだ従順さを高く評価した。しかし同時にイエスは、彼が永遠の生命に至るには不十分であると言った。それは、彼が完徳を満たしておらず、律法の実行者ではあっても真なる生命に目覚めていないためである。(2) なるほど「律法を満たすこと」もまた善い（誰がそうでないと言おうか。この掟は聖なるものなのだから〔ロマ七：一二参照〕）。けれども律法の掟とは、恐れと準備的教育をともなう一種の鍛練にすぎない。つまり、イエスの教える掟の遵守という頂と恵みにまで導く役割しかもたないものなのである〔ガラ三：二四参照〕。それに対してキリストは律法の完成であり、キリストは「信じる者すべてに義をもたらすため」〔ロマ一〇：四〕の方である。キリストは、父の御旨を果たす者たちを「仕える者」[*9]〔モーセ〕と同じく「仕える者たち」にするのではなく、子供たち、兄弟、共同の相続人とする方なのである〔ロマ八：一四–一七〕。

道徳的生活の前提としての人間の自由意志――「マルコによる福音書」一九章二一節の解説。

一〇 (1) 「もしあなたが完全な者になることを望むのであれば」〔マタ一九：二一〕。つまり青年はいまだ完全な者ではないのである。というのも完全より完全なものはないからである。そして「もしあなたが望むならば」という言い方は神にふさわしいものである。この言い方でイエスは、自らが語りかけている者の霊魂の自発性を明らかにしている。なぜなら選択は自由なる人間に委ねられたものであり、恵みは主たる神の側にあるからである。(2) 主は望む者、努力を惜しまない者、そして必要とする人々には与える。これは救いがそうして彼ら自身のものとなるためである。神は強いることはしない。なぜなら暴力は神と敵対するものだからである。むしろ主は探す人々に与え、求める人々に提供し、扉を叩く人々に開ける〔マタ七：七〕。(3) だからもしあなたが望み、もしほんとうに希望し、あなた自身を偽らないのであれば、あなたに欠けていることを獲得するがよい。「あなたには一つのことが欠けている」〔マコ一〇：二一〕。一つのこと、主自身のこと、善きこと、すでに律法を超越していることが。それは律法が与えうるものではなく、律法に含まれているものでもなく、生ける人々に固有のものである。(4) 律法の掟をことごとく「幼い頃から」〔マコ一〇：二〇〕満たし、過度に自らを誇ったこの青年には、この一つの事柄、すなわち救い主のみが授ける教えを、彼が求めていた永遠の生命を得るためであっても、それ以外のものの総体に付け加えることはできなかった。この青年は気落ちしてその場を立ち去り、請い願っていた生命の教えに心傷めたのである。(5)というのも彼が求めていたのは、彼自身が言っていたような真なる生命ではなかったからである。むしろ彼は、善き意図を有しているような外見をまとっていただけであった。それゆえ彼は、多くのことに囚われることはできたが、一つのことすなわち生命の業を完成するための能力も、意志も、力も有していなかったのである。(6)ちょうど〔マルタとマリアの物語の中で〕〔ルカ一〇：三八-四二〕、姉マルタが、自分は多くのことに気忙しくとり乱し、給仕に心騒がせているにもかかわらず、妹マリアは「仕えることをなおざりにし、主の足元に坐って学びの時間を費やしている」と言って妹を責めたのに対して、主が「あなたは多くのことを思い煩っている。だがマリアは善い方を選んだ。だからマリアからそれを奪い取ってはならない」とたしなめたのと同様である。(7)それと同じように、この青年に対しても主は、多忙な雑事からひとまず離れ、一つのこと、すなわち永遠の生命を与える方の恵みに専心し、心して注意を向けるように命じたのである。

「あなたの持ち物を売り払え」という言葉の意味について。

(一)外的な財産放棄の命令ではないということ。

一一 (1)では、この青年を逃避させ、師、嘆願、希望、生命、それまでの労苦から逃げ出させたのは、いったい何であったろうか。それは「あなたの持ち物を売り払え」〔マコ一〇：二一〕との言葉である。(2)これはいったいどういう意味であろうか。それは、ある人々が安易に理解しているような、「今ある財産を売り払って金銭から離れよ」という命令ではない。むしろこれは金銭をめぐる思い、財に向かう執着心、過度の欲求、金に関する恐れや病的感情、思い煩い、生命の種を摘み取る生の刺を霊魂から取り払うようにとの命令なのである。(3) なぜなら、金を無為に擲てというのは、偉大でも羨むべきことでもなく、生命の言葉に関わることでもないからである。というのもそういうことであれば、何であれどこにも有することなく、孤独で日々の食をも乞う者ども、道端に見棄てられた乞食、神や神の正義を知らず、極度に貧窮し生をどうにもやり繰りできぬ者、最低限の物にもこと欠く人々が最も幸いにして神に愛され、唯一永遠の生命を有しているということになるであろう。(4) また、富を擲って貧しい人々あるいは祖国のために施せというのはなんら目新しいことではない。これは救い主の到来以前にも多くの人々が行ってきたことである。そのなかのある人々は暇つぶしあるいは生命なき知恵のため、またある人々は空しい名声や偽りの栄光を求めてそうしたのであった。たとえばアナクサゴラスやデモクリトス、クラテテス〔クラテス〕たちがそうである。*10

(二) この教えは霊魂が情念から解放されることを表す勧告であるということ。

一二 (1) では救い主は、いったい何を新しく神に固有なこととして告げたのであろうか。また彼が告げた、ただそのことのみが生命をもたらし、以前の人々が救われなかったこととは何であったのだろうか。もし彼が「新しき創造」*11たる神の子として、何か特別なことを告げ知らせまた教えたのであれば、彼は他の人々がなしたような目に見えることを命じたのではなく、この言葉によって、何か他のより偉大で神的、より完全な行為を表そうとしたはずである。すなわちその行為とは、霊魂そのもの、心的状況を、そこに伏在する情念から剝ぎ取ること、そして思慮とは無縁な根を切り取って投げ捨てることなのである。この教えは信仰者に固有で、救い主にふさわしい教えである。(2) なぜなら救い主以前の人々は、なるほど外的なことどもを軽んじ、財産を棄てて売り払いはしたが、私が思うに、その霊魂の情念に関して彼らはますます増長したように思われるからである。というのも彼らは、自分自身が何か超人的なことを行っているかのような気になって、倨傲、虚偽、虚栄に陥り、他の人々を軽蔑するようになったからである。(3) ではなぜ救い主は、永遠に生きることを望む人々に対して、彼自身が約束した生命に対して損害と損失をもたらすようなことを勧告するのであろうか。(4) その理由は、次のような別の可能性もありうるからである。つまり、ある人が財産を擲ちながらも、すでに根づいてしまった金銭に対する欲求や衝動が、なおいささかも減じることなく潜在し息づいていたとしよう。彼は財産を用いることを放棄したものの、困窮に陥ると同時に打ち捨ててしまった財を渇望し、二重の苦悩に苛まれることになる。すなわち生活の支えが欠如することと、自らの行為が悔やまれ続けることによってである。(5) つまり、生活するために不可欠な物にこと欠く者が、いかなる方法で、またどこから調達するにせよ、その物資を手に入れようと忙殺されるあまり、思いにおいて打ちひしがれ、より優れたことを考えることからは遠ざかるということは、かならず起こりうることなのである。

㈢　この個所の字句通りの解釈は、主の他の教え・掟と齟齬をきたすこと。

一三　(1)　それに対して、今述べたのと逆の事態はどれほど有益なことであろうか。すなわちある人が自ら十分なだけの蓄えを保持していて、財に関して窮状に陥ることはなく、また援助を必要とする人々には救いの手を差し伸べうるというのは。というのも、もし誰一人として何も財を有しないという状況に陥ったならば、人々のあいだにいかなる分かち合いの余地が残されうるであろうか。(2)　ところで次に引く教えは、他の数多い高貴な主の教えとは、はっきりと対立し齟齬をきたすように思われるものではないだろうか。(3)　「不正にまみれた富で友達をつくりなさい。そうしておけば、金がなくなったとき、あなたがたは永遠の住まいに入れてもらえる」〔ルカ一六：九〕。「富は天に積みなさい。そこでは虫が食うことも錆びつくこともなく、また盗人が忍び込むことも盗み出すこともない」〔マタ六：二〇〕。――(4)　われわれがみな、財や物資にこと欠いていたとすれば、誰がどのようにして飢えている人を養い、渇いている人を潤し、裸の人に服を着せ、家のない人を集めることができようか〔マタ二五：三五―三六〕。たとえそういった施しを行わない者に対して、主がやむことのない火や闇〔による罰〕をもって威嚇している〔マタ二五：四一―四三〕としてもである。(5)　実際主自身も、富裕なザアカイ〔ルカ一九：五〕やレビ、徴税人マタイからもてなしを受けた。*12 けれども主は彼らに対して、その財産を放棄するようにと命じることはなく、正しい財の用い方を讃え、不正な財貨については触れずに「今日、救いがこの家を訪れた」〔ルカ一九：九〕と告げた。(6)　であるから、主が彼らの金銭の使い方を誉めるあり方としては、次のようなあり方が想定されている。つまり主は財の剰余でもって、渇ける人を潤し、飢える人にパンを与え、家のない人を歓待し、裸の人に着せるべく分かち合えと命じているのである。(7) もし、なにがしかの財なくしてはこういった分かち合いを果たすことができず、主が単に金銭を手放せと命じているだけならば、主は次のようなこと以外の何を勧めていることになるのであろうか。すなわち同じものを与えかつ与えず、養いかつ養わず、歓待しかつ門を閉ざし、分かち合いかつ分かち合うことをしないようにと命じていることになるのである。これは何にもまして不合理なことであろう。

(四) 神から人間のために与えられた財は、倫理的に善にも悪にもなしうる手段・方法であること。

一四 (1) したがって、〔われわれ自身にとってだけでなく〕隣人たちにとっても有用な財産は、打ち捨てられるべきものではない。なぜなら財産というものは、所有するに値する所有物であり、有用性を秘めた力であり、人間が用いるべく神によって準備されたものだからである。この財とは実に、〔使い方に〕通じた者の手で善い使い方をされるべく準備され整えられた、いわば素材であり道具なのである。(2) 道具というものは、もし術知をともなって用いられるならば、その術知を活かすものとなる。だがもし術知が不足すれば、道具それ自体にはなんら責めがないにもかかわらず、その道具はあなたの不器用さに災いされることになる。(3) 富もまたそのような道具なのである。あなたはそれを正しく用いることができる。するとその道具は、正義のために役立ってくれるであろう。だが不正に用いる者もあるだろう。その際、その道具は不正に仕えるものとなる。というのも道具とは、本性的に仕えるものであって、治めるものではないからである。

(4) であるから、それ自身の内に善も悪も含まれておらず、なんら責めのないものに関して、その責めが問われるべきではない。むしろそういった道具を善くも悪しくも用いることができるものに関して、その責めが問われるべきなのである。つまり、そこに選択が行われるわけであり、まさにその選択が責めを負うことなのであって、それを行うのは人間の知性にほかならない。なぜなら知性とは、自らの内に自由な判断と、与えられたものを自由に扱いうる能力とを有しているものなのだから。(5) それゆえ、財産よりもむしろ、霊魂の情念を棄て去るべきである。なぜなら情念は、現に持てるもののより善い用い方を受容はしないからである。この放棄は、人が美しく善き者となって、上述のような財をふさわしく用いることができるようになるための手段である。(6) こういうわけで、「すべての持ち物を断念し」〔ルカ一四:三三〕、「あらゆる財産を売り払え」〔マタ一九:二一〕という掟は、霊魂の情念について語られたこととして理解されるべきである。

(五) 富の倫理的な性質は霊魂の状態に依存すること——主の戒めは情念の根絶を意味すること。

一五 (1) ここで私としては、次のことをも付け加えたい。財には、霊魂の内にあるものと、霊魂の外にあるものとがある。そして霊魂の外にある財に関しては、もしそれらを霊魂が善く用いるならば、その財もまた善く思えることとであろう。だがもし悪しく用いるならば、その財もまた悪く思えることとであろう。われわれの持ち物を放棄するように命じている主は、次の二つのうち、どちらを捨て去ることを要求しているのであろうか。すなわち、その財が取り去られてもなお情念が残るようなものをであろうか。それとも、その財が取り除かれることによって、霊魂の外にある財も有益なものとなるものをであろうか。(2) ところで、地上的な富の余剰を捨て去った者は、財という質料が残っていなくとも、情念においてなお富んでいるという状況になりうる。というのも、彼の心境はそれ本来の活動を継続し、理性を窒息させ圧搾し、潜在する欲望でもって燃やし尽くす。かくして、情念においてなお富める彼にとっては、財産を失って貧しくなったことが、なんら有益なこととはなっていない。(3) というのも彼は打ち捨てるべきものを打ち捨てず、なんら関係のないものを打ち捨てたからである。*13 彼は己が身から仕えてくれる物を奪い取り、外的な財の欠乏のために、悪の本性的な質料を焚きつけたのである。(4) こういうわけで、持てるもののうち害ある財は捨て去らねばならないが、もしその人がその財の正しい使い途に通じており、有用になりうるものであれば、捨て去るべきではない。(5) 思慮、節制、敬虔さをもって扱われるならば、財は有益である。有害なものは打ち捨てなければならないが、外的な財が害を及ぼすことはないのである。

(六) ここまでの論拠の総括——以上のような仕方で自らの財を用いる人は「霊において貧しい」人であるということ。

一六 (1) このように、主は外的な財を用いることを認めている。主が打ち捨てるようにと命じているのは、生活のために必要な財ではなく、その財を悪しく用いるものなのである。それは霊魂の柔弱さと情念にほかならない。こういった柔弱さに関する豊かさは、どんな場合であっても死をもたらすものとなる。だがそれに打ち勝てば救いが得られることになる。だから人は、霊魂をこういった情念の豊かさから浄めなければならない。すなわち、貧しくありのままの状態に保たなければならないのである。こういった状態において人は「さあ、私に従って来なさい」〔マコ一〇：二一〕と告げる救い主に耳を傾けなければならない。(2) というのも、心において清らかとなった者にとって、主は、主自身がすでに道となっているからである〔ヨハ一四：六〕。これに対して、不浄な霊魂の内に神の恵みは訪れない。不浄な霊魂とは、欲望に満ち、数多くの地上的な情念に呻吟しているものである。(3) ここで例を引くことにしよう。財産や金や銀、それに家屋を神からの賜物として有している者がいたとする。彼はその与え手である神に対し、それらの賜物を用いて人々の救いのために仕えようとする。また彼は、それらの財は自分自身よりも兄弟たちのために獲得されたものであるということを知っており、財を治める立場に身を置ける。このような人は、獲得した財の奴隷ではない。また霊魂においてそれらに固執することもない。それらの内に自らの生命を限定したり閉じ込めたりすることもない。むしろ、何か美しく神的な業を完成しようと常に努力する。そして、ときにそれらの財を奪い取られねばならなくなることがあるとしよう。その際にも彼は、それがあり余ることと同様にそれらが奪い取られることをも平静な思慮でもって忍耐できる。こういった人こそ主から祝福される人であり、「霊において貧しい者」〔マタ五：三〕と呼ばれる人である。彼は天の国を受け継ぐ準備ができている人であって、〔永遠の〕生命を得ることのできない「富者」ではないのである。

㈦ 富を自らの霊魂に負っている者は、天の国を望むことができないこと——善き宝物と悪しき宝物。

一七 (1) これに対して、霊魂の内に富を保持し、神の霊に代えて心の内に金や地所を抱えている者があったとしよう。彼はたえず際限なく財を所持しようとし、常により大いなる財を目指している。このような者は、まなざしが下を向いており、世の足枷に束縛されている者であって、塵にほかならず塵に返る運命にある〔創三:一九〕。こういった者が、天の国をどのようにして望み、思い描くことができようか。このような、心をではなく地所や鉱山を所持している人間に関しては、やはり本人が選び取ったことどもの内に彼自身も見出されるのが必然であろう。なぜなら「人の心があるところ、そこにその人の宝もある」〔マタ六:二一など〕のだから。

(2) ここで「宝」ということに話題を転じよう。主は宝物に二種類があることを知っていた。その一つは善きものである。なぜなら「善き人間は、心の善き宝庫から善きものを取り出す」からである。もう一方は悪しきものである。なぜなら「悪しき人間は、悪しき宝庫から悪を取り出す。なぜなら口が語ることとは、心から溢れ出ることだからである」〔ルカ六:四五〕。(3) であるから宝とは、われわれの許におけると同じく、主の許においても、それを見出したときに思いがけず大きな益をもたらすようなもの〔マタ一三:四四参照〕に限られはしない。第二の宝もあり、それは益もなく羨まれるものでもなく、獲得しても喜ばしくなく、有害なものである。ちょうどそれと同じように、富にも二種類があり、一方は善き富であり、もう一方は悪しき富である。実際われわれは、富と宝物とが本性的に互いに分かれたものではないということを知っている。(4) 善き富とは望ましく獲得されるべきものであろう。これに対して悪しき富とは、望ましくなく打ち棄てられるべきものである。同様に、祝福される貧しさとは霊的なものである。それゆえマタイは「貧しい人々は幸いである」と語ったのに続いてそのあり方を示し、「霊において」と付け加えている〔マタ五：三〕。そしてさらに彼はこう述べている。「神の義に飢え渇く人々は幸いである」〔マタ五：六〕。であるから、この逆のあり方における貧しい人々は憐れむべき存在である。彼らは神に与ることがなく、人間的な財にはいっそう与ることがなく、神の義を味わうこともないからである。[*14]

(八) 富裕と貧困に関する霊的な意味。

一八 (1) それゆえ、天の国に入ることが困難だとされる「富者」の意味に関しては、弟子たちの理解に沿って解されねばならない。散漫にまたおざなりに、肉の思いをもって理解すべきではない。そのような方法で語られた言葉ではないからである。救いは外的な財に影響されるものではない。外的な財が多かろうと少なかろうと、小さかろうと大きかろうと問題ではない。また、評価が高かろうと低かろうと、名誉をともなおうとともなうまいと問題にはならない。霊魂の徳、信仰、希望、愛、兄弟愛、知、柔和さ、謙遜、真理、これらのものに、救いの褒賞は置かれるのである。(2) 人が生きるのは、肉体の美しさによってではない。また逆に、美がともなっていなくとも滅びるわけではない。むしろ与えられた肉体に関して、汚れなく神意に沿った用い方をする人は生きることであろう。逆に神の神殿を破壊する者は滅びるであろう〔一コリ三：一七〕。(3) また、醜悪でかつ放蕩に陥る場合もありうるし、美に従って貞潔を生き抜くこともありうる。生[*15]

命を産み出すのは肉体の力や大きさではない。逆に四肢の無力さが滅びを招くわけでもない。それらを用いる霊魂が、おのおのの場合に関してその原因をもたらすのである。(4) そこで御言葉はこう語る。「頬を打たれても耐えよ」〔ルカ六・二九〕。これなら力溢れる者でも、健全であれば聴き従うことができ、逆に病気の者でも、思慮が統率されていなければ逸脱することがありうる。(5) それと同様に、貧困で力のない者でも、ときに欲望に酔った状態になりうる。一方、財産において富んでいる者が、慎み深く快楽において乏しさの内にあり、信心深く賢明で、また清らかで節慮に満ちていることがあろう。(6) であるから今、とりわけまた第一に生命を有するべきものが霊魂であり、霊魂に関しては、それを生かすものが徳であり、死に至らしめるものが悪であるとしよう。するとただちに以下のことがきわめて明瞭となる。すなわち霊魂は、内なる財〔すなわち情念〕において乏しいときに救われる。内なる財の豊かさは、人に滅びをもたらすからである。だから霊魂は、内なる財において富むときに死ぬ。人を疲弊させるのは内なる財だからである。(7) 以上のような理由により、これからわれわれは完徳の原因を、霊魂のあり方と状態の中にのみ限定して探究することにしたい。この状態とは、神への従順と清らかさ、あるいは逆に掟に対する不従順、悪の蓄積に関わるものである。

(九) 徳における富者と肉における富者――主の言葉の新たにされた意味。

一九 (1) 真の意味で、またふさわしく富める人とは、徳において豊かであり、またいかなる巡り合わせといえどもそれに対して敬虔に、また信篤く対処することのできる人のことである。

これに対して偽りの富者とは、肉において豊かであり、生命を外なる財へと転化してしまう者である。この外なる財とは、過ぎ去り滅びゆき、時間に支配され結局は誰の手にも属さないものである。(2) また同様に、一方において真の意味での「貧しい人」がいるが、偽ってこの名を帯びている偽の「貧しい者」もいる。前者は霊において、つまり彼自身の情念に関して貧しく、もう一方は世に関して、つまり外なる財において貧しい。(3)〔後者すなわち〕世〔に属する財〕に関して貧しく、情念において富める者に対して、霊において貧しく神において富んでいる者がこう言う[*16]——あなたの霊魂の内にある他者の財を放棄せよ。あなたが心において清らかになり、神を見んがためである〔マタ五：八〕。これを、同義かつ他の言葉で表現すれば「天の国に入るため」ということである。(4) ではどうすればこの財から離れることができるであろうか——売り払うことによって。では何のために。〔情念という〕財に換えて金銭を得るためであろうか。富の上にさらに富を増し加え、動産を金銭に換えるためであろうか。(5) とんでもない。むしろ、以前から霊魂の内に潜んでいるものに換えて、他の、神性をもたらし永遠の生命をもたらすものを取り入れるためである。霊魂とは、あなたが救いたいと望んでいるものなのである。その富とは、神の掟に沿った心の状態である。〔この交換の〕代償として、あなたには永続する救いと永遠の不滅性という褒賞と栄誉が得られるであろう。(6) こうしてあなたは現在の財〔すなわち内なる情念〕を売り払うことになる。すなわち量多くして余分であり、あなたを天から閉め出すものを捨て去るのである。そしてそれら〔の情念〕に換え、あなたは救いをもたらしうる〔内なる〕財を受け取ることができる。先にあなたが有していた情念は、肉的な意味で貧しく、そういったものを必要としている者どもが手にすればよい。あなたはそれと引き換えに霊的な富を得るがよい。そうすれば、あなたは早くも天における宝を手にすることであろう〔マコ一〇：二一〕。

富める青年の反応と使徒たちの恐れ——「マルコによる福音書」一〇章二〇節と一〇章二六節の解釈。

二〇 (1) 裕福で律法に盲従していたかの人〔青年〕は、こういった事柄を正しく理解しなかった。また、同じ人間がどのようにすれば貧しくかつ富める者になれるのか、財産を有しながら有さず、世を用いつつ用いずにいる方法は何なのかを会得しなかった。そして悲しみつつ気を落として立ち去った。彼は生命の座を放棄したのである。その座とは、彼が一途に望んでいたものであったが、それに触れることも彼には不可能となった。この青年は、困難な務めを自ら不可能な業としたのである。(2) 困難だと言うわけは、目に見える富に結びついた奢侈や華美な誘惑のために、霊魂が眩まされたり惑わされたりしないようにするのはむずかしいからである。しかし、そういった状況にあってもなお救いに与ることは不可能ではない。人が自らを、感覚で捉えうる富から、精神的で神の教える豊かさへと向け変えるならば。そして、善悪どちらにでもなしうる財を美しく適切に用い、永遠の生命に向けて出発することができる術を学ぶならば。(3) それでも、弟子たち自身でさえ、初めは恐れと驚きに満たされた。いったい何を耳にしたからであろうか。彼ら自身もまた、財産を多く所持していたためであろうか。否、彼らは小網や釣針、それに乗っていた小舟さえも、はるか昔に手放していた。しかも、これらは彼らにとって唯一の持ち物であった。(4) では、弟子たちは恐れつつ何と言ったであろうか。「では誰が救われるのだろうか」〔マコ一〇：二六〕。彼らは的確にまた弟子たちにふさわしく、比喩的にかつ隠された表現で語られた主の言葉を聞き留めた。そしてこの言葉の深遠さを悟ったのである。(5) まず彼らは金銭的な貧しさをもって、救いに希望を置いている。しかし彼らは、自分たちがいまだ完全に情念を捨て去ったわけではないということを自覚しているため（というのも彼らはまだ学びを始めたばかりであり、つい先頃救い主の許に招かれたばかりであるから）、「大いに驚いた」〔マコ一〇：二六〕。そして自分たちも、先の富裕な青年に劣らず絶望に陥った。かの青年、すなわち財に強く固執し、永遠の生命よりも自らの財を優位に置いた若者と同じようにである。(6) 弟子たちが恐れに満たされたのは、時宜に適ったことであった。なぜなら〔主の言葉によれば、外なる〕財を所持している人間と、情念を孕んだ人間とが同じように天から追放されるということになるのだから。弟子たち自身も、情念において富んでいたのである。実に救いは、情念をこうむらない清らかな霊魂が手にしうるものなのである。

真摯に生に励む者に、神は援助の手を差し伸べるということ――「マルコによる福音書」一〇章二七節の解釈。

二一 (1) けれども〔弟子たちの驚きに対して〕、主は「人間には不可能なことも神には可能である」〔マコ一〇：二七〕と答える。この言葉もまた、偉大なる知恵に満ちている。なぜなら人は、自力で鍛練し不受動心（アパティア）を得ようと努力しても何もなしえないからである。むしろ自分が、何よりもこの目標に対する熱意をもち、努力を怠らないということを明らかにしたときに、神からの力が加えられて目標を果たすのである。(2) なぜなら神は、霊魂が願望を起こすときに、その上に息を吹きかける。しかし人がその願望から遠ざかるならば、神から与えられる霊もまた遠のいてしまうのである。なぜなら気の進まぬ者どもを救うのは力をもってする者の使命であるが、自ら進んで行う者を救うのは恵みを与える者の業だからである。(3) 神の国は、眠りこけ怠惰でいるような者のものではなく「力をもってする者がその国を強奪している」〔マタ一一：一二〕。というのも、神から力ずくで生命を奪い取るような力のみが善きものだからである。そして神は、力をもって、否むしろ辛抱強く耐え忍ぶ者どもに対して譲歩する。なぜなら神は、そのようなことに関しては自らが譲歩することを喜ぶからである。

ペトロの言葉——「マルコによる福音書」一〇章二八節の解釈。

(4) こういうわけで、以上のようなことを耳にした至福なるペトロ、とりわけ選び抜かれた者、弟子たちの筆頭の者は、いち早くこの言葉を察してこう返答したのである。主は、彼一人と自らだけのために税を納めたのであった〔マタ一七：二七〕。(5) 彼はどう言っているであろうか。「ご覧下さい。われわれはすべてを捨ててあなたにつき従って来ました」〔マコ一〇：二八〕。もしここで「すべて」というのが、自分自身の財産のことを指して言っているのであれば、おそらく聖書に記されている四オボロス[*17]のことであって、それを捨てたことをむやみに誇っているのであろう。そして無意識のうちに、天の国がそれだけの価値しかないと表明していることになろう。(6) だがすでに今述べたように、もし概念の上での財産、そして霊魂の上での病を捨て師の足跡につき従って来たことを言っているのであれば、彼はすでに、天にその名を記されている人々〔ルカ一〇：二〇〕に属する者となっているであろう。(7) というのも救い主の後に従うということは、まさしく彼の過ちのなさ、完徳を実行することであり、彼をいわば鏡と見立てて自らを整え、自らの霊魂を律し、主と同じようにすべてのことをすべてを通じて形づくってゆくことなのであるから。

もう一つの、比喩的に解釈されるべきイエスの言葉。

二二 (1) 「さてイエスは答えた。まことにあなたがたに言っておく。自らの持ち物、両親、兄弟たち、財産を、私のためまた福音のために捨てる者は、その百倍を受け取ることであろう」〔マコ一〇：二九-三〇〕。(2) しかしこの言葉によって心騒がせることはない。また今の言葉よりも激烈な、他の個所での言葉にも驚くことはない。「父、母、子供たち、それに加えて自らの霊魂をも憎む者でなければ、私の弟子となることはできない」〔ルカ一四：二六〕。(3) なぜなら「敵をも愛せ」〔マタ五：四四、ルカ六：二七、六：三五〕と勧める平和の神が、憎しみを教えたり親友との離別を命じたりするはずはないからである。(4) むしろ敵を愛すべきであるならば、それから類推を働かせて、生まれの最も近い者をも愛すべきであろう。逆に、もし血縁にある者を憎むべきだとすれば、敵はよりいっそう排斥すべきであると、受肉した御言葉は教えていることになる。そうすると、御言葉は互いに齟齬をきたすことになろう。(5) しかし御言葉は互いに相反することなく、むしろその逆なのである。すなわち人は、敵に対して報復をせず、父親をキリストよりも尊ばなければ、同一の思慮と態度から同一の基準に則って、父を憎み敵を愛することができる。(6) というのも、主は一方の言葉で憎しみと悪業を根絶し、もう一方の言葉で、救いを妨げるような近親者への敬意を打ち砕いているからである。(7) それゆえもし、ある人にとって父、息子あるいは兄弟が神を恐れぬ者であり、信仰の妨げになり、天上的な生命への躓きになるのであれば、彼らに援助したり同意したりすることはすべきでない。肉の上での近しさを、むしろ霊的な敵意によって解き放つべきである。

二三 (1) 例を引くことにしよう。訴訟事件があったと考えてみたまえ。父親があなたの傍らに立って次のように言う。「お前を生み、育てたのはこの私だ。私について来い。私とともに悪事に加担するのだ。キリストの掟に従ってはならない」。あなたの父親とはこれ以外にも冒瀆の限りを尽くし、本性的に死者のような者であったとしよう。(2) だがここで、もう一方の側から救い主の言葉を聞け。――私は、あなたを新たに生まれさせた〔一ペト一・三〕。不幸にも世のために、死すべき者として生まれていたあなたを。そのあなたを私は自由の身とし、癒し、贖った。私はあなたに、過ぎ去ることがなく永遠の、超地上的な生命を授けよう〔ヨハ一〇・二八〕。私はあなたに善き父である神のお顔を見せよう〔ヨハ一四：八‐九〕。地上では、誰もあなたの父とは呼ぶな〔マタ二三：九〕。死者の葬りは死者にさせるがよい。あなたは私に従って来なさい〔マタ八：二二〕。(3) 私はあなたを休らいと、語ることも述べることもできない善なるものの享受へと導こう。それは「目が見たことも耳が聞いたこともなく、人の心に上ったこともないものである。また天使たちがかいま見ようと欲するもので、神が聖なる人々に善きものとして、また自らを愛する子供たちに見られるように準備したものである」〔一コリ二：九〕。(4) 私はあなたの育て手として、私自身をパンとして与えよう。それを味わった者は誰一人として、けっして死の試みを受けることがないものである〔ヨハ六：五〇‐五一〕。そして私は日々不死なる飲み物を授けよう〔ヨハ四：一四〕。私は天上的な教えの師である。あなたのために死に対して闘いを挑み、あなたの死を贖った。死とはあなたがかつて犯した過ちと神に対する不信のゆえに、贖いの代となっているものである。——(5) 双方の側からなされる以上のような言葉を耳にして、あなたは自分自身に関して裁きを行うがよい。そしてあなた自身の救いのために票を投ずるがよい。たとえ兄弟や子や妻やその他の誰かが〔かの父親と〕同じようなことを言ったとしても、すべてに先んじてキリストを勝利者とせよ。なぜならキリストはあなたのために苦闘しているからである。

永遠の生命への配慮が優先されるべきこと。

二四 (1) あなたは財に対しても、その主たりうるであろうか。そうだと言いたまえ。なぜならキリストはあなたから財を奪うことはしない。主は妬まないからである。けれどもあなた自身がその財に囚われ、打ち負かされるということがおわかりであろうか。放っておけ、投げ捨てよ。憎め、別れを告げよ、逃げよ。(2)「もしあなたの右の目があなたに罪を犯させるのであれば、ただちにその右目をくり抜いて捨てよ」〔マタ五：二九〕。全身が健全で火に投げ込まれるよりも、片目であっても天の国に入れるほうを選ぶべきだからである。手であれ、足や霊魂であれ、それを憎め。なぜなら、この世でキリストのためにそれらを失うのであれば、かの世で救われるだろうからである。

「迫害を受けつつ有する」という言葉の意味について――「マルコによる福音書」一〇章三〇節の解釈。

二五 (1) 同様に、以下に続く「今この世で迫害を受けながら、畑、財産、家、兄弟を有したところで何になろうか」〔マコ一〇：三〇〕という一節も同様の意味を有している。(2) なぜならキリストは、財をもたない者、家を有しない者、兄弟のない者をではなく、富める人々を生命に招いたのであるから。そしてすでに述べたように、たとえばペトロとアンデレ、ゼベダイの子ヤコブとヨハネといった兄弟たちをも主は招いたのである。とはいえ彼らは兄弟のあいだばかりでなく、キリストとも思いを一つにしていた。(3) これに対し「迫害を受けつつ」という句によって、主は上で述べたようなものの所有を禁じている。もっとも「迫害」のうち、あるものは外界から生じる。すなわち人々が敵意や妬み、金銭欲や悪魔の力によって、信篤き者どもを追い立てる場合である。(4) だが、最も過酷な迫害とは内的なものである。その迫害は、各人に対して霊魂そのものから出てくる。それは霊魂が不信な欲情や雑多な快楽、悪しき期待、有害な幻影によって害なわれる際に、また霊魂がより大なるものを望み、野卑な享楽によって狂乱へと燃え、その内に棲む激情によって、あたかも刺か拍車に刺激されたかのように、狂った興奮、生命への絶望、神への蔑視に向けて駆り立てられる場合に生じるのである。(5) これこそ、より重くより困難な迫害であり、人間の内側から駆り立て、常にまつわりついてくるものであって、この迫害を受けた者がここから逃れることは不可能である。というのも彼は、どこに行こうと自分の内に敵を連れて歩き回ることになるからである。(6) ちょうどそれと同じように、燃える炎も外側から襲いかかっては試練を加え、内側からは死をもたらす。そして外側からもたらされる闘いは容易に終わらせることができるが、霊魂の内部で起こる闘いは死に至るまで及んでいるのである。(7) あなたがもしそのような迫害をともなう感覚的な富を有しているならば、それが血縁にある兄弟やその他いかに愛着を覚えるものであろうと、それら悪に通ずる所有権は放棄せよ。そして平和をあなた自身にもたらせ。そして永続する迫害から逃れよ。それらを避けて福音へと向かえ。あらゆるものに先んじて救い主を、つまりあなたの霊魂の擁護者・弁護人である限りない生命の統括者を選び取れ。(8) なぜなら「目に見えるものはつかのまのものであるが、目に見えないものは永遠なるものだからである」〔二コリ四:一八〕。そしてこの世でははかなく定かでないものも「来たるべき世においては永遠の生命だからである」〔マコ一〇:三〇〕。

公正な所得と所有には落ち度がないこと——「マルコによる福音書」一〇章三一節の解釈。

二六 (1) 「先にいる多くの者が後になり、後にいる多くの者が先になるであろう」〔マコ一〇：三一〕。この一節はその深い意味、解釈において多様であろう。しかし今ここで、その意味を明確にすることが求められはしない。というのも、主が語りかけているのは財産多き人々ばかりでなく、総じて信仰によって自らを完全に捧げ尽くすすべての人々だからである。それゆえここでは、以上のような細かい論議は差し控えることにしたい。(2) けれどもわれわれが立てた問いに関しては、約束に完全に沿うかたちで、次のことが明らかにされたと思われる。すなわち救い主は富める人々に対して、富そのものあるいは財という覆いにかこつけて彼らを閉め出したり、救いから除外したりしないということである。もしほんとうに彼らが神の掟に腰をかがめることができ、またそう望むのであれば、そして自らの生命をつかのまのことどもよりも重んじ、主に対して確固たるまなざしを注ぐのであれば。——ちょうど優れた舵取りに対して、彼が何を欲し、何を命じ、また何を意味し、どんな合図を自分たちに与え、どこにまたどちらの側に錨を降ろすように指示するだろうかと、その指図を注視する船員のように。(3) 思慮を働かせ、信仰に先んじて十分な生活を確保することを惜しむような人に、どんな罪がありうるだろうか。あるいはそれよりもさらに咎がないのは、運命を分け与えた神によって、今述べたような人々の家に、また金に恵まれ富において力ある生まれに導き入れられた人々の場合であろう。(4) というのも、もし富に含まれる強いられた誕生によって生命から追い払われるのであれば、つかのまの快楽へと断罪される一方、永遠の生命を奪い取られるのであるから、父なる神によってむしろ不正を犯されるわけである。(5) それならばいったい富というものが地上に誕生する必要があったのであろうか。もし富が死の与え手でありまた死の友であるのならば。(6) だが、もし誰かが富の力を、現にある財以下に抑え、節度をもって考え思慮を働かせて、神のみを求め神の息吹を吸い、神とともに生を送るならば、彼は貧しい者として掟に服すこととなり、自由であり、負けることがなく、病を知らず、富によって傷つけられることがないこととなろう。

駱駝と針の穴。

(7) だがもしそうでなければ、そのような富者が神の国に入るよりも、駱駝が針の穴を通るほうが早い〔マコ一〇:二五〕。(8) であるからこの個所では、駱駝が隘路を富者に先んじて通るというようなこと〔マタ七:一四〕よりも、もっと崇高なことが意味されていると考えるべきである。これは〔拙著〕『諸原理と神学に関する解説』[*18] において、救い主の神秘として学びうることであろう。

第二部　救いへの道

主題への移行——富の正しい利用について。

二七 (1) しかしそれはともかくとして、まずこの譬えが何を語っているのか、そしてなぜ主がこの譬えを用いたのかを説明しよう。富める人々は次のことを教わるがよい。すなわち、なぜすでに咎に定められた者のように自らの救いをなおざりにしてはならないのか、あるいは逆に富を海に投げ捨ててはならないのか、また富を、生命に対して企みをなす敵なるものとして軽蔑してはならないのかを学び、そしてさらに、どのような方法でまたいかにして富を用いるべきか、生命を獲得すべきかを学ぶべきなのである。(2) というのも恐れつつ富んだからといって、誰もけっして滅びることはないし、救われるということを勇気をもって信じても、かならずしも救われるというわけではないからである。だから、さあ調べてみよう。いったいいかなる希望を救い主が彼らに対して描き出しているか、そしてどのように、希望のないことが信じうることとなり、希望していたことが獲得できるものとなるかを。

「神への愛」および「隣人への愛」に関する掟について。

(3) 師〔イエス〕は「掟のなかで最大のものは何ですか」と尋ねられて、こう答える。「あなたの神である主をあなたの霊魂すべてをもって、あなたの力の限りを尽くして愛しなさい」〔マコ一二：三〇〕。どんな掟も、これより大きくはない。そしてそれはもっともである。(4) というのも、これは第一にして最大の方に関して告げ知らせるものだからである。すなわちこの掟は、われわれの父なる神自身に関してであり、その方を通してすべては成り、存在し、救われたものはその方に向けて再び帰っていくのであるから〔ロマ一一：三六〕。(5) そしてわれわれは、この方によってまず愛され〔一ヨハ四：一九〕、生まれることができたのであるから。それゆえ何か他のものをより長じたもの、より貴重なものとみなすのは敬虔な態度ではない。むしろわれわれは主に対して、かの測り知れぬほど大きな慈しみにわずかばかりの謝意を表しうるのみである。われわれは、欠けるところのない全き神に対しては、謝意以外の返礼を考え出すことはできない。それゆえ父を愛することによって、自らに固有の力と能力のうえに、不死性をも勝ち取らなければならない。なぜなら人は、神を愛すれば愛するだけ、それだけいっそう神の内へと入っていくことができるからである。

二八 (1) さて順序において第二であり、第一のものになんら劣るものでないこととは「あなたの隣人をあなた自身のように」、すなわち神をあなた自身よりも「愛しなさい」ということであると主は言っている〔ルカ一〇：二七〕。(2) しかしこれに答えて人は「隣人とは誰か」と聞き返した〔ルカ一〇：二九〕。主は、ユダヤ人たちと同様の仕方では、〔隣人を〕血縁の者とも、市民とも、改宗者とも、〔自分たちと〕同様に割礼を受けている者とも、同一の法律に従う者とも規定しない。(3) むしろ主は、都エルサレムからエリコへと下っていったある人の話を引いた〔ルカ一〇：三〇-三七〕。この人は盗賊どもによってめった打ちにされ、道端に半殺しのまま打ち捨てられ、祭司には見殺しにされ、レビ人には見放されたが、ふだん彼が非難を投げつけ打ち棄てているサマリア人からは憐れみを示された〔ルカ一〇：三一‐三五〕。彼は先に述べたような人々のように素知らぬ顔で通り過ぎるようなことはせず、危険に遭った人が必要とするたぐいのものを装備してやって来ていた。すなわち葡萄酒、オリーヴ油、包帯、驢馬、宿屋の主人に与えるべき代価などである。彼はこの代価の一部は即座に与え、一部はさらに後で与える約束をした。(4) キリストは問う。「このような恐ろしい目に遭った人にとって、今挙げた人々のなかで誰が隣人となったであろうか」と。相手はこう答えた。「その人に対して憐れみを示した人です」。〔主は言った、〕「ではあなたも行って同じようにしなさい」、愛が善行を産んだのだから、と〔ルカ一〇：三六‐三七〕。

われわれの隣人とはキリストであること。

二九 (1) したがって、この二つの命令において主は愛を説いているのである。けれども順序において、主はその愛に区別を設けている。すなわち主は、神への愛を第一位に置き、隣人への愛を第二位に置いているのである。(2) ところでこのような隣人としては、かの救い主その方以外に誰かありうるだろうか。あるいはこの救い主以上に、誰かわれわれを憐れんでくれる人があるだろうか。闇の世界の支配者〔エフェ六：一二〕のゆえに、幾多の傷や恐れ、情念、怒り、苦難、欺瞞、快楽によって、ほとんど死に陥っているわれわれに対して憐れみを懸けてくれる方が。(3) このような傷の癒し手は、ただイエス一人である。彼は情念を完全に根絶した。しかしそれも、律法が、不毛な作物や悪しき木々の実りを産み出したような仕方ではなく、自らの斧を悪の根元に据えるという方法によったのである〔マタ三：一〇〕。(4) この方は、葡萄酒すなわちダビデの樹の血を、[*19] われわれの傷ついた霊魂に注ぎかけた。またこの主はオリーヴ油、すなわち父の腸から溢れ出る憐れみを、さらに増し加えてふんだんに与える。彼はさらに、健康と救いの解きがたい絆を示す。すなわちそれは愛、信仰、希望である〔一コリ一三：一三〕。またこの方はもろもろの天使、権威、権能に対し、大いなる報いをもってわれわれに仕えるように命じる〔ヘブ一：一三―一四参照〕。なぜなら彼ら自身もまた、神の子たちの栄光が顕現するとき、世の空しさから解き放たれるだろうからである〔ロマ八：一九―二一参照〕。(5) そういうわけでわれわれも、この方を神に対すると等しく愛さなければならない。そしてキリスト・イエスを愛する人とは、この方の望むところを行い、この方の掟を守る人である〔ヨハ一四：一五〕。(6) 「なぜなら私に対して〈主よ、主よ〉と言う人が皆天の国に入れるわけではなく、私の父の望みを行う人が入るのである」〔マタ七：二一〕から。また「なぜあなたがたは私を〈主よ、主よ〉と言いながら、私の言うことを実行しないのか」〔ルカ六：四六〕。あるいは、あなたがたが私の言うことを行うならば、「義人や預言者たちが聞いたことも見たこともないようなことを見聞きすることになり、幸いである」〔マタ一三：一六―一七〕。

キリストへの愛とは、キリストを信じる人々への愛をも意味すること。

三〇 (1) こういうわけで、キリストを愛する人が第一の人であり、第二はキリストを信じる人々を尊敬し、敬意をもって遇する人である。というのも、もしある人が弟子に対してそのようなことを行ったならば、それは主が自らに対してなされたものとして受け容れ、そのすべてを自らへのことと思いなすからである。(2)「〈さあ、私の父に祝福された人々よ、世の始め以来、あなたがたのために準備されていた国を受け継ぎなさい。お前たちは、私が飢えていたときに食べさせ、喉が渇いていたときに飲ませ、旅をしていたときに宿を貸し、裸のときに着せ、病気のときに見舞い、牢にいたときに訪ねてくれたからだ〉。(3) すると、義しい人々が王に答える。〈主よ、いつ私たちは、飢えておられるのを見て食べ物を差し上げ、喉に渇きを覚えておられるのを見て飲み物を差し上げたでしょうか。いつ、旅をしておられるのを見て宿を貸し、裸でおられるのを見てお着せしたでしょうか。いつ、病気をなさったり、牢におられたりするのを見てお訪ねしたでしょうか〉。(4) そこで、王は答える。〈はっきり言っておく。私の兄弟であるこの最も小さい者の一人にしたのは、私にしてくれたことなのである〉」〔マタ二五：三四-四〇〕。(5) 一方王は逆に、こういったものを弟子たちに与えなかった者どもを、自らに対して与えてくれなかったからという理由で、永遠の火の中に投げ入れる〔マタ二五：四一-四六〕。(6) また、別の個所ではこう語られている。「あなたがたを受け容れる者は私を受け容れ、あなたがたを受け容れない者は私を拒むのである」〔マタ一〇：四〇〕と。

貧しい人々は、イエスの特別な愛の内にあるということ。

三一　(1)　主は信じる人々を「子供たち」、「幼な子たち」、「幼児たち」、「友だち」、また彼らの来たるべき天上での偉大さに鑑みて「この世における小さき者ども」〔マタ一〇：四二〕と名づけている。なぜなら主は「これらの小さな者を一人でも軽んじないように気をつけなさい。言っておくが、彼らの天使たちは天でいつも私の天の父のお顔を仰いでいる」〔マタ一八：一〇〕と言っているのであるから。(2)　また別の個所では「恐れるな、小さき群よ。あなたがたに父は、天の国を与えて下さるという好意を示して下さったからである」〔ルカ一二：三二〕と語られている。(3)　同様にして、女性から生まれた者のうちで最も偉大な洗礼者ヨハネよりも、天の国における最も小さき者、すなわち自らの弟子のほうが大きいと主は言う〔マタ一一：一一〕。(4)　また別の個所で彼は、「義しい者や預言者を、義しい者あるいは預言者の名において受け容れる者は、彼らの報いを受け取るであろう。また弟子に対し、弟子の名において水を飲ませる者は、冷たい水一杯だけの報いを失うことはないであろう」〔マタ一〇：四一-四二〕と語っている。すなわちこれだけが、報いとして失われることのないものなのである。(5)　あるいはさらに、「あなた自身のために、不正のマモンから友人を作りなさい。あなたが見捨てられたとき、彼らが永遠の幕屋に受け容れてくれるであろう」〔ルカ一六：九〕と告げられる。(6)　ここで主は、次のようなことを明確にしているのである。――つまり財というものはすべて本性的に、もし人が窮した人々のために共用に供せず、自分自身のものとして自らのために獲得するならば不正なものである。しかしそのような不正からでさえ、義しきものや救いを獲得することができる。そして、父の許に永遠の幕屋を獲得した人々を休らわせることができる、と。

命じられなくとも富は差し出されるべきこと。

(7) まず第一に、次のことに留意したまえ。すなわち主があなたに対して、要求されたり煩わされたりするまでじっとしているように命じているわけではないということである。むしろあなた自身のほうから、援助を必要とする人は誰か、また救い主の弟子としてふさわしい人は誰かを探せ。(8) 実に、使徒も次のように美しく語っている。「神は喜んで与える者を愛する」〔二コリ九：七〕。すなわち与えることにおいて喜び、惜しむことなく蒔く人を神は愛するのである。これは刈り取りがわずかとなるようなことのないためである〔二コリ九：六〕。また呟きや分け隔て、嘆きなしに分かち合う人を神は愛する。これは清らかな善行だからである。(9) さらにこれよりももっとすばらしいのは、主が他の個所で語った次の言葉である。「あなたに求めるすべての人に与えよ」〔ルカ六：三〇〕。なぜならそのような寛大さは、真に神のなせる業だからである。けれどもさらに「神的」という表現さえもの足りないのは「求められるのを待つことなく、誰であれ援助を必要とする人をすすんで探せ。そうすれば、そのような分かち合いに対するきわめて大きな報い、すなわち永遠の住まいを獲得しうる」[*20]という言葉であろう。

慈善の報いは永遠の生命であること。

三二 (1) なんと美しい取引であることか。なんと神的な商いであることか。あなたは不死性を金銭で買える。そして世の滅びゆくものどもと引き換えに、天にある永遠の住まいを手に入れることができる。もし思慮ある身であれば、この住まいに向けて航行せよ。(2) 富める者よ、もしあなたにとって必要であれば、あらゆる土地を経巡るがよい。危難や労苦を惜しむことなく、この世において天の国を買い入れるためである。(3) なにゆえにあなたは、輝く石や宝石、家屋をそれほどまでに喜ぶのか。くすぶる火の薪、一時の慰み、地震を惹き起こすもの、僭主の傲岸にすぎぬものを。(4) 天に住み、神とともに王として統治することを望むがよい。神に倣う人が、その支配権をあなたに与えることであろう。世ではわずかしか受け取らなかった彼が、天の国では永劫にあなたを共住者とすることであろう。(5) 天の国に受け容れてもらえるように嘆願せよ。戦え。主があなたに目をかけないのではないかと恐れるがよい。なぜなら主は、あなたが受け取るようにではなく、あなた自らが差し出すように命じるからである。(6) 主は「与えよ」、「差し出せ」あるいは「善行を積め」、「援助せよ」などとはけっして言わず、ただ「友を作れ」〔ルカ一六：九〕と言った。けれども友人とは、たった一つの贈り物からはけっして生じない。むしろ完全な安らぎ、永き交わりから生じるのである。というのも信仰や愛、堅忍は、わずか一日でなしうることではない。逆に「最後まで耐え抜く者は救われる」〔マタ一〇：二二〕からである。

神の友としての貧しき人々——人を問わぬ慈善。

三三 (1) では人は、いかなる仕方でものを与えることができるであろうか。主は、相手に対するあなたの敬意、善意、そして親しさを通して与える。「というのも私は友人たちばかりにではなく、友の友人たちにも与えるからである」[*21]〔と主は語っている〕。(2) では神の「友」とは誰のことであろうか。あなたは、誰が〔それに〕ふさわしい人か、誰がそうでない人かということを判断すべきではない。なぜならあなたはその判断に関して過つことがありうるからである。それゆえ、無知のために不安な場合には、ふさわしい人物のことを考えてふさわしからざる人物をも善くもてなすほうが、善ならざる人物を警戒するあまり真摯な人物にも出会わないという事態よりもましなのである。(3) というのもあまりに警戒しすぎることによって、出会った人がふさわしい人か、あるいは逆にそうではないかをあなたが判断するうちに、神を愛する人をもなおざりにしてしまうということが起こりうるからである。そのことに対する罰は、永遠の火による懲らしめである。一方、しきりに請い願う人々をすべて受け容れることによって、かならずや神の前で救いを得ることのできる人を見出すことができよう。(4) であるから「裁くな。あなたが裁かれないためである。あなたが測る尺度で、あなたもまた測られるであろうから」〔マタ七：一-二〕。「押し入れ、揺すり入れ、溢れるほどに量りをよくしてあなたに報いが与えられるであろう」〔ルカ六：三八〕。(5) 神の弟子として記録されたすべての人々に懐を開け。肉体的な観点から、人に軽蔑のまなざしを注がぬように。また年齢の若さゆえに人を軽んじたりしないように。また誰かある人が財産をもたず、身なりが貧しく、姿が貧相で病弱に思えたとしても、そういったことには心を向けるな。逆に、そういったことから目を背けることもするな。(6) そのような外面的な事柄は、われわれが世に関わりをもってゆくために、外側からわれわれに着せられるものである。そしてそれはこの世という共通の学校にわれわれが入ることができるためのものなのである。けれども父は、そしてわれわれのために死に、われわれとともに復活した子は、心の内側に隠れて住まう。

三四 (1) この外面上の姿は死と悪魔を欺く。というのも内的な富と美は、死や悪魔には見えないからである。死や悪魔は、弱点として軽蔑する肉的なものを目がけて襲いかかり、内なる財には盲目である。そしてわれわれが、どれほど大きな父なる神の力と子なる神の血と聖霊の滴りとによって武装された「土の器に入った宝」〔二コリ四・七〕を携えているかを知らない。(2) けれどもあなた自身はけっして欺かれてはならない。真理を享受し、偉大なる贖いに値する者とされたのだから。むしろ他の人々とは逆に、あなた自身のために、武装せず戦うことも血を流すこともしない、怒りも汚れもない軍団を配せ。その軍団とは敬虔な老人たち、神に愛される孤児たち、柔和さをまとった寡婦たち、愛に飾られた人々である。(3) そのような人々を、あなたの富でもって、あなたの体と霊魂のための護衛として獲得せよ。彼らの統率者は神である。彼らのために船が来る。その船とは沈みかけていたものが、聖なる者たちの祈りのみによって軽々と操縦されてきたものである。また猛威を揮っていた病も、彼らが手を置くことによって打ち砕かれる。さらに盗人たちも、敬虔な祈りによって武具を剝ぎ取られ、その攻撃はなきものとなる。そしてついには、悪魔の力が厳然たる命令の下に打破されるのである。

富者の真なる助け手としての貧しき人々。

三五 (1) これらすべての兵士たちの内には力があり、守り手たちは堅固である。一人として怠惰な者はなく、有用でない者はいない。ある者はあなたのために神に願い求めることができ、ある者は疲れたときのあなたを慰めるであろう。またある者は、あなたのために万物の主に対して同情をもって泣きまた嘆いてくれるであろう。またある者は救いにとって有益なことを教えてくれるであろう。またある者は雄弁をもって勧告しうるであろう。またある者は好意をもって忠告するであろう。〔こうして〕すべての人が真実をもって、偽りなく、恐れなく、偽証せずにまた懲らしめられることなく、自然なかたちで愛することができるであろう。(2) 友が役立ってくれるとは、なんと甘美なことか。勇気を奮う者どもの仕えとは、なんと幸いなることか。神のみを恐れる人々の信仰は、なんと純粋なものであろうか。偽ることのできぬ人々の言葉は、なんと真実であることか。神に仕え、神に従い、神を喜ばすことを決意した人々の業はなんと麗しいことか。彼らはあなたの肉体を捉えることではなく、皆あなた自身の霊魂に触れることを重んずる。また兄弟と語ることではなく、あなたの内に住む永遠の王〔一テモ一・一七〕と語ることを重視するのである。

選択の最高の段階。

三六 (1) であるから信篤き人々はすべて美しく、神にも似て、いわば宝石のように冠せられる呼び名にもふさわしい者たちである。実際彼らは、すでに選び抜かれた人々に優って選び抜かれ、それだけいっそうより無名となり、ある意味で世の波から自らを引き上げ、安全な場所に退避する。これは、たとえ誰かそう言う人があろうとも、自らが聖なる者と思われることを望んでのことではなく、むしろそれを恥じ、語り尽くせぬ神秘を思慮の深みの内に隠し、自らの高貴さが世に公になることを軽んじるからである。彼らを御言葉は「世の光」また「地の塩」と呼んでいる〔マタ五：一三―一四〕。(2) すなわちこれは神の種、[*22]似像、似姿であり、神の嫡子で相続人である。いわば異国の地に住むために、父の偉大なる摂理と配慮によってこの世に送り込まれた者であると言えよう。(3) それゆえに、世の明白なるものも目に見えないものも、この世に送り込まれた者たちに仕え、鍛練し、教育するために創られたのである。そしてすべては、この世にその種がとどまる限り維持される。そしてその種が集められるや否や、万物はすみやかに明らかとなるであろう。

救いのための最上の道としての愛。

三七 (1) ではさらに何が必要であろうか。愛の神秘を見よ。するとそのときあなたは、父の懐をかいま見ることとであろう。それは独り子なる神だけが語ってみせたものである〔ヨハ一：一八〕。その同じ神はまた愛であり〔一ヨハ四：八〕、愛を通じてわれわれに観照されるのである〔一ヨハ四：一六〕。(2) そして父とは神の語り明かせない部分であり、われわれと情念を共にした部分が母である。[*23] 父は愛することによって弱き者となり、そのことの偉大なる証しが、彼自身が自ら産んだ者である。そして愛から生まれた実りも愛である。(3) 彼自らが身をへりくだらせ、人性を身に帯び、人間の痛みをすすんで受けたのも、すべてこのためである。それは、愛の対象であるわれわれの弱さに倣って測られた神が、われわれを自らの力へと測り改めるためであった。(4) 彼は契約を結ぶために自らを贖いの代(しろ)として提供し、われわれに新しい契約を残したのである。「私の愛をあなたがたに与える」〔ヨハ一四：二七〕。この愛とは何であり、どのくらいの大きさのものであろうか。神はわれわれ一人一人に対して、万物に値する〔生命ある〕霊魂を具えた。この愛を神は、われわれからわれわれ皆のために求め返す。(5) もしわれわれが兄弟たちのおかげでこのような霊魂を有し、救い主に対しても同様の契約に合意するのであれば、世にあるわずかばかりの、われわれとは無縁な過ぎ去りゆくものを、節約し蓄えておいてよいだろうか。われわれは、ほどなく火が焼き尽くすであろうようなものを、互いに蓄えておいてよいであろうか。(6) かのヨハネは神的にまた聖霊に満ちてこう言っている。「兄弟を愛さない者は人殺しである」〔一ヨハ三：一五〕。すなわちそれはカインの裔(すえ)、悪魔の末裔であり、神の腸(はらわた)をもたぬ者、より大いなることへの希望をもたぬ者、蒔かれぬ種、不毛の種であって、永遠の生命をもつ天上的な葡萄の枝〔ヨハ一五：五〕ではない。彼は切り倒され、彼を待ち受けるのは燃えさかる火である。

三八 (1) あなたは「最高の道」〔一コリ一二：三一〕を学びたまえ。これはパウロが救いのために教えているものである。「愛は自らのものを求めず」〔一コリ一三：五〕、兄弟のために注がれる。兄弟の周囲をはばたき、兄弟のために節制をもって燃える。(2)「愛は多くの過ちを隠す。完全な愛は恐れを追い払う。愛は苛立たず、恨みを抱かない。不義を喜ばず、真実を喜ぶ。すべてを忍び、すべてを信じ、すべてを望み、すべてに耐える。愛はけっして滅びない。預言は廃れ、異言はやみ、癒しは地に残るであろう。しかし信仰、希望、愛、この三つは永遠にとどまるであろう。そのなかでも最も大いなるものは愛である」〔一コリ一三：四-六、一三：八-一三〕。(3) これは正しい。なぜならまず信仰は、われわれが神を見るに至ったときには過ぎ去る。また希望は、望んでいたものが与えられたとき、消え去る。しかし愛は充溢に至り、完全なるものが与えられてもなお、さらに増大し続ける。(4) もし誰かが愛を霊魂の内に吹き込んだならば、たとえ過ちの内に生まれた者であっても、また禁じられた幾多の行為をなした者であっても、愛を成長させて清らかな回心をなし、躓きに抗して闘いを新たに始めることができる。(5) さて以下に述べることも、あなたに絶望や落胆をもたらすものとはならないように願いたい。すなわちここでは、天にいかなる場ももたない富者とは誰か、あるいはいかにして人は自らの財を用いるべきかに関してあなたに理解していただきたいのである。

補説　回心と悔い改め

罪に陥った富者たちにとっての救いの道としての回心。

三九 (1) もちろんその方法は、人が富によってもたらされる中傷や苦難を乗り越えて生命へと至り、永遠の善を享受するためのものである。例を引くことにしよう。ある富者が、洗礼という封印の後、無知か弱さかあるいは不本意な状況によって、なんらかの過ちや罪に陥り、そこに完全に囚われてしまったとしよう。けれどもあなたは、この人間が神からまったく断罪されてしまったなどとは考えないでいただきたい。(2) というのも、真実をもって、心のすべてにおいて神に立ち返る者にはすべて扉が開かれ、父は真に回心を遂げた子を大喜びで迎え入れるからである〔ルカ一五:二二-二四参照〕。もっとも真なる回心とは、もはや同一の罪に服することのないものであり、自らに対してその過ちゆえに死の宣告をしていたことを霊魂からまったく根こそぎにしてしまうことである。なぜなら、そういった罪の意識が取り除かれて初めて、もう一度あなたの許へと神が住まいを定めるであろうから。(3) 一人の罪人が立ち返り回心を遂げたとき、天における父と天使たちの喜びと祝祭は、大きくまたたとえようのないものだと言われている〔ルカ一五:七、一五:一〇〕。(4) 主はこう叫んでいる。「私が望むのは憐れみであって生贄ではない。私は罪人の死を望まず、回心を欲する」〔エゼ一八:二三〕。「たとえあなたがたの罪が、深紅の羊毛のようであっても、私は雪のように白くしてみせよう。たとえ闇よりも黒かろうとも、洗い流して輝く羊毛のようにしてみせよう」〔イザ一:一八〕。(5) 罪の赦しを授け、過ちを数えないということは、ただ神のみになしうることなのである〔マコ二:七〕。それゆえに主はわれわれにも日々、兄弟たちが回心するなら赦すようにと命じている〔ルカ一七:三-四〕。(6) しかるにもし悪しきわれわれでさえ善き贈り物を与える術を知っているのであれば〔マタ七：一一〕、ましてや「憐れみの父」〔二コリ一：三〕にして「あらゆる慰め」〔ヤコ五：一一〕の善き父、情深く憐れみに満ちた方ならば、どれほど寛容であることだろうか。父は回心を遂げる者を待っている。けれどもこの回心とは、過ちを断ち切ること、そして二度と後ろを振り向かないことなのである〔ルカ九：六二〕。

回心とは生活の完全なる変更を意味すること。

四〇　(1)　過ぎ去ったことに関しては神が赦しを与えるけれども、将来のことに関しては、各自が自らを赦す責を有している。そして回心とは、過去の行為を謝罪し、そのことへの赦しを父に求めることなのである。すべての者のうちで父のみが、すでに行われてしまったことを自らの憐れみによってなされざることとし、以前の過ちを霊の滴りによって拭い去ることのできる方なのである。「なぜなら私は、あなたがたを見出すところ、それに則ってあなたがたを判断するからである」[*24]。(2)　(3)　そしてそのおのおのに関して、彼は万物の終わりが近づいていると叫ぶ〔一ペト四：七〕。かくして人生において最大なることを善くなした者も、その最後において悪へと墜落すると、かつての労苦はすべて無駄となり、芝居の終幕において無用の長物となってしまう。一方かつては悪しき生きざまをさらし、無思慮に生きてきた者も、最後に回心するならば、幾多の時間の悪しき生きざまに対しても、回心の後の時間によって完全な勝利を収めることができる。

(4) しかしそれには細心の心がけが必要である。ちょうど、長患いに疲弊した肉体には、食餌療法によりいっそうの熱心さが必要なのと同様である。(5) 盗人よ、赦しを受けたいと思うか。もう二度と盗むな。姦通者よ、二度と情欲の火に燃えるな。姦淫を犯した者よ、これからは清らかな生を送るがよい。強奪した者よ、返せ、倍にして返すがよい。偽証した者よ、真理に励むがよい。偽って誓った者よ、二度と誓うな。そしてその他の情念を絶つがよい。怒り、情欲、苦悩、恐怖。それはあなたが、帰路において敵対者といち早く和解する者とならんがためである〔マタ五：二五、ルカ一二：五八参照〕。(6) とはいうものの、おそらく習慣的となった情念を即座に断ち切るのは不可能であろう。しかし神の力と人間の嘆願、それに兄弟の助力、そして清らかな回心、たゆまぬ実践をもってすれば、生はかならず直されるであろう。

富者にとっては霊魂の導き手が必要であること。

四一 (1) それゆえあなたが傲慢で力あり富んでいるのであれば、自らに誰か神の人を養育者また舵取り役として立てるべきである。もしあなたが一人の人の前で恥じ入り、一人の人を恐れるならば、そしてたとえ一人の人であっても、その人が遠慮なく話し、怯むことなく、矯正してくれる人であれば、その人に聴き従うように心がけるがよい。(2) なぜなら目を例にとってみても、まったく鍛練を受けないままであるのは益にはならないからである。むしろ、より健全さを増すためにときには涙し、痛みを覚えるほうがよい。(3) 同様に霊魂にとっても、永続的な快楽ほど破滅的なものはない。もし忌憚のない意見にも動かされることのないままであるとすれば、〔霊魂の目は〕溶けて鈍り、盲目となるだろうからである。(4) その人が怒っているときには恐れよ。呻いているときには悩まされよ。怒りを止めれば恥じよ。懲らしめを求める前に与えよ。(5) この人をして、あなたのために幾多の夜、不眠のままとどまらしめよ。あなたのために神に対して祈らせ、やむことのない嘆願によって父に執り成しをさせよ。というのも父は、憐れみを求める自らの子に対して拒むことはしないからである。(6) 彼はあなたから、神の天使のごとく清らかな尊敬を受け、あなたからはなんら苦しみを受けず、むしろあなたのために心を砕くのである。これこそ偽りのない回心である。(7) 「神は人から侮られることはない」〔ガラ六：七〕し、空しい言葉を心に留めることもしない。なぜなら神はただ心の骨髄と神経とを試み〔エレ一七：一〇〕、火の中にある者の声を聞き届け〔ダニ三〕、鯨の胎(はら)にあって嘆願をなす者の声に耳を傾け〔ヨナ二〕、すべて信じる者には近く、神を畏れず回心をしない者には遠い方だからである。

使徒ヨハネと盗賊に関する物語。

四二 (1) さてあなたが真に回心を体験し、あなたに救いのふさわしい希望がとどまるように勇気づけられるために、物語を物語としてではなく、御言葉として聞きたまえ。[*25] これは使徒ヨハネについて伝えられ、伝承に保持されたものである。(2) 使徒ヨハネは暴君の死後、[*26] パトモス島からエフェソスへと帰還した。そして彼は招きにより周辺の諸族をも歴訪し、求められればある土地には司教を立て、ある土地では教会全体を和解させ、またある土地では霊によって示された者の一人を牧者に任命していた。(3) さてヨハネは、遠からぬ町の一つにやって来た。その町の名は何人かの人々が語っている。彼は兄弟たちを慰め、最後に司教として立っている者に目を注いだ。そして肉体的に優れたある若者、眉目秀麗で霊魂においては熱意に燃える者を見つけて、こう言った。「この若者を、あらゆる真摯さをもって、また教会とキリストの証言を得て、あなたの許で庇護を受ける者とする」。司教はそれを受け容れ、すべてのことに関して約束を行った。使徒はもう一度同じことを託し、彼に確言させた。(4) しかる後使徒はエフェソスへ立った。一方司教は、先に委ねられた若者を家に引き取って育て、保護し監督し、ついには〔洗礼を授けて〕光を与えた。だがその後、それ以上の配慮と保護はやめてしまった。洗礼という主の封印を完全な護りとしてすでに与えたと考えたのである。(5) しかし若者にとって、この自由は時機尚早であった。悪友たちが彼を誘ったのである。彼ら野卑で乱暴な大人たちは諸悪に慣れ親しんだ者で、先の若者を堕落の道に引きずり込んだ。彼らはまず豪勢な饗宴に彼を誘った。それから、夜の窃盗などへと彼をともなって出かけていった。さらにその後彼らは、若者をさらに大きな悪事の共犯者とした。(6) 若者はこういった悪事に徐々に慣れていった。あたかも本性的に大胆な馬が、轡(くつわ)をはめないために力余って正しい道から外れ、とうとう馬銜(はみ)を嚙みきって穴に墜落するというさまであった。(7) ついに若者は神における救いを完全に無視し、もはや些細な罪はまったく気にも留めず、さらに大きな悪事を働いた。いったん堕落したからには、他の悪友どもと同じ運命に陥るのも悪くないと考えたのである。彼は青年どもを巻き込み盗賊の軍団を組織すると、自ら時が経ち、ある必要があって使徒ヨハネが招かれた。彼は、目的としてやって来たことどもをなし終えるとこう言った。「さあ、司教よ。私どもに質を返しておくれ。私とキリストとが、キリストが君臨している教会を証人としてあなたに託したあの質を」。(9) これに対して司教は初めはびっくりし、財宝のことだと思った。そんな財宝はもっていなかったので、密告されたと思い、自らがもっていないものを信じることも、ヨハネに不信の念を抱くこともできずにいた。そこでヨハネは「私が求めているのはあの若者、兄弟の魂のことだ」と言った。すると司教はうつむいて呻き、少しばかり涙すら見せて「彼は死にました」と言った。「どうして、どのように死んだのか」。司教は答えた。「神に対して死にました。というのも彼は悪しき人間となり破滅に陥り、ついに盗賊となって、今では教会から奪い取った山を同類の盗人たちと専有しています」。(10) 使徒は服を引き裂き、大きな嘆きの声とともに頭を叩きながら、こう言った。「私が残していったのは、兄弟の霊魂のためのすばらしい守り手であったのに。私に馬と道案内を貸してほしい」。使徒は、ただちに馬に飛び乗り、教会を後にした。(11) そして盗賊たちの所までやって来ると、その見張りに捕まえられた。使徒は逃げることも助けを請うこともせずにこう叫んだ。「私は、あなたがたの首領に会うために来た。私を彼に引き合わせてほしい」。(12) 首領の若者は武具を着けて待っていたが、やって来たのがヨハネだと知ると、恥じて逃げ出した。しかしヨハネは自らの年齢を忘れて全力で追いかけ、こう叫んだ。(13)「なぜ私から逃げるのか、わが子よ。私はお前の父だ。丸腰の老人ではないか。私を憐れめ、子よ、恐れるな。お前にはまだ命の希望がある。私はお前のためにキリストに嘆願しよう。もし必要とあらば、わが命さえも私は喜んで投げ出そう。主がわれわれのために死を耐えたのだから。お前のために私の魂をも引き換えにしよう。立て、信じるのだ。私を遣わしたのはキリストだ」。(14) 男は最初下を向いて聞いていたが、そのうち武具を投げ捨て、それから震えつつ激しく泣きだした。近づいた老人をしかと抱き締め、できる限りの嘆きをもって弁明を始め、涙によって二度目の洗礼を受け、〔罪にまみれた〕右手を隠していた。(15) 一方ヨハネは近づき、彼に救い主からの赦しが与えられたと誓いを立て、祈り、跪き、彼の右手に対して、あたかもそれが回心によって浄められたかのように接吻を与えた。そして若者を教会に連れてゆき、祈りを込めて執り成しをし、断食を続けて共に苦悩を耐え忍び、さまざまな慰めの言葉で若者の心を宥めた。そして若者が真に教会に戻るまで、使徒は彼を離れることがなかったと言われる。こうして使徒ヨハネは真なる回心の偉大なる範例と、再生の大いなる模範、目に見える復活の祝碑を残したのであった。[*27]

(16) 〔かくして〕天使たちは喜びに満ちて讃歌を歌い、天を開きながらあなたがたを輝く顔で受け容れるであろう。それればかりではなく、救い主ご自身が真先に出迎え、受け容れて下さるであろう。そして救い主は、影のかかることがなくやむこともない光を放ち、父の懐、永遠の命、天の国に向けてあなたがたを導くであろう。(17) 誰であれ神の弟子たち、保証人たる神、預言者たち、福音、使徒の言葉に信を置け。彼らとともに生き、耳を傾け、かの回心に向けて行いを整え、教えの究極と証しとを見るがよい。(18) というのもこの世で回心の天使を受け容れる者は、彼が肉体を後にするときに回心する要はなく、恥をかく恐れもなく、救い主をその栄光および軍団とともに目にしつつ受け容れるだろうからである。火を恐れるな。もしある人が罪を犯すたびに快楽にとどまったままでいて、この世での乱行を永遠の命よりも重んじ、救い主が赦しを与えても背くならば、もはや神や富、あるいは過去の罪に責を帰すことはするな。彼の霊魂が滅びゆくままに任せておけ。(19) しかし救いを見つめかつ欲し、恥もなく全力で求めて来る者に、天におられる善き父は真なる浄めと変わらぬ命を与えるであろう。(20) その父に、子たるイエス・キリスト、生ける者および死せる者どもの主によって、また聖霊によって、栄光、誉れ、力、永遠の偉大さが、今、代々、とこしえにありますように。アーメン。

訳註

＊1——ここまでの一節には、テクスト上かなりの欠落部分があり、本訳では Butterworth の提唱する推定にもとづいて大意を訳出した。

＊2——一般的なギリシア語の諺であり、「無駄骨を折る」意。Plato, Leges II, 666A（『法律』森進一・池田美恵・加来彰俊訳、岩波書店、一九七六年）などを参照。

＊3——クレメンスは四つの福音書を、彼が知っている他の（外典）福音書と区別している。そして他の福音書に関しては、時折利用はするが、四福音書と同等の権威を認めてはいない。

＊4——ギリシア語原語は「肉的に」（*σαρκίνως*）。肉的な意味とは表面的な字句通りのもので、隠された霊的な意味に対比される。

＊5——ギリシア語は *ταμίας*. この語は Homerus, Ilias IV, 84（『イリアス』松平千秋訳、岩波書店、一九九二年）; Plato, Respublica II, 379E（『国家』藤沢令夫訳、岩波書店、一九七六年）などではゼウス（Zeus）

に当てはめて用いられており、クレメンスはこれらの用例を念頭に置いて用いたと思われる。

＊6――「〔神に〕似ること」（ἐξομοίωσις）という発想は Plato, Theaetetus 176B（『テアイテトス』田中美知太郎訳、岩波書店、一九七四年）などに遡る。ギリシア教父におけるプラトン主義哲学の受容を窺わせる表現である。

＊7――ここでの「仕える者」とは、ヘブ三：五‐六におけるモーセを指す。

＊8――「十字架」と訳したギリシア語は σημεῖον であり、その原意は「しるし」である。クレメンスにおいてこの語はしばしば「十字架」を表す。Epistula Barnabae 12, 5（『バルナバの手紙』佐竹明訳、講談社、一九七四年）をも参照。

＊9――ここでの「仕える者」もモーセを示す。前註7と同じくヘブ三：五‐六参照。

＊10――クラゾメナイのアナクサゴラス（Anaxagoras　前五〇〇頃―四二八年頃）は哲学研究に専念するため財産を放棄した。アブデラのデモクリトス（Demokritos　前四六〇／四五七―三七〇年頃）は知識を求める旅行のために大金を費やしたとされる。キュニコス学派のクラテス（Krates　前三六五頃―二八五年）は自らすすんで貧しく生きることを説いた。

＊11――「新しき創造」（καινὴ κτίσις）という表現はガラ六：一五や二コリ五：一七に見られ、クレメンスはこの語でもって、まずキリストの地上への到来とその業によって行われた偉大なる変容を表す。だが彼はこの「新しき創造」をキリスト自身にも当てはめることがあり、ここでは後者であろう。

＊12――マコ二：一五および並行個所を参照。「レビ」は J. A. Robinson と P. Koetschau の提唱による推定である。クレメンスはレビとマタイを異なった二人の人物と考えていたと思われる。

＊13――「なんら関係のないもの」、原語は ἀδιάφορα. この語は、それ自体が善くも悪くもないものを指すためのストア学派の用語である。クレメンスのここでの議論にはストア学派の影響が濃い。

*14——すなわち金銭的な意味でのみ貧しい者。

*15——前註4を参照。

*16——この個所はテクスト上の問題があり、本訳ではJ. A. Robinsonの提唱による読みを採用した。

*17——一オボロスは一ドラクメ（日当相当）の六分の一。

*18——クレメンスはStromata III, 13, 1; 21, 2でもこの『諸原理と神学に関する解説』（*Περὶ ἀρχῶν καὶ θεολογίας*）という著作に言及しているが、この著作は現存していない。

*19——「ダビデの樹の血」という表現に関しては、Doctrina duodecim apostolorum 9, 1-2（『十二使徒の教え』、本巻収録）に次のような一節がある。「聖餐については、次のように感謝の祈りを捧げなさい。／初めに杯について。〈私たちの父よ、あなたの僕〔子〕ダビデの聖なる葡萄の木についてあなたに感謝します。それはあなたが、あなたの僕〔子〕イエスを通して私たちに知らせたものです〉云々」。

*20——クレメンスはここで「不正にまみれた富で友達を作りなさい。そうしておけば、金がなくなったとき、あなたがたは永遠の住まいに入れてもらえる」（ルカ一六：九）を敷衍しているものと思われる。

*21——この一節は現行福音書には見当たらない。

*22——「種」とは、それ自体の内に神的な生命の瞬きを有する崇高な霊魂を指す。グノーシス主義者が好んでこの語を用いる。

*23——この一節における「神の母性」をめぐる神学は、Synesius Cyrenensis, Hymni II,63-64にも見られる。グノーシス主義的な神学では、母性が創造のエネルギーを表すものとして引かれる。しかし今この個所ではそれとは関係がなく、クレメンスは単に受肉に表れた神の愛を説明しているのだと思われる。

*24——この句はわれわれのもっている福音書には見当たらず、やや異なったかたちでJustinus Martyr, Dialogus cum Tryphone Judaeo 47（『ユダヤ人トリュフォンとの対話』、本巻収録）に現れる。エゼ三

三：二〇にもとづくものであろうか。

＊25――以下に語られる使徒ヨハネに関する物語は、Eusebius Caesariensis, Historia ecclesiastica III, 23, 6-19（『教会史』秦剛平訳、講談社、二〇一〇年）にもクレメンスからの引用として伝えられている。

＊26――ここでの「暴君」とはドミティアヌス帝（Titus Flavius Domitianus 在位八一―九六年）を指すものと思われる。

＊27――この一節の後に、テクスト上かなりの欠落部分があると思われる。

創世記講話

オリゲネス
小高　毅訳

解題

ニカイア公会議（三二五年）以前のキリスト教著述家で、質量ともオリゲネス（Origenes 一八五頃—二五四年頃）に比肩する者はいない。残存する著作は、ラテン語に翻訳されたごく一部だが、二百を数える。教会史家カイサレイアのエウセビオス（Eusebios 二六三／六五頃—三三九／四〇年）はその『教会史』（Historia ecclesiastica〔秦剛平訳、講談社、二〇一〇年〕）の第六巻で、深い尊敬のうちに彼の生涯と著作活動とを詳述している。それによれば、オリゲネスはアレクサンドレイアで信仰篤い父のもとに生まれ、幼少時から父の指導で聖句を暗唱していた。この父はセプティミウス・セウェルス帝（Lucius Septimius Severus 在位一九三—二一一年）治下の大迫害の折に捕えられるが、オリゲネスは殉教の誉れを得るようにと父を励まし、殉教者となった父を終生自らの模範としていた。

大迫害はオリゲネスから父と財産を奪ったのみならず、アレクサンドレイアの教理教育にも大きな打撃を与えていた。クレメンスをはじめ教師の多くは同地を離れている。その最中彼は、二〇歳になるかならぬかで教理学校を開く。自らも繰り返し捕縛され、多数の殉教者を生徒の中から出しながらも、学校を維持し続けた。迫害の終焉とともにオリゲネスはアレクサンドレイア司教公認の教理教師となり、厳格な禁欲生活の中で学究と教理指導に努めると同時に、プラトン主義者アンモニオス・サッカス（Ammonios Sakkas 一七五頃—二四二年頃）に師事し、体系的思惟を身に着ける。だが二三一年頃から司教との関係が悪化し、オリゲネスは活動拠点をパレスティナのカイサレイアに移す。同地で彼が運営していた教理学校の指針は高弟グレゴリオス・タウマトゥルゴス（Gregorios Thaumatourgos 二一三頃—七〇／七五年）の『謝辞』（In Origenem oratio panegyrica〔邦訳、有賀鐵太郎『オリゲネス研究』1、創文社、一九八一年、所収〕）に明らかである。そこではまずヘレニズム的な弁証論（論理学)、自然学、倫理学(徳論)が学ばれ、その後に聖書神学さらに思弁神学が講ぜられていた。二四九年のデキウス帝(Gaius Messius Quintus Decius 在位二四九―五一年)の即位とともに再び大迫害が生じ、老境にあったオリゲネスはまたもや投獄されて拷問を受ける。デキウス帝の死によって迫害は終息しオリゲネスは釈放されたが、その後ほどなくして亡くなった。

著述活動はアレクサンドレイア時代の二一八年頃に開始されている。初めに着手したのは『六欄組対訳聖書(ヘクサプラ)』(Hexapla)の編纂であった。次いで、キリスト教思想史上初の体系書『諸原理について』(De principis〔小高毅訳、創文社、一九七八年〕)を著す。『ケルソス駁論』(Contra Celsum〔出村みや子訳、教文館、一九八七―九七年〕)に代表される教理的著作は後年も執筆しているが、オリゲネスの著作の大部を占めるのは聖書註解である。さらにカイサレイア移住以降にオリゲネスが腐心したのは、一般信徒を聴衆とした聖書講話(ホミリア)である。エウセビオスによれば、オリゲネスは齢六〇を過ぎて初めて講話筆記を許した、という。近年の研究成果に鑑みても、聖書講話がオリゲネスの晩年の作品であることには間違いはない。

収録作品は、アクイレイアのルフィヌス(Tyrannius Rufinus 三四五頃―四一〇/一一年)によるラテン語訳で後世に残された『創世記講話』(In Genesim homiliae)の第一講話である。一般信徒向けの講話ではあるが、オリゲネスの聖書解釈の特徴が顕著に現れている。まず聖書本文に字義的な解釈が施され、その上で比喩的(霊的)解釈がなされ、さらに予型論的解釈が加えられて旧約聖書の記述にイエスの言行を読み取っていく。つまり、聖書を最終的には福音書を通してキリスト中心的に解釈しながら、聴衆ないし読み手に、自身の生の指針を与えていく、という手法である。オリゲネスのこうした聖書解釈は、ルフィヌスまたヒエロニュムス(Eusebius Hieronymus 三四七―四一九/二〇年)の訳業を通して西方に伝えられ、とりわけ修道士たちに読み継がれていくこととなった。

創世記講話

第一講話〔創造〕

(1)「元に、神は天と地とを造られた」〔創一:一〕。万物の元とは、われらの主、「すべての人の救い主」〔一テモ四:一〇〕、「すべての造られたものに先立って生まれた方」〔コロ一:一五〕であるイエス・キリストでなければ、いったい何であろう。したがって、この〈元〉つまり自分のロゴスの内に、「神は天と地とを造られた」のである。それは、福音書記者ヨハネが、その福音の冒頭で、「元にロゴスがあった。このロゴスは神の許にあった。ロゴスは神であった。〔ロゴス〕は、元に神の許にあった。すべてのものはこの〔ロゴス〕を通して造られ、〔ロゴス〕なしに造られたものは一つとしてない」〔ヨハ一:一-三〕と述べている通りである。当然、ここで何かしら時間的な〈元〉が語られているのではなく、「元に」すなわち救い主の内に、天と地と造られたすべてのものが造られたことが語られているのである。[*1]

「地は見えず、定かな形のないものであり、闇が深淵の上にあり、神の霊が水の上を動いていた」〔創一：二〕。ここでの語り口の順序が明らかにしているように、神が「光あれ」〔創一：三〕と言う前、そして光と闇とを分ける前には、「地は見えず、定かな形のないものであった」。これに続く個所で、〔神は〕大空が出現するよう命じ、それを天と名づけているので、その個所に至ったときに、そこで大空と天との区別の理拠と、なぜ大空が天と呼ばれるかが語られることになろう。ところで、ここで「闇が深淵の上にあった」と言われている。闇とは何であろう。言うまでもなく、それは「悪魔とその使いたち」〔黙一二：九、二〇：二〕がそこにいることになるものにほかならない。少なくとも、これは福音の中でも明らかに指摘されている。すなわち、救い主について語る所で、「追い払われた悪魔どもは、深淵に行くようお命じにならないよう〔救い主〕に願った」〔ルカ八：三一〕と語られている。

したがって、このために、「神は〈光あれ〉と言われた。すると光があった。神は光を見て、良しとされた。神は光と闇とのあいだを分けて、光を昼と呼び、闇を夜と呼ばれた。そして夕べとなり朝となった。一日」〔創一：三-五〕。

文字通りにとれば、神は光を昼と呼び、闇を夜と呼ぶ。

しかし、霊的な意味に即して、前述のこの〈元(はじめ)〉の内に神が天と地とを造った後に、「光あれ」と言い、光と闇とを分け、光を昼と呼び、闇を夜と呼んだのはいかなることか、「夕べとなり朝となった」〔と述べた後〕「第一日」とは言わず、「一日」と述べるのはなぜか[*2]、考察しよう。それは、世界が存在するようになる前には、まだ時間は存在しなかったからである。継続する日々によって、時間は存在し始めるのである。第二日、第三日、第四日、〔これに続く〕他のすべての日々が時間を表示し始めるのである。

(2) 「神はまた言われた、〈水のあいだに大空あれ、水と水とのあいだを分けよ〉。すると、そのようになった。こうして神は大空を造られた」〔創一：六-七〕。

神は先に天を造ったが、今、大空を造る。実に神は最初に天を造った。これについて「天は私の座」〔イザ六六：一〕と言われている。その後、大空すなわち物体的な天を造るのである。実に、あらゆる物体が堅固なものであることに疑問の余地はない。*3「天の上の水と天の下の水とを分ける」〔創一：七〕〔大空とは〕このようなものである。

実に、神が造るものは皆、霊と物体から成り立っている。このため、「元に」、万物に先立って、まったく霊的な実体であり、あたかも玉座のようにその上に神が憩う「天」が造られたと言われるのである。他方、ここでの「天」すなわち「大空」は物体的なものである。したがって、第一の天、霊的なものであると述べた〔天〕とは、われわれの精神のことである。それ〔われわれの精神〕は霊的なもの、すなわち神を見、知覚するわれわれの〔内なる〕〈霊の人〉のことである。他方、大空と言われる物体的な天とは、肉眼によって事物を認識するわれわれの〈外なる人〉のことである。

したがって、上にある水と下にある水とを分けることから天が大空と呼ばれたように、体の内に置かれた人間も、大空の上にある上位の水と大空の下にある水とを分け、区別することができれば、使徒パウロの言う「私たちの国籍は天にある」〔フィリ三：二〇〕の言葉に即して、〈天〉すなわち〈天の人〉〔一コリ一五：四七〕とも呼ばれよう。

したがって、聖書の言葉そのものが、そのような〔意味を〕込めて〔言う〕、「そして神は大空を造られ、大空の下の水と大空の上の水とのあいだを分けられた。神は大空を天と呼ばれた。神は見て良しとされた。そして夕べとなり朝となった。第二日」〔創一：七−八〕。

それゆえ、あなたがたも各自、上にある水と下にある水とを分けたものとなるよう努めよ。それによって、下にある水、すなわち、すでに指摘したように、「この世の支配者」〔ヨハ一二：三一〕と、敵なる「龍とその使いたち」〔黙一二：七、二〇：三〕が住んでおり、その中に闇があると言われる深淵の水から、確かに離し分けられて、大空の上にあり、「その腹から流れ出て、永遠の生命にまで湧き上がる生ける水」〔ヨハ七：三八、四：一四〕に至る霊的な水への参与と理解を得ることになるのである。

したがって、もろもろの天の上にあると言われる、この上の水への参与によって、信じる者たちはおのおの天のものとなる、すなわちその知覚をより高い優れたものに向け、地のことは一切考えず、天のことのみを考え、「キリストが神の右に坐しておられる、上にあるものを求める」〔コロ三：一〕〔人となるのである〕。こうして、ここで「神は〔それを〕見て良しとされた」と記されている、その称讃に値するものと神にみなされるであろう。

さらに、次に述べられる三日目に関する事柄もこれとまったく同じことを意味していると解釈される。

こう言われている、「神はまた言われた、〈天の下にある水は一つ所に集められ、乾いた所が現れよ〉。すると、そのようになった」〔創一：九〕。

したがって、われわれは、天の下にある水を集め、それをわれわれの許から投げ捨てるよう励もう。そうすれば、肉体の内にあるわれわれがなす業であり、「人々が私たちの善い業を見て、天におられる私たちの父を崇めるようになる」〔マタ五：一六〕ものである「乾いた所」が現れるであろう。なぜなら、「天の下にある水」すなわちわれわれの体の罪と悪習が、われわれから切り捨てられないなら、われわれの「乾いた所」は現れえず、光に向かって進んでいるという確信ももちえないであろう。「実に、悪を行う者は皆、光を憎み、光の許に来ない。〔その業がさらけ出されるのを恐れるからである。しかし、真理をなす者は光の方に来る。〕その業が神の内にあってなされたことが明らかになるからである」〔ヨハ三：二〇-二一〕。もちろん、この〔光に向かって進んでいるとの〕確信は、われわれの許から水を投げ捨て、遠ざけるように、罪の素（もと）である体の悪習を遠ざけないなら、与えられるものではない。そのようになせば、次の個所で明らかにされるように、われわれの「乾いた所」はもはや「乾いた所」であり続けられないのである。

実に、こう言われている、「天の下にある水は一つ所に集められ、乾いた所が現れた。神は乾いた所を地と呼び、水の集まったものを海と呼ばれた」〔創一：九〕。したがって、前述のように、自らから水を遠ざけたこの乾いた所は、もはや乾いた所であり続けることなく、〈地〉と名づけられるように、同じく、われわれの体も、このような分離がなされるなら、もはや「乾いた所」としてとどまることなく、神のために実を結びうることから、〈地〉と呼ばれるであろう。

まさしく、「元（はじめ）に神は天と地とを造られた」のであり、その後、「大空」と「乾いた所」とを造ったのである。そして、「大空」にすでに造られていた「天」の名を与えて、「大空」を「天」と呼び、「乾いた所」に実りをもたらす能力を贈与することで、「乾いた所」を「地」と呼んだのである。したがって、自分の罪科によって依然として「乾いた所」としてとどまり、いかなる果実をもたらさず、「茨と薊」〔創三：一八、ヘブ六：八〕を生い茂らせた者は、「火の餌」〔イザ九：一九参照〕を生え出でさせる者のように、自分自身の内から生じさせたものに応じて、彼自身が「火の餌」となってしまうのである。しかし、努力と熱意によって悪霊どもの思いである深淵の水を自分から遠ざけて、自分が実り豊かな地であることを実証するなら、同様のことを期待してしかるべきである。彼は神によって「乳と蜜の流れる地」〔出三：八など〕に導き入れられるからである。

(3)　さて、次に続く個所で、神自身がその名を与えた「地」に芽生えさせるよう命じた実りは何であるのか考察しよう。こう言われている、「神は見て良しとされた。そして、神は言われた、〈種類に応じ、似姿に応じて種子をもつ青草と、種類に応じ、似姿に応じて種子のある果実を実らす果樹とを、地は地上に芽生えさせよ〉。そのようになった」〔創一：一〇–一一〕。

文字通りの意味で、「乾いた所」ではなく「地」がもたらす実りが何であるかは明らかである。しかし、ここでもまた、われわれに関連づけてみよう。われわれがすでに「地」となっており、もはや「乾いた所」ではないとすれば、われわれは豊かで種々さまざまな実りを神の許に携えて行くであろう。こうして、「わが子の香りは、主が祝福された肥沃な畑の香りのよう」〔創二七：二七〕と言う神から、われわれは祝福されるであろうし、「地は、たびたびその上に降る雨を吸い込んで、耕す人々に役立つ農作物をもたらすなら、神の祝福を受ける。しかし、茨や薊を生えさせると、役に立たなくなり、やがて呪われ、ついには火で焼かれてしまう」〔ヘブ六：七-八〕と言う使徒パウロの言葉が、われわれの内に成就されるであろう。

(4)「地は、種類に応じ、似姿に応じて、種子のある青草と、種類に応じて果実を結ぶ種子をもたらす果実を結ぶ果樹とを地上に芽生えさせた。神は見て良しとされた。夕べとなり朝となった。第三日」〔創一：一二-一三〕。神は、ただ青草を芽生えさせるよう地に命じただけでなく、絶えず実を結びうるように、種子をも芽生えさせるよう命じる。また、ただ果樹〔を芽生えさせるよう〕命じるだけでなく、「種類に応じて果実を結ぶ種子をもたらす果実」を結ぶよう命じる。それは、果実が自らの内にもつ種子からたえず果実をもたらしうるためである。

それゆえ、同様に、われわれも実を結び、われわれ自身の内に種子を有していなければならない。すなわち、あらゆる善行と美徳の種子をわれわれの心の内に有していなければならない。これらの種子をわれわれの精神にしっかりと根づかせ、それらの種子からわれわれがなすあらゆる行為が義に即したものとなるためである。実に、「われわれの心の善い倉」〔ルカ六：四五〕からもたらされるわれわれの行為こそ、この種子の実である。

しかしながら、御言葉を聞き、聞くや否やただちにわれわれの地が芽生えさせても、成熟する前に、あるいは実を結ぶ前に、その草が枯れてしまえば、われわれの地は「石地」〔マタ一三：五-六、一三：二〇〕と呼ばれるであろう。ところが、語られたことが、行為という実を結び、将来の〔行為の〕種子をもつほどに、われわれの心の内に深く根を下ろすなら、実にそのときこそ、われわれはそれぞれ自分の力に応じて、「あるいは一〇〇倍、あるいは六〇倍、あるいは三〇倍」

〔マタ一三：八、一三：二三〕の実を結ぶであろう。しかし、われわれの実りに「毒麦」〔マタ一三：二五〕が混ざり込まぬよう、〔種子が〕「道端」〔ルカ八：五〕ではなく、「私は道である」〔ヨハ一四：六〕と言われた、あの道に蒔かれるよう、また空の鳥がわれわれの実り、われわれの葡萄園をついばむことのないよう〔マタ一三：四〕に、十分気をつけなければならない。われわれのうちの誰かが「葡萄園」であるに値する者とされたなら、その人は葡萄の代わりに茨を芽生えさせぬよう気をつけなければならない。さもないと、「刈り込まれることも耕されることもなく」、「その上に雨を降らせるために雲を」送られることもなく、「荒れ地」として捨て置かれ、その上に茨が生い茂ることになろう〔イザ五：二、五：六〕。

(5) さて、その後、大空は「光るもの」で飾られるに値するものとされる。実に、神は言う、「天の大空に光るものあれ、地を照らし、昼と夜とを分けるために」〔創一：一四〕。

すでに「天」と呼ばれた「大空」に、「昼と夜とを分けるために」光るものが生じるよう神が命じたように、われわれも「天」と呼ばれ、「天」になるよう努めるなら、われわれの内にも同様のことが生じうる。すなわち、われわれはわれわれの内に「光るもの」つまりわれわれを照らすキリストとその教会を有するであろう。実に〔キリスト〕は「世の光」〔ヨハ八：一二〕であり、自分の光によって教会を照らす。月は太陽から光を受け、その結果、夜は月によって照らされうると言われるように、教会もキリストの光を得たことで、無知の夜を彷徨うすべての者たちを照らしうるのである。

ところが、「昼の子、光の子」〔一テサ五：五〕として、「昼歩くように、慎しく歩く」〔ロマ一三・一三〕ようになり、すでに「昼の子」とされるほどに進歩したとすれば、その人は、昼が太陽に照らされているように、キリスト自身に照らされているのである。

（6）〔そしてまた、神は言われた、〕「〈しるしのため、季節のため、日々のため、年々のためのものとなり、地を照らすために天の大空にあって照らすものとなれ〉。すると、そのようになった」〔創一・一四-一五〕。

われわれの目にする、これらの「光るもの」は、地の上にあるものたちを天の大空から照らすために、「しるしのため、季節と日々と年々のために」置かれたように、自分の教会を照らすキリストもまた、その掟を通してしるしを与える。それは、しるしを得たことで、「来たるべき怒りから」〔一テサ一・一〇、マタ三・七、ルカ三・七〕いかに逃れるか、「その日が盗人のように不意に襲う」〔一テサ五・四〕ことなく、むしろ「主の恵みの年」〔イザ六一・二〕に至りうることを教えるためである。

したがって、キリストは「この世に来て、すべての人を照らす真の光」〔ヨハ一・九〕であり、この光に照らされた教会そのものも「闇にいる人々」〔ロマ二・一九〕を照らす「世の光」とされている。それは、キリスト自身が弟子たちに証しして、「あなたたちは世の光である」〔マタ五・一四〕と言っている通りである。ここから、キリストこそ使徒たちの光であるが、使徒たちも世の光であることが明らかにされる。実に使徒〔パウロ〕が「〔キリストが〕しみも皺も、そのたぐいのものは何一つない、栄光に輝く教会をご自分の前に立たせるようにされた」〔エフェ五・二七〕と言うように、使徒たち自身が、「しみも皺も、そのたぐいのものは何一つないもの」として、真の教会なのである。

(7)「神は二つの大きな光るものを造り、そのうち大きなものに昼を治めさせ、小さなものに夜を治めさせ、また星々を〔造られた〕。地を照らし、昼と夜とを司らせ、光と闇を分けさせるために、神はこれらを天の大空に置かれた。神は見て良しとされた。そして夕べとなり朝となった。第四日」〔創一：一六－一九〕。

太陽と月とが天の大空にある「大きな光るもの」と言われているように、われわれの内にあってキリストと教会とは〔大きな光るものである〕。ところで、神は大空に星々をも置いたのであるから、われわれの内において、すなわちわれわれの心という天において、星々とは何なのか考察しよう。

モーセはわれわれの内にあって、その行為によってわれわれを輝き照らす星である。また、アブラハム、イサク、ヤコブ、イザヤ、エレミヤ、エゼキエル、ダビデ、ダニエル、そして神に嘉(よみ)されたと聖書が証しするすべての者たちが〔星である〕。実に、「星と星とでは栄光に相違がある」〔一コリ一五：四一〕ように、聖なる者たち一人ひとりが自分の大きさに応じて、自分の光をわれわれに注いでいるのである。

さて、太陽と月とがわれわれの体を照らすように、われわれの精神はキリストと教会によって照らされる。もしわれわれが精神において盲目でなければ、われわれはこのように照らされている。なぜなら、肉眼に異状があって目の見えない人々を太陽と月が照らしても、その人々は光を受けることができないように、キリストがわれわれの精神に自分の光を注ぐのも同様にしてである。もし、精神の盲目という妨げがわれわれにないなら、そのときこそ、〔キリストが〕われわれを照らして下さるであろう。たまたま精神の盲目という妨げがあるなら、まず第一にその人々は「ダビデの子、私たちを憐れんで下さい」〔マタ九：二七〕と叫びつつ、キリストについて行かなければならない。キリストによって視力が回復された後に、その光の輝きで光り輝くことができるようになるためである。

実際、見ている者たちが皆、等しくキリストに照らされているのではなく、おのおのが光の力を受け入れうる各自の能力に応じて、照らされている。われわれの肉眼が皆、等しく太陽に照らされるのではなく、より高い所に登り、日の出を眺めるのに恰好な所で眺める人ほど、その輝きと熱を満喫するように、われわれの精神も、より高くより優ってキリストに近づき、より近くから、その光の輝きに身をさらせばさらすほど、より輝かしくより明らかに、その光に照り輝かされる。それは〔キリスト〕自身が預言者を通して語っている通りである。「私に近づけ、そうすれば私もあなたたちに近づこうと、主は言われる」〔ゼカ一：三〕。さらにまた言われる、「私は近づく神であり、遠くの神ではない」〔エレ二三：二三〕。

しかしながら、われわれは皆、等しく〔キリスト〕の許に行くのではなく、一人ひとり「自分の能力に応じて」〔マタ二五：一五〕〔キリストの許に行く〕。たとえば、われわれが群衆に混ざって〔キリスト〕の許に行くなら、ひとえに、空腹のため途中で弱りきってしまうことのないよう、譬えをもって〔キリスト〕はわれわれを力づけて下さる〔マタ一五：三二、一三：三四〕。あるいは、ただひたすらその言葉に耳を傾けることに集中し、接待に忙殺され心をとり乱すことなく、われわれから取り去られることのない善いほうを選んだ者として、終始一貫、〔キリスト〕の足元に坐るであろう〔ルカ一〇：三九-四二〕。このように〔キリスト〕に近づく者がより豊かに〔キリスト〕の光に浴するのは当然のことである。また、使徒たちのように、一時も〔キリスト〕から離れず、〔キリスト〕とともに〔キリスト〕のあらゆる苦難にとどまるなら、その時こそ、〔キリスト〕は、群衆に〔譬えで〕語ったことを、密かにわれわれに解き明かし、より明るくわれわれを照らして下さる〔マコ四：三四〕。さらにまた、ペトロ、ヤコブ、ヨハネのように、〔キリスト〕とともに山に登りうるまでになった人は、キリストの光だけでなく、父自身の声によっても照らされるであろう〔マタ一七：一-三〕。

(8)「神はまた言われた、〈水は這う生き物と天の大空の下、地の上を飛ぶ翼あるものを出せ〉。そのようになった」〔創一：二〇〕。文字通りの意味では、神の命令によって「這うもの」と「翼あるもの」とが水から生ぜしめられたということであり、われわれの見ているこれらのものが誰によって造られたかをわれわれは知ることができる。

しかし、ここでは、いかにしてわれわれの天の大空、すなわちわれわれの精神もしくは心の堅固さの内に同様のことが生じるかを考察しよう。

私の考えでは、われわれの精神がわれらの太陽であるキリストによって照らされたのであれば、やがて、そこに見出される水から「這うもの」と「翼あるもの」、すなわち善い思いと悪い思いとが出てくるよう命じられる。それは、善い思いを悪い思いから区別するためである。なぜなら、それらはいずれも心から生じるものだからである。実に、善い思いにせよ悪い思いにせよ、あたかも水から生じるように、われわれの心から生じるのである。しかし、神の言葉と指示に従って、われわれはそれらの双方を神のまなざしと裁きの下に差し出そう。神自身が照らして下さることで、われわれが善いことから悪いことを分かつこと、すなわち地の上を這うようなこと、地上の思い煩いを生み出すものを、われわれから遠ざけることができるように。

しかし、われわれはこのより優れたもの、すなわち「翼あるもの」が、ただ「地の上」だけでなく、「天の大空の下」にまで飛ぶに任せよう。つまり、われわれの内の地に属する思惑や分別と同様、天に属する〔思惑や分別〕をも熟慮し、またわれわれの内なる「這うもの」に由来する有害なものは何かを識別しうるために。もし、われわれが「情欲を抱いて女を見る」〔マタ五・二八〕なら、それはわれわれの内の有害な「這うもの」である。逆に、もしわれわれが慎みの思いを有しているなら、たとえエジプト人の主人の妻がわれわれに言い寄っても、われわれは鳥になって、エジプト風の衣を彼女の手に残し、不貞の罠から飛び去るであろう〔創三九・七―一二〕。もし、われわれを盗みへと駆り立てる思いをわれわれが抱いているとすれば、それは非常に悪い「這うもの」である。逆にたとえわずかに二枚の小銭にすぎなくても、〔神の〕慈しみに応えて神への供え物としてそれを捧げる思いがあれば〔ルカ二一・二〕、その思いは鳥であり、地上のことをまったく思い煩わず、その翼によって天の大空を目指すであろう。もし、殉教に至る拷問に耐える必要はないと納得させようとする思いがわれわれの内に生じるなら、それは有害な「這うもの」となろう。逆に、真理のために死に至るまで戦おうという思いがわれわれのうちに湧き上がるなら、それは地上のことから〔離れ〕上のことへと急ぐ鳥となろう。同様に、神のまなざしの下で識別するために出すよう、われわれの水が命じられたものである「這うもの」が何であり、「翼あるもの」が何であるかを、他のもろもろの罪と徳の諸種に関しても判断し識別しなければならない。

(9)「また神は大きな海の怪物と、種類に即して引き出した這う生き物たちに属するすべての魂あるものと、種類に即して翼あるすべてのものを造られた」〔創一:二一〕。

さて、これらのものについても、すでに述べたものと同様に、われわれが出すよう命じられている「大きな海の怪物」と「種類に即した這うものたちに属する魂あるもの」とは何かを理解しなければならない。この大きな海の怪物によって、不敬な思い、神に反対し神を冒瀆する思いが示されているものと思われる。しかし、これらすべては神のまなざしの下に引き出され、神の前に置かれなければならない。悪から善を分かち遠ざけ、また次の章句に示されているように、一人ひとりが自分の場を主から分け与えられるために。

(10)「神は見て良しとされた。神はそれらを祝福して言われた、〈成長し、数を増し、海の内にある水を満たせ。また鳥は地上に満ちよ〉。そして、夕べとなり朝となった。第五日」〔創一:二一-二三〕。

したがって、「大きな海の怪物」と「海が生ぜしめた這う生き物たちに属する魂あるもの」が、「そこに戯れるべく神が形づくられた龍」〔詩一〇四:二六〕が棲む海に潜るよう〔神は〕命じている。ところが、鳥は先に説明したように、かつて「乾いた所」となり、今は「地」と呼ばれる地上で、数を増すよう命じられている。

しかしながら、ある人は問うだろう。すべてのものに関して同様に「神は見て良しとされた」と言っているのに、大きな海の怪物と這うものとは悪いもののうちに、鳥は善いもののうちに入れられるのはどうしてか。聖なる者たちにとっては、彼らに反対する者たちも善いものである。彼らはそれらに打ち勝ちうるし、それに打ち勝った暁には、神の許でより栄えある者となるからである。まさしく、悪魔がヨブを攻撃する権能を自分に与えるよう願った後、〔それを得てヨブ〕を襲った敵対者は、〔ヨブ〕にとって、〔それに対する〕勝利の後、二倍の栄光の者になったのであるから〔ヨブ一：九－一二、四二：一〇〕。ここで、今失ったものは将来二倍にして取り戻すのである。疑いもなく、同様に天においても取り戻すであろうことが明らかにされている。使徒〔パウロ〕も言っている、「何人も規則に従って戦わないなら、栄冠を受けることはできない」〔二テモ二：五〕と。実際、対抗する者がいなくて、どうして戦いになろうか。夜の暗闇が介在しなければ、光と麗しさと輝きがどれほどのものか識別されえない。ある者たちが破廉恥のゆえに罰せられないとすれば、どうしてある者の貞潔が称揚されよう。戦いを前に逃げ出す者、臆病者がいないとすれば、どうして勇者が喝采を博するだろう。苦味を味わえばこそ、甘味はより賞味に値するものとなる。暗い思いに沈めばこそ、明るい思いはより好ましいものとわかる。簡単に言えば、悪いことを思い巡らすことで、善いことの美しさがより際立ったものとして浮き上がってくるのである。したがって、このために聖書はすべてのことに関して、「神は見て良しとされた」と言うのである。

では「神は言った、〈〔それらは〕善いものである〉」と記されず、「神は見て良しとされた」と記されているのはなぜだろう。それは、それ自体としてそのようなものであっても、善いものをより善くしうる、それらの利点と理拠を神は見ていた、ということである。したがって、このため、「成長し、数を増し、海の内にある水を満たせ」、すなわち、先に説明したように、海の大きな怪物と這うものは海の内にあり、鳥は地上にあるようにと、神は言ったのである。

(11)「神はまた言われた、〈地は魂ある生けるものを種類に即して、四つ足のもの、這うもの、地の獣を種類に即して出せ〉。そのようになった。神は、地の獣を種類に即し、また地の這うすべてのものを種類に即して造られた。そして、神は見て良しとされた」〔創一：二四－二五〕。

文字通りの意味では、何の問題もない。地上の魂あるものであれ四つ足のものであれ獣であれ蛇であれ、被造物は神によって造られたものであることが明らかに語られているのである。

しかしながら、霊的な理解に即して以上で説明してきたことに、これらを併せて考えてみるのも無益なことではない。

実際、そこでは「水は這う生き物と天の大空の下、地の上を飛ぶ翼あるものを出せ」と言われていたが、ここでは「地は魂ある生けるものを種類に即して、四つ足のもの、這うもの、地の獣を種類に即して出せ」と言われている。水から出されたものに関しては、心の奥底から出される、われわれの精神の衝動や思惑に違いないと述べた。ここで「地は魂ある生けるものを種類に即して、四つ足のもの、這うもの、地の獣を種類に即して出せ」と言われているのは、われわれの〈外なる人〉の、すなわち肉の性質かつ地の性質を帯びた衝動が指示されていると思われる。要するに、〔ここでは〕肉に関して述べられてはいるものの、鳥に関して何も語られておらず、四つ足のものと這うものと地の獣について語られているにすぎないのである。実に、「私の肉には善が住んでいない」〔ロマ七：一八〕、および「肉の知恵は神に敵対している」〔ロマ八：七〕と使徒〔パウロ〕の言っている言葉によれば、地すなわちわれわれの肉が出すものとは、「淫らな行い、不潔な行い、不品行、貪欲、偶像礼拝という、地上にあるあなたがたの五体を死なせなさい」云々〔コロ三：五〕と言って使徒〔パウロ〕が命じているものこそ、それらである。

したがって、神の命令によって、神のロゴスを通して、これらの見えるものは造られ、この広大な見える世界が準備されたとき、同時に小宇宙すなわち人間を装飾しうるものが何であるかが比喩のかたちで明らかにされているのであるから、次の個所で表明される通り、そのとき、人間自身が造られたのである。

(12) 「神はまた言われた、〈われわれの像とわれわれの似姿にかたどって人間を造ろう。そして海の魚と空の鳥と全地の魂あるものと地上を這うすべてのものを支配させよう〉」〔創一：二六〕。

先に説明した結果に即して、以上で描写したようなものとして人間が、前述の獣と鳥と這うものと四つ足のものと他のすべてのものを支配するよう、〔神は〕望むのである。これらのものを同様に比喩として理解しなければならないことは、水すなわち人間の精神が霊的な思いを出し、地は肉の思いを出すよう命じられているのは、精神がそれらを支配するためであり、それらが精神を支配することのないためであると述べたとき、すでに説明したことである。

実に、すばらしい「神の作品」〔エフェ二：一〇〕であり、そのために全世界が造られた人間が、前述のことどもに汚されず、関わりをもたぬだけでなく、それらを支配するよう神は望んでいるのである。

それでは、人間とはいかなるものであるのか、聖書の言葉そのものによって考察しよう。〔人間〕以外のすべての被造物は、聖書が「そして神は言われた、〈大空あれ〉」、「神はまた言われた、〈天の下にある水は一つ所に集められ、乾いた所が現れよ〉」、「神はまた言われた、〈地は青草を芽生えさせよ〉」と述べているように、神の命令によって造られるのである。他のものたちに関しても同様のことを〔聖書は〕述べている。ではまず、神自身が造ったものがいかなるものか考察しよう。それによって、われわれは人間がいかに偉大なものであるかに気づくであろう。

「元(はじめ)に、神は天と地とを造られた」。同様に〔聖書は〕言う、「そして〔神は〕二つの光るものを造られた」。そして、今また「われわれは人間を造ろう」と〔神は言われたと聖書は言っている〕。これらのものだけが神自身の作品であると記されており、他のものは何一つとして〔そのようには記されて〕いない。つまり、太陽と月と星々と、ここでの人間のみが神によって造られたのであり、他のすべては〔神の〕命令によって造られたと記されている。したがって、ここから、これらの偉大で優れた主要な存在物と同等視され、天〔と同等〕の栄誉をもち、そのためもろもろの天の国が約束されている人間がいかほど偉大なものか考えてみよ。善い地、「乳と蜜とが流れる、生ける者たちの地」〔出三：八など〕に導き入れられると期待しているのであるから、〔人間は〕地の栄誉をも有している。さらに、「神の国で太陽のように」〔マタ一三：四三〕輝きわたる〔人間は〕太陽と月との約束をもつ〔人間は〕太陽と月との栄誉をも有しているのである。

(13) 「神は人間を造られ、〔人間〕を神の像にかたどって造られた」〔創一：二七〕という言葉は他の個所に見出せないということに、人間の境遇のなかでも特に優れた面を見ることができる。実際、天に関しても地に関しても、また太陽や月に関しても、そのような記述は見出せないのである。

当然、「神の像」にかたどって造られた人間が物体的なものであるとは考えられない。物体の形象は神の像を包含しえないし、次の個所に記されているように、物体的な人間が造られたとは言われず、形づくられたと言われているからである。実に、こう言われている、「神は地の塵から人間を形づくられた」〔創二：七〕、すなわち製作されたと。

ところが、「神の像にかたどって」造られたのは、見えず、非物体的で、朽ちず、不死の、われわれの〈内なる人〉である。[*4] このような点で、正しく神の像は理解される。事実、もし、「神の像と似姿にかたどって」造られた人間とは物体的な人間であると考えるなら、神自身は物体的で人間のような姿形をもつと結論せざるをえまい。[*5] 神についてこのように考えることは、明らかに不敬極まりないことである。要するに、このような神性の何たるかを理解していない〈肉の人〉は、聖書の中で、神に関して「天は私の座、地は私の足台」〔イザ六六：一〕と言われているのを見出すと、神が天に坐り、足を地にまで延ばしているかのように考えて、神が巨大な体を有していると想像する。このように考えるのは、聖書に描写されている神に関する神の言葉を、ふさわしく聞く耳をもっていないからである。実に、「天は私の座」ということは、「本国は天にある」〔フィリ三：二〇〕者たちの内に神は憩い、在留していることがわかるなら、神についてふさわしく理解されるのである。ところが、まだ地上の思惑に囚われている人々の内には、「足」という表現によって比喩的に示されているように、神の摂理の末端が見出されるのである。このような者たちのなかでも、完全な生活と深い洞察によって、天のものとなるよう熱心に求め、努めるなら、まずその行動によって天のものとなった後に、彼らも神の座となりうるのである。そして、彼らもまた言うであろう、「〔神は〕[*6] われらをキリストとともに復活させ、もろもろの天の王座に着かせて下さった」〔エフェ二・六〕と。また、「天に宝を蓄えた」〔マタ一九・二一〕人も天のもの、神の座と言われうる。「彼らの宝のある所に彼らの心はある」〔ルカ一二・三四〕からである。神は彼らの上に憩うだけでなく、彼らの内に住まうのである〔一コリ六・一九〕。

しかし、「キリストが私の内にあって語っておられる証拠を求めるのか」〔二コリ一三・三〕と言いうるまでになるなら、彼の内に神は住まうだけでなく、彼の内を歩む。このため、天のものとされた、あるいは天になった完全な者たちは、「詩編」で言われるように、「神の栄光を語る」〔詩一九・二〕のである。またこのためにこそ、天であった使徒たちは神の栄光を語るために遣わされ、雷の力を通して彼らが天であるとわれわれが信じるために、「ボアネルゲス、すなわち雷の子ら」〔マコ三・一七〕という名前を得たのである。

さて、「神は人間を造られ、神の像にかたどって人間を造られた」のである。この神の像とは何かを考察し、いかなる像の似姿として人間は造られたのか探求する必要があろう。実に、「神はご自分の像もしくは似姿にかたどって人間を造られた」とは言われておらず、「神の像にかたどって〔人間〕を造られた」と言われている。では、その像の似姿として人間が造られた神の像として、われらの救い主のほかに何があろう。この方こそ「すべての造られたものに先立って生まれた方」〔コロ一：一五〕であり、「神の栄光の輝きであり、神の本質の完全な現れ」〔ヘブ一：三〕と言われた方であり、自ら自身について「私は父の内におり、父は私の内におられる」〔ヨハ一四：一〇〕、「私を見た者は父を見たのである」〔ヨハ一四：九〕と言う方である。ある者の像を見る者は、その像が〔写し出す〕当事者を見るように、神を見る者は、神の像である神のロゴスを通して〔見るの〕である。こうして、「私を見る者は父を見る」と言われた言葉は真実のものとなるであろう。したがって、この方の像の似姿として人間は造られ、このため、神の像であるわれらの救い主は、その似姿として造られた人間に対して共感の情をもっていたが、人間が自分の像を捨てて、邪悪な者の像をまとったのを見て、憐れみの情に駆られ、人間の像を自分のものとして、〔人間〕の許に来たのである。使徒〔パウロ〕がこれを証しして言っている通りである、「神の姿形であられたが、神と等しいものであることに固執しようとは思わず、かえって自分を無にして、僕の姿形をとり、人間の似姿となられ、人間の姿で現れ、死に至るまで自分を空しくされた」〔フィリ二：六－八〕。

したがって、この方の許に行き、ロゴスの像に与るものとなるよう熱心に努める者は誰しも、その進歩に応じて、彼らを造った方の像にかたどって、「〈内なる人〉は日に日に新たにされ」〔二コリ四：一六〕、こうして「この方の栄光に輝く体と同じ体に変えられ」〔フィリ三：二一〕うるであろう。しかし、各人その力に応じてのことである。使徒たちは、この方が自ら彼らについて「私は、私の父であり、あなたがたの父である方、また私の神であり、あなたがたの神である方の許に行く」〔ヨハ二〇：一七〕と言うまでに、この方の似姿へと変えられたのである。この方自身、「父よ、私とあなたが一つであるように、私たちの内にあって彼らが一つになりますように」〔ヨハ一七：二一―二二〕と祈ったとき、彼らに以前の似姿が返し与えられるようにと父に願ったのである。

それゆえ、われわれはこの方の似姿へと変えられうるよう、この神の像をたえず見つめよう。実に、本性に反して、悪魔の像を見つめる、神の像にかたどって造られた人間は、罪によって〔悪魔〕と同じものにされてしまうとすれば、ましてや、その似姿にかたどって神によって造られた〔人間は〕神の像を見つめることで、ロゴスとその力を通して、かつて自分に与えられていた〈ロゴス〉の姿形を再び受けるであろう。しかし、何人も、自分が神よりも悪魔の似姿であるのを見て、神の像の姿形を再び取り戻しえないと絶望してはならない。救い主は「義しい人ではなく、罪人を悔い改めに招くために」〔ルカ五：三二〕来たからである。マタイは徴税人であり〔マタ一〇：三〕、当然、彼の像は悪魔に似ていたが、神の像であるわれらの救い主の許に行き、その〔像〕に従って、神の像の似姿へと変容された。ゼベダイの子ヤコブと、その兄弟ヨハネとは漁師であり無学な人間であり〔マタ四：二一、使四：一三〕、当然、当初はむしろ悪魔の像の似姿を帯びていたが、彼らも神の像に従い、〔神の像〕に似た者とされた。他の使徒たちと同様である。パウロは神の像そのものの迫害者であった〔一テモ一：一三〕。しかしながら、一度〔神の像〕の輝きと美しさを眺めることができると、それを見たことで、「キリストが私の内にあって語っておられる証拠を求めるのか」〔二コリ一三：三〕と言うまでに、その似姿へと変えられたのである。

(14)「〔神は人間を〕男と女とに造られた。そして神は彼らを祝福して言われた、〈繁殖し、数を増し、地を満たし、地を支配せよ〉」〔創一：二七-二八〕。

ここで文字通りの意味に即して、なぜ、まだ女が造られていないのに、聖書は「〔神は人間を〕男と女とに造られた」と言うのか究明するのもふさわしかろう。私の考えでは、おそらく、「繁殖し、数を増し、地を満たせ」と言って、彼らを祝福された祝福のゆえに、将来起こることを先取りして、「〔人間〕を男と女とに造られた」と言うのであろう。女なしに、人間は繁殖することも数を増すこともできないからである。したがって、この祝福は、「〔人間〕を男と女とに造られた」と言う将来の時のものであることに疑問の余地はない。事実、人間〔男〕は、自分に女が結び合わされたことで、その結果として繁殖し数を増すのを目にして初めて、神の祝福の内に確固とした希望を抱きうるのである。もし、聖書が「繁殖し、数を増し、地を満たし、地を支配せよ」と言っただけで、「〔人間〕を男と女とに造られた」と言い添えなかったなら、天使によって祝福されたマリアがその祝福に対して「どうして、そのようなことがありえましょうか。私は男の人を知りませんのに」〔ルカ一：三四〕と答えたように、当然〔人間にとって〕神の祝福は信じがたいものであったろう。

あるいは、おそらく、天と地、太陽と月というように、神によって造られたものは皆、結び合わされたものとして述べられているので、当然、人間も神の作品として、和合もしくは適当な結合なしに形づくられたのではないことを明らかにするよう、そのために先取りして、「〔人間〕を男と女とに造られた」と言うのであろう。

以上は、文字通りの意味から生じうる疑問に答えたものである。

(15) では、比喩的解釈によって、いかにして人間が神の像にかたどって男と女とに造られたのか、考察しよう。

われわれの〈内なる人〉は精神と魂とから成っている。[*7] 精神は男性であると言われるのに対して、魂は女性と呼ばれうる。この双方が互いに調和と和合を保っているなら、互いの一致によって成長〔繁殖〕し、数を増し、子供たちとして善い思いと理解、あるいは有益な考えを生み、それらによって地を満たし、地を支配する。つまり、これは自分に服従させた肉の思いをより善い意図に向けさせ、いかなる場合にも、肉が精神の意思に反して向こう見ずに振舞わぬように従わせるということである。ところが、精神に結び合わされた、むしろ交わりによって結合されたと言うべき魂が、あるときは肉の快楽へ傾き、また肉の喜悦に思いを寄せ、あるときは精神の健全な忠告に服しているように見られ、またあるときは実際に肉の悪習に陥ってしまうなら、このような魂は、いわば肉の姦通によって汚されてしまい、成長〔繁殖〕しているとも合法的に数を増しているとも言われない。姦通による子供たちを不完全な者たちと聖書は規定しているからである〔知三：一六〕。実に、精神との交わりを放棄し、肉の思いと肉の欲望に自らをまったく屈服させてしまうこのような魂は、いわば厚かましくも神に背を向けたものとして、「お前は娼婦の顔つきになってしまった。恥知らずにも、皆に媚を売る」〔エレ三：三〕という言葉を聞くであろう。つまり娼婦のように罰せられ、その子供たちを殺す準備をせよと命じられるであろう〔イザ一四：二二〕。

(16)「また海の魚と、空の鳥と、家畜と、地のすべての生き物、地を這うすべてのものを支配せよ」〔創一：二八〕。

この言葉に関しては、すでに「神は言われた、〈人間を造ろう〉」云々という言葉の中で、「海の魚、空の鳥」等々を「支配せよ」と言われていることに関して述べたとき、文字通りの意味に即して解釈した。しかし、比喩的に解釈すれば、魚とか鳥、あるいは魂あるものとか地を這うものによって、前述のもの、すなわち魂の思いと心の思惑から生じるもの、あるいは肉体の欲望と肉の衝動によってもたらされるものが示されているものと、私には思われる。実に、聖なる人々、神の祝福を自らの内に保持している人々は、精神の意志に応じて、人間全体に対する支配権を行使している。ところが、罪人たちは、肉の悪習と肉体の意志によってもたらされるものたちに支配されているのである。

(17)「神はまた言われた、〈全地の面に種子を蒔く種子をもつすべての草と、繁殖力のある種子の果実を自らの内に有するすべての木をあなたたちに与えた。これは、あなたたちと、地のすべての獣と天の鳥と地を這うすべての這うもの、生ける魂をもつものの食物となるだろう〉」〔創一：二九-三〇〕。

この言葉の歴史的意味は、明らかに、植物つまり野菜と木の実を食物として用いることが、初めに神から許されたことにある。ところが、肉を食する権能が人間に与えられるのは、その後、洪水の後にノアと契約が結ばれるときのことである〔創九：三〕。その理由に関しては、当該個所で詳しく説明されるであろう。

しかしながら、比喩的な意味では、人々に食物として与えられる地の植物と果実とは、身体的な情念のことであると理解しうる。たとえば、憤怒とか情欲は体から芽生えるものである。この芽の成果、すなわち行為は、われわれ理性的な〔ロゴスに与っている〕[*8]者にとっても、地の獣にとっても共通したものである。義のため、つまり罪科を犯した者を咎め、彼の救いのための矯正として、われわれが怒るときには、この地の実によってわれわれは養われ、身体的な憤怒はわれわれの糧となり、それによってわれわれは罪を抑制し、義を回復させるのである。

この解釈が、聖書の権威に裏づけられたものというより、私の個人的な見解にすぎないと思われないように、「民数記」に戻り、祭司ピネハスの行ったことを思い起こしていただきたい。彼は、万人の面前で、ミディアンの娼婦がイスラエルの男と淫らに抱き合っているのを見て、神の熱情〔妬み〕からくる怒りに満たされ、剣を取り、両者の胸を刺し貫いている〔民二五：七‐八〕。「ピネハスは私の怒りを宥めた。それは彼の義しい業とみなされるであろう」〔民二五：一一‐一二、詩一〇六：三一〕と主が言っているので、彼にとってこの行為は神によって義しい業とみなされるものであった。

したがって、この地に属する怒りという食物も、理性的に〔ロゴスに即して〕義のために用いるなら、われわれの糧となるのである。

ところが、無垢の人々を罰したり、何の罪科も犯していない人々に対して腹を立てたりするような、条理(ロゴス)に反する怒りを発散させるなら、この食物は野の獣、地の蛇、天の鳥の餌となるであろう。実に、われわれの悪行を糧とし、それに拍手喝采する悪霊どもは、そのような食物で養われるのである。このような行為の実例がカインである。彼は、嫉妬からの怒りに駆られ、無垢の弟を欺いたのである〔創四：八〕。

情欲に関しても、またこれに類する個々の情念に関しても、同様に考えなければならない。たとえば、「われわれの魂が生ける神を恋い求め、痩せ細る」〔詩八四：三〕ときには、情欲はわれわれの糧となる。しかし、情欲をもって他人の妻を見たり〔マタ五：二八〕、隣人の物を渇望するときには、情欲は獣の餌となる。イズレエル人ナボトの葡萄畑に対するアハブの渇望〔情欲〕とイゼベルの行為が実例となりうる通りである〔王上二一参照〕。

当然、聖書が言葉の端々に至るまで細心の注意を払っている点にも注目しなければならない。たとえば、人間に関しては、「神は言われた、〈全地の面にある種子をもつすべての草と、地の面のすべての木をあなたたちに与えた。これは、あなたたちの食物となるだろう〉」と述べているのに、獣に関しては、「これらのすべてを彼らに食物として与えた」とは言わず、「彼らの食物となろう」と述べているのである。つまり、先に説明した霊的解釈によれば、これらの情念は神から人間に与えられたが、それらが地の獣の餌にもなるであろうことが神によって予告されているものと理解される。したがって、聖書は言葉の一つ一つを細心の注意を払って用いて、人間に関しては、「これらを食物としてあなたたちに与えた」と神は言うと述べているが、獣に関する個所に至ると、予告する意味合いで、これらが獣と鳥と蛇の餌にもなるであろうと述べているのである。

ところで、われわれは使徒パウロの言葉に応えて、彼が述べているように、「キリストの思い」〔一コリ二：一六〕を受け入れるとともに、「神からわれわれに与えられたこと」〔一コリ二：一二〕を知ることができるよう、「〔聖書の〕朗読に専念しよう」〔一テモ四：一三〕。そして、糧としてわれわれに与えられたものを豚や犬の餌とせぬよう〔マタ七：六〕、ふさわしい糧をわれわれの内に備えよう。それによって、父とともに来、聖霊〔の交わり〕のうちにわれわれの許に住まいを設けることを望まれる〔ヨハ一四：二三〕神の子、ロゴスをわれわれの心の宿舎に迎えるにふさわしいものとなるように。そのためにも、われわれはまず何よりも、聖性によって聖霊の神殿となっていなければならないのである〔一コリ六：一九〕。この方に代々とこしえに栄光がありますように。アーメン〔ロマ一一：三六〕。

訳註

＊1――「元に」（In principio; ἐν ἀρχῇ）という言葉は、オリゲネスの解釈によれば、「元のうちに」と訳すべきである。「元」（ἀρχῇ）のさまざまな意味と、それに即した「元」における創造については Origenes, Commentarii in Johannem I, 16, 90-20, 124（『ヨハネによる福音書注解』小高毅訳、創文社、一九八四年、五〇―五八頁）参照。

＊2――七十人訳では *ἡμέρα μία*. この考えはバシレイオス（Basileios 三三〇頃―七九年）の『ヘクサエメロン（創造の六日間）』（Homiliae in Hexaemeron 2, ed. S. Giet, pp. 178-183〔出村和彦訳、本集成第二巻『盛期ギリシア教父』一九九二年、所収〕にも引き継がれている。

＊3――「大空」は七十人訳では *στερέωμα*（堅固にされたもの）。

＊4――Origenes, De principiis I, 2, 6（『諸原理について』小高毅訳、創文社、一九七八年）で人間の創造については「創世記」の該当個所を説明するときに詳しく考察すると述べている。これは初期にアレクサンドレイアで著された『創世記註解』を指している。残念ながら、その註解は断片しか現存していない。

＊5――オリゲネスの考えでは、理性的被造物（天使・悪魔とその使い・天体・人間）は、当初、すべて等しくかつ同様な霊的なものとして造られた。それが肉体をもつものとなった経緯については『諸原理について』で詳しく論じられている。

＊6――politia et conversatione. 写本に欠落があり、さまざまに補足される。

＊7――ラテン語 spiritus は男性名詞。ギリシア語の *πνεῦμα* は中性名詞。ところが、「精神は男性であると言われる」と続いているから、原文では男性名詞の *νοῦς* であったものと思われる。

＊8――理性的被造物はロゴスに与ることによってそのようなものでありうる。Origenes, De principiis I, 3, 5（邦訳、八〇頁）参照。

書簡集

アレイオス
小高　毅訳

解題

古代最大の異端派を形成することになるアレイオス（Areios　二五六頃―三三六年）はリビュアで生まれ、アンティオケイア学派の祖であるアンティオケイアのルキアノス（Loukianos　二四〇頃―三一二年）に学び、その後アレクサンドレイアでリュコポリスのメレティオス（Meletios　三二五年以降歿）より助祭さらに司祭に叙された。メレティオスは、迫害によって司祭不在となったアレクサンドレイアで独断による叙階を行い、さらに迫害終息時には離教者に厳格な態度で臨み、同地の司教ペトロス（Petros）と対立していた。アレイオスもメレティオスにより司祭となり、当初はメレティオス派に属していたが、ペトロスの後継の司教から正統派への帰属が認められ、さらに次代のアレクサンドレイア司教アレクサンドロス（Alexandros　在位三一二―二八年）により小教区バウカリスの司牧を任されるに至っていた。

アレイオスおよびアレイオス派の断罪の経緯は不明瞭な点も多いが、およそ以下の軌跡を辿っている。三一八年頃、数名の聖職者が〈子〉と〈父〉に関するアレイオスの教説について司教アレクサンドロスに不十分なものとして報告したことが、大論争の発端であった。アレイオス派を支持する側と排斥する側との対立が続く中、アレクサンドロスはアレクサンドレイア教会会議を開催し（おそらくは三一九年）、そこでアレイオスとその支持者に対する破門とアレクサンドレイアからの追放が決定される。アレクサンドレイアを去り、旅程に身を置きながらも、彼らは多数の支持者を獲得していった。教会史家カイサレイアのエウセビオス（Eusebios　二六三／六五頃―三三九／四〇年）もアレイオスを支援する一人であった。ビテュニアでの教会会議（三二〇年）さらにパレスティナでの教会会議（三二一―二二年）ではアレイオスの教説の正統性が認められた、という一幕もある。こうして両派の対立はローマ帝国中に拡大し、ついには皇帝コンスタンティヌス一世（Constantinus I 在位三〇六―三三七年）の介入を許した。

三二五年五月から六月末にかけて開催されたニカイア公会議でアレイオスの教説は排斥され、アレイオスはイリュリアに追放となる。だが三二七年にはコンスタンティヌス帝はアレイオスをニコメデイアに召喚し、ここでアレイオスはニカイア信条に抵触しない信仰宣言を行う。さらに翌三二八年に皇帝は、アレクサンドロスに書簡でアレイオスの復権を命じた。だがこれに応えることなく、同年中にアレクサンドロスは死去し、アタナシオス（Athanasios 二九五頃―三七三年）がアレクサンドレイア司教となった。その後の三三五年のテュロス教会会議では、アタナシオスの罷免とアレイオスの復権が宣言されるが、アレイオスは翌年にコンスタンティノポリスで急死した（三三六年）。

一枚岩ではないにせよ「アレイオス派」の主張の大枠は、「言（ロゴス）あるいは〈子〉は最大の被造物である」とする点にある。論争時の常として当事者は自身の自説擁護と論敵反駁のために書簡を送る。ここに所載するのはアレイオスによる三通の書簡である。第一は自らに与（くみ）したニコメディアおよびコンスタンティノポリス司教エウセビオス（Eusebios 三四二年頃歿）宛（三一八年頃）、第二はアレイオスらを破門・追放したアレクサンドレイア司教アレクサンドロス宛（三二〇年頃）、第三はニカイア公会議後にコンスタンティヌス帝宛（三二七年もしくは三三四年頃）に書かれたものである。

書簡集

ニコメデイアのエウセビオスへの手紙[*1]

アレイオス

1 いとも敬愛する神の人、信仰篤く、正統信仰を保持しておられるエウセビオス殿に、貴殿も擁護しておられる、すべてを征服する真理のゆえに、アレクサンドレイアの霊父(パパ)[*2]から不正に迫害を受けているアレイオスより、主においてご挨拶申し上げます。

2 師父アンモニオス様[*3]がニコメデイアに来られましたので、師父を介して貴殿にご挨拶申し上げるとともに、神と〔神〕のキリストのゆえに貴殿が兄弟たちに抱いておられる生来の愛情と心構えを思い起こしていただくのはふさわしく望ましいことと考えました。実に、〔アレクサンドレイアの〕司教は私どもに対してひどい振舞いをなし、私どもを迫害し、あらゆる手段を用いて私どもを攻撃してきました。そして、私どもを神を否む者として〔アレクサンドレイアの〕町から追放したのです。それと言いますのも、彼が公に発表している、「神は常に〔存在し〕、〈子〉は常に〔存在する〕。〈父〉は〔〈子〉と〕同時に〔存在し〕、〈子〉は〔〈父〉と〕同時に〔存在する〕。〈子〉

は生まれずに〈父〉と共に存在し、常に生まれる者であり、生まれず生まれた者[4]である。神は〈子〉を思惟によって発出したのでも、なんらかの瞬時の経過の後に発出したのでもない。神は常に〔存在し〕、〈子〉は常に〔存在する〕。〈子〉は神自身からのものである[5]」との説に私どもが同意しなかったためです。

3　そして、カイサレイアにおける貴殿の同僚エウセビオス[6]、テオドトス、パウリノス、アタナシオス、グレゴリオス、アエティオスならびに東方のすべての人は、「神は〈子〉に先立って元なしに存在する」と主張しましたので、呪われるべき者と宣告されました。ただし、フィロゴニオスとヘラニコスとマカリオスは別です[7]。彼らは異端の輩で要理を知らぬ者らであり、子は「おくび[8]」であるとか、分出物[9]であるとか、共に生まれざる者[10]であるとか主張する者らの仲間です。

4　異端者どもが何万回の死をもって私どもを脅迫しようとも、そのような不敬な教説に耳を貸すことは私どもにはできないことです。では、私どもが主張し、理解し、私どもが学び、教えてきたのは、いったいいかなることでしょうか。それはこうです。〈子〉は生まれざる者ではなく、生まれざる者の一部でもなく、なんらかの基材〔物質〕からのものでもなく[11]、〔〈父〉の〕意志[12]と決定とによって時間に先立ち代々に先立って[13]、満ち満ちた〈かみ〉[14]、独り子、不易の者として実在した、ということです。

5　ですから、「生まれる」[15]、あるいは「創造される」、あるいは「定められる」、あるいは「立てられる」〔箴八：二二―二五〕前には、〔〈子〉は〕存在しなかったのです[16]。〔〈子〉は〕生まれざる者ではなかったからです[17]。ゆえに、「〈子〉は元をもつ[18]が、神は元なしの者である」と主張したために、私どもは迫害されているのです。また、私どもが迫害されていますのは、「〈子〉は〕存在せざるものから（ἐξ οὐκ ὄντων）の者である」と主張するためでもあります。私どもがこのように主張しますのは、〔〈子〉は〕神の一部ではなく、なんらかの基材から（ἐξ ὑποκειμένου）のものでもないからです。このような次第で私どもは迫害されておりますが、他のことは貴殿もご存じのことと存じます。

私どもの苦難を心に懸けて下さいませ。主の内にあってご壮健であられますように。真にルキアノス派の同輩[19]であるエウセビオス殿。

アレクサンドレイアのアレクサンドロスへの手紙[20]

1 祝された霊父（パパ）、私どもの司教アレクサンドロス殿に、司祭および助祭一同より、主においてご挨拶申し上げます。

2 私どもの信仰は先人たちから〔受け継いだものであり[21]〕、祝された霊父である貴殿ご自身から学んだものでもあります。それは次のようなものです。私どもは知っております、唯一の神、ただ独り生まれざる方[22]、ただ独り永遠の方、ただ独り元（はじめ）のない方、ただ独り真実の方、ただ独り不死を有しておられる方、ただ独り知恵ある方、ただ独り善なる方、ただ独りの主宰者、万物の審判者、統治者、管理者、不変不易の方、義にして善なる方[23]、律法と預言者の〔神であり〕かつ新しい契約の神を。この方は永遠の時に先立って独り子なる〈子〉を生み、この〔独り子〕を通して

3 代々(よよ)と万物を造られました。〔この独り子を〕生んだのは仮象による（δοκήσει）ことではなく、真に〔生んだ〕のであり、ご自分の意志によって実在させられました。〔独り子は〕、不変不易な者、神の完全なる被造物（κτίσμα）でありますが、他の諸被造物の一つのようなものではなく、子供（γέννημα）であるが、他の子供らの一人のようなものではありません。[24] ウァレンティノスの言うように分出物として父から生まれた者ではなく、マニカイオスが唱道するように父と同一本質(ホモウーシオス)[25]の部分として生まれた者でもなく、サベリオスの言うように単一性（μονάς）を分かつ〈父-子〉（υἱοπάτωρ）[26]〔のようなもの〕でもありません。また、ヒエラカス[27]の言うような一つの灯火から〔灯されたもう一つ別の〕灯火のようなもの、一つの松明(たいまつ)が二つに〔された〕ようなものでもありません。また、かつて存在していたものが、後に子となるよう生まれたのでも造られたのでもありません。[28] これは、祝された霊父、貴殿ご自身も教会のなかで、また教会会議の席上でしばしばこのような説を唱道する輩に対して擁護されてきたものです。しかしながら、私どもが主張しますように、〔〈子〉は〕神の意志によって時間に先立ち代々(よよ)に先立って創造されたのであり、〈父〉が〔〈子〉〕を共に実在させられたので、〔〈子〉は〕生命と存在と、さらに栄光とを〈父〉から受けたのです。

4 実に、〈父〉は、すべてを相続分として〔〈子〉〕に与えられましたが、ご自身のうちに「生まれざる者であること」を有しているものとしてのご自身を捨てられたのではありません。実に〔〈父〉〕はすべてのものの泉であられます。こうして、三つの実在者（ὑποστάσεις）[28]が存在するのです。神は万物の原因として元(はじめ)なしの者、唯一の者であり、〈子〉は時間に関係なしに[30]父から生まれた者（γεννηθείς）、代々(よよ)に先立って創造された者（κτισθείς）、立てられた者（θεμελιω-

θείς）として生まれる前には存在していませんでしたが、時間に関係なしに万物に先立って生まれ、ただ〔〈子〉〕独りが〈父〉によって存在させられたのです。実に、〔〈子〉は〕永遠の者でも、〈父〉と共に永遠の者でも、〈父〉と共に生まれざる者でもなく、ある人たちが、〔両者の〕関係を主張して、[*31]二つの生まれざる元（アルケー）を導入するように、〔〈子〉は〕〈父〉と時を同じくして己が存在を有しているものでもありません。むしろ、唯一の者、すべてのものの元（はじめ）として、神はすべてのものに先立って存在しておられるのです。それゆえ、私どもが教会の宣言のなかで貴殿から学びましたように、〔神は〕〈子〉に先立って存在しておられるのです。

5

したがって、〔〈子〉は〕〈父〉からのものとして存在と栄光と生命とを有しており、すべては〔〈子〉〕に賦与されたのです。このため神は〔〈子〉〕の元（はじめ）なのです。実に、〔〈子〉〕の神として、また〔〈子〉〕に先立って存在する者として、〔神は〈子〉〕の元（はじめ）なのです。さて、「〔神〕から」とか「胎（はら）から」〔詩一一〇：三〕とか「私は父から出て、来た」〔ヨハ一六：二八〕といった言葉を、ある人々が〔〈子〉が〕同一本質（ホモウーシオス）の〔神〕の一部もしくは分出物のようなもの〔であることを意味している〕と理解するなら、彼らによれば、〈父〉は複合体で、分割しうる者、可変的な者、物体であることになり、彼らによれば、非物体的な神が、物体に付随するもろもろのことを甘受することになるのです。[*32]

幸いなる霊父様、主の内にあってご壮健であられますようお祈りいたします。司祭アレイオス、アエイタレス、アキレウス、カルポネス、サルマタス、アレイオス。助祭エウゾイオス、ルキオス、イウリオス、メナス、ヘラディオス、ガイオス。司教ペンタポリスのセクンドス、リビュアのテオナス、ピストス。

コンスタンティヌス帝への手紙[*33]

アレイオスおよびエウゾイオス[*34]より、いとも敬神の念篤く、神に愛された私どもの主なる皇帝コンスタンティヌス陛下へ。

1 主なる皇帝陛下、陛下が敬神の念から命じられましたことに従いまして、私どもはここに私どもの信仰を表明いたしますとともに、書面をもちまして神の御前に、私どもならびに私どもと共におります者一同、次のように信じておりますことを告白いたします。

2 私どもは信じます。唯一の神、万物を支配しておられる〈父〉を。また主イエス・キリスト、〔神〕の独り子なる[*35]〈子〉、あらゆる代々(よよ)に先立って[*36]〔神〕から生まれた方、「かみ」なる言(ロゴス)、天と地にあるすべてのものがこの方を通して造られた方を、〔天から〕下り、肉体をまとわれ、苦しまれ、復活され、天に昇られ、生ける者と死せる者とを裁くために再び来られる方を。

3 また、聖霊を〔信じ〕、肉体の復活を、来たるべき代(よ)の生命を、天の国を、唯一のカトリックの、〔地の〕果てから果てまで〔広がった〕神の教会を。

4 この信仰を私どもは聖なる福音から受け入れました。〔福音のなかで〕主は弟子たちに次のように言っておられます。「行って父と子と聖霊の名によって洗礼を授け、すべての民を私の弟子としなさい」〔マタ二八：一九〕。さて、私どもがこのように以上の〔教え〕を信じておらず、すべてのカトリックの教会と聖書が教えている通りに、〈父〉と〈子〉と聖霊とを私どもが受け入れないとすれば——私どもは全面的にそれを信じておりますが——、今も、また来たるべき日にも、神が私どもの裁き手となられるでしょう。ですから、神に愛された皇帝陛下、私どもは教会に属する者であり、教会と聖書の信仰と考えを保持しておりますので、陛下の敬神の念に訴えます。陛下の敬神と平和への思いによって、論争ならびに無意味な詮議を終わらせて、私どもを私どもの母、すなわち教会に入り一つにさせて下さいませ。そうすれば、私どもと教会が互いに平和を保ち、一同、陛下の平和で敬虔な王国と陛下のご家族の皆様方のために祈りを捧げることができるでありましょう。

訳註

*1——三一八年頃の手紙。

*2——アレクサンドロスのこと。「パパ」という呼称は後にローマ教皇占有のものとなるが、このころ東方ではあらゆる司教に付された。

*3——アレイオスの父親と考える学者もいるが、隠修士であろう。

*4——アレクサンドロスの言葉ではなく、アレイオスの造語と考えられる。

*5——*ἐξ αὐτοῦ τοῦ θεοῦ.* 一コリ八：六で「万物は神から〔出〕」と言われる。アレクサンドロスは〈子〉の存在は〈父〉に由来する意味で解する。しかし、アレイオスは ἐξ〈から〉を質料因を示すものと解して、〈子〉が〈父〉のウーシア（本質）から出ると〈父〉のウーシアが二つに分割されると考えて反対する。

＊6——テオドトス（Theodotos）はラオディケイアの司教、パウリノス（Paulinos）はテュロスの司教、アタナシオス（Athanasios）はシュリアのアナツァルボスの司教、グレゴリオス（Gregorios）はベリュトス（ベイルート）の司教、アエティオス（Aetios）はリッダの司教。

＊7——フィロゴニオス（Philogonios）はアンティオケイアの、ヘラニコス（Hellanikos）はシュリアのトリポリスの、マカリオス（Makarios）はエルサレムの司教。

＊8——*ἐρυγή*.「私の心は善い言葉を放つ（*Ἐξηρεύξατο*）」（詩四五：二）に由来する。テルトゥリアヌス（Tertullianus 一六〇頃—二二〇年頃）は〈子〉が「神から、すなわち真の意味で神の心の奥底から生まれたただ独りの方」であることを証言するものとして、この言葉を引用する（Adversus Praxean 7, 1）。他方、オリゲネス（Origenes 一八五頃—二五四年頃）は「神の子〔の独自〕の実在を認めない」者は、詩編のこの言葉を引用して、「神の子は、あたかも音節の内にかたちをとる父の表現であると考えている」と述べている（Commentarii in Johannem I, 24, 151『ヨハネによる福音注解』小高毅訳、創文社、一九八四年）。また、モナルキアニズム（monarchianism 父・子・聖霊は神の唯一のペルソナの救済史における現れ方の違いにすぎないとする異端説）を信奉する者らも、〈子〉がデュナミス（力）であることを証言するものとしてこの言葉を引用する。

＊9——*προβολή*. グノーシス主義の用語。神的プレーローマ（*πλήρωμα* 充溢）からの、かなり物質的な流出を考えている。オリゲネスは「神の本性を部分に分けたり、自分の見解で父なる神を分割したりして、なんらかの流出を空想している人々のばかげた作り話に陥らないように注意せねばならない」と述べて（De principis I, 2, 6『諸原理について』小高毅訳、創文社、一九七八年）、さらに「ある人々が考えているように、子は分出によって父から生まれた者ではない。分出は動物や人間の出生に見られるような発生を意味している。したがって、もし子が父から分出されたものであれば、必然的に分

出した者も、また分出された者も、物体とみなされるべきであろう」（ibid. IV, 4, 1）と述べている。

*10――*συναγέννητον*. 〈子〉が〈父〉と共に永遠に存在することを主張するアレクサンドロスに対する非難の言葉であろう。

*11――アレイオスは〈子〉の誕生を物質的に理解することを強く否定する。オリゲネスも神を物体的なものと解する人々を強く否定している。（De principiis I, 1, 1 など参照）。他方、テルトゥリアヌスはストア哲学の影響を受けており、エーテル（*αἰθήρ*）的なものとはいえ神を物体的なものと解し、「父は全実体であり、子は全体から導き出されたもの、全体の部分である」と表現する（Adversus Praxean 9, 1）。

*12――テルトゥリアヌスは「神は、知恵や理性や言とともに自らの内で秩序立てていたものに、独自の実体とかたちを与えようと決意するや、まず言を発した」（Adversus Praxean 6, 3）と述べる。〈子〉の誕生は〈父〉のまったく自由な意志によるという考えは、二―三世紀の教父たちに共通したものである。

*13――オリゲネスに従い、アレクサンドロスは〈子〉の永遠の誕生を主張するが、アレイオスがこの言葉で言わんとするのは、単に時間、すなわち創造に先行する〈子〉の誕生であり、かならずしも〈子〉の永遠性を意味するものではない。

*14――*πλήρης θεός*. オーピッツはこれに補足し *πλήρης* 〈*χάριτος καὶ ἀληθείας*〉 *θεός*（恵みと真理に満ち満ちた「かみ」）としている。シモネッティはこれを恣意的なものとして排している。なお、ここでは冠詞が付されたテオスとそうでないものを区別して、ホ・テオスは「神」、テオスは「かみ」と訳した。

*15――この箴八：二二―二五は神の知恵であるキリストの誕生を説明するものとして引用され、二二の「造

られた」は二五の「生まれた」の意味で解されてきたのに対して、アレイオスは逆に「生まれた」を「造られた」の意味に解する。Cf. M. Simonetti, Studi sull'arianesimo, Roma 1965.

*16——〈子〉は造られる前は存在しなかった、とアレイオスは主張するのに対して、アレクサンドロスは、〈子〉の誕生は永遠のものであり、常に存在し、ある時存在し始めたのではないと主張する。

*17——アレイオスの主張する教説の特徴の一つ。〈子〉が〈父〉の本質に由来するものではないことの帰結である。

*18——ここでアレイオスが主張する「元」（ἀρχή）は存在論的かつ時間的な元である。これに対して、アレクサンドロスも〈子〉が元を有することを認めるが、オリゲネスが主張したように存在論的な元であり、時間的な元ではない。〈子〉は永遠に〈父〉から生まれる者として時間的な元を有していないからである。

*19——*συλλουκιανιστά*. この言葉からアレイオスがニコメディアのエウセビオスとともにアンティオケイアのルキアノスの下で学んだことが知られる。ほかに、カルケドンのマリス（Maris）、ニカイアのテオグニス、ソフィストのアステリオス（Asterios）が同僚であったことが知られる。彼らはいずれも初期のアレイオス擁護者であった。

*20——三二〇年頃の手紙。

*21——アレイオスは自分の教説が先人から受け継いだもの、すなわち伝承に根差すものであることを主張する。確かに、彼の教説はオリゲネスの思想の流れを汲むものではあるが、〈子〉を〈父〉より低次のものであるだけでなく、〈父〉とはまったく異質のものとする点でオリゲネスの思想から離れている。

*22——「ただ独り」という言葉を繰り返し用いて、〈父〉の優位を強調する。ここに挙げられた特徴は〈父〉のみに固有なものであり、〈子〉がそれらの特性を有するのは〈父〉から与えられたものとしてであ

る。

＊23――マルキオン（Markion　二世紀中頃）が旧約聖書の神と新約聖書のイエスの父とを区別したことはよく知られているが、アレイオス時代のグノーシス主義者もマニ教の影響の下に、義なる神と善なる神とを区別し、旧約の義なる神に対して新約の善なる神の優位を主張していた。

＊24――神が〈子〉を生んだとアレイオスは述べるが、ここで「生む」が「造る」の意味で取られているのは、〈子〉を「被造物」「生まれた者」と呼んでいることからも明らかである。ただし、アレイオスによれば〈子〉は被造物ではあるが、他の被造物とは異なる。その意味で「独り子」と呼ばれる。それは〈子〉のみが直接〈父〉によって造られたのに対して、他の被造物は〈子〉を通して造られたものだからである。

＊25――「ホモウーシオス」という言葉は、すでにローマのディオニュシウス（Dionysius　ローマ教皇在位二五九―六八年）とアレクサンドレイアのディオニュシオス（Dionysios　司教在位二四七／四八―六五年）とのあいだの手紙でその使用について論じられているが、アレイオス論争でこの言葉が登場するのはこの手紙が最初である。ウーシアという言葉が本質を示すとともに独立した固有の存在、すなわち「ヒュポスタシス」（ὑπόστασις）の意味でも用いられることから混乱の元になる。アレイオスは〈子〉が〈父〉とホモウーシオスであると言うことで、〈父〉の本質を物質的な基材として、その分割を考えるものとして否定する。

＊26――エウセビオスの『教会の神学』（De ecclesiastica theologia I, 1）にもこの表現が見られる。サベリオス（Sabellios　二六〇年頃歿）自身が用いたものか、論敵が彼に帰したものか不明。

＊27――ヒエラカス（Hierakas）。三世紀末から四世紀初めのエジプトの隠修士。オリゲネスに従い魂の先在と霊的な復活体を信奉したことは知られているが、父と子と聖霊の三位に関する彼の教説はほかに伝

えられていない。

＊28――つまり、言（ロゴス）ならびに知恵として、初めから〈父〉の内に存在した非人格的な〈子〉が、世の創造に先立って〈父〉とは別の人格的な存在者として〈父〉から出たとする考えを否定する。

＊29――「ヒュポスタシス」は実在する個別者を示す。オリゲネスは「父と子と聖霊という三つのヒュポスタシスが存在すると教えられている」と述べている（Commentarii in Johannem II, 10[6], 75）。ただし、オリゲネスにおいては「ウーシア」および「ヒュポスタシス」は厳密に定義されておらず、多義的に用いられている。とはいえ、父と子と聖霊を三つのヒュポスタシスとする教説はアレクサンドレイア学派で伝統的なものとなり、アレクサンドロスもそう表現している（Opitz [ed.], Epistulae 2, 16; 19; 20）。オリゲネスは父と子と聖霊を同質と解する一方、存在論的従属性をも説いているが、アレイオスは存在論的かつ時間的従属性を強調する。

＊30――*ἀχρόνως*. 時間に先立つ〈子〉の誕生（創造）は、アレイオスにとって永遠を意味するものではなく、単に創造に先立つことを意味する。この直後で否定されるように、〈子〉の永遠性を認めることは〈子〉を〈父〉と共に「生まれざる者」と認めることになる。

＊31――おそらく「父と子」の関係にもとづく論証のことを言うのであろう。オリゲネスは「父は子なしに〔存在した〕とは考えられない」と主張している（De principiis IV, 4, 1）。同じ考えは、アレクサンドレイアのディオニュシオスにも見られる（Epistula ad Dionysium Romanum 1, PL 5, 120）。

＊32――ニコメディアのエウセビオス宛の手紙でも「神から」という表現を質料因と取ることを否定しているが、ここでそれがさらに詳しく説明されている。

＊33――三二七年もしくは三三四年頃のもの。

＊34――エウゾイオス（Euzoios　三七五年頃歿）。アレクサンドレイアの助祭。初めからアレイオスと行動を

ともにし、アレクサンドレイアの教会会議でアレイオスとともに断罪され、ニカイア公会議の後、アレイオスとともに追放された。アレイオスの死後、三六〇年に親アレイオス派の勢力が勝っていたアンティオケイアの司教に選任されている。臨終のコンスタンティヌス帝に洗礼を授けたのも彼である。

*35——アレイオスによれば、〈子〉は神から直接造られた者として、唯一の被造物として「独り子」と認められる。

*36——世の創造に先立つことを述べるもので、〈父〉と共に永遠に存在することを述べるものではない。

すべての司教への手紙

アレクサンドレイアのアレクサンドロス
小高　毅訳

解題

アレクサンドロス（Alexandros　二五〇頃―三二八年、司教在位三一二―歿年）がアレクサンドレイア司教に叙階された当時、大迫害の傷はいまだ癒えてはいない。離教者への対応に厳しく臨むリュコポリス司教メレティオス（Meletios　三二五年以降歿）を領袖とする分派への対応が、彼のアレクサンドレイア司教としての第一の課題であった。

「アレイオスの〈父〉と〈子〉をめぐる教説には問題がある」との報告を数名の聖職者から受けてより、アレクサンドロスはアレイオス論争の当事者となっていく。そもそもアレイオスは、迫害時にメレティオスが独断で司祭に叙した人物であった。アレイオス側の意見にも耳を傾けた後に、アレクサンドロスは百名規模の出席者を数えるアレクサンドレイア教会会議を開催する。同会議ではアレイオスと彼と主張を共にする者たちが破門された。パレスティナに逃れたアレイオスが有力支持者を集めたことから、論争はローマ帝国一体へと広がった。そのためにコンスタンティヌス帝（Constantinus I　在位三〇六―三三七年）の介入のもと、三二五年にニカイア公会議が開催されることとなる。アレクサンドロスはこの公会議で、アレイオスとメレティオスを断罪することに成功した。しかしアレイオスを支持していたニコメディアのエウセビオス（Eusebios　三四二年頃歿）とカイサレイアのエウセビオス（Eusebios　二六三／六五頃―三三九／四〇年）の強烈な反撃のもと、コンスタンティヌス帝が書簡でアレイオスの復権を求める中で、アレクサンドロスは生涯を閉じる。

アレクサンドロスの書簡は二通が現存している。初期アレイオス論争を知る上でその史料的価値は高い。所載した書簡はアレクサンドレイア教会会議の決定を諸教会に通達すべく三一九年に書かれたものであり、アレイオス派の主張とその問題点が明確に描き出されている。

すべての司教への手紙

1　アレクサンドロスより、カトリックの教会の敬愛する同輩の皆様方に、主においてご挨拶申し上げます。

2　カトリックの教会は〔一つの〕体であり、一致と平和の絆を保つよう聖書で命じられていますので〔エフェ四：三―四参照〕、体の一部が苦しむにせよ喜ぶにせよ、私どもが共に苦しんだり、

3　互いに喜び合ったりするために、私どもがそれぞれ自分の身近に生じた事柄を手紙に書き記し、互いに知らせ合うことはふさわしいことでしょう。さて、ごく最近、私どもの教区におきまして、

4　背教を説く正気を失したキリストに敵対する輩が出てまいりました。その〔教説〕たるや、反キリストの先駆けをなすものと推定し、かつ断定してもよいようなものでした。悪が唱道者たちのあいだだけで消滅し、他の場所にまで侵入せず、悪に染まらぬ人々の耳を汚すことのないように、この事態には沈黙を守ろうと思っておりました。ところが、現在ニコメディアにいるエウセビオスが、なんら制裁も受けることなく、ベリュトス〔ベイルート〕を去って、ニコメディアの教会を監督するようになった[*1]ことから、教会のこの事態を自分の管轄下の問題とみなし、かつまた背

教者たちの頭であったことから、彼らを推奨する手紙を四方八方に書き送り始め、そのために無知な人々をこの邪悪でキリストに敵対する異端に引きずり込んでしまったのです。このため、律法に書かれていることを知っております私といたしましては、もはや沈黙を守るべきではないと考え、貴殿方ご一同にご報告する次第です。それと申しますのも、背教者となった彼らのことを知っていただくとともに、彼らの異端の邪まな言葉を知っていただくためです。そして、たとえ

5 エウセビオスが〔手紙を〕書き送ってきても、歯牙にもかけないでいただきたいのです。実際のところ、時の経過とともに忘れ去られた彼のかつての悪行を、今また彼らを介して記憶も新たにしてほしいのでしょうか、彼らのために書いているように装っていますが、自分自身のことに鑑みてそれをなしているのは、その所業からも明らかなことです。[*2]

6 ところで背教者となったのは以下の者たちです。アレイオス、アキレウス、アエイタレス、カルポネス、もう一人のアレイオス、サルマテス、彼らは当時司祭でした。エウゾイオス、ルキオス、イウリオス、メナス、ヘラディオス、ガイオス、彼らは当時助祭でした。そして以上の者らとともに、当時司教であったと言われるセクンドスとテオナスです。[*3]

7 そして、聖書に反して彼らがしゃべり散らしているのは、以下のことです。

「神は常に父であられたのではなく、神が父ではなかった時があった。神の言(ロゴス)は常に存在したのではなく、存在しないものから作られたのである。実に、神である方が、存在しなかった〔言〕を無から造られたのである。それゆえ、〔言〕が存在しなかった時がかつてあったのである。実に、〈子〉は被造物（*κτίσμα*）であり、造形物（*ποίημα*）である。〔子は〕本質(ウーシア)に即して〈父〉と

似たものではなく[*4]、本性（フュシス）によって〈父〉の真の言（ロゴス）であるのでもなく、〔〈父〉〕の真の知恵であるのでもなく、ただ単に造形物ならびに形成物の一つであり、間違って言（ロゴス）ならびに知恵と言われるが、〔〈子〉〕自身も神の言（ロゴス）そのもの、ならびに神の内なる知恵そのものによって造られたので [8] あり、神は〔知恵〕によって万物と〔〈子〉〕とを造られたのである[*5]。それゆえ、〔〈子〉は〕すべての理性的〔被造物〕と同様に、本性的に変化、変易するものである。言（ロゴス）は、神の本質（ウーシア）とは異質のもの、別のもの、区別されるものであり、〈父〉は〈子〉にとって見えない方である。実に、言（ロゴス）は〈父〉を完全かつ正確に知っておらず、〔〈父〉〕を完全に見ることもできないのである。実 [9] に、〈子〉は〔〈父〉〕の本質そのものを、ありのままにわかっているのでもないのである[*6]。まさに、われわれのために造られたのである。それは道具のように彼を通して神がわれわれを造るためである。もし神がわれわれを造ることを望まれなかったなら、彼が実在することもなかったのであ [10] る」。さて、「悪魔が変化したように、神の言（ロゴス）も変化しうるのだろうか」と彼らに問う人があれば、彼らは憚ることなく答えるでしょう。「然り、〔変化し〕うる。造られ、創造されたものである以上、本性的に変化するものだからである」[*7]。

[11] アレイオスならびに以上のようなことを主張し、それを恥ともしない者ども、そして彼らの追従者たちを、私どもは、およそ百名のエジプトとリビュアの司教たちとともに会合をもち、排斥いたしました。ところが、エウセビオスの一派は彼らを迎え入れ、真理に虚偽を、敬神に不敬を混ぜ込ませるよう努めたのです。しかし、なしえませんでした。実に、真理が勝ち、光は闇と交 [12] わることはできず、キリストがベリアル[*8]と和合することはありえないのです。いったいぜんたい、

以上のような〔教説〕をかつて耳にした人が誰かいるでしょうか。〔そのような教説を〕耳にして、不審を抱かず、そのような汚らわしい言葉が耳を汚すことのないよう耳をふさがない人が誰かいるでしょうか。「元（はじめ）に言（ロゴス）があった」〔ヨハ一：一〕とヨハネが言うのを聞いておりながら、*9「〔言が〕存在しなかった時がかつてあった」*10と主張する者らを非難しない人が誰かいるでしょうか。「独り子なる〈子〉」、「この方を通して万物は成った」〔ヨハ一：一八、一：三〕と福音書のなかで〔言われているのを〕耳にしておりながら、〔〈子〉が〕造られたものらの一つであると語る者らを嫌悪しない人が誰かいるでしょうか。いったいどうして、ご自分を通して成ったものらの一つでありえましょう。いったいどうして、彼らによれば万物とともに数えられる者が独り子でありえましょう。*11「私の心は善い言（ロゴス）を発した」〔詩四五：二〕、「明けの明星に先立って、私はあなたを胎（はら）から

13 産んだ」〔詩一一〇：三〕と〈父〉が言っておられるのに、いったいどうして無から出たものでありえましょう。父の完全な像、反映であり、*12「私を見た者は、父を見たのだ」〔ヨハ一四：九〕と言われる方が、いったいどうして〈父〉の本質（ウーシア）と似ていないもの（ἀνόμοιος）でありえましょう。〈子〉は神の言（ロゴス）、知恵であられるとすれば、いったいどうして存在しなかった時がかつてあったというのでしょう。実に、神はかつて言（ロゴス）なしの者、知恵のない者であったと、彼らは主張しているに等しいのです。

14 「私は父の内におり、父は私の内におられる」〔ヨハ一四：一〇〕、「私と父は一つである」〔ヨハ一〇：三〇〕と自ら言われ、「私を見るがよい。私は主であり、変わることはない」〔マラ三：六〕と預言者を通して語られた方が、いったいどうして変化するもの、変易するものでありえま

しょう。実に、たとえこの〔マラキの預言の〕言葉が〈父〉ご自身に関するものであったとしても、いまや言(ロゴス)について言われたものと解するのも妥当なことでしょう。[*13]〔言は〕人間になられましたが変化したのではないからです。使徒〔パウロ〕も言っている通りです。「イエス・キリストは、きのうも今日も、また代々(よよ)に同じ方です」〔ヘブ一三：八〕。「万物はこの方のため、万物はこの方を通して」〔ヘブ二：一〇〕とパウロが書き記しているのに、いったい誰が彼らを説得して、私どものためにこの方は造られた[*14]と言わせたのでしょう。15 さて、〈子〉は〈父〉を完全に知っていないという彼らの冒瀆に関しては、別に驚くこともないでしょう。実に、一度キリストに敵対する立場に立ったからには、「父が私を知っておられるように、私も父を知っている」〔ヨハ一〇：一五〕と自ら言っておられる言葉をも彼らは退けてしまうのです。したがって、もし〈父〉は部分的にしか〈子〉を知っておられないとすれば、〈子〉も完全に〈父〉を知っておられないことも確かです。しかし、もしそのように主張することは当を得たことではないとすれば、〈父〉は〈子〉を完全に知っておられるのであり、当然、〈父〉はご自分の言(ロゴス)を知っておられるように、言(ロゴス)もご自分の父——言(ロゴス)もこの方のものです——を知っておられるのは確かなことです。

16 以上のようなことを主張し、聖書を解釈する者たちを、私どもは再三にわたって論駁してきましたが、そのつどカメレオンのように変節を繰り返し、まさに「不敬が悪の深みに達すると、侮蔑するようになる」〔七十人訳、箴一八：三〕と記された言葉を自分に当てはめようと懸命になっているといったらよいでしょう。実際、彼らの前にも多くの異端が発生しましたが、どうがんばっても精々のところ愚鈍に陥るのが関の山でした。ところが彼らはその戯言(たわごと)の限りを尽くして、

言(ロゴス)の神性を壊滅させようと躍起になっておりましたので、そのために反キリストに近い者らと

17 して断罪されたのです。ですから、そのため彼らは排斥され、教会から追放されたのです。彼らの破滅のため、また特にかつては彼らも教会の教えを学んだのに今は離れてしまったことのために、私どもは深く悲しんでおります。とはいえ、このようなことは今に始まったことではありません。実に、ヒメナイとフィレトに起きたことですし〔二テモ二:一七〕、彼らよりも前にユダにも起きたことです。〔ユダは〕救い主に従っていましたが、後に裏切り、背教者となったのです。

18 他方、彼らについて、私どもはまったく知らなかったわけでもありません。といいますのは、救い主が予告しておられたからです。「惑わされないように気をつけなさい。私の名を名乗る者が大勢現れ、〈私がそれだ〉とか、〈時が近づいた〉とか言うが、ついて行ってはならない」〔ルカ二一:八〕。パウロも救い主からそれを教えられて、次のように書き記しています。「終わりの時には、惑わす霊と、悪霊どもの教えとに心を奪われ、信仰から脱落する者がいます」〔一テモ

19 四:一〕。ですから、主、私どもの救い主イエス・キリストご自身が宣告され、また使徒を通してこのような者らについて指示を与えて下さっておられるのですから、私どもはそれに従い、私どもの耳で彼らの不敬を確認したうえで、すでに述べましたように、彼らがカトリックの教会ならびに信仰に属さない者らであることを明らかにしたうえで、彼らを断罪した次第です。

20 敬愛するご同輩の皆様、皆様方の敬神の念はよく存じあげております。どうぞ、彼らのうちの誰かが皆様方のところにあえて入り込もうといたしましても受け入れることなく、エウセビオスにも、また彼らについて書いております者らの誰かに耳を貸されませんように。キリスト者であ

る皆様ご一同にとって、神に敵対する者、魂を堕落させる者としてキリストに逆らうことを口にしている者らを退け、彼らには挨拶の言葉をも向けないことこそ似つかわしいことです。それもこれも、祝されたヨハネが語ったように、私どもが彼らの罪科に加わることのないためです〔二ヨハ一一〕。皆様方のところにおられる兄弟の皆様にお伝え下さいませ。私と共におる者一同からも皆様方にご挨拶申し上げます。[*15]

訳註

＊1――エウセビオスがニコメディアに転じたのは三一八年より少し前のことと考えられる。当時、ニコメディアには皇帝リキニウス（Licinius　在位三〇八―三二四年）が滞在していた。司教の転地が公式に禁じられるのはニカイア公会議においてである。しかし、それ以前にもそれは好ましくないこととされていた。アレクサンドロスはエウセビオスを非難するにあたって、まずこの点を挙げる。

＊2――エウセビオスがアレイオス派を支持したのは彼の野心によることであると、アレクサンドロスは指摘する。この指摘はアレクサンドロスの讒言であるとは一概に言えない。彼のニコメディアへの転任からも、あるいはその後の行動からも彼が野心家であったことは窺える。

＊3――セクンドスとテオナス。リビュアのプトレマイスとマルマリカの司教。ニカイア公会議でもアレイオスと行動を共にする。

＊4――〈子〉は〈父〉と似たものではないとする考えは、確かにアレイオスの主張の一つとなっている。

＊5――アレイオスは、〈父〉の内に内在する非人格的な言（ロゴス）ならびに知恵と、造られたものであり、〈父〉と共に永遠に存在するのではない神の言（ロゴス）ならびに知恵であるキリストを区別する。

＊6――ここでの言葉から、アレイオスが〈父〉と〈子〉とのあいだに、根本的かつ決定的な断絶を見ていることが確認される。

＊7――アレクサンドロスはこの発言をアレイオス個人のものとしていない。アレイオス自身は、エウセビオス宛の手紙に見られるように、〈子〉の不変性を主張している。アレイオス派の一部にはこのように考えていた者がいたのであろう。

＊8――*Βελίαρ*. 神に敵対する者（サタン）。

＊9――〈子〉の永遠性、すなわち言（ロゴス）が初めから、つまり常に存在することを論証する聖書の個所としてアレイオス論争を通じて一貫して引用される。言（ロゴス）なしに、知恵なしに、〈子〉なしに父なる神が存在したことはないとするオリゲネスの考えを、アレクサンドロスは受け継いでいる。

＊10――初期のアレイオス派の一人グレゴリオス（Gregorios）のものとされる断片にこの表現が見られる（Cf. Opitz, op. cit., S. 16）。この表現はプラトン主義に由来し（Albinus, Introductio in Platonem [Epitome] 14, 3）、オリゲネスは否定している（De principiis IV, 4, 1〔『諸原理について』小高毅訳、創文社、一九七八年〕）。この表現はニカイア公会議ではっきりと断罪されるが、反アレイオス派の教父はこの表現をオリゲネスが明確に否定していることをしばしば指摘する（Athanasius, De decretis Nicaenae synodi, 27, 1-2）。

＊11――アレクサンドロス宛の手紙からも明らかなように、アレイオスは〈子〉を被造物とするが直接神に造られたものとして他の被造物とは区別し、「独り子」であると認める。反アレイオス派の教父たちにとっては、たとえ特権的なものであるとしても〈子〉を被造物とみなすことに反対する。

＊12――コロ一：一五、ヘブ一：三。これについてはオリゲネスがDe principiis I, 2, 5-6で詳しく論じている。

＊13――古代教会のキリスト者は、旧約聖書において語っているのは神の言（ロゴス）であるキリストであると考えて

いた。そのためにこのマラキの言葉もキリストが自分の受肉について語っているものと考えた。

＊14——護教家教父たちの多くは、〈父〉は世の創造を考えて、自分の内に内在した言(ロゴス)を生んだと、〈子〉の誕生を世の創造と結びつけている（Athenagoras, Legatio 10 参照）。しかし、オリゲネスは〈子〉の誕生を永遠のものとして、世の創造から切り離している。

＊15——この後、アレクサンドロスの招集した教会会議に出席し、アレイオスの断罪に賛同した司祭、助祭たちの署名が続いた。

教区の信徒への手紙

カイサレイアのエウセビオス
小高 毅訳

解題

本書簡（Epistula ad ecclesiam Caesariensem）はパレスティナのカイサレイア司教のエウセビオス（Eusebios　二六三／六五頃―三三九／四〇年）が、ニカイア公会議（三二五年）出席の最中に、自らの教区カイサレイアの信徒宛に、同会議の模様を書き送ったものである。

「教会史の父」と称されるエウセビオスは、他のアレイオス主義者と一線を画しながらも、終始アレイオス（Areios　二五六頃―三三六年）の支援者であった。カイサレイアの教会会議でアレイオスの信仰告白は正統と認められたが、ここでもエウセビオスの力は大きい。ニカイア信条の採択にあたっては、最終的にはこれに署名するものの、「ホモウーシオス（同一本質の者）」という語の使用には強硬に反対し続ける。論争に臨むエウセビオスの真意を、ここに汲むことができる。パレスティナのカイサレイアが学びの地でもあったエウセビオスは心情的に、師パンフィロス（Pamphilos　二四〇頃―三〇九／一〇年）を通して、同地で活動したオリゲネス（Origenes　一八五頃―二五四年頃）に深く傾倒していた。オリゲネスは〈父〉と〈子〉の実在的な区別を強調しつつ――そのために「〈子〉は〈父〉に従属する」とした――、キリストを〈父〉の自己啓示の史的様態とするサベリオス（Sabellios　二六〇年頃歿）を論駁していた。「ホモウーシオス」は、一般的には二つの物質の同一性を示す用語であったため、この言葉で〈父〉と〈子〉の関係を示すなら両者の固有性を損なうサベリオス主義の異端に陥る、とエウセビオスは考えたのである。

文面のそこここからは、エウセビオスのコンスタンティヌス帝（Constantinus I　在位三〇六―三三七年）への好意が滲み出ている。コンスタンティヌス帝をモーセに重ねるエウセビオスの歴史観がほの見えることも、本書簡の魅力であろう。

教区の信徒への手紙

1 親愛なる皆様、皆様はすでに、教会の信仰に関してニカイアに招集された大規模な教会会議で起草されたことを、別の情報源からお聞きになられたようです。実際、噂というものは、事態の正確な報告よりも先行するのが常です。しかし、そのような風説が真実を歪めたかたちで皆様に報告しているかもしれませんので、まず初めに私どもが提示しました信仰告白文を、次に私どもの表明文にいくつかの言葉を付加したうえで公にされた〔信仰告白文〕を皆様に書き送る必要があると考えました。

2 私どもが提示しました〔信仰告白〕文は、神に愛された私どもの皇帝陛下の御前で朗読され、善いものと認められ、まったく妥当なものであると宣告されました。[*1] それは以下のものです。

3 「最初の要理教育において、また洗礼を受けましたときに、私どもの前任の司教様方から伝えられましたように、また聖書から学びましたように、さらにまた司教あるいは司祭として私どもが信じ、かつ教えてまいりましたように、今も信じております私どもの信仰を皆様方の御前に提示いたします。それは以下のようなものです。

4 〈われわれは信ずる、唯一の神、万物を支配する〈父〉、見えるものと見えないものすべての造り主を。また、唯一の主、イエス・キリスト、神の言（ロゴス）、神からの神、光からの光、生命からの生命、独り子なる〈子〉、すべての被造物の初子（ういご）、すべての代々（よよ）に先立って〈父〉から生まれた方（γεγεννημένος）、すべてのものがこの方を通して造られた方を。われわれの救いのため受肉し、人々のなかで生活し、苦しみ、三日目に復活し、〈父〉の許に昇られた方、生ける者と死せる者とを裁くために栄光のうちに再び来られるであろう方を。また、われわれは信ずる、聖霊を〉*2。5 〔父と子と聖霊〕のそれぞれが、〈父〉は真に〈父〉であられ、〈子〉は真に〈子〉であられ、聖霊は真に聖霊であられ、そのような方として実在されると信じています。それは、私どもの主が使信を宣べ伝えるためにご自分の弟子たちを遣わされるにあたって、〈行って、父と子と聖霊の名によって洗礼を授け、すべての民を私の弟子にしなさい〉〔マタ二八：一九〕と言っておられる通りのことです。神を否定するあらゆる異端を排斥して、このような〔信仰を〕保持し、このように考え、以前からこのような〔信仰を〕保持してまいりましたし、死に至るまでこの〔信仰〕を保守することを私どもは断言してまいりました。6 私どもは自分自身のことがわかるようになりました時から常に、以上のことを心を尽くし魂を尽くして考えてまいりましたし、今も真にそのように考え、語っておりますことを、万物を支配される神と私どもの主イエス・キリストの御前で証言いたします。過去の日々を通じて、このように私どもが信じ、かつ宣べ伝えてまいりましたことは、はっきりとした証拠もあることですし、皆様方に納得していただくことができます」。

7 以上のような信仰を私どもは提示しましたが、誰一人として反論する人がいないばかりか、まず第一に、神に愛された私どもの皇帝陛下ご自身が、それがまったく正しいものであると証言して下さいました。そしてまた、皇帝ご自身もそのように考えておられることを表明され、全員がそれを承認し、〔そこに示された〕教えに署名し、それに賛同するよう要請されました。ただし、ただ一つ「同一本質の者（ホモウーシオス）」という言葉を挿入され、*3 皇帝ご自身がその〔意味〕を説明して、次のように言われました。「〈子〉は同一本質の者（ホモウーシオス）であると言われるのは、身体的なこととしてそう言われるのではない。〔〈子〉は〕〈父〉から分割されたり分離されたりして存在せしめられたのではない。実に、非物質的で理知的で非身体的な本性〔をもつ〕ものが、身体に関わることを何かしら甘受することはありえないのである。神的で名状しがたいものを表す言葉として、この言葉は理解されねばならない」。いとも賢明で敬神の念篤い皇帝陛下が、このような説明を述べられたのです。ところが、「同一本質の者（ホモウーシオス）」という言葉を付加することを口実にして、〔司教方は〕次のような〔信仰告白〕文を起草したのです。

8

「われわれは信ずる、唯一の神、万物を支配する〈父〉、見えるものと見えないものすべての造り主を。また、唯一の主、イエス・キリスト、神の子、〈父〉から生まれた独り子、すなわち、〈父〉の本質（ウーシア）から〔生まれた方〕、神からの神、光からの光、真の神からの真の神、生まれた者であり造られた者ではない方、〈父〉と同一本質の者（ホモウーシオス）、天と地にあるすべてのものがこの方を通して造られた方、われわれ人間のため、われわれの救いのために下り、受肉し、人間となり、苦しみ、三日目に復活し、天に昇られた方、生ける者と死せる者とを裁くために来られるであろう方を。また、聖霊を。〈〔〈子〉が〕かつて存在しなかった時があった〉とか、〈〔〈子〉〕は生まれる前には存在しなかった〉とか、〈存在しないものから造られた〉とか、他の実体または本質から〔造られた〕者であるとか、もしくは造られた者であるとか、神の子は変化・変易しうる者であるとか主張する者らを、使徒伝来のカトリックの教会は排斥する」。

9 さて、以上の〔信仰告白〕文が彼ら〔司教方〕によって起草されましたが、彼らがどのような意味で「〈父〉の本質（ウーシア）から」と言い、そして「〈父〉と同一本質の者（ホモウーシオス）」と言っているのか、私どもは彼らに問いたださずに放置したわけではありませんでした。ですから、質疑応答がなされ、〔いかなる〕意味でこの言葉が言われるのか、慎重に検討されました。そして、「本質（ウーシア）から」という言葉は、〔〈子〉が〕〈父〉に由来するものであることを明らかにし、〈父〉の一部分であると〔主張するもの〕ではないことが、彼らの側から表明されました。10 〔〈子〉は〕〈父〉に由来するが、〈父〉の本質（ウーシア）の一部分ではないと表現する、正統信仰のこの解釈を受け入れるのは妥当なことであると、私どもは考えました。それゆえ、私どもはこの解釈に賛同し、「同一本質の者（ホモウーシオス）」という言葉を退けませんでした。私どもが直視していた目的は、平和〔の樹立〕と正統な解釈から離れないということだったからです。*4

11 また、同じ〔意味〕で「生まれた者であり造られたものではない」という表現をも私どもは承認しました。*5 と申しますのも、「造られたもの」という言葉は、〈子〉を通して造られ、〈子〉とはまったく似たものではない他の被造物ら一般に適応される言葉であると、彼らは言明したからです。〔〈子〉は〕〈子〉を通して造られたものらに似たものとして造られたのではなく、造られたすべてのものらよりもはるかに優れた本質（ウーシア）に属する方であられますので、聖書は〈父〉から生まれたと教えているのです。もちろん、その誕生の次第は造られた本性〔を持つ〕ものすべてにとって、名状しがたいものであり、思い描くこともできないものです。

12　このようにして、「〈子〉は〈父〉と同一本質の者（ホモウーシオス）である」という表現も検討され、身体的なものらのようにでもなく、また死すべき生き物らと同じようにでもなく、本質（ウーシア）の区分や分割によらず、また〈父〉の本質（ウーシア）ならびに力（デュナミス）はいかなる苦痛、変遷、変化をこうむるものでもないことが表明されました。実に、〈父〉の生まれざる本質（ウーシア）はそれらのこととはまったく無縁なものなのです。*6 13　さて、「〈子〉は〈父〉と同一本質の者（ホモウーシオス）である」という表現は、神の〈子〉は造られた被造物と似ているところはまったくなく、この方を生んだ〈父〉のみにあらゆる点で似ており、別のなんらかの実体（ヒュポスタシス）や本質（ウーシア）に由来するものではなく、〈父〉に由来することを指摘するものです。このように自ら説明された〔皇帝陛下〕に賛同いたしますことは妥当なことであると思われました。しかも、幾人かの学識ある先人たち、著名な司教方、著作家たちがすでに、〈父〉と〈子〉に関する教え（テオロギア）に「同一本質の者（ホモウーシオス）」という言葉を用いていたことを私どもは知ったのです。*7

14　以上のことが、起草された信仰告白文に関して述べられた後、全員がそれに賛同いたしましたが、審議せずに〔賛同した〕のではなく、神に愛された皇帝陛下の御前で審議され、そこで発言され賛同を得た意味に即して賛同されたのです。彼らの側から信仰告白文に付加された異端排斥文に関しましては、削除したほうがよいと私どもは考えていました。15　聖書に記されていない言葉を用いることは避けねばならず、教会の内に生じた混乱ならびに無秩序は皆、〔聖書に記されていない言葉を用いたこと〕によるものだからです。さて、「存在しないものから」とか「存在しなかった時がかつてあった」とか、それに続く言葉はどれも霊感を受けた聖書で用いられていないのですから、このように言ったり教えたりするのは妥当なことではないと思われました。〔このように考えておられた皇帝陛下〕に賛同するほうがよいと思われました。これまでのところ、このような表現を用いる慣例はなかったからです。

16　さらに、「生まれる前には存在しなかった」という発言を異端として排斥することは、神の〈子〉は肉による誕生の前に存在されることを皆が表明していることから、不当なことではないと思われました。[*8] またそれに加えて、神に愛された、私どもの皇帝陛下が演説され、デュナミス〔力〕として（δυνάμει）すべてのものであられ、常にご自身としては同じであられる〈父〉は常に王であられ、救い主であられるように、〈父〉であられるのであられますから、〔神の〈子〉〕は、現実に生み出される以前に、生まれずに（ἀγεννήτως）デュナミス〔力〕として〈父〉の内に存在されるので、その神的な誕生に即してあらゆる代々に先立って存在されると説明されました。

17　愛する皆様、以上のことをぜひとも皆様方にお伝えせねばなりませんでした。それと申しますのも、私どもの審議ならびに承認の次第を皆様方に明らかにし、私どもの〔信仰告白の内容〕と異なる表記が提示されましたときには、私どもは最後の最後まで執拗に抵抗し続けましたが、言葉の意味を詳細に検討したうえで、先に提示しました私どもの信仰告白文と彼らの考えとが合致することが明らかなときには、腹蔵なしに問題のないものとして承認いたしましたことを皆様方に知っていただくためです。

訳註

＊1――この手紙のなかでエウセビオスは明らかにしていないが、ニカイア公会議で彼が自分の信仰表明としてこの信条を提示したのは、この数か月前にアンティオケイアで開催された教会会議でその教説が異端と目されたことから、疑義を晴らすためであった。三二五年のアンティオケイア教会会議では、エウスタティオス（Eustathios　三三七年以前歿）が司教に叙階され、ラオディケイアのテオドトス（Theodotos）、キリキアのネロニアスのナルキッソス（Narkissos）とともにエウセビオスが弾劾されている。ここで提示された信条は、パレスティナのカイサレイア教会で洗礼の秘跡の執行時に用いられていたものである。ここで皇帝によってそれが承認されたということは、エウセビオスの異端の嫌疑が晴れたということである。ただしカイサレイア信条がニカイア信条の下敷きになったとするエウセビオスの主張は疑問視されている。むしろ、シュリア・パレスティナ系の信条が下敷きになっているものと考えられる。

＊2――ここに掲げられたカイサレイアの信条は正統信仰を表明するものである。しかしながら、その表現は概括的であり、アレイオス派も容易に承認しうるものである。そのため、アレイオス派の主張を明確に否定するよう、用語を精密なものとする必要があった。

＊3――エウセビオスによれば「ホモウーシオス」という言葉の挿入を主張したのは皇帝である。確かに、それを強要したのは皇帝自身であったであろうが、彼にそれを示唆した人物がいたはずである。それが誰であったかは諸説に分かれる。コルドバのホシウス（Hosius; Ossius　二五七頃―三五七／五八年頃）説が有力であるが、マルケロス（アンキュラの。Markellos　二八〇頃―三七四年）やエウスタティオスらのモナルキアニズムの傾向のある者らとする説も提示されている。

＊4――「〈父〉のウーシアから」という表現が父のウーシアを二つに分割するものではないことが明らかにさ

れている。この意味でエウセビオスは署名することができたが、彼自身としては完全に満足できるものではなく、教会内の平和に鑑みてのことであることを示唆している。

＊5――エウセビオス自身は〈子〉を「被造物」と考えることはない。箴八：二二の「造られた」という言葉も同八：二五の「生まれた」の意味で解釈している。

＊6――上述の「〈父〉のウーシアから」という言葉の説明の線に沿って、つまり、〈父〉からの非身体的な〈子〉の誕生に即して説明される。ここでもこの言葉の受諾が皇帝の意に沿うことであったと、以下でエウセビオスは漏らしている。

＊7――ルフィヌス（アクイレイアの。Tyrannius Rufinus 三四五頃―四一〇／一一年）のラテン語訳によると、オリゲネスが『ヘブライ書註解』（Commentarii in Hebraeos）でホモウーシオスという言葉を用いたことになっている。この点については学者のあいだで意見が分かれている。なお、『ヨハネ福音書註解』（Commentarii in Johannem〔『ヨハネによる福音注解』小高毅訳、創文社、一九八四／九三年〕）を見ると、グノーシス主義者ヘラクレオン（Herakleon 一四五―八〇年頃活動）が、人間を本性によって霊的な者、魂的な者、土的な者の三者に分け、土的な者は悪魔とホモウーシオスであり、救いを受け入れえないとする説を否定している。オリゲネスの例を除くと、アレクサンドレイアのディオニュシオス（Dionysios 二六四／六五年歿）が、キリストが神とホモウーシオスであることを否定したと攻撃されたのに応えて、その言葉が聖書に見られず、その言葉を用いなくても同じ内容のことを表現できるとしているのが知られるのみである（Dionysius, Epistula ad Dionysium Romanum 6, PL 5, 122)。

＊8――エウセビオスは〈子〉の無からの創造を否定することではまったく異論がない。しかし、〈子〉が〈父〉とともに永遠の者であることは認めがたいことであった。〈子〉は生まれた者として、生まれざ

る者として〈子〉に先立って存在する〈父〉とともに永遠の者ではありえない、と考える。ここでエウセビオスは、この定式がマリアからの誕生に先立って〈子〉が存在したことを表明するものとしているが、実際に意図されたのは、〈父〉からの〈子〉の神的な誕生であった。つまり、ここでオリゲネス＝アレクサンドロスの線での〈子〉の永遠の誕生が表明されている。これを否定するアレイオスが断罪されることになる。ここでまた、エウセビオスはコンスタンティヌス帝の説明を掲げ、それを現実に生まれる前には、〈子〉は非人格的なデュナミスとして〈父〉の内に存在したとする、護教家教父たちにとって一般的であった説明にすり替えている。

言(ロゴス)の受肉

アタナシオス
小高毅訳

解題

アタナシオス（Athanasios 二九五頃—三七三年）はアレクサンドロス（Alexandros 在位三一二—三二八年）の死後、三二八年にアレクサンドレイア司教となる。三二五年のニカイア公会議には、まだ助祭であったにも関らず、アレクサンドロスに同行している。司教であった四五年のうちに、彼は五回、のべ一七年、追放もしくは逃亡のためアレクサンドレイアを離れざるをえなかった。これは激しさを増すアレイオス論争の渦中にあって、アタナシオスが堅くニカイア信条を擁護したためであった。教理的著作の代表作『アレイオス派駁論』（Orationes contra Arianos）にはアレイオス教説の要約とニカイア信条の擁護が記されている。また『アレイオス派への弁明』（Apologia contra Arianos）は数々の教会会議の決定と書簡を収録しており、アレイオス論争の史料として最重要なものとなっている。

『言（ロゴス）の受肉』（De incarnatione Verbi）にはアレイオス派への言及がない。そのため同書はアタナシオスの初期の著作と考えられる。司教就任前とする説もあるが、三三五—三三七年に追放先のトリーアで執筆されたとする説も有力である。また同書は二世紀以来の護教論の流れを汲み、彼の『異教徒駁論』（Contra gentes）とともに一作品をなしている。神の受肉を前提としない異教が『異教徒駁論』で退けられた上で、受肉を中心とする創造論・救済論を展開するのが『言（ロゴス）の受肉』である。本書は序文と結論を含む全五七節、本論は六章構成である——第一章（一—七）：言（ロゴス）の受肉に先立つ救いの営み、第二章（八—一〇）：死への勝利、不滅の勝利としての言（ロゴス）の受肉、第三章（一一—一六）：人間の「像へのかたどり」の復興、超自然的認識の復興としての言（ロゴス）の受肉、第四章（一七—三二）：言（ロゴス）の受肉の救済論的意味、第五章（三三—四〇）：ユダヤ人の不信仰、第六章（四一—五四）：ギリシアの哲学者の偶像礼拝への反論。ここでは、第五—六章を割愛しての掲載とした。

言(ロゴス)の受肉

聖アタナシオスの言(ロゴス)の受肉およびその〔言(ロゴス)の〕肉体をとってのわれわれへの顕現についての論考

一（1）先に〔『異教徒駁論』において〕、多くの〔問題〕のなかから、簡略にではあるが十分に、偶像礼拝に関する異教徒の誤謬ならびに彼らの迷信について、初めにどのようにしてそれが発見されるに至ったのか、人間は悪から偶像を礼拝することを自分らのために案出したことについて論じた。またわれわれは、神の恩恵によって、父の言(ロゴス)の神性とその万物の内に働く摂理と力について、すなわち、善なる父は〔言(ロゴス)〕によって万物を秩序立て、万物は〔言(ロゴス)〕によって動き、〔言(ロゴス)〕の内に生かされている〔使一七：二八参照〕ことにも少々言及した。さて、幸いにして、真にキリストを愛する者よ、[*1]次に、われわれの宗教の信仰に即して、言(ロゴス)の受肉について語り、われわれのための〔言(ロゴス)〕の神聖な顕現について説明することにしよう。これを、ユダヤ人は中傷し、ギリシア人は愚弄するが〔一コリ一：二三参照〕、われわれは礼拝するのである。むしろ、言(ロゴス)の卑しい身分での現れのゆえに〔言(ロゴス)〕に対するよりいっそう大きく豊かな畏敬をあなたが抱くためである。(2) 実に、不信仰な者らに愚弄されればされるほど、〔言(ロゴス)は〕ご自分の神性に対するよりいっそう大きな証しを提供されるのである。不可能なこととして人々に理解できないことを、〔言(ロゴス)は〕可能なこととして明らかにされるからである〔マタ一九：二六参照〕。また、不当なこととして人々が愚弄することを、〔言(ロゴス)は〕ご自分の善性にふさわしいことと証明されるからである。人間的なこととして知恵を弄ぶ人々が嘲笑することを、〔言(ロゴス)は〕ご自分の力をもって神的であると立証されるからである。〔言(ロゴス)は〕十字架によってご自分が卑しい者とみなされることで、偶像のまやかしを打破し、ご自分の神性と力とを認めるよう、中傷し信じない者たちを密かに納得させられるのである。(3) 以上のことに関する説明にあたっては、先に述べたことを思い起こす必要がある。それは、これほど偉大で重大な父の言(ロゴス)の肉体における顕現の理由をあなたが知りうるためであり、また救い主は本性の必然性から肉体をまとったと考えることなく、本性によって肉体をもたない者であり言(ロゴス)であったが、それにもかかわらずご自分の父の人々への愛と善に応じて、われわれの救いのために人間の肉体をとってわれわれに現れたことを〔知るためである〕。

(4) この説明に着手するにあたって、まず第一に、万物の創造とその形成者である神について述べるほうがふさわしかろう。それは、このようにして初めて、初めに〔被造物〕を形づくった言(ロゴス)によってなされたこの更新がふさわしく観照されるからである。実に、その方〔言(ロゴス)〕を通して〔被造物〕を形成された父が、その同じ方〔言(ロゴス)〕によって〔被造物〕の救いを実現されたこと[*2]はまったく矛盾するものでないことが明らかにされるのである。

二 (1) 世界の形成ならびに万物の創造に関しては、多くの人がさまざまに解釈しており、各人が好みのままにあれこれ定義している。ある者たちは万物は自然発生的に、かつ偶発的に成ったと主張している。エピクロス学派の人々がそうであり、彼らは万物に対する摂理は存在しないといった戯言(たわごと)を並べ立て、明白な事実に反することを放言している。*3 (2) 実際、彼らの言うように、もし摂理なしに、万物が自然発生的に成ったとすれば、万物は単純なものとして成り、似たようなもので、少しも差異のないものであるはずである。一つの体のようなものとして、万物が太陽や月のようであるはずであり、人間で言えば、全体が手とか目とか足であるはずである。ところが、実際にはそうではない。われわれはここに太陽を見、あそこに月を見、大地を見ている。同じく、人間の肉体に関しても、ここに足があり、そこに手があり、頭がある。このように秩序があるということは、それらが自然発生的に成ったとは考えられず、それらの原因がそれに先立って存在していたことを明らかにする。ここから、万物を秩序立て、形成した神が存在すると考えられるのである。

(3) 他の人々――このなかにギリシア人のあいだで偉大な〔哲学者である〕プラトンも含まれるが――は、神は先在した起源のない物質によって万物を造ったと主張している。〔彼らの考えによれば、〕物質が先在していなかったなら、神は何一つ造ることができなかったのである。*4 まさに、職工が何かを造り出すことができるためには、先に木材がなければならないのと同様である。(4) このように主張する人々は、神を無力な者と主張することになるのを自覚していないのである。というのは、〔神〕自身が物質の創始者でなく、単に先在した物質から存在するものを造ったとすれば、〔神は〕無力な者であることになる。物質なしには、成ったものらの何ものをも造り上げることはできないからである。それはまさしく、木材なしには必要な物らを何一つとして造り上げることのできない職人に見られる無力さと同じである。こうして、物質が存在していなかったと仮定するなら、神は何もなさなかったことになる。では、創造は他の何ものかに負っていた、つまり物質に負っていたとすれば、どうして創造主とか形成者と呼ばれよう。もしそうであるとすれば、彼らの言う通り、神は存在させたものらの創造主ではなく、単なる職人にすぎなくなり、先在した物質を造り出したのでなければ、〔神〕自身が物質の創始者ではないことになる。要するに、造られたものらがそれから成る物質を造ったのでなければ、〔神は〕けっして創造主とは呼ばれないのである。

(5) 次に、異端者どものある者たち[*5]は、自分らのために、われらの主イエス・キリストの父とは別の、万物の形成者を案出している。彼らは自分らが言っていることに、まったく目が眩んでいるのである。(6) 実に、主ご自身がユダヤ人に言っておられる。「あなたたちは読んだことがないのか。創造主は初めから人を男と女とにお造りになった」。そして、こうも言われた。「それゆえ、人は父母を離れてその妻と結ばれ、二人は一体となる」〔マタ一九：四-六〕。さらに、創造主に言及して言っておられる。「したがって、神が結び合わせて下さったものを、人は離してはならない」〔マタ一九：六〕。いったい、彼らはどこから父とは無縁の創造といった考えをもってきたのか。ヨハネに従って、総括して言えば、「万物は〔言(ロゴス)〕によって成った。〔言(ロゴス)〕によらずに成ったものは何一つなかった」〔ヨハ一：三〕のであるのに、いったいどうしてキリストの父とは別の形成者が存在するのか。

三 (1) 以上の説は上記の者らの戯言である。しかし、神に由来する教えとキリストへの信仰は、彼らの空論を不敬虔なものとして斥けるのである。実に、〔万物は〕摂理を欠くものではないので自然発生的なものではなく、神は無力な方ではないので、先在した物質によるものでもない。むしろ、存在しないものから〔無から ἐξ οὐκ ὄντων〕、いかなるかたちでもけっして存在していなかったものから、言（ロゴス）を通して神は万物を存在するようにされたことを教えている。モーセを通して次のように言っている通りである。「初めに、神は天地を創造された」〔創一：一〕。非常に有益な『〔ヘルマスの〕牧者』の書でも次のように言われている。「何よりもまず、万物を造られ、秩序づけられ、存在しないものから存在へと造られた神を信じなければならない」[*6]。(2) 同じことに言及して、パウロも言っている。「信仰によって、私たちは、代々（よよ）が神の言葉によって創造され、したがって目に見えるものは、目に見えているものからできたのではないことがわかる」〔ヘブ一一：三〕。(3) 実に、神は善なる方、否むしろ善の源泉である。善なる方として、〔神は〕いかなるものに対しても妬むことはない[*7]。それゆえ、いかなるものであれそれが存在することに対しても妬むことはなかったので、〔神は〕ご自分の言（ロゴス）であるわれらの主イエス・キリストを通して、万物を存在しないものから造られたのである。これらの造られたもののなかでも、地上の何ものにもまして人類を〔神は〕憐れまれた。そして、〔人類が〕その誕生の定め（ロゴス）のゆえに常に自分を維持しえないのをご覧になって、いっそう大きな恵みを注がれた。〔神は〕単に人類を地上の理性をもたないすべてのものらのように造られたのではなく、ご自分の像にかたどって造られ、ご自分の言(ロゴス)の力に与る(あずか)ものとされた。その結果、〔人類は〕いわば言(ロゴス)の影を有するものとして、言(ロゴス)に与った者〔理性的な者〕となり、聖なる者らの生である、楽園における真の生を生きる者として、至福の内にとどまりうるようにされたのである。(4) さらにまた、人間の決断能力(προαίρεσις)が両極に揺れ動くのを知っておられたので、あらかじめ配慮され、彼ら〔人間〕に付与された恵みを法と場によって固められた。実に、〔神は人間を〕ご自分の楽園に連れて行かれ、彼らに法を与えられた。すなわち、彼ら〔人間〕が恵みを保守し、善い者であり続けるなら、楽園における悲しみも苦しみも煩いもない生命を持ち続け、さらに天における不死の〔生命〕が約束されたのである。ところが、違犯をなし、変節して卑劣な者となるなら、本性に即して、死に至る腐敗を甘受し、もはや楽園の内に生きることはできず、以後、その〔楽園〕の外で死ぬべき者として、死と腐敗の内にとどまることを、彼らは知ることになるのである。(5) このことは、聖書が、神ご自身が語られたこととして告げていることでもある。「園のすべての木から取って食べなさい。ただし、善悪の知識の木からはけっして食べてはならない。食べると死んで滅びるであろう」〔創二：一六―一七〕。「死んで滅びるであろう」とは、単に死んでしまうだけでなく、死の腐敗の内にとどまることを言う以外の何であろう。

四 (1) 言(ロゴス)の受肉について語ると提示しておきながら、目下、人類の始源について論じていることをおそらく奇異に思われるのではあるまいか。しかしながら、本論の意図にそぐわぬものではない。(2) むしろ、救い主がわれわれの内に現れたことを語るにあたって、どうしても人類の始源についても語らねばならないのである。それは、〔言(ロゴス)が〕降って来られた原因はわれわれのためであり、われわれの違犯が言（ロゴス）の人々に対する愛を呼び起こし、その結果、主はわれわれの内に来られ、人々のあいだに現れたことを知るためである。(3) 実に、〔言（ロゴス）〕の受肉の元になったのはわれわれであり、〔言（ロゴス）が〕一人の人間となり、肉体をもって現れるまでの人々への愛を抱かれたのもわれわれの救いのためなのである。(4) したがって、上述のように、神は人間を造られ、〔人間が〕不滅の内にあり続けるよう望まれたのである。ところが、人々は怠惰に陥り、神を観照するのをやめてしまい、先の論文で論じられたように、悪を思い巡らし、自分のために悪を案出したのである。こうして、前もって警告されていた死の宣告を受け、存在し始めた時の状態にとどまりえず、彼ら〔人間〕の思いのままに、腐敗に服し、死が彼らの上に支配権を樹立したのである。というのも、戒めに違犯したことは彼ら〔人間〕を本性に即したものへ連れ戻し、その結果、存在しないものから成ったものとして、時間の推移の内に、存在しないものへとなる腐敗を甘受することになったからである。(5) つまり、かつては存在しなかったという本性を持ち、言（ロゴス）の臨在と人々に対する愛とによって存在するよう呼び出されたのであれば当然、人間は神に関する認識を欠き、存在しないものへと戻るものである。実に、存在せぬこと〔無 *οὐκ ὄντα*〕は悪であり、存在することは善である。[*8] 〔存在するものは〕存在する方である神によって成ったものだからである。〔したがって、人間は〕常に存在する〔本性を〕欠いているのである。それは、滅びるものとして、死と腐敗の内にとどまるということである。(6) 実際、人間は本性に即して死ぬべきである。存在しないものから成ったからである。しかし、存在する方との類似性のゆえに、存在する方を観照することでそれを守るなら、本性に即する腐敗を鈍くし、不滅であり続けることもできたのである。まさに、知恵が語っている通りである。「掟の遵守は不滅の保証」〔知六：一八〕。不滅であったなら、神として生存したはずである。ある個所で、聖書がこれを表明して、次のように言っている通りである。「私は言った、〈あなたたちは神々、皆、いと高き方の子ら〉と。しかし、あなたたちは人間として死ぬ。君侯のように没落する」〔詩八二：六―七〕。

五 (1) 実に、神は存在しないものからわれわれを造られただけでなく、言(ロゴス)の恵みによって、神に即する生命をもわれわれに恵んで下さった。ところが、人々は永遠のものから離れ、悪魔の唆しによって腐敗するものへと向かってしまい、死へと腐敗するものとなった責任をその身に負ったのである。上述のように、本性に即して死ぬべきものではあったが、言(ロゴス)に与る恵みによって、善いものであり続ければ、本性に即する〔この状態〕を逃れえたのである。(2) 実に、彼ら〔人間〕と共におられた言(ロゴス)のおかげで、本性に即する腐敗は彼らに近づきえなかった。知恵も次のように言っている。「神は人間を不滅な者として創造し、ご自分の永遠性の像〔として造られた〕。しかし、悪魔の妬みによって死がこの世に入った」〔知二：二三―二四〕。このことが起きて以来、人々は死に、以後、腐敗が人々に対する力を得、人類全体に対して本性に即する以上の力を発揮し、戒めの違犯に関する神の威嚇以上の力を彼らに及ぼすようになってしまった。(3) その罪科において、人々はとどまるところを知らず、わずかに第一歩を踏み出しただけで、あらゆる限度を越えるまでになってしまった。初めに、悪を見出した者となって以来、自分たちの許に死と腐敗を招き寄せたのである。以後、不義に迷い込み、あらゆる違犯を犯し尽くし、一つの悪にとどまらず、あらゆる悪を考え出し、罪に対して飽くことを知らぬ者となってしまったのである。(4)至るところに姦淫と窃盗が満ち溢れ、全地に殺人と強奪とが溢れに溢れた。腐敗と死の内にあって、法に対する配慮はなくなってしまった。あらゆる悪が個人で、また全員でなされた。町々が他の町々に戦いを挑み、諸民族が他の諸民族に対して蜂起した。全地は暴動と戦闘に引き裂かれ、各自が違犯によって張り合っていた。(5)自然にもとることを遠ざけようとする者は誰一人としていなかった。むしろ、キリストの使徒〔パウロ〕が次のように言って証ししているような状態だったのである。「女は自然の関係を自然にもとるものに変え、同じく男も女との自然な関係を捨てて、互いに情欲を燃やし、男同士で恥ずべきことを行い、その迷った行いの当然の報いを身に受けています」〔ロマ一：二六-二七〕。

六 (1) こうして、死はますますその力を強め、腐敗は人間に逆らい続けたので、人類は破滅してしまい、言(ロゴス)に与るものであり〔理性的で〕〔神の〕像にかたどって成った人間は滅びてしまった。また、神によって成った業(わざ)は失われてしまった。(2) 実に、上述のように、それ以来、死は法によってわれわれに対して力をふるい、その力を逃れる術はなかった。違犯のゆえに神によって定められたからである。このようにして生じたことは、真に不条理であると同時に不当なことであった。(3) 不条理であるのは、掟を破るなら人間は死によって滅びると定められたのに、違犯の後も死なずにいたなら、〔神〕の言葉は空しくされ、神が語られたことは偽りだったことになるからである。(4) さらにまた、不当であるのは、いったん理性的なものとされ、言(ロゴス)に与るものとされたものが滅び、再び腐敗によって存在しないものに逆戻りすることである。(5)〔神〕によって成ったものが、悪魔が人間に対して企んだ欺瞞によって滅ぼされてしまうのは、神の善性に適うことではなかった。(6) 他方、人々の怠慢によるにせよ、悪霊どもの欺瞞によるにせよ、人々に対して振るわれた神の技巧が消滅せしめられることは、大いに不当なことであった。(7) では、理性的な被造物が腐敗し、それほど偉大なる〔神の〕業が消滅するに及んで、善なる方である神はいったい何をなすべきであったのか。腐敗がそれらの〔被造物〕に対して力を振るうままにし、死に君臨させるべきであったろうか。初めにそれらのものが成った目的は何だったのか。成ったものらはなおざりにされ、滅ぼされるものであったとすれば、造るべきではなかった。(8) 造っておきながら、自分の業が滅びるのを見過ごしにするのであれば、その無頓着のゆえに、神の善性よりも無力のほうがさらけ出されることになる。それよりは、初めに人間を造らなかったほうがよかったであろう。(9) 確かに、〔神が人間を〕造られなかったなら、何人もその無力を云々することもなかったであろう。ところが、いったん存在するものとして造られた後、その業が滅ぼされるということは、特にそれを造られた方にとって、まったく不当きわまりないことである。(10) それゆえ、人々が腐敗に引きずられるままにさせるわけにはいかなかったのである。そうすることは神の善性に似つかわしくなくふさわしくなかったからである。

七 (1) しかし、このような事態に至らねばならなかったのではあるが、その反面で、死に関する法制の点で、神が真実な方であることを明らかにすることも神にとってふさわしいことであるという事態に直面する。というのは、われわれの益のため、われわれの存続のために、真理の父である神が偽りの者とみなされるのは不条理なことだからであった。(2) このような事態にあって、どうなったらよかったのか、あるいは神は何をなしたらよかったのか。違犯に対する悔い改めを人々に要求することか。〔人々が〕違犯のゆえに腐敗に服することになったように、〔人々が〕悔い改めのゆえに不滅に復帰するのは、神にふさわしいことと思われるかもしれない。(3) しかし、悔い改めが理に適うものとは神の目には映らなかった。というのは、〔それによって、もはや〕人々は死に束縛されないなら、〔神は〕真実ならざる者としてとどまることになるからである。また、悔い改めは、本性に即することから解放するのではなく、罪を抑制するにすぎないからである。(4) 確かに、過失だけで、それに続く腐敗がなかったなら、悔い改めで十分であったろう。しかし、いったん違犯が先に進んで、人々は本性に即する腐敗に捕えられてしまい、像にかたどられたという恵みを剥奪されてしまった以上、いったいどうすればよかったのか。このような恵みならびに更新のために、初めに存在しないものから万物を造った言(ロゴス)のほかに何が必要だろうか。(5) 実に、この〔言(ロゴス)〕こそ、腐敗から不滅へ連れ戻し、何ものにもまして父にふさわしいものを救い出すのにふさわしいものだったのである。実に、〔言(ロゴス)は〕父の〔言(ロゴス)〕であり、万物の上にあるので、必然的に、この方だけが万物を更新し、すべての人のために苦しみを受け、父の許にいるすべての人のためのふさわしい使者たりえたのである。

八 (1) このため、体をもたず(ἀσώματος)朽ちないもの(ἄφθαρτος)で非物質的なもの(ἄϋλος)であった神の言(ロゴス)がわれわれの地に来られたのである。とはいえ、初めから〔この方はわれわれから〕遠く離れておられたのではなかった〔使一七:二七参照〕。実に、被造界のいかなる部分もこの方を欠いて取り残されていたのではなく、父と共におられたこの方はすべてのものを満たしておられたのである〔エフェ四：六―一〇参照〕。しかし、そのわれわれ人間に対する愛によってご自分を低くし、そして顕現によって〔地上に〕出現されたのである。(2) 理性〔言葉〕をもつ種族が滅びつつあり、腐敗によって死が彼らの上に君臨しているのを見て、また、違犯への威嚇がわれわれの身に及ぶ腐敗を不動のものとしていること、そして成就される前に法が破棄されるのは不条理であったことを看て取られ、またご自分がそれらの形成者であるものらが消滅するというふさわしくない事態が生じたことを見、さらに、限度を越えた人間の悪と、それが彼らに逆らって耐えがたいものにまで徐々に増長しているのを見て、またすべての人が死に対して責任があるのを見て、われわれの種族を憐れに思われ、われわれの弱さに同情され、われわれの腐敗〔の状態〕にまでご自分を低くされ、死の支配を許されなかったのである。このため、造られたものが滅びることなく、人々の内になされた父の業(わざ)が無駄にならないように、肉体を、それもわれわれの肉体と少しも変わらぬ肉体をご自分のものとしてまとわれたのである。(3) 実に、〔言(ロゴス)は〕単に肉体の内にあるものとなられることを欲されたのでも、単に〔我々のあいだに〕現れることを欲されたのでもなかった。ただ単に現れることを欲されたのであれば、別のもっと強力な顕現をなすこともできた。しかし、〔言(ロゴス)は〕われわれの肉体を欲されたのであり、しかも単に〔われわれの肉体をとられた〕のではなく、染みも汚れもない、男を知らぬ処女から、浄く、男との交わりによって汚されていない〔肉体をとられたのである〕。実に、〔言(ロゴス)〕ご自身は力ある方、万物の形成者であられるので、処女の胎内にご自分のための神殿（ναός）として肉体を設けられたのであり、そこにおいて知られ、そこに住むための道具（ὄργανον）として、それをご自分のものとされたのである。[*9] (4) このようにして、〔われわれの〕すべてが死の腐敗に対して責任があったので、われわれのあいだから〔われわれと〕同じ〔肉体〕をとり、すべての人に代わって、その〔肉体〕を死に渡し、父に捧げたのである。〔言は〕これを人々への愛からなしたのであるが、それは、この方の内にすべての人が死ぬことで〔ロマ六：八参照〕、人々を腐敗に定める法が破棄されるためであった――その権力は主の肉体に対して使い果たされたので、もはや〔主に〕似た者となっている人々に対していかなる場も有していないのである。さらに、腐敗へと向かっていた人々を再び不滅に引き戻すためでもあり、〔ご自分の〕死によって人々を生かし、ご自分のものとされた肉体と復活の恵みによって、火から藁を〔遠ざける〕ように、人々から死を取り去るためでもあった。

九 (1) 実に、言は、死ぬこと以外には人々の腐敗を廃する術はないこと、ご自分が父の子、言として不死なる者として死ぬことはありえないことを考えあわせて、そのために死にうる肉体をご自分のものとしてとられたのである。それは、万物の上にある言に与ったその〔肉体〕が、すべての人に代わって死ぬことができ、しかもその中に住んでいる言のおかげで不滅のものであり続け、以後、復活の恵みによってすべての人の内で腐敗がやむようにするためであった。そのために、あらゆる汚れを免れた犠牲、供え物として、自らご自分のものとしてとられた肉体を死に捧げ、相応の供え物を捧げることで、〔この方に〕似た者となったすべての人から死を取り去ったのである。(2) 実に、万物を超える神の言であられるこの方が、まさにご自分の神殿、身体的な道具をすべて人のための代償として捧げて、死に対する負債を返済して下さったのである。そして、すべての人と同じような肉体によって彼らと共にあるものとして、神の不滅の子が、復活の約束によって、まさに不滅をことごとくまとわせたのである。実に、死の内に〔働く〕腐敗そのものは、一個の肉体をもって人々の内に住まわれた言(ロゴス)のおかげで、もはや人々の許にいかなる場も持たないのである。(3) 偉大な王がある大きな都に入り、その都の中の館の一つに居を構えると、かならずや、その都は大いに恐るるに足るものとされ、いかなる敵も盗賊も略奪しようとしてこの都を攻撃することはなく、むしろその一つの館に居を構えた王のおかげで、その都全体が尊重に値するとされるようなものであり、これと同じようなことが、万物の王によって生じたのである。(4) 実に、われわれの場に来られ、〔われわれと〕同じような一個の肉体の内に住まわれて以来、人々に対する敵の陰謀はやみ、長いあいだ人々に対して力を振るっていた死の腐敗は消滅したのである。実に、万物の主であり救い主である神の子が、死に終止符を打つために到来されなかったなら、人類は滅亡したに違いないのである。

一〇 (1) この偉大な業(わざ)は、ことのほか神の善性にふさわしいものであった。実に、もし王が館か都を造営し、それが住人の怠慢のゆえに盗賊によって攻撃されたとしても、〔王はそれを〕けっして見捨てることなく、かえって、住人の怠慢に目を留めることなく、むしろ自分の品位に関わることとして、自分の任務として防衛策を講じ、救済するものである。それ以上に、善の極みである父の言(ロゴス)である神は、ご自分によって成った人類が腐敗の内に転落するのを見過ごしにされなかった。〔言(ロゴス)は〕、ご自分の肉体を献げ物とすることで、〔人類の上に〕降り懸かっていた死を消滅させ、ご自分の教えによって彼らの怠慢を矯正し、ご自分の力をもって人々のあらゆる〔状況」を修復したのである。(2) このことに関しては、救い主ご自身のものである神について語っている者たち（θεολόγοι）[*10]の書を読みさえすれば、彼らによって確証される。そこで次のように言われている。「なぜなら、キリストの愛が私たちを駆り立てているからです。私たちはこう考えます。すなわち、一人の方がすべての人のために死んで下さった以上、すべての人も死んだことになります。その一人の方はすべての人のために死んで下さった。その目的は」、私たちが「もはや自分自身のために生きるのではなく」、私たちの「ために死んで」、死者の中から「復活して下さった」私たちの主イエス・キリスト「のために生きることなのです」〔二コリ五：一四－一五〕。また、こうも言われている、「ただ、天使たちよりも、わずかのあいだ、低くされたイエスが、死の苦しみのゆえに、栄光と栄誉の冠を授けられたのを見ています。〔イエスは〕神の恵みによって、すべての人のために死んで下さったのです」〔ヘブ二：九〕。(3) さらに、なぜ他の何者でもなく神の言（ロゴス）が受肉せねばならなかったのか、その理由を明らかにして、次のように言っているのである。「というのは、多くの子らを栄光へと導くために、彼らの救いの創始者を数々の苦しみを通して完全な者とされたのは、万物の目標であり源である方にふさわしいことであったからです」〔ヘブ二：一〇〕。この言葉を語って、生じた腐敗から人々を導き出しえたのは、初めに彼らを造った神の言（ロゴス）のほかいなかったことを明らかにしているのである。(4) 同じような肉体らのための供え物となるために、言（ロゴス）ご自身が肉体をご自分のものとしてとられたことを明らかにして、次のように言っている。「ところで、子らは血と肉を具えているので、この方もまた同様に、これらのものを具えられました。それは、死を司る者、つまり悪魔をご自分の死によって滅ぼし、死の恐怖のために一生涯、奴隷の状態にあった者たちを解放なさるためでした」〔ヘブ二：一四―一五〕。(5) 実に、ご自分の肉体を供え物とされたことで、〔言(ロゴス)は〕われわれを悩ます法に終止符を打たれたのであり、復活への希望を与えて下さったことで、われわれに生命の元(はじめ)を更新されたのである。実に、人々のゆえに死が人々を支配していたが、そのために神の言(ロゴス)が受肉したことで、死の潰滅と生命の復活が実現したのである。まさに、キリストをもたらす者(χριστοφόρος)〔パウロ〕が言っている通りである。「死が一人の人に由って来たのだから、死者の復活も一人の人に由って来るのです。つまり、アダムによってすべての人が死ぬことになったように、キリストによってすべての人が生かされることになるのです」〔一コリ一五：二一―二二〕云々。実に、いまやもはや、有罪の宣告を受けた者として、われわれは死ぬことはない。むしろわれわれは、甦らされる者として万物の復活を待っている。それは、この業をなさった恵み深い神が「定められた時に現して下さる」〔一テモ六：一五〕ことである。(6) 以上が、救い主の受肉の第一の原因であった。しかし、以下のことからも、われわれの内での〔言(ロゴス)〕の幸いなる臨在の理由がわかるだろう。

一一 (1) 万物の上に支配力を及ぼしておられる神は、ご自分の言(ロゴス)を通して人類を造られた時、〔人類が〕自力で形成者を知りえず、また神の御旨をまったく受け入れえないほどに彼らの本性が無力であるのを知っておられた。それというのも、神は造られざる者(ἀγένητος)であられるが、人類は存在しないものから造られた者であり、神は肉体を持たない方であられるが、人々はこの下界に肉体をもって形づくられたからである。要するに、被造物が創造主を理解し知覚する点での欠陥ははなはだしいものなのである。そのため、〔神は〕善なる方であられるので、さらに人類を憐れまれ、彼らの存在が無意味なものとならないように、ご自分の知覚を欠いたままに捨て置かれることはなかったのである。(2) 実際、自分の創造主を知覚しないで、被造物にとってどんな益があろうか。その方によって成った父の言(ロゴス)を知覚せずに、どうして理性的なもの〔言(ロゴス)に与るもの〕でありえようか。実に、地上の事柄を超えた事柄を何一つ認識しえないなら、理性〔言(ロゴス)〕を持たざるものらとなんら変わるところはない。そして、被造物によって知覚されることを望まれなかったとしたら、いったい何のために神はそれらのものを造られたのであろうか。(3) それゆえ、そのようなことが生じないように、善なる方として〔神〕は、彼ら〔人間〕をご自分の像であるわれらの主イエス・キリストに与らせ、ご自分の像にかたどり、似姿にかたどって彼ら〔人間〕を造られたのである。それは、このような恵みを通して、像――つまり私の言わんとするのは父の言(ロゴス)である――を認識して、〔言(ロゴス)〕を通して父に関する概念（*ἔννοια*）を受け入れることができるようになり、創造主を知覚することで、幸福で祝された生涯を送ることができるためであった。(4) しかし、人々は再び愚かな行為に走り、彼らに与えられていた恵みの賜物をおろそかにして、神から離れてしまい、神に関する概念を忘れるだけでなく、〔神に代えて〕次々に他の神々を造り出してしまうなどして、彼らの魂を汚してしまった。真理に代えて偶像を自分たちのために造り出し、存在する神よりも存在しないものを尊重し、創造主よりも被造物に仕え〔ロマ一・二五参照〕、そして、木や石や他のあらゆる物質で造られた〔偶像〕、さらには人間に対して神への栄誉を帰するまでに至り、先に述べたように、事態はますます悪化していった。(5) そして、ついには悪魔を礼拝し、神々と呼び、彼らの欲望を満足させるといった不敬な所業に走った。実に、彼ら〔悪魔ども〕を満足させるために、もの言わぬ動物を供え物とし、人々をも犠牲として捧げ、先に述べたように、ますます彼ら〔悪魔ども〕の狂気に翻弄されていった。(6) まさに、このようにして〔人々は〕彼ら〔悪魔ども〕の下で魔術を学び、各地で占いが人々を惑わし、表面的なこと以外何も考慮せず、誰もが自分たちの出生と存在の原因を星々と諸天体とに帰属させてしまった。(7) 要するに、すべてのものが不敬と違犯に満ち満ちていたのである。唯一の神とその言(ロゴス)とは、見えないようにご自身を人々に隠しておられたのではなく、ご自分を知覚しうる唯一の道を人々に提示されたのではなく、種々さまざまな多数の道を人々に提供しておられたにもかかわらず、認識されなかったのである。

一二 (1) 実に、言(ロゴス)である神を知り、この方を通して父を知るために、像にかたどられたものであるという恵みで十分であった。しかし、神は人々の無力さを知っておられたので、彼らの怠慢をも考慮に入れて、人々が自分自身に鑑みて神を認識することを軽んじても、創造の業(わざ)を通して創造主を知らぬことのないようにされた。(2) ところが人々の怠慢は悪化の一途を辿ったので、神は彼ら〔人間〕の無力さを再び考慮され、もし彼らが目を天に上げて創造主を知るのを厭っても、身近なものによって教えを得ることができるように、彼らに教えを告げる律法と預言者とを遣わされた。それというのも、人々はより優れた事柄に関して他の人々から身近に学ぶことができるからである。(3) それゆえ、人々は、天の壮大さに目を注ぎ、創造の業の調和を思い巡らすことで、その主宰者である父の言(ロゴス)を知覚しえたのである。この方は、万物に対するご自分の配慮によって、すべての人に父を知らせ、ご自分を通してすべての人が神を知覚するように、宇宙万物を動かしているのである。(4) もし、このようになすことが彼らにとって厭わしいことであったとしても、人々は聖なる者たちと出会い、彼ら〔聖なる者たち〕を通して、万物の形成者である神、キリストの父を学び、偶像礼拝が神を侮辱するものであり、不敬極まりないものであることを学びえたのである。(5) さらに人々は、律法を知ることで、あらゆる違犯をやめ、有徳な生涯を送ることもできたのである。なぜなら、律法はただユダヤ人のためだけのものではなく、預言者たちもただ彼ら〔ユダヤ人〕のためにのみ遣わされたのではなかったからである。むしろ、〔預言者たちは〕ユダヤ人の許に遣わされたが、彼らによって迫害されたのである。実に、彼らは、全世界のための神に関する知識と魂の正しいあり方を〔教える〕聖なる学校だったのである。(6) 神の善性と人々への愛はこれほど偉大なものであったにもかかわらず、一時的な快楽と悪魔どもの誇示と欺瞞とに負けた人々は、真理を目指さず、かえってさまざまな悪行と罪に自分を向けたのであった。こうして、もはや彼ら〔人間〕は理性的な〔言に与っている〕者とはみなされず、その振舞いのゆえに理性〔言〕を持たないものとみなされるまでになったのである。

一三 (1) このようにして人々は理性〔言〕を欠く者にまでなり、悪魔の欺瞞は至るところに影を投げ、真の神に関する知識は隠されてしまったが、はたして神はどうすべきだったのであろう。そのような状況を黙認し、人々が悪魔どもに欺かれ、彼らがご自分を知らぬまま放置しておかれるべきだったのであろうか。(2) 元に神の像にかたどって人間を造る必要がどこにあったのか。理性的な〔言に与る〕者が理性〔言〕を欠く生を送るようになるくらいなら、人間を理性

〔言(ロゴス)〕を欠く者として単に造るべきではなかったか。(3) そもそも、元(はじめ)から神に関する概念を人間が受ける必要がどこにあったのか。実際、今、それを受けるに値しないなら、元(はじめ)から〔人間には〕与えられるべきではなかったのであるまいか。(4) では、〔神〕によって造られた人々が、〔神〕を礼拝せず、他の者らが自分たちを造ったとみなすとすれば、創造主である神にとって、いったいどんな益があり、いかなる栄光があるのだろうか。それでは、神はご自身のためでなく、他の者らのために〔人々〕を造られたと認めることになる。(5) さらに、王——人間のことである——は、自分が造営した領域が、他の者の手に渡り、それに服するのも、他の者らの許に庇護を求めるのをも許さぬものである。むしろ、手紙をもって彼らの注意を喚起し、しばしば友人らを通して〔手紙〕を送り、必要に応じて、その来臨によって彼らを圧倒するために、彼らの許に赴くものである。それもひとえに、彼らが他の者らに隷属して、自分の業績が無益なものとならないためである。(6) ましてや神は、それ以上に大きな〔動機〕から、ご自分の被造物がご自分から離れさまよい、存在しないものらに隷属するのを容赦されないのではあるまいか。いわんや、その迷いが彼らにとって破滅と滅亡の原因となるとはいえ、いったん神の像に与った者らが滅びることはあるまじきことであった。(7) では、神は何をなすべきだったのであろうか。というよりも、それによって人々が再び〔神〕を知覚しうるために、再び像にかたどって新たにするほかに、何がなされねばならなかったのだろうか。神の像であるわれわれの救い主イエス・キリストの到来をおいて、いったいどのようにしてそれがなされたであろうか。実に、それは人々を通してはなされえなかったのである。なぜなら、〔人々〕は像にかたどって造られたものだからである。

また、天使たちを通しても〔なされえ〕なかった。なぜなら、〔天使たち〕も像そのものではなかったからである。このため、父の像であり、像にかたどられた人間を再創造しうるものとして神の言(ロゴス)が自ら来られたのである。(8) いずれにせよ死と腐敗が滅ぼされない限り、それはなされえなかったのである。(9) それゆえ、ご自分の身において死が滅ぼされうるため、そして人々が再び像にかたどられたものとして新たにされるために、当然〔神の言(ロゴス)は〕死すべき肉体をとられたのである。

一四 (1) 実に、木版の上に描かれた画像が外からの汚れでぼやけてしまったなら、同じ物質の上に画像を復元しうるためには、画像がその者のものである当事者が再びその場にいる必要がある。画像も、それが描かれていた物質をも破棄せずに、同じ物質の上に復元するためである。*11 (2) 同様に、父の像である、父のいとも聖なる子が、ご自分にかたどって造られた人間を新たにし、罪の赦しを通して失われたものを取り戻すために、われわれのところに来られたのである。このことを、この方ご自身が福音書のなかで語っておられる。「私は、失われたものを捜して救うために来た」〔ルカ一九：一〇〕。それゆえ、ユダヤ人に対して言われた。「誰でも再び生まれなければ」〔ヨハ三：五〕云々と。これは、彼ら〔ユダヤ人〕が推測したように、女からの誕生を意味するのではなく、魂が像にかたどって再生されること、再創造されることを言明しているのである。(3) さて、偶像礼拝の愚かさと不信仰とが全地を取り仕切っており、神に関する知識(グノーシス)は隠されてしまったのであるから、いったい誰が父について全地に教ええたであろう。人間であると言う人もいよう。しかし、人々の内の誰一人として、天の下の全地をくまなく巡り回りえなかったのである。それというのも、彼ら〔人間〕には本性的に〔全地を〕駆け巡るほどの力はないし、それについて信じさせる能力もなく、悪魔どもの欺瞞と誇示に独りで対抗するほどの力もなかったからである。(4) 実に、その魂においてすべての人が悪魔の欺瞞と偶像の虚栄によって打撃を受け、攪乱されていたので、自分自身を見ることができない者たちの魂と精神を、どうして変えることができたであろうか。見えないことに、どうして帰依させることができようか。(5) おそらく、創造で十分であると言う人もいるだろう。しかしながら、もし創造で十分であったとすれば、これほどの悪が生ずることもなかったであろう。実に、被造物はすでに存在していたが、それでも人々は神に関するまさにこの誤謬に陥ったのである。(6) そこで、ほかでもない、魂と精神とを見通され、創造において万物に動きを与え、それらの〔被造物〕を通して父を知覚させる神の言（ロゴス）を再び必要としたのではあるまいか。実際、この教えを更新するのは、その配慮と万物を支配する秩序を通して父を教示するこの方〔言（ロゴス）〕の務めだったのである。(7) では、どのようにしてそれはなされるべきだったのだろう。おそらく、同じ手段によって、つまり再び創造の業（わざ）を通して〔神〕に関することを教示すればよかったのであると言う人もいるだろう。しかし、もはやそれは確実な〔手段〕ではなかった。それでは無理だったのである。それというのも、人々はすでにそれを顧みなくなっていたのであり、もはや目を上に向けることなく、下に向けていたからである。(8) それゆえ、まさしく人々を救おうと欲された〔言（ロゴス）〕は、彼らと同じような、下からのものである肉体をご自分のものとしてとって――私が言いたいのは肉体の行為を通してということである――人間として来られたのである。それは、万物に対する配慮とその統治を通してこの方を知覚しようと望まない者たちが、この方の肉体の行為を通して肉体の内におられる神の言を知覚し、〔神の言〕を通して父を知覚するためだったのである。

一五 (1) 実に、弟子たちのことを配慮する善良な教師が、高度な事柄から益になるようなことを引き出すことのできない者たちを、自ら〔彼らの立場にまで〕下って、やさしく教えるかのように、神の言も同じようになさったのである。まさに、パウロは次のように言っている。「世は神の知恵に囲まれていたのに、知恵によって神を知ることができませんでした。そこで神は、宣教という愚かな手段によって信じる者を救おうとお考えになったのです」〔一コリ一・二一〕。(2) 実に、それというのも、人々は神に向かう観照から外れて、深淵の内に沈んだ者のように、下のものに目を向けてしまい、被造物の内に、感覚的なものの内に神を捜し求め、死すべき人々と悪魔どもを彼らの神々として祀り上げてしまったからである。このため、人々を愛し、万物に共通の救い主である神の言は、ご自分のために肉体をとり、一個の人間として、人々のあいだで暮らし、すべての人の感覚を受け入れられたのである。それは、物体的なものらの内に神がおられると考えている者たちに、主が肉体をもって行われた業を通して真理を悟らせ、その方を通して父を認めさせるためである。(3) そしてまた、彼らは人間にすぎず、すべてを人間的なものとして考えるにせよ、彼らの感覚を向ける至るところで、自分を取り巻いているものを見出し、至るところで真理を学びえたのである。(4) 実に、人々は創造の業に驚嘆したなら、〔創造の業〕そのものがキリストを主と告白し讃美しているのがわかったはずである。彼らの知性(*διάνοια*)は人間に関わることに囚えられており、その結果、彼ら〔人間〕を神々と考えるまでに至っていたにせよ、彼ら〔人間〕の〔業〕を救い主の業と比較してみれば、彼ら〔人間〕のあいだには神の言によって実現された〔業〕ほど偉大なものは何一つないことからも、人々の内で救い主はただひとり神の言であることが明らかになったはずである。(5) また、悪魔どもに捕えられていたにせよ、彼ら〔悪魔ども〕が主によって撃退されるのを見れば、この方こそ神の言であり、悪魔どもは神々ではないと悟ったはずである。(6) さらに、彼らの精神が死者に対する〔思いで〕占められており、その結果、英雄と、詩人らによって神々と呼ばれる者を礼拝していたにせよ、救い主の復活を見れば、それらが偽りであること、真の主はただひとり、神の言、死をも支配する方であると告白し讃美したはずである。(7) このためにこそ、それまで人々がなしたことをご自分の業を通して無力にし覆い隠しつつ、〔神の言は〕生まれ、一個の人間として現れ、死に、復活されたのである。それは、至るところで人々が捕えられているものから彼らを引き上げ、ご自分の真の父を教えるためである。まさしく、ご自分で言われている通りである。「私は失われていたものを捜して救うために来たのである」〔ルカ一九：一〇〕。

一六 (1) 実に、結局、人々の知性は感覚的なものの中に埋没してしまったので、言は肉体を通して現れるまでご自分を低くされたのである。それは、一個の人間としてのご自分の内に彼ら〔人間〕を集中させ、彼らの感覚をご自分に向かわせるためであり、以後、彼らがご自分を一個の人間と見るにせよ、ご自分のなされた業を通して、ご自分が単に人間であるだけでなく、神でもあり真の神の言でもあり知恵でもあることを納得させるためである。(2) パウロが言おうとしているのもこのことである。彼は言う、「あなたがたを愛に根ざし、〔愛に〕しっかりと立つ者として下さるように。また、あなたがたがすべての聖なる者たちとともに、キリストの愛の広さ、長さ、高さ、深さがどれほどであるかを理解し、人の知識をはるかに超えるこの愛を知るようになり、そしてついには、神の満ちあふれる豊かさのすべてに与り、それによって満たされるように」〔エフェ三・一七―一九〕。(3) 実に、言(ロゴス)はご自分を、高いところにも低いところにも、深いところにも広いところにも、あらゆるところにいき渡らせておられる。創造において高いところに、受肉において低いところにも、陰府(よみ)の内にあって深いところに、世界の内にあって広いところに〔おられる〕。万物は神に関する知識(グノーシス)で満たされているのである。(4) このため、来られるや否や、すべての人のための供え物を捧げ、肉体を死に引き渡し、それを復活させ、それによってご自身を見えないものとされたのではなかった。むしろ逆に、〔肉体〕の内にとどまり、そのような業を成し遂げられ、ご自分がもはや一個の人間ではなく神であり言(ロゴス)であることを知覚させるしるしを与えて、〔肉体〕を通してご自分を見えるものとされたのである。(5) 実に、受肉を通して救い主は、二様に人々への愛を証しされた。すなわち、一方では、われわれから死を滅ぼして、われわれを新たにされたのである。他方では、外観のない見えない方であられたのに、その業を通して〔ご自分を〕現され、ご自分が父の言(ロゴス)であり、万物の主宰者であり王であることをお知らせになったのである。

一七 (1) 実に、この方〔言(ロゴス)〕は肉体の中に閉じ込められていたのではなかった。肉体の内になかったからといって、他の所におられたのでもない。万物がその方の働きと配慮を欠いていたあいだ、それ〔肉体〕を動かしていたのでもない。むしろ驚くべきことに、言(ロゴス)であられるので、いかなるものにも包含されず、逆にすべてのものを包含しておられたのである。[*12] そして、すべての被造物に内におられるが、本質に即して（κατ' οὐσίαν）万物の外におられるように、ご自分の力によってすべてのものの内におられるが、すべてのものを秩序づけ、あらゆる所ですべてのものにご自分の配慮を及ぼしておられ、個々のものと同時に万物を共に生かし、包含されることなく万物を包含しており、ただご自分の父の内にあってすべての点で完全な者として存在しておられるのである。(2) 同様に、人間の肉体の内におられたが、ご自分がその〔肉体〕を生かしつつ、同様に万物を生かし、すべてのものの内にありつつ、すべてのものの外におられたのである。そして、肉体によって行動を通して知られたが、万物に対する働きによって知られなくなったわけでもなかったのである。(3) さて、自分の肉体の外にあるものを理性の働きによって観照するのは魂の業（わざ）であるが、自分の肉体の外から働き掛けるのでも、〔肉体から〕遠くにあるものをそこに行って動かすのでもない。したがって、人が遠くにあるものを思い巡らすとき、だからといって、それを動かすのでも自分が移動するのでもけっしてない。たとえば、もし自分の家に坐して天にある事象を考えるとしても、だからといって太陽を動かすのでも天を回転させるのでもない。その運行とその存在を見てはいるが、それらに働き掛けることはできないのである。(4) しかしながら、一個の人間の内にあった言（ロゴス）はそうではなかった。実に、その方は肉体に縛られず、むしろ逆にご自分が〔肉体〕を支配していたのである。それゆえ、〔肉体〕の内にあられたが、すべてのものの内にあり、すべてのものの外にあり、ただ父の内に憩うておられたのである。(5) さらに驚くべきことは、次のことである。一個の人間として生活されたが、言（ロゴス）としてすべてのものを生かしておられたのであり、子として父と共におられたのである。このため、処女がこの方を産んだとき、〔この方ご自身は〕少しも苦しまれることなく、肉体の内にあるからといって少しも汚されることなく、むしろ逆に肉体を聖化したのである。(6) 実に、この方〔言(ロゴス)〕はすべてのものの内におられるが、すべてのものに与(くみ)しておらず、むしろすべてのものがこの方によって生かされ、養われているのである。(7) たとえば、この方によって成ったものであり、われわれが目にしている太陽は天を運行しているが、地上の肉体〔物体〕に触れても汚されることなく、暗闇によって消滅させられることもなく、むしろ逆に〔太陽〕は〔地上の物体〕を照らし、浄めるとすればなおさら、太陽の創造主であり主である、神のいとも聖なる言(ロゴス)は、肉体によって知られたからといって、少しも汚されることなく、むしろ逆に、不滅の方として、死すべきものである肉体を生かし、浄められたのである。まさに、「この方は、罪を犯したことがなく、その口には偽りがなかった」〔一ペト二：二二〕と言われている通りである。

一八 (1) それゆえ、この方について語る神を論ずる者たちは、この方が食べたり、飲んだり、生まれたと語るときにも、肉体が肉体として、生まれたのであり、ふさわしい食物で養われたのであり、肉体と共にある神なる言(ロゴス)ご自身は、すべてのものを秩序づけ、肉体の内にあってなされたことを通してご自分が人間ではなく神なる言(ロゴス)であることをお知らせになったことを知っているのである。以上のことが、この方について語られるのは、それはとりもなおさず、食べたり生まれたり苦しんだりした肉体が、誰か別人の〔肉体〕であったのではなく、主の〔肉体〕であったからである。それはまた、人となられたのであるから、真に、見せかけではなく、肉体を持たれたことが明らかにされるために、人間に関するこれらのことが語られるのもふさわしいことだったのである。(2) しかし、これらのことから肉体を持ってそこにおられることが知覚されたように、肉体を通してこの方が行われた業によって、ご自分が神の子であることを知覚させられたのである。このためにも、不信仰なユダヤ人に対して、声を大にして言われたのである。「もし、私が父の業を行っていないのであれば、私を信じなくてもよい。しかし、行っているのであれば、私を信じなくても、その業を信じなさい。そうすれば、父が私の内におられ、私が父の内にいることを、あなたたちは知り、また悟るだろう」〔ヨハ一〇・三七―三八〕。(3) 実に、この方は見えない方であられるが、創造の業によって知覚されるように、同じく、一個の人間になられ、肉体の内にあって見えないにしても、業によって、それらを行われたのが人間ではなく、神の力・言であることが知覚されるのである。(4) 実に、悪霊どもに命令し、彼らを追い出したのは、人間の業ではなく、神の業である。人類が屈服させられていた病をこの方が癒されるのを目にして、それでもなお、この方は人間であり神ではないと考える者があろうか。実に、この方は、癩病を患っている人々を浄め、足の不自由な人を歩けるようにし、耳の聞こえない人の聴覚を直し、目の見えない人の視力を回復させ、あらゆる病とあらゆる煩いとを人々から追い払われたが、これらによって、誰しもこの方の神性を観照することができたのであった。実に、なんらかの欠陥をもって生まれた人に、その欠陥の部分を回復させ、生来目が見えなかった人の目を開けるのを目にする人は、人々の誕生がこの方の下にあり、この方が形成者であり創造者であると気づくのではあるまいか。人に、その人が誕生の時から欠いていたものを取り戻させる者は当然、人々の誕生を司る主でなければならないからである。(5) このため、元(はじめ)に、われわれの許に降って来られるにあたって、この方は処女からご自分のために肉体を形成されたのである。それは、この〔肉体〕を形成した者ご自身が他のものらの創造者であるという、ご自分の神性の侮りがたい証拠をすべての人に提示するためであった。実際、男〔との交わり〕なしに、ただ処女から肉体が生じたのを見た者は、その〔肉体〕の内に現れた方は、他のもろもろの肉体の創造者であり主であると思い巡らすのではあるまいか。(6) また、水の実体(*οὐσία*)が変化し、葡萄酒に変わったのを見る人は〔ヨハ二：一－一一〕、それを行ったのは、あらゆる水の実体の創造主であり主であると考えるのではあるまいか。実に、このためにこそ、この方は、主として海の上に足を踏み出し、大地の上のように、〔海の上を〕歩まれ、万物に対してご自分が主であることの証拠を提示されたのであった〔マタ一四：二二－二七〕。さらに、わずかな〔パン〕で大勢の人々に食物を与え、欠乏をあり余るものに変え、こうして五つのパンで五千人を満腹させ、それでもたくさん残ったことも〔マタ一四：一三－二一〕、この方ご自身が万物を配慮する主であることを知覚させるものにほかならなかったのである。

一九 (1) これらすべてのことを行うことは、救い主にとってまったく妥当なことと思われたのである。つまり、人々は万物に及ぶこの方の配慮を認めておらず、被造物を通してこの方の神性にも気づかなくなっていたので、ご自分の肉体を通してなされた業(わざ)によって彼らが再び見えるようになれば、上述のように、この方の万物に対する配慮を一つ一つ熟考することで、この方を通して父に関する知識(グノーシス)の認識を得るようになるはずだからであった。(2) 実に、悪霊どもに対することの方の権能を目にする人で、あるいは悪霊どもがこの方は主であると表明するのを目にする人で、この方が神の子・知恵・力であられるのか否か思い惑う人が誰かいるだろうか。(3) 実に、この方は被造物そのものにも沈黙させなかったのである。むしろ驚くべきことに、死において、否むしろ死に対する勝利のしるしにおいて——私の言わんとするのは十字架のことである——、すべての被造物が、肉体の内にあって知られ、苦しみを受けられた方が、単に人間であるだけでなく、神の子・万物の救い主であることを告白し讃美したのである。実に、太陽は退き、地は揺れ動き、山々は裂け〔マタ二七：四五、二七：五一参照〕、すべてのものが恐れおののいたのである。これらのことは、十字架のお方が神なるキリストであり、すべての被造物がこの方の婢(はしため)であることを示すものであり、畏怖をもって主人の到来を証しするものである。(4) さて、このようにして神なる言(ロゴス)は、業を通して人々にご自分を明らかにされたのである。

引き続き、肉体におけるその生涯と活動の終局について語り、その肉体の死がいかなるものであったのか説明することにする。特に、これはわれわれの信仰の要であり、あらゆる人がこのことについて語ってやまぬためでもあるが、まさにこのことから、キリストは神であり、かつ神の子であると知覚されることが知られるからである。

二〇 (1) この方の肉体をもっての顕現の理由と、それがいかなるものであったかについて、部分的にではあるが、われわれの理解しうる範囲で、以上のように論じてきた。つまり、腐敗するものを不滅のものに変えうるものは、元(はじめ)に万物を存在しないものから造られた救い主のほかにはなかったこと。像にかたどって人々を再び造り直しうるものは、父の像のほかにはなかったこと。

また、死すべきものを不死のものへと立ち上がらせうるものは、生命そのもの（Αὐτοζωή）であるイエス・キリストのほかにはなかったこと。父について教示し、偶像礼拝を打破しうるものは、万物を秩序づけた言（ロゴス）・真の独り子である神の子のほかにはなかったこと〔を以上で説明したのである〕。*13

（2）さて、依然としてすべての人の負債が支払われねばならなかったので、ぜひとも死ななければならなかった。特になによりもこのためにこの方〔言（ロゴス）〕は来られたのである。そのために、その業（わざ）によってご自分の神性を証明した後、すべての人に代わってご自分の神殿を死に渡して、すべての人のための供え物を捧げられたのである。それは、すべての人を古い違犯から解き放ち自由にするためであり、また万物の復活の初穂としてご自分の不滅の肉体を提示して、ご自分が死よりも強いことを証明するためである。

（3）同じことを同じように繰り返し繰り返し語るにしても、驚かないでほしい。それというのも、われわれは神の善性（εὐδοκία）について語っているからである。そのため、何かを省いていると思われたり、不十分にしか説明していないと非難されることのないように、同じことを多くの〔言葉〕を用いて説明しているのである。実際、書き記さねばならないことをなにかしら省いていると非難されるよりも、同じことを繰り返していると非難されるほうが、ずっとよいからである。

（4）さて、その肉体は、〔他の〕すべての〔肉体〕と共通の本質（οὐσία）を有していたのであるから、まさしく人間の肉体であった。まったく斬新な不思議な〔業〕によって、ただ処女に由来したとはいえ、それにもかかわらず死すべき者であり、類似した者らの行く末に応じて死んだのである。しかし、その中に言（ロゴス）が来られたことで、自分の本性（φύσις）に応じて腐敗することなく、むしろ神の言（ロゴス）が住まわれたおかげで腐敗を免れた者となったのである。(5) そして両方のことが、感嘆すべくも同じこの〔肉体〕の内に同時に生じたのである。すなわち、すべてのものの死が主の肉体において成就されたのであり、また、言（ロゴス）と一つになった〔肉体〕によって死と腐敗とが滅ぼされたのである。実に、すべての人の負債が払われるために、死は避けえぬものであり、すべての人のための死が遂げられねばならなかったのである。(6) それゆえ上述のように、言（ロゴス）は、ご自身としては死ぬような方ではなかった——実に、不滅の方であった——ので、すべての人に代わってご自分の〔肉体〕を提供するために、死ぬことのできる肉体をご自分のものとしてとられ、〔肉体〕の内に来られたことによって、すべての人のために自ら苦しみを受けられたのである。それは、「死を司る者、つまり悪魔をご自分の死によって滅ぼし、死の恐怖のために一生涯、奴隷の状態にあった者たちを解放なさるため」〔ヘブ二：一四－一五〕であった。

二二 (1) 万物が共有する救い主がわれわれのために死なれたのであるから、いまやキリストを信じるわれわれはもはや、以前のように、律法の威嚇の通りに死によって滅びることはけっしてない。実に、そのような有罪の宣告は破棄されたのである。むしろ腐敗は終わりを迎え、復活の恵みによって滅ぼされたので、以後、われわれは死すべき肉体に即して解体されるであろう。〔しかし、〕神が各人に定められたわずかな時のあいだである。〔しかも〕それは、「さらに勝（まさ）った復活」〔ヘブ一一：三五〕に達することができるためなのである。(2) 実に、地に蒔かれた種子のように、われわれは分解して消滅するのではなく、むしろ逆に蒔かれた者として復活するのである。死は救い主の恵みによって滅ぼされたからである。それゆえ、すべての者にとって復活の保証人となった聖なるパウロは言う。「この朽ちるべき者が朽ちないものを着、この死ぬべき者が死なないものをかならず着ることになります。この死ぬべき者が死なないものを着るとき、次のように書かれている言葉が実現するのです。〈死は勝利に呑み込まれた。死よ、お前の刺はどこにあるのか〉」〔一コリ一五：五三―五五〕。

(3) すると、次のように言う者もあろう。すべての者のために自分の肉体を死に渡す必要があったのなら、なぜ彼は普通の人間のようにそれを成し遂げず、十字架に付けられるまでのことをしたのか。侮辱をともなうそのような死を耐え忍ぶよりも、尊厳をもって肉体を脱ぎ捨てるほうがずっと彼に似つかわしかったはずである、と。(4) このような反論はあまりにも人間的な〔考え〕ではあるまいか、改めて熟考してみるがよい。救い主によってなされたことは、多くの理由で、真に神的なことであり、その神性にふさわしいものだったのである。まず第一に、人々にふりかかる死は、彼らの本性の弱さに応じて彼らの身に起こるのである。実に、彼ら〔人間〕は長いあいだ存続しえないので、時間とともに崩壊するのである。また、さまざまな病が彼らにふりかかり、力が萎えて死ぬからでもある。しかし、主は無力な方ではなく、神の力であり、神の言（ロゴス）であり、生命そのもの（*Αὐτοζωή*）であられる。(5) したがって、その方が、密かに、人々の慣例通りに、寝台の上で肉体を脱ぎ捨てたとすれば、この方も本性の弱さに応じて、〔死〕に服し、他の人々に優る点を何も有していないとみなされたであろう。ところが、この方は生命であり、神の言（ロゴス）であられたので、またすべての者のために死なねばならなかったのである。このためにこそ、生命ならびに力として、この方は〔ご自分の〕肉体に力を授けられたのである。(6) その反面、ご自分のためではなく、他の者たちのために死なねばならない方として、犠牲の供え物をまっとうする機会を捉えられたのである。他の人々の病を癒された主が病に罹るはずはなく、〔肉体〕の内にあって他の人々の弱さに力を授けられた方の肉体が無力になるはずはなかったのである。(7) では、なにゆえにこの方は病と同様に死をも拒まれなかったのか。そのためにこそ肉体を有されたからであり、復活を妨げぬためにも〔死を〕拒むべきではなかったからである。さらにまた、肉体の内に弱さを有していたと考えさせないために、病が死に先行するのはふさわしいことではなかったのである。しかし、この方は空腹だったことがなかったか。確かに空腹だったことがあった。しかし、肉体に固有のこととして空腹だったのである。しかし、飢えで死なれはしなかった。主が肉体を担っておられたからである。それゆえ、すべての人の贖いとして死なれたとしても、この方は腐敗を知らなかったのである。完全無疵なものとして〔肉体を〕復活させられたのである。その肉体は他の誰のものでもなく、生命そのもののものだったからである。

二二 (1) しかし、次のように言う人もあろう。断じて自分の肉体を死なないものとして守るために、ユダヤ人の陰謀から身をかわすべきであった、と。このような人も、それが主にふさわしいことではなかったことを知ることになろう。生命であられた神の言(ロゴス)にとって、ご自分からご自分の肉体に死を科すことはふさわしいことではなかったように、同じく、他の人々から科された〔死〕を避けるのもふさわしいことではなかったのである。むしろ、〔死〕を打破するために〔死〕を追い求める必要があったのである。それゆえ、肉体をご自分から脱ぎ捨てないことも、陰謀を企むユダヤ人から逃れないこともふさわしいことだったのである。(2) このような〔姿勢〕は言の弱さを示すのではなく、むしろこの方が救い主であり生命であることを知らせるものであった。打破するために死を待ち受けておられたのであり、すべての者の救いのために、ご自分に科せられた死をまっとうするよう急いでおられたからである。(3) 他方、救い主はご自分の死をまっとうするためではなく、他の人々の〔死をまっとうする〕ために来られたのである。それゆえ、ご自分に固有の死によって肉体を脱ぎ捨てられたのではなく——生命として〔死とはいかなる関わりも〕もっておられなかったからである——、〔死が〕ご自分の肉体に臨んだとき、死を完全に打破するために、人々がご自分に科した死を受け入れられたのである。(4) 続いて、次のことから、主の肉体がこのような目的をもっていたのも妥当なことがわかるであろう。主にとって一番の関心事は、まさになそうとしておられた肉体の復活であった。実に、それは、すべての者に〔復活〕を立証し、この方によって腐敗が退けられ、以後肉体は不滅のものとなったことをすべての人に信じさせる、死に対する勝利の記念碑だったのである。また、すべての者に対する、すべての者が享受する復活の担保ならびに証文のようなものとして、ご自分の肉体を朽ちないものとして保持されたのである。(5) 逆に、その肉体が病に罹り、すべてのものの面前で言が肉体から離れたとすれば、他の人々の病を癒された方が自分の器官をなおざりにして病によって衰弱させたことになるという、まったくふさわしくないことになったであろう。実際、この方の内にあってこの方ご自身の神殿が無力なものと化したなら、いったいどうしてこの方は他の人々の弱さを追い払ったと信じられたであろうか。むしろ、病を追い払いえない者として嘲笑されたであろうし、できたのに何もなされなかったなら、他の人々に対する人間味を欠く者とみなされたに違いあるまい。

二三 (1) さて、いかなる病にも罹らず、いかなる苦しみも受けられなかったにせよ、密かに、ご自分独りで、片隅に、あるいは荒れ野に、あるいは家の中に、あるいはどこかしらある所に、肉体を隠しておき、その後で突然再び現れて、自分は死者の中から復活したと語ったとすれば、皆に作り話（μῦθος）を語っていると思われたであろうし、またそれ以上に、復活について語っても信じられなかったであろう。その死について証言する者がただの一人もいなかったからである。つまり、死が復活に先行せねばならないのである。死が先行しなければ復活はないからである。それゆえ、その肉体の死がどこかしら隠れた所でなされ、その死は人目につかず証人を欠くものであったなら、その復活も人目につかず証人を欠くものだったであろう。(2) その死を隠しておきながら、いったいどうして、復活するや否や復活を宣言するのであろう。この方が皆の面前で悪霊を追い出し、生まれつきの盲人を見えるようにし、水を葡萄酒に変えられたのは、それらを通してご自分が神の言（ロゴス）であると信じさせるためであったのに、いったいどうして、ご自分が生命であると信じさせるために、〔ご自分の〕死ぬべき〔肉体〕が朽ちないものであることを皆の面前に示されないことがあろうか。(3) また、先に死なれたと言うことができなかったなら、いったいどうして、この方の弟子たちは臆するところなくこの方の復活について語りえたであろう。彼ら〔弟子たち〕は、先に死があり、次に復活があることを語っても、臆するところなく語った人々に対して、この方の死を証言する人々を有していなかったなら、どうして信じられたであろう。実際、皆の面前でこの方の死と復活がなされたにもかかわらず、当時のファリサイ派の人々は信じようとはせず、復活を目撃した人々にそれを否定するよう強いたのであるから、これらのことが隠れてなされたとすれば、いったいどれほどの不信仰の口実を思いついたことであろう。(4) また、皆の面前で、〔死〕を召喚し、〔死に〕死刑を宣告し、以後肉体の不滅によって〔死を〕空しいものとされなかったなら、いったいどうして、死の終焉と〔死〕に対する勝利を明らかにすることができたであろう。

二四 (1) 他の人々が言うかもしれないことを、先取りして以下のことを論証することにする。おそらく次のように言う人がいるかもしれないからである。すなわち、復活に関する証言が信じられるために、皆の面前で証人を前にしてその死が遂げられたとすれば、少なくとも十字架の恥辱を避けるためにも、彼は自分のために栄えある死を考え出すべきであった、と。(2) もしそのようなことをしたなら、あらゆる死に〔打ち勝つ〕力があったのではなく、ただ自分が考案した〔死に対する力を持っていたにすぎないのではないか〕という疑いを自らに招くことになったであろうし、復活に対する不信仰の口実はなくならなかったに違いないのである。それゆえ、彼らが救い主にもたらした死を〔救い主〕ご自身が滅ぼすために、ご自分からではなく、陰謀によって肉体に死が生起したのである。(3) それはまさに、洞察と勇気の点で秀でた気高い闘技者は、ある者らに対して臆病であるとの疑いを抱かせないために、自ら自分の戦う相手を選ばず、〔戦う相手の〕選択を観客に任せ、特に観客が彼に対して敵意を持っている場合には、彼ら〔観客〕が合意した相手に打ち勝つことで、自分が誰よりも強いと信じさせるためにも〔そうする〕のに似ている。同様に、すべてのものの生命である主、われらの救い主、キリストは、他の死を恐れていると思われぬために、ご自分からはご自分の肉体のために死を画策されず、むしろ他の人々、それも敵意を持つ者らが画策した、彼らにとって恐ろしく恥ずべき厭わしい十字架上の〔死〕を受け入れ、耐え忍ばれたのである。それは、その〔死〕を滅ぼされることで、ご自分が生命であること、死の力が完全に根絶されたことを信じさせるためであった。(4) こうして驚くべく不思議なことが生じた。彼らが科そうと考えた恥ずべき死が、死そのものに対する勝利の記念碑となったのである。こうしてまた、首を切られた〔洗礼者〕ヨハネの死を耐え忍ばれたのでも、イザヤのように鋸で体を引き切られたのでもなかったが、それはその肉体が死においても切断されず、完全なものとして保たれるためであり、また教会を分裂させせようともくろむ者らに口実を与えないためでもあった。

二五 (1) 以上は、自分たちのために屁理屈を積み重ねる「部外者」[*14]に対するものである。しかし、われわれの内にも、論争好きのためではなく、好学心から、ほかならぬ十字架〔の死〕を耐え忍ばれたのはどうしてか、と問う人もあるだろう。そのような人も、それがほかでもないわれわれの益となるためであり、主はまさしくわれわれのためにそのような〔死〕を耐え忍ばれたのであることを聞いて悟るがよい。(2) 実に、もし〔主が〕われわれにふりかかる呪いを担うために来られたとすれば、呪いによる死を受け入れずに、ほかにどうして〔ご自分が〕呪いとなりえたであろう〔ガラ三・一三参照〕。それが十字架だったのである。実に、次のように記されている、「木に架けられた者は呪われている」〔申二一・二三、ガラ三・一三〕と。(3) さらにまた、主の死はすべての者のための身代金であり、この死によって「隔ての壁」が取り壊され〔エフェ二：一四〕、異邦人の招きが実現されるとすれば、もし〔主が〕十字架に架けられなかったとすれば、どうしてわれわれを呼び集められたであろう。実に、ただ十字架上でのみ両手を差し伸ばして死ねるのである。このため、主がこのような〔死〕を耐え忍ばれ、両手を差し伸ばされるのはふさわしいことだった。一方の手で旧約の民を、もう一方の手で異邦人からなる民を引き寄せ、双方〔の民〕をご自分の内で一つに集めるためである。*15 (4) 実に、〔主〕ご自身が、すべての人を贖うためにどのような死を遂げることになるかを示唆して、このことを言っておられる。「私は、〔地上から〕上げられるとき、すべての人を自分の許に引き寄せよう」〔ヨハ一二：三二〕。(5) さらにまた、われわれ人類の敵である悪魔が、天から転落し、低い大気中を徘徊しており、そこで彼に追従し、不従順の点で彼に似ている悪霊どもの上に君臨しているとすれば、騙そうとする者たちに対して〔悪霊ども〕を介して幻影を醸し出し、〔天に〕昇ろうとする者らの邪魔をしようとしているのである。*16 これについては、使徒〔パウロ〕も次のように言っている。「空中に勢力を持つ者、すなわち不従順な者たちの内に今も働く者に従って」云々と〔エフェ二：二〕。そこで、悪魔を投げ落とし、空中を浄め、また使徒〔パウロ〕が言っているように、「垂れ幕、つまり御自分の肉体を通して」〔ヘブ一〇：二〇〕われわれのために天への上昇路を開くために、主は来られたのである。これは死を通して成し遂げられねばならなかった。では、空中で遂げられた〔死〕、つまり私の言わんとするのは十字架の〔死〕のほかの死によって、これが成し遂げられたであろうか。実に、十字架の上で最期を遂げる者だけが空中で死ぬのである。このため、まさに主はこのような〔死〕を耐え忍ばれたのである。(6) また、〔地上から〕上げられたとき、〔主は〕悪魔と悪霊どものあらゆる陰謀から大気を浄められたのである。それを「私は、サタンが稲妻のように〔天から〕落ちるのを見ている」〔ルカ一〇：一八〕と言っておられるのである。道をつけて、天への上昇路を開かれたことに関しても言われている、「支配者たちよ、お前たちの門を開け。永遠の門よ、身を起こせ」〔詩二四：七〕と。実に、言(ロゴス)ご自身のためには門を開く必要はなかった。万物の主であられたのであり、被造物は何一つとして自分の創造主に対して閉ざされていなかったからである。それを必要としたのは、〔言(ロゴス)が〕ご自分の肉体を通して連れて昇られたわれわれなのである。実に、すべての者のために死に〔ご自分の肉体〕を差し出されたように、〔主はご自分の肉体〕を通して天への上昇路を再び開かれたのである。

二六 (1) したがって、十字架の上で遂げられたわれわれのための死は、ふさわしく適宜なものであった。また、その理由はあらゆる点できわめて妥当なものであった。十字架によってすべての者の救いが成し遂げられる以外にはないことには、まったく正当な論拠があったのである。実に、このように十字架の上でご自分を見えないものとするのを退けられただけでなく、あらゆる被造物に自分の形成者の臨在を証しさせたのである。この方は、ご自分の神殿である肉体が長いあいだとどめ置かれることを是認なさらず、むしろ死との対決によって死んで死体となったことをただ証明しただけで、ただちに三日目に、死に対する勝利の記念碑として、肉体の内に実現された不滅と不死とを担わせて〔その肉体を〕復活させられたのである。(2) ところで、死の直後に肉体を立ち上がらせ、再び生けるものとして明示することもできたが、賢明な予見によって救い主はそうはなさらなかったのである。実際、ただちに復活を明示されたなら、結局この方は死なかったのだとか、死は目的を遂げなかったのだと思う人も出かねなかったからである。(3) また、おそらく、死と復活との瞬間が同時であったとすれば、不滅の誉れは不確かなものとなったであろう。それゆえ、その肉体が死んだことを明らかにするために、言(ロゴス)は中一日置いて、三日目にすべての者らにその〔肉体〕を不滅のものとして明示されたのである。(4) したがって、肉体における死を証明するために、三日目にそれを復活させられたのである。(5) しかし、もっと長くとどめ置いて、後で復活させたときに〔肉体が〕完全に腐敗していたなら、同じ肉体ではなく別の肉体を帯びているとして不信を買うことになったであろう。というのも、時とともに現れた方に対して不信を抱くようになり、起きた事柄をも忘れてしまうようになるものだからである。このため、三日以上後に引き延ばさず、ご自分の復活について聞いていた者らをそれ以上待たせないようにされたのである。(6) まだ彼らの耳にご自分の言葉が残っているあいだに、そして彼らの目が期待し、彼らの思いが定まらないうちに、そしてこの方を殺した者たちならびに主の肉体の死を証言する者たちが、地上に、それも現場に生きているあいだに、神の子ご自身は三日間の間をとった後、死んだものとなった肉体を不死で不滅のものとして明示されたのである。そして、すべての者らに、そこに住んでおられた言(ロゴス)の本性の弱さによってその肉体は死んだのではなく、むしろ逆に救い主の力によって、〔肉体〕の内にあって死が滅ぼされたことを明らかにしたのである。

二七 (1) 実に、死が滅ぼされたこと、十字架は〔死〕に対する勝利であったこと、もはや死は力を発揮することはなく、真に死は死んだことの無視しがたいしるしと明らかな証拠は、キリストのすべての弟子たちのあいだでは死が意に介されておらず、皆が〔死〕を踏み越えており、もはや〔死〕を恐れておらず、むしろ十字架のしるしとキリストへの信仰によって、〔死〕を死んだものとして踏みにじっていることなのである。(2) かつて、救い主の神としての到来前には、皆が滅んでしまったかのように死者のために泣き悲しんでいたのである。ところが、救い主がその肉体を復活させてからは、死はもはや恐ろしいものではなくなり、キリストを信じる者たちは皆、〔死〕を存在しないもののように踏みにじり、むしろキリストへの信仰を捨てるよりも死ぬことを選ぶのである。実に、彼らは、たとえ死んでも滅び去るのではなく、むしろ生きるのであり、復活によって不滅の者となると知っているのである。(3) ところが、かつては邪悪にも死をもって攻撃していた悪魔は、〔死〕の苦しみが解消されたので〔使二：二四参照〕、もっぱら真に死んだものとしてのみあり続けるのである。その証拠は次のことである。すなわち、人々はキリストを信じる前には、死を恐ろしいものとみなし、〔死〕を恐れているのである。ところが、この方〔キリスト〕への信仰とこの方の教えに転ずると、進んで〔死〕に立ち向かい、〔死〕に対して成し遂げられた救い主の復活の証人になるまでに、死を意に介さぬのである。実に、年端も行かぬ幼児までもが死ぬことを熱心に追い求め、男だけでなく女たちまでもが訓練を積んで、〔死〕に備えているのである。こうして、かつて〔悪魔〕に惑わされた女たちまでもが、いまや〔死〕を死んだもの、萎え果てたものとして弄ぶまでに無力なものとなってしまったのである。(4) 実に、圧政者が真の王によって打ち負かされ、手足を縛られたなら、その前を通り過ぎる者は皆、その王は打破され、彼の奇矯な所業や暴行をもはや恐れなくてよいので、彼を殴打し、ののしって、彼を愚弄するように、同じく、十字架の上の救い主によって死が破られ辱められ、手足を縛られたので、キリストによって歩む者たちは皆、〔死〕を踏みにじり、キリストの証しをしつつ、〔死〕をあざ笑い、かつて〔死〕に対して書き記された「死よ、お前の勝利はどこにあるのか。陰府よ、お前の刺はどこにあるのか」〔一コリ一五・五五〕という言葉を口にしつつ、死を愚弄するのである。

二八 (1) したがって、以上のことは、死の無力さの微々たるとは言えぬ証拠ではなかろうか。キリストの内にある子供たちや若い娘たちが、現在の生を顧みず、死ぬために準備しているのも、救い主によって成し遂げられた〔死〕に対する勝利の、ささやかならぬ証明ではあるまいか。(2) 確かに、人間は本性的に死と肉体の分離を恐れるものである。ところが、まったく不思議なことであるが、十字架への信仰をまとうや否や、本性的な〔恐れ〕を意に介することなく、キリストのゆえに死を恐れないのである。(3) それはまさに、火は本性的に燃やす〔特性〕を有しているが、火が燃やすのを恐れなくてもよく、その無力さを証明するある種のもの——たとえば、インド人のあいだで石綿(アスベスト)と言われるようなもの——があると言う人もいよう。たとえその言葉を信じない人でも、試しにその言葉を真に受けて、燃えない物を身に着けて火に近づいてみれば、以後、火の無力さを信じるようになるであろう。(4) あるいは、圧政者が縛られているのを見たいと思っているのであれば、その人は征服者の領土と王国に行って見て回らなければならない。そうすれば、他の人々にとって恐るべきものが〔今や〕無力にされているのを見るであろう。同様に、信じられないなら、それもこれほど偉大な〔証拠〕の後でも、これほど多くの人がキリストの証人となった後にも、キリストの内にあって卓越した者たちによって日々、死が愚弄されている後にも、信じられず、死が滅ぼされたこと、死が終わりを迎えたことに関して心に疑念を抱いているのなら、これほど偉大なことに驚くに違いあるまい。しかも、不信にとどまるに耐ええぬだけでなく、これほど明白なことに直面して赤面せずにはいられないのである。(5) 石綿（アスベスト）を身に着けた人は火が自分に触れえないことを認めるように、また圧政者が縛られているのを見たいと思う人は征服者の王国に行って見て回るように、死に対する勝利を信じない人も、キリストへの信仰を受け入れ、〔キリスト〕の教えを一通り学んでみればよい。そうすれば、死の無力さと〔死〕に対する勝利がわかるであろう。実際、多くの人が、初めは信じず、嘲笑していたが、後に信じて、彼ら自身がキリストの証人〔殉教者〕となるまでに死を意に介さなくなっているのである。

二九 (1) しかし、十字架のしるしとキリストへの信仰によって死が踏みにじられるのであれば、真理によって裁く者にとって次のことは明らかである。すなわち、死に対して勝利の記念碑を掲げ、勝利を立証し、〔死〕を無力にしうる者は、キリストその方をおいてほかにはないのである。(2) かつて死は大きな力を持っており、それゆえ恐れられていたにせよ、いまや救い主の到来とその肉体をもっての死と復活の後には、まったく意に介されないのである。十字架に上られたキリストによって死が滅ぼされ、打ち負かされたのは明らかだからである。(3) 実に、夜の後に太陽が昇れば、地上のすべてのものは〔太陽〕によって照らし出され、至るところに光を広げ、闇を追い払い、すべてのものを照らしたのは太陽そのものであることに疑問の余地はまったくないように、救いをもたらす肉体をもっての救い主の顕現と十字架上の最期以来、死が意に介されず踏みにじられるとき、死を滅ぼし、その弟子たちを通して日々、〔死〕に対する勝利の記念碑を提示しているのも、肉体をもって現れた救い主ご自身であることは明々白々のことである。(4) 実に、本性的に弱い者である人々が、〔死〕の腐敗に尻込みせず、陰府に下る道をも恐れずに、死に驀進し、むしろ燃える魂をもって〔死〕に挑戦し、もろもろの拷問にも動じないだけでなく、キリストのために現在の生の死を希求するほうを選ぶのを目の当たりにして、あるいは男たちや女たちや幼い子供たちが、キリストへの敬愛のゆえに死に走り驀進するのを目にしながら、人々が証ししているのは〔キリスト〕であり、彼らの一人ひとりに死に対する勝利をもたらし与えるのも〔キリスト〕であり、〔キリスト〕への信仰を持ち、十字架のしるしを帯びている彼ら一人ひとりの内において〔死〕を無力なものとしているのも〔キリスト〕であることを考えず、思い巡らすこともできないほどに愚かで、不信仰で、思考力の鈍い者はあるまい。(5) また、実際、蛇が踏みにじられているのを見た人は、特にその〔蛇の〕かつての凶暴さを知っていれば、常軌を逸した人や健全な肉体的な感覚を持っていない人でもなければ、それは死んでしまったか、完全に無力になってしまったことを疑うことはあるまい。また、ライオンが子供たちに弄ばれているのを見る人は、それが死んでいるか、あるいはその力を完全に失っていると認めるのではあるまいか。(6) したがって同様に、キリストを信じる者たちによって死が弄ばれ、意に介されていないとき、死はキリストによって滅ぼされ、〔死がもたらす〕腐敗はとどめを刺され、終わったことを信ぜずにはいられないという真理を、自分の目で見届けることができるのである。

三〇 (1) 以上で語ったことは、死が滅ぼされたこと、ならびに主の十字架が〔死〕に対する勝利の記念碑であることの小さからぬ証拠である。万物の救い主、生命であるキリストによって実現された、これ以後死ぬことのない体の復活の証明は、知性（*διάνοια*）の健全な目を有している者たちにとって、言葉による〔証明〕以上に、発揮された力によってますます明らかなものとなっているのである。(2) 実に、以上の説明が明らかにしたように、死が征服され、主のゆえにすべての者が〔死〕を踏みにじっているとすればなおさら、まず初めに〔主〕ご自身がご自分の肉体によって〔死〕を踏みにじり、〔死〕を征服したに違いないのである。〔主〕によって死が滅ぼされたとすれば、肉体が復活させられ、〔死〕に対する勝利の記念碑としてそれ〔肉体〕が提示されること以外にいったい何がなされるべきであっただろう。実際、主の肉体が復活させられなかったなら、いったいどうして死の敗北が明らかなものとなったであろう。さて、〔主〕の復活に関するこの証明で十分でないのなら、目の前でなされていることによって語られていることを信じるがよい。(3) 実に、ある人が死んだ者になるなら、もはや何も働くことはできないものである。故人に対する敬意も墓までで、やがてやんでしまうものである。したがって、行動と人々に向けられる影響力は生きている者たちにのみ属しているのである。このことを知りたい者は、見ていることから判断し、真理を告白するがよい。(4) 実に、救い主は人々のあいだで偉大な力を発揮しておられ、毎日毎日、至るところで、ギリシア人とギリシア以外の人からなる非常に大きな群を、目に見えないかたちでではあるが、ご自分に対する信仰に向かい、皆がご自分の教えに聞き従うよう駆り立てておられるのに、それでもなおかつ、救い主の復活は実際に起きたことなのか、キリストは生きておられるのか、というよりも〔キリスト〕その方が生命であるのかと、心の内に疑念を抱く人が誰かいるだろうか。(5) いったい先祖伝来の律法を退け、キリストの教えに帰依するよう人々の心を駆り立てることが死者にできようか。万が一そのように行動することができなかったとして――これは死者にとって当然のことである――、いったいどうして、姦通を働く者をもはや姦通を働かないように、殺人を犯す者にもはや殺人を犯さないように、不義を働く者にもはや不当な行為をなさないように、不敬な者を以後敬虔な者にするというように、生きて行動する者たちへの働きかけをやめることがこの方にできるのだろうか。復活されず、死んだ者であったなら、いったいどうして、不信仰な者たちによって生きていると言われる偽りの神々と彼らが礼拝している悪霊たちを追い払い、放逐し、打倒することがこの方にできようか。(6) 実際、キリストの名が口にされ、〔キリスト〕への信仰があるところでは、どこでも偶像礼拝はことごとく除去され、悪霊どもの欺瞞はことごとく論破され、悪霊どもは皆、その名を〔聞くに〕耐ええず、聞くや否や逃げ出してしまうのである。これはまさに死んだ者の業ではなく、生ける者の業、否むしろ神の業である。(7) そしてまた、〔キリスト〕によって放逐された悪霊ども、ならびに潰滅された偶像らを生ける者であると言うこと、それらの者どもを追い払い、その力によって二度と再び現れないようにし、すべての者らから神の子として信じられ讃美されている方を死んだ者であると言うことは、実に奇怪至極なことである。

三一 (1) 復活を信じない者たちは、自分たちに大きな異議を提起しているのである。すなわち、あらゆる悪霊どもと彼らが礼拝している神々とが、彼らが死んだ者であると言っているキリストを追い払うことができないとすれば、むしろ逆にキリストがそれらのものは皆死んだ者らであることを証明していることになるのである。(2) 実際、死んだ者は何の働きもなすこともできないこと、〔人々を〕敬神に招き、徳へと駆り立て、不死について教え、天のことに対する願いへと高揚させ、父に関する知識を啓示し、死に対する力を注ぎ、各人にご自身を示し、偶像礼拝の不敬を浄めるなど、偉大な働きを救い主は毎日毎日行っておられることが真実であれば、信じない者らのあいだの神々や悪霊どもはそのようなことは何一つなしえないのであり、むしろ逆にキリストの臨在によって死んだ者となっており、見せかけも空しく無益な者となっているのである。また、十字架のしるしによってあらゆる魔術は終わりを迎え、あらゆる魔法も無力にされ、あらゆる偶像礼拝も荒廃させられ、放棄され、非理性的な〔言(ロゴス)にふさわしくない〕快楽は終わりを迎え、すべての人は地上から天を見上げているのである。このようなことをなす者を死んだ者と言う人があろうか。これほど偉大な働きをなしているのはキリストではあるまいか。このような働きができるのは死んだ者ではないのである。要するに、このような働きをなすことなく、命もなく横たわっているのは、死んだような者である悪霊どもや偶像のほうなのではあるまいか。(3) 実に、神の子は「生きており、力を発揮する」〔ヘブ四・一二〕方として、毎日毎日働いておられ、すべての者らに救いの力を発揮しておられるのである。これに対して、死は毎日毎日無力なものであることを暴露されており、偶像と悪霊どもはますます死んだ者とされているのである。ここから何人も、もはや〔キリスト〕の肉体をもっての復活を疑うことはできないのである。

（4）　主の肉体をもっての復活を信じない者は、神の言（ロゴス）と知恵の力を知らないようなものである。〔神の言（ロゴス）が〕ご自分のために肉体をとられ、それも上述の説明のように、ふさわしい帰結として〔その肉体〕をご自分のものとされたとすれば、主は〔その肉体〕をどうすればよかったのだろう。言（ロゴス）がひとたびその中に入られた肉体の最期はいかなるものであればよかったのだろう。実に、それ〔言（ロゴス）の肉体〕は死ぬことはありえなかった。それは、すべての者の救いのために死ぬべきものであり、死に差し出されるべきものだったからである。まさにそのために、救い主はご自分のためにその〔肉体〕を準備されたのである。他方、その〔肉体〕は死んだものであり続けることもありえなかった。その〔肉体〕は生命の神殿となったからである。その〔肉体〕は死ぬべきものとして死んだのであるが、その中にあった生命のゆえに生き返ったのである。そして、その業（わざ）は復活を証しするしるしなのである。

三二　（1）　もし、見えないから、〔主が〕復活させられたことが信じられないのであれば、彼ら不信仰者は自然における〔神の業〕をも否定せねばならなくなる。実に、上述のように、見えないものではあるが、その業によって知覚されるということは、神に固有のことである。（2）　確かに、業がなければ、見えない〔神〕を信じないのも当然のことである。しかしながら、業が叫び、明らかに指し示しているのに、なにゆえこれほど明らかな復活の生命を故意に信じないのか。その知性（*διάνοια*）の目が見えなくなっているにせよ、外的な感覚によってキリストの否定しえない力と神性とを見ることができるはずである。（3）　たとえば、盲人は太陽を見ることができないにせよ、〔太陽〕から生ずる熱を感ずるなら、大地の上に太陽があることを知るはずである。同様に、反対する者らも、たとえまだ信じておらず、依然として真理を見ることができないにせよ、他の信じている者たちの力を認めるなら、キリストの神性と〔キリスト〕によって成し遂げられた復活とを否定することはあるまい。(4) 実に、キリストが死んだ者であるなら、悪霊どもを追い払うことも、偶像を潰滅させることもなかったのは明らかである。実際、悪霊どもが死んだ者に従うことはありえないのである。しかし、〔キリスト〕の名によって〔悪霊どもが〕明らかに追い払われたとすれば、〔キリスト〕が死んだ者ではないことは確実である。また、キリストが死んだ者であれば、人間には見えないものを見ている〔悪霊ども〕が、〔キリスト〕に従うことはまったくないことも〔確実である〕。(5) ところが、不敬な輩が信じていないこと、すなわち、この方〔キリスト〕が神であられることを、いまや悪霊どもが知っているのである。そうであるからこそ、この方が肉体の内におられたときに叫んだように、「私どもは、あなたがどなたであるか知っています。神の聖なる方です」〔ルカ四：三四〕とか、「神の子よ、私どもをどうしようというのですか。どうか私を苦しめないで下さい」〔マコ五：七〕と言いつつ、逃げ出し、この方に従うのである。(6) したがって、悪霊どもが告白し、日々その業が証ししているのであるから、次のことは明らかである――何人も真理に逆らうことはできない。すなわち、救い主はご自分の肉体を復活させられたのであり、また神の真の子であられ、父からの真の言(ロゴス)・知恵・力である方として神から〔生まれた〕方である。この方は、終わりの時にすべての者の救いのために肉体をとられ、全地に父について教え、死を滅ぼし、ご自分の肉体を〔復活の〕初穂として立ち上がらせ、その〔肉体〕を十字架のしるしによる死と腐敗に対する勝利の記念碑として掲げたことで、復活の約束によってすべての者に不滅を授けられたのである。

〔三三―五四略〕

五五 (1) 以上で述べられたことの後、ここでは述べられなかった事柄の根源として、次のことをあなたは理解し、また大いに讃嘆せねばなるまい。すなわち、救い主が来られて以来、もはや偶像礼拝は進展していないだけでなく、その存在は衰え、徐々に終わりを迎えようとしている。もはやまた、ギリシア人の知恵ももはや進歩せず、その存在は消滅しようとしている。悪霊どもも、幻覚や神託や魔術によって人々を惑わすことはもはやなく、あえてなにか企んでも、十字架のしるしによって恥をかかされている。(2) 一言で言うなら、いかに救いの教えが至るところに進展しており、逆にあらゆる偶像礼拝とギリストへの信仰に逆らうすべてのものが日々、衰え、力を失い、衰退していっているか観照するがよい。このようなことを観照して、万物の上におられる救い主、力ある神なる言(ロゴス)を礼拝するがよい。そして、この方〔言(ロゴス)〕によって衰えさせられ滅ぼされたものらを断罪するがよい。(3) 実に、太陽が昇ると、もはや闇は力をふるうことなく、どこかに〔闇が〕残っていようとも、たちまち追い払われてしまうものである。同様に、神の言(ロゴス)の神的顕現が実現されてからは、もはや偶像の闇は力を発揮しえず、全地の至るところすべてが、この方の教えによって照らされているのである。(4) また、ある人が王となって、その領地にその姿を示さず、宮殿の奥深くにとどまっていると、しばしば、その不在をよいことに家臣らは謀反を起こし、自ら名乗り出て、各人が王を自称して純朴な人々を欺き、人々は、王がいるとは聞いてはいるものの、宮殿の中に入ることはできず、〔ほんとうの王〕を見たことがなかったので、その名によって欺かれてしまうものである。しかし、本物の王が〔宮殿から〕外に出てその姿を現すと、騙されていた純朴な人々もその来臨によって納得させられ、本物の王を見た人々は自分たちを欺いていた者たちを捨て去るものである。(5) 同様に、かつては悪霊どもが人々を欺き、神の栄誉を自分に帰していた。しかし、神の言(ロゴス)が肉体の内に現れ、ご自分の父をわれわれに知らせて下さった時、悪霊どもの欺瞞は消滅せしめられ、やめさせられたのである。そして、人々は父の言(ロゴス)である真の神に目を注ぎ、偶像を捨てて、以後真の神を知るに至ったのである。(6) これこそまさに、キリストが神なる言(ロゴス)にして神の力であることの証拠である。実に、人間的なことどもは終わりを迎えたが、キリストの言葉は永続しているのであるから、終わりを迎えたものどもは一時的なものであり、永続している方は神であり、神の真の独り子である言(ロゴス)であることはすべての人にとって明らかである。

五六 (1) キリストを愛する人々よ、簡単ではあるが、キリストに対する信仰の、そしてわれわれのための〔キリスト〕の神的な顕現の基本的な説明ならびに概略として以上の説明をあなたがたに呈するものである。これを機会に、聖書の本文にあたり、真心を込めてあなたの精神を〔聖書の本文に〕傾倒させるなら、ここで述べられた事柄の精確な意味をより完全かつより明確にそこから汲み取ることができよう。(2) 実に、それら〔聖書の言葉〕は神について語る人々を通して神によって語られ、書き記されたものである。われわれは、キリストの神性の証し人とされ、われわれの許にいた神に関する事柄の教師たちに学んだ者として、これを向学心旺盛なあなたに伝授するのである。(3) また、この方〔キリスト〕の第二の、栄光に包まれた、真に神的なわれわれわれの許への顕現をもあなたは学ばれよう。その時、〔キリストは〕もはや卑しい〔姿〕でではなく、本来の崇高さの内に来られる。その時、〔キリストは〕もはや苦しみを受けられるためではなく、ご自分の十字架の実り——私の言わんとするのは復活と不滅のことである——をすべてのものに賦与されるために来られるのである。そして、もはや裁かれることなく、逆に、善であれ悪であれ、肉体を通して各人がなしたことに応じて、すべての者を裁くのである。そこにおいて、善人らには天の国が定められ、悪をなした者らには永遠の火と外の闇が定められるのである。(4) 実に、主ご自身が言っておられる通りである。「私はあなたたちに言っておく。あなたたちはやがて、人の子が全能の〔神の〕右に坐り、父の栄光に包まれ、天の雲に乗って来るのを見る」〔マタ二六：六四〕。(5) それゆえ、その日のためにわれわれが備えるよう言われた、「目を覚まし、用意していなさい。〔人の子は〕思いがけない時に来るからである」〔マタ二四：四二、二四：四四〕という言葉は救いをもたらすための言葉なのである。実に、聖なるパウロによれば、「私たちは皆、キリストの裁きの座の前に立ち、善であれ悪であれ、めいめい肉体を通して行ったことに応じて、報いを受けねばならない」〔二コリ五：一〇〕のである。

五七 (1) しかしながら、聖書の研究ならびに真理の知識のためには、善き生活と清浄な魂とキリストに即した徳とが必要である。その結果、精神は、この小径を通って渇望していたものに達し、理解することができるのである。こうして初めて、人間の本性にとって神なる言(ロゴス)について学ぶことが可能となるのである。(2) 実に、清浄な知性と聖なる者らの生活に倣うことなしには、何人も聖なる者たちの言葉を理解することはできないのである。(3) 実に、太陽の光を見たいと願う者は、ぜひともその目を拭い浄め、輝かせ、渇望しているものにほとんど等しいまでに浄めなければならない。そうして初めて、光のようになった目は太陽の光を見ることができるのである。あるいは、ある都とか地方を見たいと願う者は、ぜひとも、それを見るために赴かねばならないのである。同様に、神について語る者らの意図を理解したいと願う者は、生活によって魂をあらかじめ清浄にし、あらかじめ洗い浄め、彼らの行為に倣って聖なる者たちに近づかねばならない。その結果、彼ら〔聖なる者ら〕と生き方を共にすることで彼らと結ばれ、彼らに神が啓示されたことをも理解でき、以後彼らと結ばれたものとして罪人らを〔待ち受けている〕危険と、裁きの日に〔罪人らのために備えられた〕火とを避けることができ、聖なる者らのために天の国に取っておかれたものを受けることができるのである。それは「目が見えず、耳が聞きもせず、人の心に思い浮かびもしなかったこと」で、徳に従って生き、われらの主イエス・キリストにおいて、父である「神を愛する者たちのために準備されたもの」〔一コリ二：九〕である。〔キリスト〕を通して、〔キリスト〕と共に、聖霊の内に、父と子に、誉れと支配と栄光とが代々(よよ)永遠にあらんことを。アーメン。

訳註

＊1——アタナシオスは、この二書をキリスト者と非キリスト者の双方に宛て著述しており、特定の個人に献呈されたものではないようである。

＊2——父なる神が言(ロゴス)を通して人間を創造し救済したとするこの考えは、アタナシオスの基本的なもの。本

書でしばしば繰り返し述べられる。

*3——エピクロス（Epikouros　前三四二／四一—二七一／七〇年）に対するこのような評価は、教父たちに共通して見られる。オリゲネスも同様な発言をしている（Contra Celsum IV, 75〔『ケルソス駁論』出村みや子訳、教文館、一九八七—九七年〕）。

*4——アタナシオスは『アレイオス派駁論』（Orationes contra Arianos II, 22）で、『ティマイオス』（Timaeus〔種山恭子訳、岩波書店、一九七五年〕）におけるプラトンの教説を述べている。

*5——マルキオン（Markion　二世紀中頃）の一派を指している。

*6——Hermas, mandata pastoris I, 1.（『ヘルマスの牧者』荒井献訳、講談社、一九七四年）『ヘルマスの牧者』は使徒教父文書の一つ。一四〇年頃、ローマで著述された。アタナシオスは同書を聖書正典の中に入れないが、「シラ書」「知恵の書」「エステル記」「トビト記」とともに正典に準ずるものとしている（Epistula festivalis trecesima nona）。

*7——Platon, op. cit. 29からの引用。

*8——この悪の定義は、プロティノス（Plotinos　二〇五頃—七〇年）に見られる（Enneades I, 8, 3〔『エネアデス』田中美知太郎・水地宗明・田之頭安彦訳、中央公論社、一九八六—八七年〕）。このような考えはすでにオリゲネス（Origenes　一八五頃—二五四年頃）も提示している。

*9——アタナシオスはしばしば、キリストの肉体を「神殿」（*ναός*）および「道具」（*ὄργανον*）と呼ぶ。この用法は、アンティオケイアのエウスタティオス（Eustathios　三三七年以前歿）、カイサレイアのエウセビオス（Eusebios　二六三／六五頃—三三九／四〇年）にも見られる。

*10——聖書記者を指している。

*11——オリュンポスのメトディオス（Methodius　三一一年頃歿）『シュンポシオン』（Symposium seu convivium virginum I, 4〔本集成第一巻『初期ギリシア教父』一九九五年、所収〕）に、この類比が見られる。

*12——ストア学派の考えの援用。アタナシオスは魂と肉体（Contra gentes 33）、言（ロゴス）と人々（Orationes contra Arianos II, 74）との関係にも適用する。『ヘルマスの牧者』（Hermas, mandata pastoris I, 1）は、神と被造物との関係に適用、オリゲネスは『諸原理について』（De principiis I, 3, 3〔小高毅訳、創文社、一九七八年〕）で、それを引用している。

*13——本書第一—三章の要約。

*14——新約聖書に見られる表現（一テモ三：七）。非キリスト者を指す。

*15——十字架上で伸ばされたイエスの腕は二つの民を抱え込むという考えは、エイレナイオス（Eirenaios 一三〇／四〇—二〇〇年頃）『異端反駁』（Adversus haereses V, 17, 4〔小林稔・大貫隆訳、教文館、一九九九—二〇一七年〕）に見られる。以後、十字架の木の表象はますます豊かに解釈されることになる（H・ド・リュバック『カトリシズム』小高毅訳、エンデルレ書店、一九八九年、二八二—二八三頁、原典五五参照）。

*16——悪魔が幻影を醸し出すこと、天に昇ろうとする者の邪魔をすることに関しては、アタナシオス『アントニオス伝』（De vita Antonii　本集成第一巻所収）に詳しく述べられている。

ヘクサエメロン（創造の六日間）

バシレイオス
出村和彦訳

解題

バシレイオス（Basileios 三三〇頃―七九年）は、弟ニュッサのグレゴリオス（Gregorios 三三五頃―九四年）、学友ナジアンゾスのグレゴリオス（Gregorios 三二五／三〇―九〇年頃）とともに「カッパドキアの三教父」と呼ばれる。この呼称からして、彼ら三人の絆の強さがうかがえる。

カッパドキアの中心地カイサレイアで、バシレイオスは信仰篤い名家の長男として生まれた。祖母マクリネ（Makrine〔大マクリネ〕三四〇年頃歿）はオリゲネスへの『謝辞』（In Origenem oratio panegyrica）を著したグレゴリオス・タウマトゥルゴス（Gregorios Thaumatourgos 二一三頃―七〇／七五年）の高名な弟子であり、幼いバシレイオスに自ら信仰教育を施している。地元カイサレイアで修辞学と哲学を学び始めた彼は、その後コンスタンティノポリスへ、さらにアテナイに遊学、ここで同郷のナジアンゾスのグレゴリオスと再会し修道的隠遁生活を企図することで意気投合する。その後故郷に戻り一時は修辞学教師を勤めたが、姉マクリネ（Makrine〔小マクリネ〕三二七頃―七九／八〇年）の勧めもあり、ほどなく職を辞して受洗し、各地の著名な隠修士を訪ねる旅に出る。旅中のエジプトでバシレイオスは、パコミオス（Pachomios 二九〇頃―三四六年）の創設した修道院を目の当たりにし、アリストテレスの倫理学にも鑑みて、「人間は社会的動物である」とする人間観と、「友愛」としての隣人愛の実行可能性から、独居ではなく共住を修道生活の理想形態と考えた。帰郷後、ネオカイサレイア近郊で修道生活を開始する。三五八年頃にはナジアンゾスのグレゴリオスもこれに加わり、二人は霊性の深化のために、オリゲネス著作の抜粋集『フィロカリア』（Philokalia）を編纂した。またバシレイオスが定めた『修道士大規定』（Regulae fusius tractatae〔桑原直己訳、本集成第二巻『後期ギリシア教父』一九九二年、所収〕）と『修道士小規定』（Regulae brevius tractatae）はやがて西方にもたらされ、ヌルシアのベネディクトゥス(Benedictus 四八〇頃―五四七/六〇年頃)の『戒律』(Regula〔古田暁訳、本集成第五巻『後期ラテン教父』一九九三年、所収〕)にも大きな影響を与えている。

三六四年にはカイサレイア司教より司祭に叙せられ、三七〇年にはカイサレイア司教に叙階された。バシレイオスの教会政治および教義論争への挺身が始まる。ウァレンス帝(Valens 在位三六四―七八年)の下、アレイオス派は勢力を増していた。この事態に際して彼は、親アレイオス派の皇帝の政策に巧みに抗いつつ司教として教会の行政権を守り、アレクサンドレイア司教アタナシオス(Athanasios 二九五頃―三七三年)およびローマ司教(教皇)ダマスス(Damasus I 在位三六六―八四年)との協働で地域を超えた反アレイオス派勢力結集の道を探り、さらには「一つの本質(ウーシア)/三つの位格(ペルソナ)」の定式化と『聖霊論』(De Spiritu Sancto)の執筆で三位一体の教義形成そのものに貢献する。彼の死後、三八一年に開催されたコンスタンティノポリス公会議では、改めてアレイオス派が断罪され、ニカイア―コンスタンティノポリス信条が制定された。バシレイオスの生前の尽力がここに結実している。

『ヘクサエメロン』(Hexaemeron)は三七〇年(あるいはそれ以前)の四旬節にバシレイオスが行った「創世記」第一章「創造の六日間(ヘクサエメロン)」についての九回連続の講話である。所載の第一講話では「始めに神は天地を創造した」が主題となる。相対立するギリシア哲学由来の主張「世界は諸原因の偶然によって生成した」/「世界はそれ自体としては始まりを持たない永遠なるものである」の双方を当時の最高水準の自然学的知識を駆使して否定する一方で、預言者「モーセを信頼して」当該の文言を解釈しながらバシレイオスは、神が創造した世界には確固たる始まりがある、とする。創造主と被造物の間の決定的相違、また世界が魂にとって神認識のための教育施設であることも、並び説かれてゆく。以下、第二講話から第九講話まで順を追って、「創世記」第一章第二節から第二六節が解題される。この連続講話以降、「ヘクサエメロン」は創世記註解の一ジャンルを示す名称として定着した。

われわれの聖なる父、カッパドキアのカイサレイアの大司教バシレイオスの『ヘクサエメロン（創造の六日間）についての全九講から成る講話』

第一講話

「始めに神は天地を創造した」（創一：一）。

1　世界の構成について詳述しようとする者は、論述の始めに、見えるものどもの秩序づけの原理について論述することが望ましい。なぜならば、天地の創造は、ある人々が想像してきたように、ひとりでにもたらされたものではなく、神によって原因づけられたものとして説明されねばならないからである。

いかなる耳が語られたことの偉大さを聞くのにふさわしいだろうか。これほどすばらしいことの解明を求めるのに、魂はどのように準備したらふさわしいものとなるだろうか。その魂は、肉の情念から浄化されて生活上の思い煩いに妨げられず、倦まずたゆまず吟味探究し、なんとかして神にふさわしい想念（エンノイア）を獲得しようと、あらゆる点について研究を重ねる魂ではないだろうか。

しかし、ここに説かれたことの正確な意味を吟味探究して、このごく短い言葉がいかに偉大なことを指し示しているかを尋ねていく前に、われわれにこの言葉を語ってくれているのが誰なのかを考えてみよう。われわれは自分たちの思考力の弱さのゆえにこの報告者の深い胸の内にまで達することができないとしても、その語り手が信頼されるべき者であることに注意を向ければ、ここに語られた事柄をおのずから承認するに至るであろうからである。

しかるに、この報告をもたらしてくれたのはモーセである。このモーセこそ、まだ乳飲み児であったときも「神の目に適った美しい子」〔使七：二〇以下、出二―三参照〕であったと証しされている者である。ファラオの娘は彼を引き取って王族の子として育て、教育のためにエジプト人の賢者を教師につけた。しかし、モーセは王の尊大さを憎み、彼の同胞〔イスラエルの民〕の謙遜さへと立ち戻り、「はかない罪の楽しみに耽るよりは、神の民とともに虐待されることを選んだのである」〔ヘブ一一：二五〕。彼は義に向かう愛を生来具えており、それゆえ、民を率いる以前も、不正を憎む生来の心ゆえ、死に至らしめるまで悪人たちを懲らしめたのであった。親切にしてくれた者たちから追放された彼は、喜んでエジプトの喧噪を後にして、エティオピアに移り、その地で他のことどもにまったく煩わされない時を過ごして、四〇年間ずっと真実あるものの観想に専心したのであった。[*1]

八〇歳のとき、彼は人間に見られる限りでの神を見た〔出三三：一一参照〕。とはいえ、神の証言にあるように、それは他のすべての人間に見える以上の仕方での現れであった。すなわち、

「あなたたちのあいだに主の預言者がいれば、主なる私は幻によって自らを示し、夢によって彼に語る。私の僕（しもべ）モーセはそうではない。彼は私の家の者すべてに信頼されている。口から口へ、私は彼と語り合う、現れによらず、謎によらずに」〔民一二：六－八〕。

こうして、彼は神の姿を顔と顔を合わせて見る栄誉を得たという点で天使と等しい者であった。そして、このモーセが、自分が神から聞いたことをわれわれに語ってくれるのである。それゆえ、語られたことを、人間的な知恵の説得としてではなく、霊が語る教えとして、その真実を聞こうではないか。その語りは聞く者たちから称讃を得ることを目的としているのではなく、教えを受けた者たちが救われるようにとなされているのだから。

2

「始めに神は天地を創造した」。このすばらしい考えに私は言葉を詰まらせる。まず何を語ったらよいのだろうか。どこから釈義を始めたらよいのだろうか。私は外的なるものの空しさを論駁しようか。それとも、われわれの真理を誉め讃えようか。ギリシアの知者たちは自然について たくさんの研究をしてきた。しかし、彼らの議論で確固として揺るぎなく成立したものは何一つなく、そのつど後から出てきた論が先行する論を論破している。それゆえ、彼らの意見を論駁することはわれわれにはたやすいことである。というのは、彼らはお互いにそれぞれの意見をひっくり返すことで満足しているからである。それは、彼らが神を知らないので、万物の生成には思慮に満ちた原因（アイティア）があることを認めずに、この根本的な無知にもとづいて、次々とそれぞれの結論を導いているかちである。それゆえ、ある者たちは質料的な諸原理（ヒュポテシス）に逃げ込み、宇宙の諸元素（ストイケイア）に万物の原因を帰したのであり、*2 また、ある者たちは、原子すなわち不可分割的な物体と量と動きが、見えるものの本性を形成すると想定したのであった。なぜなら、彼らはこの不可分割的な物体がお互いに、あるときは集合しあるときは配列を変えることによって生成と消滅が起こり、また、より永続的な物体について言えば、原子相互のより強い結合が、その永続性の原因であると考えていたからである。[*3] このようなことを書く者たちは、実に蜘蛛（くも）の巣を張りめぐらすようなものである。なぜなら、彼らはこのように脆弱で根拠のないことを、天や地や海の端緒（アルケー）に据えているからである。というのも、彼らは「始めに神は天地を創造した」ということを知らないからである。それゆえ、彼らはその心の内に棲みついた無神論のゆえに欺かれて、宇宙万物は導き手を失って秩序をなくし、偶然に任せて運行していると考えるに至っているのである。

われわれとしてはそのような過ちにけっして陥ってはならない。そうならないために、宇宙の創造を記述したかの人は、「始めに神が創造した」と語って、この語りの冒頭においてすぐに「神」という言葉を用いることによって、われわれの思考を照らしてくれたのである。その秩序はなんと美しいことだろう。宇宙には始まりがないと人々が考えないように、彼はまず、「始め」という言葉を据えたのであった。それから、造られたものは創造主の力のほんのちっぽけな部分であることが理解されるように、「創造した」という言葉を続けたのであった。というのは、陶工は同じ技術にもとづいて無数の陶器を作り上げながらも、技術も力も使い果たすことはない。そのように、この万物の創造主も一つの宇宙の調和を作り出すのに見合った形成力を持つだけでなく、無限に多くの宇宙にまで超え出るほどの形成力を持つのであり、その意志による決定だけで、目に見える立派な事物を実際に存在するものへともたらしたのである。

それゆえ、もし宇宙が始まりを持ち、創造されたものであるならば、この宇宙に始まりを与えたものが何者であり、その制作者が誰であるかを探究しなければならない。いやむしろ、人間的な推論によって探究することで、この真理から外れてしまわないように、モーセは「始めに神は創造した」と語って、「神」という誉れ高き言葉を、われわれの心に刻印と守り手として刻みつけて、彼の教えの先触れとしたのである。かの至福なる本性、惜しみなき善そのもの、理性にあずかるすべての者から愛される対象、大いに求められる美、存在者の端緒〔原理〕、生命の源、知性の光、近寄りがたき知恵であるかの方が、始めに天地を創造したのである。[*4]

3

それゆえ、皆さん、どうか見えるものが始まりを持たないものであるとは考えないように。また、天体の運行が円を描いており、円環の端緒がどこにあるのかをわれわれの通常の感覚では捉えられないからといって、円環運動をする物体の本性が端緒を持たないものであると考えてはならない。なぜなら、この円環、すなわち一本の線で囲まれた平面図形は確かに、われわれの感覚をすり抜けて、どこから始まり、どこで終わるかを見つけ出せないのではあるが、だからといって、円環が始まりを持たないものと想定するのは正しくないからである。そうではなくて、円の始点が感覚で捉えられないとしても、真実はといえば、確かに、ある一定の中心と一定の半径を持った円を描く人は、円周上のどこかある一点から描き始めるのである。ちょうどそのように、あなたも円環運動するものが、均質的な運行をして、途中で断ち切られることなく、元あった場所に戻ってくるからといって、宇宙が始まりを持たず、終わりもないといった幻惑に捉われないようにしなさい。なぜなら、「この世のありさまは過ぎ去るから」〔一コリ七：三一〕であり、「天地は滅びる」〔マタ二四：三五〕からである。

終末とこの世の更新（メタポイエーシス）についての教義が、今この「始めに神は創造した」と教える神の霊に満ちた短い言葉のうちに簡潔に予告されているのである。ある時に始まったものはなんであれ、かならずある時に終わりを迎える。あるものが時間的な始まりを持つならば、その終わりがあることについては疑問の余地がない。そもそも、幾何学も算術の考察もまた、立体についての研究も高名な天文学も、せわしない無駄ごとであり、これらの学問はいったいいかなる目的へと向かっているのだろうか。というのも、これらについての研究者たちが、見えるものであるこの世を万物の創造者である神と同等の永遠性を持つものであると考えているとするならば、また、限定された質料を持つ物体に、測り知れず不可視的な本性を持つ〔神〕と同じ栄光を帰するとするならば、また、もしある部分が消滅と変化をこうむれば、それを含み込む全体も必然的に同様の消滅や変化をこうむることになるということに思い至らないとするならば、いったいいかなる目的に向かっているのであろうか。彼らは実に、こういった「空しい思いに耽り、心が鈍く暗くなり、自分では知恵があると吹聴しながら、愚かになり」〔ロマ一：二一―二二〕、その結果、ある者は宇宙を神と共に永遠に存在するものと主張し、また、ある者は宇宙を始まりも終わりも持たない神そのものであると考え、それを諸部分の秩序（オイコノミア）の原因であると考えたりするのである。

4　まことに、この世の知恵の過剰に対してはいつの日か恐ろしい審判が下されるであろう。なぜならば、空しい事柄についてこれほど鋭敏な目を持っている〔にもかかわらず、〕彼らは、真理の認識には故意に目を閉ざしているからである。星々の距離を測り、いつも目にすることのできる星々を記述するだけではなくて、南極の周りを巡り、南半球の人々だけが見ることのできる、われわれの知らない星々のすべてまでも記述する。北半球の天体については、黄道十二宮を無数の度数に分割し、星の相互位置関係のみならず、天体の昇り、定位置、沈み、それらすべての運動を正確に予測し、それぞれの惑星がその周期を満たすのにどれだけの時間がかかるかを算定している。しかし、それでいながら彼らには、神をこの世の一切のものの創造主とし、各人の生に正当な報いをもたらす正しい裁き主として認識する術のみが欠けているのである。そして、最後の審判の教えから導かれるこの世の終わりについての認識を持つことができないのだ。なぜなら彼らは、魂の状態でさえもう一つの別の生のかたちへと移行することになっているとすれば、世が更新されるのは必然であることなど思いもよらないからである。すなわち、現在の生がこの世と同質の本性を持っているように、われわれの魂の将来の生もまた、その状態に対応した割当てを得るのである。しかし、彼らはこういった真理に身を沿わせることなく、その結果、われわれがこの世の終わりと世の新生について語ると、彼らはわれわれに向かってどっと笑い声を上げるのである。しかし、さまざまに続くものの前にまず始めが来るのが自然であるので、モーセが時間の中に生成する事物についての語りにおいて、真っ先に「始めに創造した」という言葉を置いたのは当然である。

5 さて、この世〔の創造〕以前にも、われわれの思考によって観想することのできるようなものが存在していたように見える。しかし、初心者ないし認識することに未熟な者たちには適さないものであるので、このことについては言及されないままであった。実に、この世の創造以前にも、この世を超えた力に対応するある種の状態が存在していた。それは、時間を超え、永遠で、永続するものである。この状態において、万物の造り主、創造主は創造の業を完成されたのである。すなわち、主を愛する者たちの至福に対応するような知性的な光や、理性的(ロゴス)で下可視的な本性、また、われわれの思考を超越し、われわれの力をもってしては名づけることすらできないような知性的な世界の全秩序を造ったのである。[*5]

これらは、パウロが「天にあるものも地にあるものも、見えるものも見えないものも、王座も主権も、支配も権威も、天使たちの軍勢も大天使たちの支配も、万物は彼において造られた」[*6]と教えるように、不可視的な世界の実体を構成するのである。

しかし、さらに、この世もまた存在するようにとされねばならない。その主たる理由は、人間の魂の学校ないし教育施設とされるためである。[*7]第二の理由としては、一般に生成消滅するすべてのものどもにとっての住処としてである。それゆえ、常に急ぎ到来してはまたすぐに過ぎ去っていき、けっして途切れることのない時の流れは、この世界やそこに棲む動物・植物と共通の本性を持つものとして造られたのである。それとも、時間とは、その過去が消え去り、その将来はいまだないものであり、現在はそれが正しく把捉される前にわれわれの感覚をすり抜けてしまうようなものではないというのか。だが、生成したものの本性もまた、こういったものなのである。それはいかにも、成長したり、死滅したりして、はっきりとした常態にとどまり安定するということがないではないか。したがって、動物や植物の体(からだ)が、変化するものと同族の性質を持っている時間の本性によって包まれることは当然なのである。なぜなら、体は必然的にある種の流れに縛りつけられ、生成や消滅に導く変化をともなっているからである。

それゆえ、世界の創造についてわれわれに賢明に教える方が、「始めに造られた」と述べて、世界についての論述に入ったのは正しかった。すなわち、それは「時間におけるこの始めに」という意味なのである。彼が「始めに生成した」と語って証言したのは、世界の年齢がすべての生成した事物よりもより多いということではない。そうではなくて、この可視的で感覚可能な事物は、不可視的で知性的なものの後に存在し始めたということを説明しているのである。

ところで、㈠ 第一の動きもまた「始め(アルケー)」と言われている。たとえば、「正義を行うことは善き道の始めである」〔七十人訳、箴一六：七〕という場合のように。なぜならば、正しい行いによってわれわれは至福の生への第一歩を踏み出すことになるからである。さらに、㈡ そこから何かあるものが生じるそのもの〔始点〕も始めである。そのものが始めにその何かに内在するからである。たとえば、家において土台が「始め」であり、船において龍骨がそう呼ばれる場合のように。同様に、「主を畏れることは知恵の始め」〔箴一：七〕と言われる場合もそうである。敬虔さはいわば完成への土台であり基礎なのである。さらにまた、㈢ 技術は作品の始めである。ベツァルエルの知恵が幕屋の飾りつけの始めであったように〔出三一：二―一一参照〕。また、㈣ 行為の場合、その行為によって生じる事柄の有益な終局目的もまたしばしば「始め」となる。たとえば、神からの褒美が貧しい者に施しをすることへの始め〔目的〕であったり、約束のうちに保持されている目的があらゆる有徳な行いの始めであるように。

6 したがって、これだけの数「始め」という語は多様に用いられるので、[*8] モーセの言う「始め」

が、これらすべての意味に適っているかどうかを検討しなければならない。

さて、君は、㈠もし現在から過去へと遡って、世界の創造の第一の日を熱心に探し求めさえすれば、この世界の秩序がいかなる時に始まったのかを学ぶことができるであろう。なぜなら、この探究によって時間の第一の動きがいつからなのかを見出すことになるからである。そしてさらに、㈡天と地がいわば世界の土台であり基礎としてあらかじめ据えられたこと、そして、㈢可視的な事物に秩序をもたらした技術者的な理性（ロゴス）があることに気づくであろう。これが始めであることは「始め」という言葉の意味が示した通りである。また、㈣もし、ほんとうに世界が、可視的で感覚可能な事物を導き手として知性を不可視的な事物の観想へと導くような、知性的な魂にとって神認識のための学校や教育施設であるとすれば[*9]、世界は無計画で無意味なものではなく、有益な目的に向けて、ありとあるものに偉大な効用をもたらすものとして考え出されていることがわかるであろう。ちょうど、使徒パウロが「世界が造られたときから、目に見えない〔神の〕性質は被造物に現れており、これを通して神を知ることができます」〔ロマ一：二〇〕と言うごとくである。

あるいは、その始めは何か部分を持たず不可分のものであり、その仕事は、瞬時に無時間的に成し遂げられたので「始めに創造した」と言われるのかもしれない。なぜなら、道の始めがいまだ道でなく、家の始めがいまだ家でないように、時間の始めはいまだそれ自身時間ではないし、時間の最小の部分でもないのである。もし、時間の始めはそれ自身時間であると言って異論を唱える人がいるとすれば、その人は自分が始めを時間の部分として分割していることに気づくであろう。この部分とは、始め・真中・終わりのことである。しかし、始めについてその始めを考慮することはまったく嘲笑に値することである。「始め」を二つの部分に分割する者は、こうして分割されたものを次から次へと新しい部分へと分割することによって、一つのものから二つあるいはそれ以上の無数のものを作り出す者である。それゆえ、世界は神の意志によって〔非時間的な〕一瞬のうちに形成されたということをわれわれが学ぶように、「始めに創造した」と述べられているのである。この点をよりはっきりと表現するために、他の解釈者は「まず第一に神は創造した」すなわち、「一度にわずかの時のうちに」創造したというふうに解している。[*10] さて、語るべき多くの事柄からわずかな点に触れただけだが、「始め」についてはこのくらいにしておこう。

7

ところで技術のなかには制作的な術、実践的な術、観想的な術があると言われている。[*11] 観想的な術の目的は知性に従った活動である。実践的な術の目的は身体の運動であり、その動きが終わればその後には何も存続せず、また目に見えるものが何も残らない。実際、舞踏や笛の演奏術の目的は「何かほかのもの」にあるのではなく、その活動そのものが自らの目的なのである。これに対して制作的な技術の場合は、それらが制作活動をやめたとしても、その作品が残るのである。たとえば、建築の術や大工の術、銅細工の術、機織りの術の場合である。こういった術は、その制作者がその場にいなくても、これらの術自身の内にその制作者の考えを十分に現して、これらの術の成果によって建築家や細工師や機織りに対する称讃を呼び起こさせるものである。したがって、世界が技術によってしつらえられたものであり、万人によって観(み)られ、これを通じて世界を造った方の知恵を認識するように眼前に据えられていることが理解されるようにと、かの賢者モーセは世界についてほかならぬ「始めに神が創造した」という言葉を用いたのである。すなわち彼は、神は活動したのでもなく、据えたのでもなく、まさに「創造した」と言ったのだった。

世界は神と共に永遠〔の昔〕からあると想像する者たちの多くは、世界が神によって生じたものであることを認めず、あたかもそれが神の力の影であるかのようにおのずから寄り添うものであるとみなした。彼らも、神が世界の原因であることは認める。しかしそれは意志的な原因ではないというのである。ちょうど、物体が影の原因であり、光の発散が明るさの原因であるように。したがって、このような誤りを正すためにかの預言者モーセは、実に正確な言葉遣いをもって、「神は始めに創造した」と言ったのだった。神はものそのものに、そのものがそうあることの原因を帰せず、善き方であるゆえに世界を有用なものに造り、知恵ある方であるゆえにいとも美しいものに造り、力ある方であるゆえに最も偉大なものに造ったのである。モーセが君に示したのは、万物の実体の隅々にまで行き渡り、個々の部分を相互に調和させ、自分自身と一致し協力して秩序を持った万物を完成させる技術者のことだったのである。

「始めに神は天地を創造した」と彼は言っている。〔天と地という〕万物の二つの端によって万物の存在を暗示したのである。すなわち、先に生成したものに天という名を与え、地を存在の順序の二番目であると言ったのである。これらの中間にあるものも、もちろんこれら両端と同時に造られたのであることは言うまでもない。それゆえ、火、水、空気といった〔地以外の〕元素が挙げられていないとしても、そのわけは君ならば自分でよく考えてわかるであろう。始めにおいては万物はすべて混ぜ合わされていて、地の中に水も空気も火も見出されるからである。〔その証拠に今でも〕火打ち石から火が出てくるし、またそれ自身地から生成したところの鉄からも、それをこすり合わせることによってたっぷりと火を燃え立たせることができる。それはなんとすばらしいことか！　火はどのようにして物体の中にしかもその物体を損なうことなく潜んでいるのだろう。しかも、ひとたび外へと打ち出されると、それまで保存していたものを焼き尽くしてしまうのだから。また、井戸掘りが教えるように、地には水の本性も含まれている。さらに、太陽に温められて湿った土地から蒸気が立ち昇ることから、地には空気の本性も含まれていることがわかる。さて、天が本性上、上方の場所を占め、地が最も下方にある以上、軽いものは天へと運ばれ、重いものは本性上地へと落下するのである。実際、〔天と地とは〕上と下という互いに最も反対の極に位置するのである。本性上最も離れたものを思い起こさせたあの方は、これらの中間の場所を占めるものどもを間接的な仕方で示したのである。それゆえ、個々の事物の詳しい説明を求めるのではなく、モーセが明らかにしてくれたことを通じて語られなかったことを黙想しようではないか。

8

「始めに神は天地を創造した」。もしわれわれが、存在するもののそれぞれのものについて、それが観想のためにわれわれに与えられているものであれ、われわれの感覚に提示されるものであれ、それぞれの実体（ウーシア）〔が何であるか〕を探究するならば、この釈義に不釣合いな長々とした論述を始めることになろう。なぜならば、探究される個々の事柄について論じられるべき残りの議論よりも、より多くの言葉をこの問題についての考察に費やさなければならなくなってしまうからである。さらに、この問題に対してあまりに長々とかかずらっていることは、教会の建設にあまり役に立たないのである。むしろ、われわれとしては天の実体〔が何であるか〕についてイザヤが言っていることに耳を傾けることで満足である。彼は天の本性について十分に思いめぐらせながら、飾らない言葉で次のように言っている。「神は天を煙のようなものとして築いた」〔七十人訳、イザ五一：六〕。すなわち、微細なものが天を構成する実体であり、硬いものでも重々しいものでもないと言うのである。また、その形については、やはり彼が、神への栄唱の中で「神は天を円蓋のように据えた」〔イザ四〇：二二〕と言っていることで十分とすべきである。

また、地についても同様に、その実体が何であるかをあまり詮索したり、その基体そのものを探究するあれこれの推論によって消耗したり、さまざまの性質を欠いて、自分自身を存在の原因とするような無性質のものが何かあるのではないかと探索したりしないように、お互いに気をつけようではないか。むしろ、われわれは、地に関して見出されるすべてのものは、それらがそうあるべきように根拠(ロゴス)へと秩序づけられて、その実体を満たしているのであるということをよくわきまえなければならない。なぜならば、もし地の持っている性質の一つひとつを〔分離して〕取り去ろうと試みれば、結局無に帰することになろうからである。というのは、黒さ、冷たさ、重さ、硬さ、味覚によって感じられる性質、その他、地について見出される性質はなんであれ、もしそれらを奪い去ったならば、その基体は何ものでもなくなってしまうからである。これらの点について君がもうそれでよいとするならば、私はいったいいかなるものの上に地は立つのかといったことを求めようとはすまい。なぜなら、もしまた限界を越えて想像を逞しくして、誰も同意しないようなことへと至るならば、思考は困惑に陥ることだろうからである。

たとえば、もし空気が地の広がりの床として延べられていると君が主張するならば[*12]、これほど重いもの〔地〕によって押さえつけられながら、この柔らかく隙間の多いもの〔空気〕が持ちこたえることができ、〔地は〕落ち込まず、どこからもすり抜けずに、いつも押しつけてくるものの上に浮かんでいるのはどうしてなのか答えてくれたまえ。

さらに、もし地の基底は水であると仮定するならば、どうしてこの重くて硬いものが水に沈まないで、この比較的弱いものによってこれほど重さの抜きん出たものが支えられるのかを探究することになるだろう。さらに、この水そのものの座を探究しても、どのようなしっかりした持ちこたえるものによってその最深部の底が張られているのかという問題に困窮することだろう。

もし、地とは別のより重い物体が地が下へ落ちないように支えていると仮定するならば、その物体もまた自身が落下しないための同様の支えを必要としているという結論になる。われわれがこのことに同意して、一つの支えを仮定することができるにしても、われわれの知性は、さらに再びその支えを支えるものを探究することになり、そして同様に、そのつど発見された基底に対して、さらにまた別の支えを考えねばならないという仕方で、無限に進むことになろう。そして、われわれが議論でより先へ先へと進めば進むほど、それだけますますより大きな支えの力を持つものをどうしても導入しなければならなくなり、その力は、その上にあるものをそっくりすべて持ち上げることができるほどのものとなろう。これによって、君の思考は切りがつけられ、もうそれ以上余計なことを詮索しなくてよくなるというわけである。把握できないものを探索している者を「ヨブ記」の言葉が攻撃しているので、君も彼から「地を繫ぎとめる輪はどこに付けられたのか」〔七十人訳、ヨブ三八：六〕と詰問されるであろう。実際、「詩編」の中で君が「私は自ら地の柱を固める」〔詩七五：四〕と言われているのを聞いているとしても、「柱」ということで地をまとめる力のことが言われていると考えなければならない。なぜなら、「主は大海の上に地を置いた」〔詩二四：二〕ということは、水が地をあらゆる方向から取り囲んでいることを明らかにしているのにほかならないからである。そもそもどうして、本来下方へ流れ落ちやすい性質を持つ液体の水が、中途にとどまりどこへも流れ出ていかないのか。水よりもずっと重い本性を持つ地がそれ自身で中途に吊り下がっているということには、これと同じ難点やさらに多くの難点が議論にあることを、君は考えないのだ。もし仮に、地はそれ自身で存在するとし、水の上にそれがとどまっているとわれわれが言うにしても、けっして敬虔な思いを斥けることにはならず、万物は創造主の力に調和するようにしつらえられているということは必然である。それゆえ、われわれは自分たちに対しても、また、この限りなくずっしりと重い地が何の上に支えられているのかと問い尋ねる者たちに対しても、次のように言わなければならない。すなわち、「深い地の底も神の手の内にある」〔詩九五：四〕と。このことはわれわれの思考に最も安全でそれを聞く者にとって有益なことである。

10　さて、自然学者たちのうちのある者たちは、次のような理由にもとづいて、地は不動でひとところにとどまっているという自信たっぷりの論を立てている。彼らによれば、地は万物の真中の位置を占めており、中心は縁のどこからも等距離にある以上、どちらの側に傾いていくということとはないので、当然ひとところにとどまると言うのである。なぜなら、周りのどこでも等質の状態であるならば、それがどちらかに傾くということはまったくありえないからである。さらに、地が万物の中心に位置するのは、理由のないことでもたまたまそうなったということでもない。そうではなくて、その位置は地にとって自然で、必然的なものなのだと、彼らは続けている。なぜならば、天の物質は上の方へと向かうものなので最も高い場所にあるゆえ、この高い領域から落ちてきたと考えられる重い物体はすべてあらゆる方向からこの中心へと運ばれるからと言うのである。諸部分が目指していく一点は、全体もまたそこへと集まるその点であることは明らかである。もし、石や木やその他、地の性質を持つもののすべてが上から下へと落ちるならば、そこは地全体にとってもふさわしく自然な場所でなければならないからである。他方、もし軽い物体が中心から分かれるならば、最も高い領域へと昇っていくことは明らかである。こうして、最も重い物体は上部から下部へ動くのが当然であり、この下部とは、以上の議論に従えば、万物の中心にほかならないのである。それゆえ、地が下へと落ちていかないことに驚いてはならない。それは万物の中心という自然な場所を占めているのである。自然に反する運動がこのふさわしい座から動かすのでない限り、それがこの場所にとどまるのはどうしても必然なのである。もし、いま語られたことにもっともらしさがあると君が思うのならば、万物をこのように完全に秩序づけている、神の知恵に対する称讃の気持を保つようにしなさい。なぜなら、われわれはなにか奇跡的なことを認識する仕方を発見したからといって、それゆえに偉大な業(わざ)に心を打たれなくなるということはないからである。しかし、もしそうでないならば、理性による証明よりは信仰の単純さを重んじようではないか。

11

天についてもまた同様なことが言えよう。この世の知者たちはなんと騒がしい言葉で天の本性について論じていることか。ある者は[*13]、天は見たり触れたりできるものとして、四つの元素から構成されていると主張し、ものをはね返すゆえに地〔の元素〕を分け持ち、その目を刺激する点は火に由来し、それが混合されているものであるゆえに空気と水もあると言うのである。

他方、ある者は、そのような論を信憑性を欠くと斥けて、天を構成するのに第五の元素を、自分たちの考えによって気ままに導入している。彼らによれば、第五の元素としてアイテール体が存在し、それは火でも空気でも地でも水でもなく、一言で言えば、元素のうちのどれでもないのである[*14]。なぜなら、元素はその固有の運動として直線運動をし、軽い物体は上に、重い物体は下に動くのである。しかし、この上下運動は円の旋回運動とは同じではないのである。そして一言で言えば、直線運動は円運動とたいへん大きな違いがある。したがってその本来的な運動がこれほどに違う物体は、彼らによれば、その本性も互いに異なっているというのである。

しかし、われわれは、天を元素（ストイケイア）と呼ばれている根本的な物体から構成されたものと考えることはできない。なぜなら、相違する元素が結合してできたものは、その構成体に含まれている元素のそれぞれが自然からそれぞれ異なる衝動を受け取るので、一様に強制されない運動をすることができないからである。それゆえ、まず第一に、持続的な運動において構成体を維持するのはたいへんな仕事である。なぜならば、それらの運動の一つによって他の運動をする物体すべてと調和的な状態にし、敵対する運動を和合させるのは不可能であるからである。軽いものにふさわしい運動は重いものにふさわしい運動と対立するからである。たとえば、われわれが上の方へと動こうとするとき、〔われわれに含まれている〕地から成る部分の重さはわれわれを引き戻そうとする。また、われわれが下へ身を投げようとすると、われわれの内の火の部分をその本性に反して下の方へと引きずり降ろすことになる。このような元素間の反対方向への引き離しはそれらの分解の始まりである。なぜなら、このような強制が加えられて本性に反する位置に置かれた物体は、しばしのあいだもちこたえるものの、それは無理やりにやっとのことでそうなっているのであり、たちまちに、それぞれの要素ごとに部分に分解して、それぞれの本来の位置へと戻る。

こういった、彼らが言うところの論理の必然性によって、天とこれに含まれる星々の創造のために第五の元素を考える人々は、彼らに先行する人々の論を否定し、自分たちの仮説を立てようとしているのである。

しかしそれでも、説得的な語りを上手にする人がさらに現れて、この理論に異を唱えてこれを反駁し、自説をそれに代わるものとして自ら主張している。このようなことについていま語ろうとするならば、彼らと同じような饒舌に陥ることだろう。

しかし、彼らをお互い同士反駁し合うに任せて、われわれとしては、〔天の〕実体についての議論はやめにして、モーセを信頼して、「神が天と地を創造した」とし、すべてのものを賢く巧みに造った至高の造り手を誉めようではないか。そして、見えるものの美しさから、すべての美を超えておられるものに思いを馳せ、感覚的な限りある物体の大きさから、その能力の大きさにおいてわれわれの思いのすべてをはるかに越えた、限りなく測り知れない大きさの方〔神〕を類推しようではないか。なぜならば、われわれは被造物の本性を知らないとしても、少なくとも、完全にわれわれの感覚に入ってくるものは非常に驚くべきものだからである。どんなに洞察力のある人でも、宇宙のほんの少しのことにすら、それをふさわしく説明することも、創造主にしかるべき讃美を捧げることもできない姿をさらすほどである。〔何よりもまず〕創造主にすべての栄光と誉れと力が、代々に至るまでありますように。アーメン。

訳註

＊1――モーセが預言者であると同時に、真実在の観想者として位置づけられていることは注目に値する。

＊2――Aristoteles, Metaphysica I, 3, 983b-984a（『形而上学』出隆訳、岩波書店、一九六八年）における、アリストテレスによる、タレスからエンペドクレスに至る前六世紀から五世紀の初期ギリシアの自然学者たちの説の紹介を参照。

＊3――アリストテレス、前掲書、I, 4, 985b におけるレウキッポス、デモクリトスの説を参照。バシレイオスの記述にはアリストテレスによる紹介と若干異なる点がある。

＊4――宇宙万物の「創造主」「制作者」を「惜しみなき善」として捉えていく思考は、プラトン『ティマイオス』（Timaeus 29E〔種山恭子訳、岩波書店、一九七五年〕）に見られる。しかし、プラトンの創造主（デーミウールゴス）は「常に同一を保つ」「永遠のもの」に着目し、これをモデルとしてこれに倣うように、ただ一つの宇宙を制作し、宇宙はただ一つのものとして存続する（28A-31B）とされるのに対し、バシレイオスでは、創造主たる神は、一つの宇宙に限定されることのないほどの偉大な形成力を有し、宇宙をその意志によって立派な美しいものとして現実に造り上げたはるかに優れた存在である。なお、

「至福なる本性」については水垣渉「カッパドキア教父の自然観――バシレイオスの『ヘクサエメロン』を中心にして」(上智大学中世思想研究所編『古代の自然観』創文社、一九八九年、二七七―三〇四頁)に言及がある。また、「光」「知恵」は同時に子キリストの名である。

*5――この世界の創造に先立って、「知性的な世界の全秩序」が神によって造られたという考えは、アレクサンドレイアのフィロン(Philon 前二五/二〇頃―後四五/五〇年頃)以来、いわゆる「二段階創造論」としてよく知られている(Cf. Philon, De opificio mundi 16-35〔『世界の創造』野町啓・田子多津子訳、教文館、二〇〇七年〕)。

*6――コロ一:一六。ここで「彼において」というのは、言うまでもなく「子キリストにおいて」ということである。

*7――Origenes, De principiis III, 5 参照(『諸原理について』小高毅訳、創文社、一九七八年、二五九―二六七頁)。

*8――この前後の「始め(アルケー)」をめぐる議論で、バシレイオスはアリストテレスの分類(Aristoteles, op. cit. V, 1)を踏まえつつ、みごとに聖書の文脈にその証明を見出している。

*9――前註7参照。

*10――アクイラ訳(オリゲネス『ヘクサプラ』〔Hexapla〕参照)。

*11――Aristoteles, op. cit. VI, 1, 1025b20-25 参照。

*12――以下の自然学者たちの諸説については Aristoteles, De caelo II, 13(『天体論』村治能就訳、岩波書店、一九六八年)参照。

*13――Platon, op. cit. 31B4-32C8 参照。

*14――アリストテレスおよびペリパトス学派の説。Aristoteles, op. cit. I, 2 参照。

クレドニオスへの第一の手紙(第一〇一書簡)

(1) いとも貴く、神に愛された、司祭職における〔私の〕同胞クレドニオス殿に、主において、グレゴリオスよりご挨拶申し上げます。

(2) 教会に流布しており、聖書が述べていますように、「通りかかる」人が皆〔詩八〇:一三〕盗人のような策を弄して〔ヨハ一〇:一〕、すなわち、正道を踏み外した欺瞞に満ちた教えを弄して、よく導かれていた羊の群を〔詩七八:五二、エレ三一:一〇〕追い散らしたり〔ヨハ一〇:一二〕、略奪したりするのを許すといった最近の事態はいったいどういうことか、ぜひとも知りたいと思っております。(3) 最近来た人々が、信仰に関して私どもを断罪する根拠を何かしら持っていたにしても、私どもに何も知らせずに、あえてそのようなことをすべきではなかったのです。(4) 実に、まず第一に、私どもが納得させられねばならないにせよ、彼らが納得させられねばならないにせよ、神を畏れる者として私どもは、教えを擁護し、教会の益となるよう務めねばならず、その後初めて、それが必要であるなら、新しいことを導入したらよいのです。そうすれば、彼らの乱暴な振舞いも少しは許されることでしょう。(5) しかしながら、私どもの信仰は、書かれたものを通して、また書かれたものではない〔生の声〕を通して、ここでも、また彼の地でも、危険な状況の中で、また何の危険のない時にも宣べ伝えられて来ましたのに、一方がこのような企てに着手しているのに、どうして他方が静観していられましょうか。

(6) ある人々が単純素朴な人々の魂にひときわ邪悪な者らの〔振舞い〕を通して彼らの悪い考えを忍び込ませたこと――これも恐ろしいことですが――よりももっと恐ろしいことは、私どもが彼らと同じように表明し、考えていると私どもを中傷していることです。(7) 彼らは釣針に餌をつけ、その奸策によって不正にも自分たちの意図したことを成し遂げ、私どもの単純さにつけこみ、彼らを私どもとは異質な者らではなく、私どもの兄弟であると思い込ませ、彼らの悪に対して私どもからの援助を取りつけたのです。

(8) それだけではありません。西方での教会会議で承認されたと彼らは主張しているのです。しかし、私どもも知ったことですし、皆も周知のように、実際には、その教会会議によってまず初めに断罪されたのです。[*1] (9) アポリナリオスの追従者たちが、最近であれ以前にであれ、〔彼らが承認された〕ことを証明したのであれば、私どもも満足するでしょう。といいますのは、それは彼らが正統な教えに合意したことを明らかにするからです。仮に、そのようになっていたなら、〔私どもとは〕別なこと〔を主張するということ〕はありえません。(10) 実際、教会会議の文書もしくは公同書簡によって、彼らは証明できるはずです。〔そのような文書を出すのが〕教会会議の原則だからです。

(11) しかし、それが自分たちをよく見させ、人々から与えられた権威を楯に大衆の信頼を得るための、口先だけの言葉であり虚構であるとすれば、静かにしているよう彼らに教え、彼らを論破せねばならないでしょう。このようになすことが、貴殿の生き方ならびに正統〔信仰〕に合致するものと、私どもは考える次第です。

(12) この人々は「主の人間」[*2]――彼らはこう言うのです――、むしろこう言ったほうがよいでしょう、私どもの主ならびに神は精神を欠いた（ἄνους）人間であると認めることで、他の人々を欺き、自分自身をも欺くのをやめるがよい。(13) 実に、私どもは、人間を神性から引き離さず、独りの同じ方（ἕνα καὶ τὸν αὐτὸν）であると信じている。この方は、かつては人間ではなく、神であり子、代々に先立って〔存在された〕方〔詩五五：二〇、七四：一二、ヘブ一：二参照〕のみであられ、肉体ならびに肉体的なものと混在することはなかったが、(14) 終わりの時に、人間ともなられ、私どもの救いのために〔人間を〕受け取られ（προσληφθέντα）、肉体によって苦しみうる者、神性によっては苦しみえない者、肉体によって限定された者、霊によって限定されざる者、(15) 同時に地上の者かつまた天上の者、見える者であり精神によってのみ捉えうる者、把握しうる者であり把握しえぬ者となられた。それは、同時に完全な人間であり神であるこの方によって、罪のために堕落した人間が再創造されるためである。

(16) 聖なるマリアが「神の母」であると信じない者は、神性を度外視する者である。〔言は〕運河を通過するように処女〔の胎〕を通過したのであり、〔処女の胎〕内で同時に神的かつ人間的に――神的というのは、男の介在なしにということであり、人間的にというのは、妊娠の慣例に即してということである――形づくられたのではないと言う者は、神を否定する輩（ἄθεος）と変わりない。[17] まず人間が形づくられ、次にその内に神が入り込まれたと言う者は、断罪される。なぜなら、それは神の誕生ではないし、誕生を忌避するものだからである。[18] 独りの同じ〔子〕ではなく、ひとりは父なる神から〔生まれ〕、もうひとりは母親から〔生まれた〕、二人の子を唱道する者は、正しく信じる人々に約束された神の子とされること〔ロマ八：一五、八：二三、ガラ四：五、エフェ一：五、ヨハ一：一二参照〕を喪失する。[19] 実に、本性(フュシス)は、神と人間との二つである――なぜなら、魂と肉体もあるので――が、ふたりの子が存在するのでも、ふたりの神が存在するのでもない。同様にパウロが人間の内なるものと外なるものとを定義していようと〔二コリ一五：四五-四七〕、二人の人間が存在するのではないのと同じである。[20] 一言で言うなら、別のものと別のもの（ἄλλο καὶ ἄλλο）から救い主は構成されている――見えるものと見えないものとは同じものではなく、無時間のものと時間の下にあるものとは同じものではないので――としても、別の者と別の者（ἄλλος καὶ ἄλλος）ではない。断じてそうではない。[21] 実に、結合（σύγκρασις）によって双方が一つ（ἕν）になっているのである。神が人間となり、人間が神化されたからであり、あるいはそれがいかように言われようとも〔そうなのである〕。ここで私は別のものと別のもの（ἄλλο καὶ ἄλλο）と言うが、三位については別である。実に、〔三位〕にあっては、別の者と別の者（ἄλλος καὶ ἄλλος）が存在される。その自立存在(ヒュポスタシス)を混同してはならないからである。しかし、この場合は別のものと別のもの（ἄλλο καὶ ἄλλο）ではない。三者（τρία）は神性によって唯一の同じもの（ἓν καὶ ταὐτόν）だからである。

[22] 〔キリストの内で〕神性は、預言者の内にあるように、恵みに即して働いており、本質(ウーシア)に即

して結ばれていたのでも結ばれているのでもないと言う者は、〔霊の〕より優れた働き〔一コリ一二：一〇参照〕を欠いているだけでなく、逆らう〔働き〕に満ちている〔エフェ四：一九参照〕。十字架に架けられた方を礼拝しない者は、「呪われるがよい」〔一コリ一六：二二〕し、神殺害者たちの中に入れられるがよい。(23) ギリシア人が神々の中に数え入れる〔英雄たちの〕ように〔イエス・キリストは〕洗礼の後、あるいは死者の中からの復活の後、その業（わざ）のゆえに完全な者となり、神の子とされるに値する者と認められたと言う者は、「呪われるがよい」。(24) 実に、たとえ徐々に明らかにされた〔キリストに〕そのような表現が適用されるにしても〔ルカ二：五二参照〕、始めのあるもの、進歩するもの、完成に至るものは神ではない。(25) いまや肉体は脱ぎ捨てられたと言う者、また神性はその肉体をまとっていないと言う者、受け入れたものなしに[*3]存在し、来られるだろうと言う者は、来臨の栄光〔二テサ二：八〕を見ることはないだろう。(26) 実際、受け入れた方と共にないとすれば、今、肉体はどこにあるのか。マニ教徒の馬鹿げた考えのように、太陽の内に安置されているのではないことは確かである。彼らはそのような不敬をもって敬意を払っていると思っているのである。(27) ましてや、音声の発声、芳香の発散、とどまることのない稲妻の燦めきのように、大気中に発散され、消滅したのでもない。(28) 復活の後に〔キリストの肉体〕は触れられた〔ルカ二四：三九、ヨハ二〇：二七〕〔という証言は〕どこに〔行ってしまった〕のか、刺し貫いた者らによって見られる〔ゼカ一二：一〇、ヨハ一九：三七〕のはいつのことか。実に、神性そのものは目に見えないものである。(29) 私の考えでは、〔キリストは〕肉体を持って来られるであろうし、そのような者として山の上で弟子たちに見られたのであり〔マタ一七：二、マコ九：二、ルカ九：二九〕、あるいは、その神性が肉〔の弱さ〕に打ち勝たれたとき、彼らにそれを示されたのである。このようなことを私どもが言うのは、疑いを晴らすためであるのと同様に、先に書き記したことも新奇な教説を正すためである。

(30)〔キリストの〕肉体は天から降って来たのであり、この〔地上〕に由来するもの、われわれからのものではないと言う者は「呪われるがよい」。実に、「第二の人は天からのものである」〔一コリ一五：四七〕、「天からの者はそのようなものであり、天からの者らもそのようなものである」〔一コリ一五：四八〕、「天から降って来た者、すなわち人の子のほかには、天に昇った者は誰もいない」〔ヨハ三：一三〕といった言葉、ならびにこれらに類した言葉は、天からの方との一致（ἕνωσις）のゆえに言われていると考えるべきである。(31)同様に、「万物はキリストによって成った」〔ヨハ一：三〕、[*4]「あなたがたの心の内にキリストが住まわれる」〔エフェ三：一七〕といった言葉も、神の見える側面に即して言われたのではなく、精神によって捉えうる側面に即して言われたものである。つまり、〔二つの〕本性が混じり合っているように、緊密な融合（συμφυΐα）の原則に従って、呼び名も相互に融通し合っているのである。[*5]

(32)精神を欠いた（ἄνους）人間に希望を置く者は、まさしく精神を放棄した者（ἀνόητος）であり、全体的に救われるに値しない者である。実に〔キリストに〕受け取られなかったものは癒されない。しかし、神と一つに結ばれたものは救われる。[*6] (33)アダムの半分だけが罪を犯したのであれば、その半分が〔キリストに〕受け取られ、救われたであろう。しかし、全体として〔罪を犯した〕のであれば、〔全体が〕「生まれた方」全体と一つに結ばれ、全体的に救われることになる。したがって、彼らは全体的な救いのゆえにわれわれをそしらぬがよいし、骨と神経と人間の容姿のみを救い主にまとわせるのはやめるがよい。(34) 実に、この人間が魂を欠くものであったとすれば、それはアレイオス派も言っていることである。そのため、彼らは苦難を神性に帰したのである。肉体を動かすものが苦しみを受けるものだからである。魂を付与されているが、精神を欠いているとすれば、いったいどうして人間でありえようか。実に、人間は精神を欠いた生き物ではないのである。(35) すると当然、外観並びに「幕屋」〔二コリ五・一、五・四〕は人間のものであっても、その魂は馬とか牛とか精神を欠いた他の〔動物〕の〔魂〕であったことになろう。すると、救われたのはこのような〔動物〕であることになろう。そして、私は真理に裏切られることになろう。なぜなら、一方では〔救われるという〕栄誉に浴していながら、一方で〔空しく〕自慢しているにすぎないからである。逆に、人間は精神を付与されており、精神を欠くものではないとすれば、まさしく彼らは精神を放棄するのをやめるがよい。

(36) ところが、彼らは言う、神性が精神に取って代わることで十分であった、と。私にとって、これはどういうことになるのだろうか。実に、単に肉体と共に神性があるのでは人間ではないし、単に魂と共にあるのでも〔人間〕ではないし、精神を欠いて〔肉体と魂の〕双方と共にあるのでも〔人間〕ではない。なぜなら、〔精神〕こそ人間〔を人間となすもの〕だからである。したがって、私を完全に満足させたいのであれば、彼らは完全な人間を保守し、〔完全な人間を〕神性と混ぜ合わせるがよい。(37) ところが、彼らは言うのである、二つの完全なものは相容れないものである、と。確かに、物体的に考える限り、〔相容れ〕ない。一メディムノス〔六〇リットル弱〕入りの容器は二メディムノス収容することはできないし、一人の肉体を収容する場所は、二人あるいはそれ以上の人を収容することはできない。(38) しかし、霊的なもの、非物体的なものについて考えるのであれば、私自身が魂と理性と精神と聖霊を収容しており、私より先に、この世、すなわち、「見えるものと見えないもの」〔コロ一：一六〕から成る〔この世〕が父と子と聖霊とを受容しうることに注目するがよい。(39) 実に、霊的なものの本性(フュシス)は、非物体的に、限定を受けることなしに、相互に、かつ肉体とも融合しうるというものである。それゆえ、多くの音声が一つの耳に受容され、多くの事物の眺望が同じ視覚に、さまざまな臭いが〔同じ一つの〕嗅覚に受容される。諸感覚は互いに邪魔することなく、せめぎ合うこともなく、諸知覚の多様性によって感覚対象が減少されることもない。

(40) さて、より偉大なものの臨在によって他方は消滅せしめられるような神性との一致において、いったいどうして人間もしくは天使の精神(ヌース)が完全なものでありえようか。実に、光は太陽の前では何ものでもありえず、わずかな水分は川を前にして何ものでもありえない。それゆえ、まず家から光を、大地から水分を追い出し、卑小なものをわれわれは取り除かねばならない、そうすればより偉大でより完全なものを受容することができる。(41) では、どのようにして二つの完全なものを受容することができるのか、どのようにして家は光と太陽とを、大地は〔わずかな〕水分と川とを受容しうるのか検討せねばならない。この問いは、まさに熟慮に熟慮を重ねるに値する問題である。(42) 山に対する丘、空豆もしくは他のずっと大きな種に対する芥子種(からし)――もちろん同じ種類の種の中でより大きいということもできるが――のように、あるものに比して完全なものも、別のあるものに比すと不完全なものであることを彼らは知らないのであるまいか。あるいは、望むなら、神に対する天使、天使に対する人間〔を挙げることもできる〕。(43) したがって、われわれの精神は完全なものであり、至高なものではあるが、〔それは〕魂と肉体に比してのことである。絶対的な意味で完全なものではなく、神に比すれば僕であり、服従するものであり、〔神の〕至高性を共にするのでも、同じ栄誉に浴するのでもない。(44) それゆえ、〔聖書に〕記されているように、モーセも、ファラオにとっては神であったが〔出七：一〕、神に対しては僕にすぎなかった〔申三四：五、ヨシュ一：二〕。また、星々は夜を照り輝かせるが、太陽によって隠蔽されてしまい、昼間はそれらが存在することすら気づかれえないのである。(45) また小さな灯火は大きく燃え上がった火に近づけられると、消滅はしないものの、見ることはできず、区別できず、全体が大きく燃え上がる火となってしまう。より強力なもののほうが力をふるうからである。

(46) しかし、彼は言う、われわれの精神は断罪された、と。では、肉体はどうなのか。罪として処断されなかったのか〔エフェ二：三、ロマ八：三〕。では、罪のゆえに〔肉体〕も取り去ってしまうか、救いのために〔精神〕をも取り入れるがよい。肉体になったことによって、聖化するために劣った部分〔肉体〕を受け取られたとすれば、人間となることによって、聖化するために優れた部分〔精神〕を受け取られないことがあろうか。知恵者よ、「粘土」〔創二：七。七十人訳、トビ八：六〕が酵母をしこまれ、「新しい練り粉」〔一コリ五：七〕になったとすれば、「像」〔創一：二六、一：二七、九：六〕が酵母をしこまれ、神性によって神化されることで、神と混ぜ合わされないことがあろうか。(47) 次のことも言い添えよう。罪を犯し、断罪されたということで、精神は完全に排除され、それゆえ、肉体は受け取られたが精神は取り除けられたとすれば、精神をもって罪を犯した者らには申し開きが立つ。なぜなら、神の証言が治癒の不可能性を明らかに証明したからである。(48) もっと重要なことを言わねばならないのだろうか。秀才よ、これによって私の精神を愚弄するのか。私が人間を尊重しているとすれば、貴殿は肉体を尊重しているのである。なぜなら、別のふうにご自分に結びつけることはできなかったかのように、神は肉体にご自分を結びつけたとして、これによって「仕切りの壁」〔エフェ二：一四〕*7を取り壊すからである。(49) 私の見解――私は哲学者でも賢者でもないが――はいかなるものか。精神は精神と混じり合うものである。なぜなら、〔精神は精神に〕より近いものであり、より親近性をもっているものだからであり、神性と鈍重な肉体の仲介となった〔精神〕を介して肉体と結びつくことができるのである。

(50) さて、彼らにとって、〔言が〕人間となられたこと、彼らの言葉によれば、肉となられたことの理由は何であるのか、考察することにしよう。神が把握しうるものとなるため――元来、把握しえない方であられるので――、そして、覆いの下にあるように、肉の下にあって、人々と交わる〔バル三：三八〕ためであるとすれば、彼らの仮面と虚飾に満ちた演技はみごとである。かつて燃える柴の中に〔出三：二〕、そして人間の姿をとって〔創一八：一-一五〕現れたように、別のかたちでわれわれと交わることもできることは〔この際〕言うまい。(51) ところが、似たものので似たものを聖化することで、罪の宣言を取り去るためであるとすれば、罪として処断された肉のゆえに肉を、魂のゆえに魂を必要としたように、精神のゆえに精神を〔必要とすることになる〕。なぜなら、アダムにおいて、〔精神〕だけが罪を犯したのでなく、医師が病気について語るように、〔精神は〕最初の〔罪の〕徴候を表したものだからである。(52) 実に、戒めを受けたものが戒めを守らなかったのである。戒めを守らなかったものが違犯を犯したのである。何よりも救いを必要としたのは、違犯を犯したものである。救いを必要としたものを、〔言(ロゴス)は〕受け取られたのである。それゆえ、精神(ヌース)が受け取られたのである。

(53) さて、たとえ彼らが認めようとしないとしても、彼ら自身が言っているように、幾何学的必然性と証明をもって、以上のことは論証されたわけである。ところが、貴殿は、目が病気に罹(かか)り、その結果、足を怪我した人に接して、足を治療しながら目は治療せず放置するようなこと、あるいは、あまり上手に描かなかった画家を前にして、絵を修正しておきながら、上手に描いたかのように画家には何の注意もしないのに似たようなことをしているのである。(54) 彼らはこのような論拠によって、人間は精神なしにでも神によって救われうると言い逃れるのなら、体を用いずに他のすべてのことをなされるし、なされたように、ただ欲するだけで、肉を用いずに〔救うことも、神には〕おできになることもまた確かである。したがって、精神とともに肉体をも廃棄するがよい。そうすれば、貴殿の狂気の沙汰は完全なものとなろう。(55) 彼らは、聖書の慣例を知らないために、文字に惑わされ、それゆえ肉に飛びついたのである。われわれは、この点についても彼らに教授することにしよう。

(56) 聖書の至るところで、〔キリストは〕人間ならびに人の子と呼ばれていることを、今さら言う必要があろうか。彼らもよく知っているのである。もし、「言（ロゴス）は肉となって、私たちのあいだに宿られた」〔ヨハ一：一四〕という言葉を引き合いに出し、このために、皮なめし人が堅く分厚い皮の部分を除去するように、人間のより美しい部分を除去して、神を肉に結びつけるのであれば、(57) 神はもろもろの肉だけの神であり、もろもろの魂の神でもあるのではないと、彼らは言わねばならなくなる。「あなたは〔子〕にすべて肉なるものを支配する権能をお与えになりました」〔ヨハ一七：二〕、「すべて肉なるものはあなたの許に来るでしょう」〔詩六五：三〕、「すべて肉なるものは、その聖なる御名を讃えよ」〔詩一四五：二一〕と〔聖書に〕記されているからである。〔ここで、すべて肉なるもの〕とはすべての人の意味である。(58) あるいは逆に、「七五の魂とともにエジプトに下った」〔使七：一四‐一五〕、「その魂に鉄枷を通過させた」〔詩一〇五：一八〕と〔聖書に〕記されているのであるから、われわれの父祖は肉体なしに、目に見えないものとしてエジプトに下り、ヨセフの魂がファラオによって鎖に繋がれたと〔言わねばならない〕。だが〔魂〕は鎖に繋ぐことはできないものである。(59) 実に、そのようなことを言う者らは、提喩法を用いてそれらの〔聖書の言葉〕は表現されていることを知らないのである。つまり、一部分によって全体が示されているのである。「鳥の雛らが神を呼び求める」〔詩一四七：九〕とあるのもそうである。ここではすべての鳥類が意味されているのである。また、「昴（すばる）」、「宵の明星」、「アルクトゥルス星」〔ヨブ九：九、三八：三一‐三二〕といった星は、すべての天体ならびに摂理の及ぶ場の代わりに、その名が挙げられているのである。

(60) また同時に、われわれに対する神の愛は、肉に言及し、われわれのゆえに最も劣った部分にまで下られたという以外の方法で明らかにされえなかったのである。実に、肉が魂よりも価値的に劣ったものであることは、思慮分別のある人なら誰しも認めることである。(61) したがって、「言（ロゴス）は肉となった」〔ヨハ一：一四〕という言葉は、罪と呪いとなったと言われている〔二コリ五：二一、ガラ三：一三〕のと同じ意味であると、私には思われる。実に、主はこれらのもの〔罪と呪い〕に変形されたのではなく――そのようなことがいったい可能であろうか――、これらのものを受け入れることで、「われわれの違犯と病とを担われた」〔イザ五三：四、マタ八：一七、一ペト二：二四、一ヨハ三：五参照〕のである。(62) 目下のところ、以上の説明で十分であろう。それは明らかであり、誰にでも理解できることだからである。実に、われわれがこの〔手紙〕を書いているのは、本格的な論文を書き上げるためではなく、誤謬を阻止するためである。もしそれが適当であれば、もっと完全で論議を尽くす論文を公にすることにしよう。

(63) しかしながら、すでに述べたことよりももっと由々しい次のことを放置しておくわけにはいかない。第二のユダヤ教、第二の割礼、第二の犠牲を唱道して、「あなたがたをかき乱す者たちは、いっそのこと自ら去勢してしまえばよい」〔ガラ五：一二〕のだ。*9 (64) 実際、もしそうであるとすれば、天体の運行は同じことを反復させるというギリシア人の円環説に応じて、それらのことを破棄させるために、キリストが再び生まれ、再びユダに裏切られ、十字架に架けられ、葬られ、復活して、これらの一連の出来事のすべてを成就するのを妨げるものが何かあろうか。(65) 実に、かつて生じたことどもの一部は〔再び〕起こり、他の一部は放棄されるという選択はいったい何を意味するのか。書き上げた多くの書物のゆえに自ら誇っている知恵ある者らは、それを説明するがよい。

(66) 三位に関する書物によって奢り高ぶり〔一コリ八：一〕、われわれの信仰は健全なものではない〔テト一：一三、二：二〕と言って、彼らはわれわれを中傷し、大衆をおびき寄せているのであるからには、アポリナリオスが聖霊に名目上神性を帰してはいるものの、神性のもつ力を〔聖霊が〕有しているとは認めていないことをも知る必要がある。(67) 実に、輝きと光線と太陽のように、聖霊と子と父の三位は、大きなものと、より大きなものと、最大のものから構成されている――文字通りこのように彼は書いているのである――とすれば、神性の内には、天に上るのではなく、天から下る梯子〔創二八：一二〕が存在することになる。(68) しかし、われわれは父と子と聖霊を〔ひとりの〕神と認める。〔父と子と聖霊という呼称〕は単なる呼称ではないし、〔神の〕威光もしくは力を不平等に区切るものでもない。*10 むしろ、〔神という〕名称が唯一かつ同一であるように、神性の本性（フュシス）と本質（ウーシア）と力（デュナミス）は〔唯一かつ同一であるとわれわれは認める〕。

〔(69)―(74) 略〕

訳註

*1――三七七ないし七八年のローマでの教会会議のこと。

*2――*ἄνθρωπος Κυριακός*. キリストの人間性を示すためにアタナシオス（Athanasios 二九五頃―三七三年）も用いている（Expositio fidei I）。しかし、後代には不適当な表現として退けられる（たとえば、Augustinus, Retractationes, I, 19, 8）。

＊3——すなわち、肉体なしに。

＊4——すなわちキリストの人間性。

＊5——ここで、いわゆる属性の融通（communicatio idiomatum）と言われる考えが提示されている。ここで用いられる *συμφυΐα* という語は神学用語としては稀にしか用いられない。グレゴリオスは、バシレイオスとの友情の絆を表すのにも用いている（第一書簡）。

＊6——すでに、オリゲネス（Origenes 一八五頃—二五四年頃）は「私たちの主、救い主は〔人間の〕体を救おうと望まれ、同様に魂をも救おうと望まれ、さらに霊をも救おうと望まれた。〔主が〕人間全体をご自分のものとされなかったなら、人間全体が救われることもなかったはずである」と述べている（Dialogus cum Heraclide〔『ヘラクレイデスとの対話』小高毅訳、創文社、一九八六年、一二八頁〕）。

＊7——パウロはユダヤ人と異邦人のあいだに存在する敵意を「隔ての壁」と呼ぶが、ここでグレゴリオスは、キリストにおいて精神（ヌース）が肉体と神性を仕切る壁のようなものであると考えている。

＊8——すなわち、精神（ヌース）のこと。

＊9——アポリナリオス派の一部は、異教からの改宗者に割礼を施し、キリスト者も律法を遵守すべき旨を主張していたらしい。これはアポリナリオス（Apollinarios 三一〇頃—九〇年頃）自身の考えではない。他方アポリナリオスは、エルサレムの神殿の再興を含む千年至福説を説いている（バシレイオス、第二六三、二六五書簡参照）。

＊10——グレゴリオスは、モナルキアニズム的な理解とともに、父と子と聖霊の三位の本質の同一性を認めず、子を父の下に、さらに聖霊を子の下に位置づける従属説を否定する。

雅歌講話

ニュッサのグレゴリオス
宮本久雄訳

解題

ニュッサのグレゴリオス（三三五頃―九四年）は、一時カイサレイアで修辞学教師を勤めていたが、敬虔な姉マクリネ（Makrine〔小マクリネ〕三二七頃―七九／八〇年）とナジアンゾスのグレゴリオス（Gregorios　三二五／三〇―九〇年頃）の感化もあって修道生活に入っていた。だが三七一年に兄バシレイオス（Basileios　三三〇頃―七九年）がウァレンス帝（Valens　在位三六四―七八年）の親アレイオス派政策に対抗すべく弟グレゴリオスをニュッサ司教に推挙したことを機に、グレゴリオスもまた教義論争の渦中に投ぜられる。三七六年にはアレイオス派の策謀で司教を免職され、その後二年間は追放されている。だが兄の死後、ナジアンゾスのグレゴリオスとともにニカイア派の中心としてコンスタンティノポリス公会議（三八一年）に参加し、聖霊の神性を主張しながら三位一体論の教理確立に尽力した。その後はニュッサ司教区に戻るが、やがて修道生活の中で著述に没頭する老境を過ごす。

教理的著作また修道的著作が多くあるなかで、晩年の神秘的著作がその思索の真髄を示すものであろう。所載は神秘的著作『雅歌講話』（In Canticum Canticorum）第六講話、「雅歌」第三章一―八節を扱う個所である。相聞歌の体裁を取る「雅歌」の正典性は、ユダヤ教ではようやく西暦九〇年のヤムニア会議で認められた。男女の愛の呼び掛けのうちに神とその民の愛の関係が謳われている、とされたのだった。この基本的理解を教父たちも共有する。オリゲネス（一八五頃―二五四年頃）の『雅歌註解』（Commentarium in Canticum Canticorum〔小高毅訳、創文社、一九八二年〕）の影響を受けながらもグレゴリオスは、「フィリピの信徒への手紙」第三章一三節中の「前方に向かってやまない（エペクテスタイ）」を名詞化した「エペクタシス」を鍵概念に、無限な神の人間への自己開示と人間が神へと無限に自己超出する動的な様を、愛による一致を目指す神‐人間関係の根幹として描き出した。

第六講話

花嫁

1 夜ごと臥床の上に、
私の霊魂の愛する方を探し求めた。
探し求めても、見出せず、
呼び求めても、答えて下さらなかった。

2 それで私は起き、
町中を巡り、広場や通りを探し廻ろう、
私の霊魂の愛する方を。
彼を探したのだけれど、見つけられませんでした。
町を巡る夜警に出会いました。

3 「あなたがたは、私の霊魂の愛する方を見かけませんでしたか」。

4 彼らから別れていくとすぐに、
私の霊魂の愛する方を見出しました。
私は彼を捕えて離さなかった。
私の母の家に、
私を宿した者の部屋に連れて行くまで。

5 エルサレムの娘たちよ、
私は、野の力と強さにかけて、あなたがたを誓わせました。
愛が自ら欲むまで、目覚めさせず、起こさないように、と。

花婿の友人たち

6 荒野から昇ってくる女人は誰だろうか、
煙の柱のように。香焚く人の香料の中から選ばれた、
没薬と乳香の薫りに満ちた柱のように。

7 ご覧なさい、ソロモンの床を。
イスラエルの精鋭、六〇人もの勇士が、
その周りを囲む。

8 みな戦に長じた剣士たち。
夜の畏怖から、
一人ひとりが腰に剣を佩いている。〔雅三：一－八〕

173

ここでわれわれは再び、目の前の「雅歌」の原文を読解しながら、「雅歌」の偉大で崇高な教えを学ぶ。なぜなら、花嫁の語る物語は愛知（*φιλοσοφία*）だからである。実際、彼女がその物語を通して自分の経験をあれこれ語るのも、どのようにして超越的美の恋人が神的なものに精通していなければならないかを教えるためである。さてわれわれが、目の前の原文を通じて学ぶことは、次のようなことである（その際、私は、まず第一に原文に潜む霊的意味が取り出され、次に神的霊感を受けた原文の言葉が、それまであらかじめ観想された霊的意味と調和されなければならないと考える）。

そこでわれわれが、ここで学ぶこととは、簡単につづめて言えば、以下の話を通して明らかになる、次のような教えである。つまり、この宇宙自然は、最も高次の分類法によれば二通りに分類される。その一方は感性的で質料的なものであり、他方は思惟的で非質料的なものである。感性的なものとは、感覚によって把握される限りのすべてのものを言い、思惟的なものとは、感性的認識を超えるものすべてを言う。この両者のうちで、思惟的なものは限界がなく限定できないのに対し、他方の感性的なものはなんらかの限界で完全に囲まれている。

実際すべての質料は、その嵩と形と表面と輪郭〔などの属性〕において、量的・質的に限定されている。その結果、この質料について観察されたこれらの属性が、質料に関わる探究や理解を限定してしまう。だから質料について探究する人は、これら属性の限定を超えたものを何も想像することはできない。他方で、このような限定から自由な、思惟的で非質料的なものは、何ものによっても限定されないので、定義を超えているわけである。

174

ところで思惟的本性を持つものは、再び二通りに分類される。その一方は、非被造的で万有の創造主である。彼は常にその在るところのもので在り、自己同一を保ち、あらゆる増大と減少を超越している。また新たに善を受容することもない。その他方は、創造によって生成し、たえず万有の第一原因を眺め遣り、常に超越者にあずかることによって善の内に保たれている。そして善において増大することを通じて高次の善に変容しながら、なんらかの仕方で不断に創造されている。[*1]だからこのものには、なんらかの上限があると思われないし、またこのものの高次の善への増大に対して、なんらかの定義・限定により境界線が引かれることもない。むしろその善き現在の状態が、どれほど偉大で完全であると思われようとも、それはいっそう高次で偉大なものへの端緒にすぎないのである。

このようなわけで、すでに実現した完全性さえ、自分の前にある高次の完全性へのエペクタシスによって忘れ去られていく、という使徒パウロの言葉〔フィリ三：一三〕が正しいことがわかる。なぜなら、たえずいっそう大きく卓越して現前する善は、そこにあずかる者の注意・志向を自分に引きつけ、低次の善を忘れさせ高次の善を享受させることによって、彼らに自分の過去を振り返らせないからである。

175

花嫁の物語が含む愛知によって、われわれが教えられた教えは、このようなものであると思われる。

そこでいまや神の霊感を受けた原文の言葉を想い起こし、次にこの言葉に潜む意味とすでに観想された霊的意味とを調和させる時であろう。「夜ごと臥床（ふしど）の上に、私の霊魂（こころ）の愛する方を探し求めた。探し求めても、見出せず、呼び求めても、答えて下さらなかった。それで私は起き、町中を巡り、広場や通りを探し廻ろう、私の霊魂の愛する方を。彼を探したのだけれど、見つけられませんでした。町を巡る夜警（よまわり）に出会いました。〈あなたがたは、私の霊魂の愛する方を見かけませんでしたか〉。彼らから別れていくとすぐに、私の霊魂の愛する方を見出しました。私は彼を捕えて離さなかった。私の母の家に、私を宿した者の部屋に連れて行くまで」〔三：一-四〕。

それではいま語られた物語において、われわれがすでに教えに関係づけて観想した霊的意味が、どのような仕方で見出せるのであろうか。霊魂は登攀の段階の一つ一つに到着するごとに、そのつど到達した成長の割合に従って、常に高次の善いものに変容しつつも、けっして到達した善

176

〔の段階〕に滞留しなかった。だから霊魂は、ある時にはエジプトのファラオを振り落とした馬に比べられ〔雅一：九〕、またある時には首のあたりを飾る首飾りや耳飾りになぞらえられた〔雅一：一〇〕のである。次に霊魂は、これらの段階にも満足せず、さらにいっそう高次な段階へと進んでいく。なぜなら彼女は、自分の身に着けているナルドの香油を通して、神的な芳香を感ずるからである〔雅一：一二〕。しかし彼女は、そこにもとどまらず、さらに自分の熱愛する相手自身を、あたかも彼が芳香を放つ香料であるかのように、霊的な乳房のあいだにしっかりと抱くのである〔雅一：一三〕。その乳房から彼の神的な教えがほとばしり出る。霊魂は、熱愛する相手を心の空間にしまいこむ。その後自分自身の結実として、葡萄栽培者を産み出す。そして彼を葡萄の房と名づける。その房は、花を通して甘く快い香りを撒き散らす。霊魂は、このような仕方で

177

霊的な道で成長し、美しい者と呼ばれ、花婿の心の佳人となり、その瞳の美しさは鳩に喩えられるのである〔雅一：一五〕。次に霊魂は、いっそう偉大な段階へと新たに進んでいく。なぜならその視力はさらに鋭くなって、御言葉の優しさを理解し、そして御言葉がこの地上の生の臥床に降り下り、どれほどそこに影を投げかけたかに驚くからである。実際御言葉は、人間の身体が具える質料的な本性によってその影の中に覆われたのであるから。

さてこれらの後に霊魂は、徳の家を描写する。すなわちその屋根の素材は、傷むことも腐ることもないレバノン杉と糸杉である〔雅一：一七〕。こうした描写によって霊魂は、自分の善に向かう状態が安定し不変であることを説明している。これらに加えて霊魂が、いっそう高次の善へと変化していくことが示されている。すなわち彼女は、茨の中に咲く白百合に似ているというわけである。さらに彼女は、自分の花婿と他の若者たちとの相違に着目する。なぜなら彼女は、彼を実のない木々のあいだにあって、実りの季節に華やぐ林檎の木と呼んでいるからである。彼女はその木陰に入ると、葡萄酒の蔵に至る。そこで香油によって強められ、林檎の実で支えられる。そして心臓に選ばれた矢を受けると、その甘美な傷手によって霊魂自身がその射手の手の中にある矢玉となる。射手の左手は、矢の尖端を天上の的に向けてひたと据え、その右手は矢を自分の方へ引っ張る。これらの後、霊魂はすでに完成の域に達したので、同じことを渇望する他の霊魂を言葉によって導き、そしてその誓いによって愛に対する彼女らの熱意を目覚めさせるのである。

このような状態にまで高められた霊魂が、完全性の極みにまで達したのだと言わないような者がいったいどこにあるだろうか。

178 しかし以前に達成された完成の極限さえも、いっそう超越的な事柄に導く端緒にしかならない。なぜならこれらのすべては、音声と名づけられ、聴覚を通じて神秘的な事柄の観想へと彼女を向け変えるのだからである。

彼女はいまや、異なった姿で現れて来る恋人を見つめ始める〔雅二・八〕。彼は羚羊（かもしか）に喩えられ、若鹿になぞらえられている。彼は一回でその姿を全部見せないし、同じ場所にだけ現れることもなく、彼方から山並みを踏み越え、連なる丘の頂を跳び越えてやって来る。そして花嫁は、二度目の声が届いたときに、さらに再び偉大な状態に達する。すなわち、その声によって彼女は壁の影を棄て、野外に出、城壁のかたわらの岩陰に安らい、春の花を楽しむように誘われる。彼女は、花盛りで若やいでいる摘み頃の季節の花を摘み、そしてこの季節が音楽のような鳥のさえずりを通して感受性豊かに生きる人に恵む、安らいのためのすべての恵みを味わうのである。

このようなことを通して花嫁は、ますます完全な者となるので、自分に語りかける方の姿をはっきりと見、直接彼自身の語る言葉を聞くに自分自身が値すると思う。このとき霊魂は、登攀の高み、彼女の渇望の極みに到達した限りで、至福なものとされるのがふさわしいのである。いったい誰が神を見ることよりも大いなる至福を想像できるであろうか。

179 しかしこの至福は、一方ですでに実現されたことの中では極みであるとしても、他方では未来に到来する超越的なことに対する希望の端緒にしかすぎない。なぜなら彼女は、再び声を聞くからである。その声は狩人たちに命じて、霊的な意味での葡萄畑の救いのために、その実りを妨げる動物、あの小狐を狩れと言う。このことが実行されたとき、花婿と花嫁は互いの内に入る。す

180

なわち神が霊魂の内に入り、今度は霊魂が神の内に移り住む。なぜなら「恋人は私のもの、私はあの方のもの」〔雅二：一六〕と語られているからである。ここで「あの方」とは、百合のあいだで群を飼う牧人、すなわち人間の生命を影のような幻想から、実在の顕わなる場所へと移し置く者にほかならない。預言者の言うように〔詩八四：八〕、力を増して向上し、もろもろの善に対する希望の頂点に達したと思われる霊魂が、どれほどの高みに登攀したのかを考えてみればよいであろう。実際、熱愛する恋人自身の許に達し、自らの内にその相手を受け入れるよりも、さらに優れていることがあろうか。しかし彼女は、このような高い状態に達すると同時に、またもや善を渇望する者のように嘆き、しかも自分の渇望するものを捉えていないので、途方に暮れて悲しむ。そして自分のこの途方に暮れたさまを物語り、またどのようにして尋ね求めている方を見出したのかを説明するのである。

われわれは、以上のことをすべて、目の前の原文の観想を通して学んだ。この原文がわれわれに明白に教えたことは、神の本性の偉大さはどんな限りによっても限定されないし、また認識のどんな尺度も、われわれが探求しているものの理解を阻止する限界にはならないということである。いっそう高次なものを欲求する者が、この限界線の後方にとどまる限り、向上できなくなってしまう。むしろわれわれは知性（*νοῦς*）によって超越的現実の理解と追求とを積み重ねながら、人間にとって本来到達可能な知識は、それがどんなに完全なものであるにせよ、いっそう高次なものへの欲求の端緒にすぎないことを認めるべきである。

さていまや、観想の材料であるこの原文を、厳密に吟味していこう。その際あらかじめ次の点

181

に注意しておきたい。すなわち婚姻の部屋とか支度とかいうのは、原文の物体的な〔文字通りの〕表現であり、それらは観照（θεωρία）の材料である。この材料に関する「愛知による観想」（φιλοσοφία）は、これらの表現を、純粋で非質料的な領域へと高め移す。そしてこれらの出来事を通じ、これらの出来事の象徴を用いながら、原文が霊的に意味しようとしていることを明らかにするため教えを提示する。このようなわけで原文は、霊魂を花嫁として象徴し、他方彼女が全身全霊全力を傾けて愛する方を、花婿と名づける。その結果（ἀκολούθως）、自分が希望の頂に到達したと思い、そして熱愛した方にすでに一致したと信じた霊魂は、善へのこの完全なあずかりを「婚姻の臥床」と呼び、この床で過ごす時を「夜」と言うわけである。その際モーセに従って、この夜という言葉によって、不可見なるものの観想が考えられている〔出二〇：二一〕。実際モーセは、神がそこにまします暗黒裡に達した人だからである。預言者によれば、「神は周りに闇を置いて隠れ家とした」〔詩一八：一二〕のである。*2

霊魂は、この地点に達した時でさえ、いまだ歩み始めていない人と同程度に、完全性に達したと言うにはほど遠いことを教えられる。なぜなら、彼女は次のように語るからである。すなわち、私はもろもろの完全な善を受けるに値する者となったので、床の上に休らうかのようにして私が知りえた現実の中で安らった。その時には、私は感覚的事物を放棄して、すでに不可見的事物の内奥に到達していた。しかも暗黒裡に隠れている方を探し求めて、神的な夜に包まれていた。まさにその安らいの時、一方で私は渇望する方を愛していたのだけれど、他方でその方は理性的な把握の及ばぬ彼方に去ってしまった。夜ごと私は、臥床の上に彼を探した。彼の本質は何か、ど

182

こから始まり、どこで終わるのか、何において在るのかを知るために。しかし私は彼を見出さなかった。私は、名づけられない方に向かって、自分に見つけ出せる限りの名で呼ばわった。しかしどんな名の表現力も、私が探し求めている方に届かなかった。

いったいどのようにしたら、一切の名を超越して存在する方を、名を呼びながら見出すことができるのであろうか。だから花嫁は続けて言うのである。

私が彼を呼んだのに、彼は答えて下さいませんでした。その時こそ、私は彼の偉大さと栄光と聖性が限りないことを知るのです、と。

183

このようなわけで霊魂は再び立ち上がり、都市と呼ばれる思惟的・天上的な世界を、精神を通して遍歴する。そこには支配、主権、権能のためにしつらえられた座あるいはアゴラと呼ばれる天上的集会、そして街と呼ばれる無数の群衆が見出される。[*3] 彼女は、これらのあいだに恋人を見出そうと遍歴する。彼女は、天使の宇宙的な全ヒエラルキア界を探しながら巡り歩く。しかし、いくら多くの善を見出しても、そこに探し求める方を見出さないので、彼ら〔天使たち〕こそ自分の恋人を知っているに違いないと思案して、彼らに「あなたがたは、私の霊魂の愛する方を、見かけませんでしたか」と問う。しかし彼らは、この問いに黙して答えない。その沈黙によって彼らは、自分たちにとってさえ、彼女の探している方が把握しがたいことを示すのである。そこで彼女は、いろいろ思いをめぐらしつつ天上の諸都市を経巡る。だが思惟的で非物体的な事物の中にも、彼女の恋人の面影さえ見出すことができなかったので、いまや見出した一切合財を放棄して、次のことを認める。すなわち、彼女の探し求める方は、それが何であるかということが理解されないという仕方によってのみ知られるのであり、しかも彼を把握しようと〔して形成される〕一切の概念は、むしろ彼を探し求める人にとって障害になるということを。したがって霊魂は次のように言う。

私が全被造物を放棄し、被造物の知識一切にかまわず、概念把握の方法を捨て「彼らから別れていくとすぐに」、信によって愛する方を「見出しました」。私は、信の把持によって、見出した方を捕えて離すまい、私の部屋に彼が入るまで、と。

その部屋とは心のことであり、この心が神の住居となる時とは、「彼女を宿した者」によって、彼女が形成されたその元始(はじめ)の状態に彼女が再帰する時なのである。実際われわれの存在を構成した第一の原因が母だと解釈すれば、誰も間違うことはあるまい。

さてすでに観想された霊的意味に原文の言葉が調和するように、この原文の語り方にもとづき、神の言葉を再び記そう。

184

「夜ごと臥床の上に、私の霊魂(こころ)の愛する方を探し求めた。探し求めても、見出せず、呼び求めても、答えて下さらなかった。それで私は起き、町中を巡り、広場や通りを探し廻ろう、私の霊魂の愛する方を。彼を探したのだけれど、見つけられませんでした。町を巡る夜警(よまわり)に出会いました。〈あなたがたは、私の霊魂の愛する方を見かけませんでしたか〉。彼らから別れていくとすぐに、私の霊魂の愛する方を見出しました。私は彼を捕えて離さなかった。私の母の家に、私を宿した者の部屋に連れて行くまで」〔三：一-四〕。

以上の言葉の次に、花嫁は愛らしくエルサレムの娘たち〔原文は、前の個所で彼女らを、白百合のような花嫁の美しさに比べて茨と名づけていた）に語りかける。しかも花嫁は、彼女らをこの世の諸力に誓わせることによって、自分の愛と同じ程度に飛翔させる。それは彼女らの上にも、花婿の意志が成就するためである。前の個所〔第四講話〕では、諸権や諸力を含む宇宙世界とは何か、心と霊魂を尽くして愛すべき方〔中六・五〕の意志とは何かが語られた。このようにわれわれが、その個所で観照した霊的意味が、そこで考えられていることを十全に明瞭にしている以 185 上、ここで再びこれらの事柄を長々と説明し直す必要はない。だから次の段階の説明に取りかかろう。それはわれわれも高みに飛翔する完全な鳩とともになんとかして高く昇ることができ、そして砂漠からの鳩の飛来に驚く花婿の友人たちの声を聞くことができるためである。この驚きは、砂漠がこの鳩の飛来をもたらしたとなると、それを見る者たちに賛嘆の気持を与える。なぜなら鳩のこの飛来は、あたかも香料の煙によって砂漠で育てられた木々の美しさに類似しているようだからである。この香料とは、没薬と乳香のことである。これらの妙なる香料によって、香の細かな粒からできた灰の柱のようなものが、地上から立ち昇る。それはさらに昇っていき、その結果、灰と空気の混合物の代わりに、妙なる薫りが満ち渡り、それから中空に直立する灰の柱が生ずるのである。「荒野から昇ってくる女人（ひと）は誰だろうか、煙の柱のように。香焚（た）人の香料の中から選ばれた、没薬と乳香の薫りに満ちた柱のように」〔三・六〕。

もし人が、これらの語られた言葉によく注意するならば、われわれが示した教えが正しいと理 186 解するだろう。実際、劇場の見世物においては、同じ役者連が自分たちに割り当てられた史劇（ヒストリア）を演ずるとき、別々の人物として現れるように思われている。それは彼らが次から次へ仮面（プロソーポン）を変えて、自分たちの姿や格好を違わせるからである。たとえば、いま奴隷あるいは一般市民として現れていた役者が、すぐ後に貴族あるいは兵士として現れ、そして臣下の姿を捨てて将軍の姿をとったり、あるいは王の姿を身に帯びるといったようなものである。徳の進歩においても、これと同じである。いっそう高次なものを渇望して栄光から栄光へと変容していく人々は〔二コリ三：一八〕、いつも同じ性質にとどまっているわけではない。そうではなくて、各人の生に固有な性質は、各人が善を通じてそのつど達成する完全性に比例して輝く。そしてこの性質は、善の増大に応じて、次から次へ異なった仕方で生じ現れていく。したがって花婿の友人たちは、いま現在現れている花嫁に驚嘆しているように思われる。すなわち彼らは、以前彼女を美しいと認めたが、しかしそれは乙女たちのあいだで美しいと認めただけの話である。その後彼女の美しさが、銀を散らした金に似ているので、彼女を誉め讃えた。しかしいまや、彼女に以前見出した諸性質には目もくれずに、むしろ〔さらに〕高次な性質によって彼女を性格づける。そして彼女の飛来・登高だけではなく、彼女がそこから飛来してきた深い淵〔砂漠〕にも驚嘆するのである。実際、次の事実こそ彼らの驚きをますます強める。すなわち、彼女は唯一人で昇ってくる。彼女の[187]飛来・登高は、樹林〔柱〕に喩えられる。なぜなら樹林は高く伸び育って現れるのだと考えられるからである。ところで、この樹林を育てるのは、肥沃で水の溢れる土地ではなく、不毛で乾いた砂漠なのである〔それが彼らの驚きの原因である〕。

それではこの樹林は、何に根づき、どこから生え育ってくるのであろうか。

この樹林の根とは、香料の粉末であり、その芳香で樹々を浸す薫煙によって潤されている。

188

以上のような花嫁に対する証言によって、この原文はどれほど大きな称讃を彼女に贈っていることだろうか。なぜなら彼らが、彼女の過去の姿ではなく、別な姿で彼らに出現した彼女自身に関し、互いに尋ね合うという事実こそ、彼女の徳の進歩に対する最も完全な讃辞であり、彼女がいっそう高次の善へ変容したことを証しするものだからである。実際彼らは、彼女の以前の姿と比較して、現在の華やぐその姿に感嘆し、次のような声を上げるのである。

いま砂漠から昇って来た女人（ひと）は、以前われわれには、その肌が黒ずんで見えていたのに〔雅一：五〕、と。

それでは彼女は、どのようにしてその黒い姿をぬぐい去ったのだろうか。どのようなわけでいま美が雪のように白く、彼女の上に輝いているのであろうか。

砂漠〔という深い淵〕こそ、これらのことの原因であると思われる。砂漠は、若芽のように彼女を高く生え上らせ、それほどの美しさへと変容させたのである。なぜなら彼女の高みへの上昇は、ある偶然の巡り合わせによるのでも、気まぐれな運勢によるのでもなく、彼女自身が節制と精励を通じ、努力して実現したものだからである。同様に預言者の霊魂は、かつて神の泉を渇望した。なぜなら彼の肉体が、道も水もない砂漠のようになったとき、自らの内に神的渇望を覚えたのであるから〔詩六三：二〕。

したがって彼女が砂漠から昇り来たったことは、花婿の友人が驚くような、それほどの高みに節制と精励を通して昇り来たったということを証明するのである。この友人たちは、さまざまな象徴によって彼女の美しさを解釈しようとする。なぜならその美しさのすべてを、一つの象徴によって把握し尽くすことができないからである。たとえば、彼らはまず彼女の華やいだ美の輝きを、大木になぞらえる。しかしその大木は一本ではない。彼女の中に見出せる多数の驚異的な美を喩えるために、樹林の喩えを用いる。あたかも樹林の描写によって、彼女の多種多彩な徳を表そうとするかのように。

189 その次に薫煙が、彼女の美しさの似象（εἰκών）として取り上げられている。しかもその煙は単一なものではなく、没薬と乳香の合成物である。それは、花嫁の美しさを描くこの二つの芳香から、彼女の唯一無比な優美さが合成されて描写されるためである。しかもこの香料の混合は、彼女に対するもう一つの別な讃美なのである。なぜなら、没薬は屍の埋葬に適切なものであり、乳香はある意味で神を讃えるために献げられるものだからである。だから神に奉仕しようと願う人は、自ら神に焚かれる乳香となるその前に、まず没薬にならなければならない。すなわち、この人はまず自分の肢体の地上的欲情を殺し〔コロ三：五〕、人間の救いのために死んだ主とともに葬られ〔コロ二：一二〕、主の埋葬に用いられたあの没薬〔ヨハ一二：七、一九：三九以下〕を、自らの肢体を苦しめながら、その身に受け取らなければならないのである。

以上の事態が実現した暁には、あらゆる種類の徳の香料は、犠牲においてそうであるように、生の碾臼の中で砕かれ、香気に満ちた粉末を産出する。この粉末を用いる人の息吹（πνεῦμα）は香りを放つ。なぜなら彼は香気（πνεῦμα）に満ちているのであるから。

190 彼女の美しさを証しした後、花婿の友人、すなわち貞潔な婚姻の部屋を用意し、清い花嫁の世話をする女たちは王の臥床の美しさを彼女に示す。それは花嫁が、王とともにますます神的で汚

191

れのない結婚生活を送りたいと望むようにするためである。次の表現は王の臥床の描写であり、いきいきとした言葉によって彼女の目の前に示されている。実際女たちは次のように言う。「ご覧なさい、ソロモンの床を。イスラエルの精鋭、六〇人もの勇士が、その周りを囲む。みな戦に長じた剣士たち。夜の畏怖から、一人ひとりが腰に剣を佩いている」〔三：七-八〕。

この床の描写が史実にもとづいていないことは、ソロモンについて具体的に歴史的な意味で語られていることを見れば、何人にも明らかとなろう。旧約聖書は、ソロモンの宮殿と食卓と王国内でのその他の生活について詳しく描写した。*4 しかしこの床については、なんらの新しいことも変わったことも語っていない。それはわれわれが、すべての解釈をけっして文字通りの意味の次元にとどめずに、もっと注意深い考察を通じて原文を精神的・霊的観想の次元で解釈するためである。そのためには知性を、物体的な見せかけの次元から引き離さなくてはならない。

さて婚姻の床の周りにある装飾品、すなわち六〇人の重装剣士とはいったい何を象徴するのであろうか。彼ら剣士は、恐るべき戦上手であり、腰には誉れの剣を佩いている。さらに彼らの周りには夜の畏怖がある（原文は、この畏怖という表現によって、夜のもろもろの恐怖から生ずる戦慄・不安を示し、そしてこの畏怖が、これら重装剣士の周りにあると言っている）。

それではいまや、これらの言葉の意味が、すでに観想された霊的意味と順序正しく（ἀκόλουθον）連続するかどうかを、あらゆる方法で調べなければならない。この意味とは、いったいどのようなものなのであろうか。

神的な美とは、その恐ろしさの中にも魅力を秘めているように思われる。だがその魅力は、物

192

体的な美とは正反対なものである。すなわち物体的美は、視覚に快く優美であり、あらゆる畏れや怖さと無縁であるので、欲望をそそるのに対して、あの非物体的な美は、畏怖と驚愕的な剛毅である。なぜなら情欲的で汚れた物体的な欲望は、肉の肢体の中にあたかも一団の盗賊のように潜んで精神を罠にかけようと待ち伏せており、ときどき精神を自らの恣意の囚人として捕える。その恣意は、使徒パウロが「肉の思いは、神の敵である」〔ロマ八・七〕と言うように、神に対しての敵なのである。

以上の帰結として、神的な情熱（θεῖος ἔρως）は、肉欲とは反対のもろもろのものから生ずることになる。だから一方で放埒、たるみ、怠惰が、この肉欲を支配するとすれば、他方で畏怖と剛毅の徳が、神的情熱を造り上げるのである。なぜなら勇気ある怒りが、快楽という待ち伏せしている群に恐怖を与えてそれを追い払うとき、霊魂には清浄な美が現れ、それはもはや情欲の炎で汚されることがないからである。

このようなわけで、重装剣士はかならず王の婚姻の床の周りを囲まなければならない。この剣士たちの戦(いくさ)の経験とその腰に佩(は)いたあやつりやすい剣によってこそ、暗夜に紛れて心義(ただ)しい人々を待ち伏せ弓矢を射かけようとする闇の思いが、恐怖と驚異とを覚えるのである。原文は、王の臥床をぐるりと取り囲む剣士の戦闘態勢が、汚れた快楽を寄せつけないものであることを、次のように明らかにしている。「みな戦(いくさ)に長じた剣士たち。……腰に剣を佩いている」〔三・八〕と。実に、どのようにして肉と血に対して戦うかを知っている人こそが、腰にうまく剣を佩くことのできる人なのである。以上のことを、聖書の謎めいた言い方（αἰνίγματα）に習熟している人は、

193 腰という言葉から理解し、そして剣が御言葉であることを知る〔ゼカ一三：七〕。したがって、その恐るべき武器である節制の剣を身に帯びた兵士は、不滅の臥床の側に侍るよう嘉（よみ）された者、イスラエルの勇士の一人であり、六〇人の強者の一人に数えられるに値する者である。われわれは、その六〇という数が秘義的な（μυστικός）意味を持つことを疑いはしない。しかしその意味は、霊の恵みによって隠された秘義が啓示される人々にだけ明らかである。われわれはと言えば、原文に近い〔文字通りの〕意味で満足するのがよいと思われる。それはモーセが、過越の時にあたって、目に見える肉だけを食し、夕闇の中、骨に隠されたものはそのまま放っておくよう命じたことに似ている〔出一二：八－一〇〕。もし原文の隠された真髄を知りたいと思う人があれば、その人は、隠されている秘義を、ただそれに値する人にだけ啓示する方の許で学ぶのがよいであろう。だが、われわれが何の訓練もなく原文を渉猟しているとか、神の書を探究するように命ずる神命〔ヨハ五：三九〕を軽率にも無視しているとかと思われないために、「六〇人の剣士」に関する原文を、次のような仕方で省察していこう。

194 モーセは、神命に従って、イスラエルの一二部族の数に応じて、一二本の杖を取り上げた。しかしそのうちの一本の杖だけが、他の杖のかたわらで芽吹いたので格別な誉れを得た〔民一七：一七－二三〕。これに対してヌンの子ヨシュアは、イスラエル一二部族の数に等しい数の石を、ヨルダン川から拾い上げさせたが、そのときヨルダン川で生じた秘義の証しとして、すべての石が等しく誉れを得、その中の一つも捨てられなかったのである〔ヨシュ四：二－九〕。

このように物語られていることから、重要なことが帰結してくる。なぜなら原文は、民がいっそう高次の完全性へと進歩したことを告げているからである。すなわち、律法が定められた初期には、一本の杖が生長し芽吹いたが、他の杖は不毛で実を結ばないので捨てられてしまった。だが十分に時が経ち、イスラエルの人々が、彼らに命じられた律法をさらに正確に理解したとき、ヨシュアから自分たちにもたらされた第二の割礼を知るに至り、それを受け入れたのである。その割礼とは、石の刃で彼らの持つすべての不浄なものを取り除くことであった（洞察力のある聴講者は、この石とその小刀の意味をよく理解するであろう）[*5]。このように律法に従った有徳な生活が、彼らの内に堅固になったので、イスラエル部族の名において取り上げられた石はどんな石でも、捨てられてはならないようになった。そして善が増大することをたえず期待しなければならないので、その点からすると、時間が経過するとともに、イスラエルの力〔徳〕もますます増大していった。

そのようなわけで「御言葉」はいま、「雅歌」の原文の中で次のように語っている。すなわち、イスラエルの強者（つわもの）のあいだから部族ごとに一つずつの石やまたはたった一本の杖が取り上げられるのではなく、杖や石に代わって五人の勇士が各部族から取り上げられる。彼らは、戦（いくさ）に長じており、剣を佩（は）き、イスラエルの強者の中から選び抜かれた者で、神の臥床を囲んでいる。彼らの中からは、もはや一人も捨てられることはない。なぜならこの五人は、各部族の初穂であり、彼らの数が一二倍されると、六〇というまったき総体（*πλήρωμα*）を実現するからである。したがって、各部族から五人ずつ選ばれて集まる〔六〇人の〕恐るべき重装戦士は、王の臥床の親衛隊にならなければならない。だから、もし五人の数に欠けるようなことがあれば、残りの者は受け入れられないのである。

196 さて、われわれは、次のような残りの問いについてさらに省察を重ねていこう。すなわち、一部族から選ばれる五人の強者は、王の臥床の護衛兵となるために、どのように武装しなければならないのか、そしてこの五人の一人ひとりが剣を抜き放つとき、その武器によって敵に対しどのようにして恐るべき者になるのであろうか、あるいはこの五人の重装剣士一組が一人の人間と見立てられるとき、その人間の一つ一つの感覚が、それ固有の剣を抜き放って敵対者を恐怖に陥れようとするのは明らかではないのか、と。目の剣とは、たえず王の方を眺め遣り正しいことを見つめ、けっして不浄な視覚対象によって腐敗しないことである。同様に聴覚の武器も、神の教えに聴従し、けっして空しい言葉を受け入れないことである。同様にして味覚、触覚、嗅覚も節制の剣によって武装し、各感覚のそれぞれが鎧で覆われなければならない。この武装によってこそ、闇夜に霊魂を罠にかけようと謀る暗闇の敵に、畏怖と驚異とを与えることができる。なぜなら野の獣は、この闇夜において、神の家畜の群の中から自分たちのために悪しき餌食を懸命に求めるのであるから。このことについて預言者は次のように言っている。「あなたが闇を置かれると夜になり、森の獣は皆、忍び出てくる。若獅子は餌食を求めて吠える」〔詩一〇四：二〇‐二一〕と。

197 さてイスラエルとは、救われた者すべてを意味するのであり（なぜなら、イスラエルの末裔がすべてイスラエル人なのではなく〔ロマ九：六〕、ただ神を見る人だけがまさにその見るという働きによって、勝れた意味でイスラエルの名で呼ばれるのだから）[*6]、そして神を見る人に特有なことは、どんな感覚によっても罪を見ないということであるから（なぜなら、誰も二人の主人を見ることはできず、一方を愛そうとするなら他方をまったく憎まなければならないのだから〔マタ六：二四〕）、以上のような理由で、王の一つの臥床は、すべての救われた者を意味するのである。もし心の浄められた者がすべて神を見るなら〔マタ五：八〕、またもし神を見る者が勝れた意味でイスラエルとなり、そう呼ばれるのなら、さらにもし名状しがたい理由によってこの名が一二部族に分け与えられるのならば、救われる人の数の総体は六〇に総括される。なぜなら人が一群ずつ、この総体の一二の部分〔部族〕から取られ、さらにこの一群の人間が五つの感覚の数に従って五人の重装剣士に分割されるのであるから。実際、神の鎧、武器をすべて身に着ける人〔エフェ六：一一〕は皆、王の一つの臥床を取り囲み、一つのイスラエルとなる。そして一二部族の各部族が五人の英雄から成るので、英雄の総体（プレーローマ）は六〇という数にまとめられ、一つの戦列、一つの軍勢、一つの臥床となる。すなわち、彼らはすべて一人の首長、一人の導き手、一人の花婿によって、一つの身体という交わりへ秩序づけられた一つの教会、一つの民、一人の花嫁になるのである。[*7]

198

　われわれは、臥床が救われた者の安らぎであることを、主の声を通して学んだ。その声は、夜恥ずかしげもなく戸を敲（たた）く者に向かって、「もう戸は閉めたし、子供たちは私の側で寝入っている」〔ルカ一一：七〕と言う。原文は、正義の武器〔二コリ六：七〕によって不受動心（ἀπάθεια）を自らに形成した人たちを、いみじくも幼児たちと名づけている。[*8] そのことによって、原文は、われわれが労苦して得た善とは、初めからわれわれの本性に植えつけられたものにほかならないことを教えている。なぜなら腰に剣を佩いた人は、有徳な生活への奉献によって情欲を斥けたのであるが、幼児は、その年齢においては、情欲を感じないからである。実際、幼児に情念など容れる余地はないのである。

このようなわけで、重装剣士が臥床の周りにいることと臥床の上で幼児が安らっていることとを知ることは、結局同じことである。というのも、この両者にとっては、一つの不受動心が同じものだからである。つまり、両者の一方は情欲を受容したことがないし、他方は斥けたからである。実際、幼児はいまだに情欲を知らないでいるし、他方の剣士はそれを斥け、不受動心を通じて幼児のようになり、自分自身が不受動の状態に達したからである。以上のようなわけで、自ら幼児あるいは剣士あるいは真実のイスラエル人になって、この三者が至った境地に生きる人は、実に幸いな人である。つまり、彼はイスラエル人として、清い心で神を見る。他方で剣士として、不受動心と清浄さとにおいて、王の臥床すなわち自分の心を護衛する。また幼児として、至福の臥床で、われらの主キリスト・イエスの懐の内で安らうのである。この主に、代々とこしえに栄光がありますように。アーメン。

199

訳註

＊1――ここから、教父にあってはプラトン的な感性界対思惟界という二分法が凌駕されており、代わって創造主対被造物の二分法が世界を眺める原理として導入されていることが理解される。したがって教父にあっては、プラトン的な非感性界や思惟的存在も、創造主から不断に存在を与えられて存在する善美な被造物なのである。ここにはエペクタシス論を基礎づける不断の創造という視点が見出されよう。

＊2——暗黒については、『モーセの生涯』（De vita Moysis〔谷隆一郎訳、教文館、一九九二年〕）を参照。これは後世の十字架のヨハネ（Juan de la Cruz　一五四二—九一年）の霊性神学「霊魂の暗夜」の先駆となる考えである。

＊3——これらの宇宙的諸勢力については、エフェ三：一〇、六：一二以下とコロ一：一五以下を参照。

＊4——王上七：一-一二、一〇：一四-二九などにヒントがあろうか。

＊5——この象徴は、すでにユスティノス（Ioustinos　一〇〇頃—六五年頃）に見出される。石は御言葉を、割礼は御言葉が実現する浄化を象徴する（Dialogus cum Tryphone Judaeo 113, 6-7）。

＊6——これはヘブライ語の語源的解釈であり、イスラエルを、イーシュ（人）とラーアー（「見る」の三人称単数）とエール（神）とに分解し、イスラエルとは「神を見る人」であると解釈した。

＊7——グレゴリオスは、ここで「雅歌」に対する教会論的解釈をしている。「雅歌」を、個人の霊的発展の象徴的意味と救済史的教会論的な意味で解釈することは、聖書の集合人格的発想（たとえば、第二イザヤの「主の僕（しもべ）」の像、「イザヤ書」四二：一-九、四九：一-六、五〇：四-一一、五二：一三-五三：一二）と合致し、そこに教父のヘブライ性とでもいうものが窺われるのである。

＊8——ここでも、グレゴリオスの聖書の喩え話に対する象徴的解釈が見られる。

アレクサンドレイアのキュリロスとネストリオス往復書簡

アレクサンドレイアのキュリロス
ネストリオス
小高　毅訳

解題

アレクサンドレイアのキュリロス（Kyrillos　三七〇／八〇―四四四年）はアレクサンドレイア司教テオフィロス（Theophilos　在位三八四／八五―四一二年）の甥であり、そのもとで神学教育を受け、叔父の死後すぐに同地の司教となった。一方、やがて大きな異端派を形成することとなるネストリオス（Nestorios　三八一頃―四五一年以降）はシリア出身のペルシア人、アンティオケイアで学び、同地で司祭に叙され、四二八年にはコンスタンティノポリス司教に任命されている。伝統的にアレクサンドレイアでは聖書の比喩的解釈に重点を置きキリストの神的本性を重視する神学が展開され、アンティオケイアには聖書の字義的・歴史的解釈に立脚しつつキリストの人間本性に重きを置く気風がある。

所載した三通の往復書簡は、イエス・キリストにおける人間本性と神的本性の在り方を巡る大論争の中で具体的な争点の一つとなった、聖母マリアの呼称に関するものである。発端は四二八年降誕日のネストリオスの説教にあった。マリアを「神の母（テオトコス）」と呼ぶ人々がいるが、それではマリアから生まれたイエスの人間本性を否定するものとなる。他方で「人間の母（アントローポトコス）」と呼ぶ集団もあるのだが、これではイエスの神的本性が揺るがされるだろう。双方の危険を避けるためには、「キリストの母（クリストトコス）」とするのがよい。ネストリオスのこの提案が各地で物議を醸すことになる。四二九年の春以降、キュリロスは聖母を「神の母（テオトコス）」と呼ぶべきことを主張しつつ、ネストリオスの教説を批判し始める。

四三〇年二月付のキュリロスのネストリオス宛の書簡とこれに対するネストリオスの返信にはすでに緊張感が漲っている。この返信を得た後のネストリオス宛書簡にキュリロスは、ネストリオスを非難する一二条の異端宣告文を書き加えている。この条文はそのまま、エフェソス公会議（四三一年）でネストリオスを断罪する異端宣告文として採択された。

ネストリオスへの第二の手紙（アレクサンドレイアのキュリロス第四書簡）

いとも敬虔で、神に愛された同輩ネストリオス殿に、キュリロスより主においてご挨拶申し上げます。

(1) 私の聞き及びましたところによりますと、ある人々は、貴殿の信仰に対する私見を吹聴して回っており、それもたえまなく〔吹聴して回っており〕、特に司教会議〔の開催〕を目論んでいるとのことです。また、おそらく彼らは何とかして貴殿の気を引こうと考えておりますので、〔貴殿には〕不愉快な発言を〔貴殿の耳に〕入れていることでしょう。彼らは自分たちが不正をしているとは毛頭考えておらず、むしろ当然なすべきことを行っていると確信しているのです。〔彼らのうちの〕一人は目の不自由な人々や貧しい人々に対して不正をなし、別の一人は母親に刀を振り上げるようなことをなし、さらに別の一人は他人の金を盗み出すために下女と通じたのです。そして、誰も極悪非道な敵に対してさえかき立てようと欲しないほどの悪い評判をこうむっているのです。しかしながら、取るに足らぬ自分〔を忘れ〕、主ならびに師を超えて、また諸教父たちを超えて〔自負心を〕広げることのないように、彼らのことをこれ以上あげつらうべきではないでしょう。実に、その生き方をいかに慎重に選択しようとも、邪悪な輩の無作法な振舞いから逃れることはできないものだからです。

(2)　ところが、呪いと苦味に満ちた口をもっている〔ロマ三：一四参照〕彼らは、すべてのものの裁き主の前で弁明しなければならないでしょう。ここでは、私にとりまして特に重要なものとなっております事柄に戻り、キリストにおける兄弟である貴殿に、教えの言葉と、信仰の意図するところを慎重な配慮をもって信徒に対して説かなければならないこと、またキリストを信じる者たちのなかでも小さな者たちの一人でも躓かせることは耐えがたい〔神の〕不興をこうむることになることを〔マタ一八：六参照〕思い起こしていただきたいと思います。傷ついた者たちがこれほどまで多数に及んだときには、賢明に躓きを排除し、真理を求めている者たちに健全な信仰の教えを伝授するために、私どもはあらゆる技巧を尽くす必要があるのではないでしょうか。もし、私どもが、聖なる教父たちの教えに従い、それら〔の教え〕を尊重するよう熱心に努め、〔聖書に〕記されたことに即して、「私たちが信仰に生きているかどうか」自分を吟味する〔二コリ一三：五〕なら、私どもの内にある思いを、彼ら〔教父たち〕の廉直で非の打ちどころのない見解にぴったりと合わせて形成するということがまさしく現実のものとなるでしょう。

(3)　ところで、聖にして偉大な教会会議[*1]は、次のように宣言いたしました。すなわち、その本性(フュシス)に即して、父であられる神から生まれた独り子であられる子、真の神からの真の神、光からの光であられる方、この方を通して父がすべてのものを造られた方ご自身が、降って来られ、肉となられ、人間となられ、苦しまれ、三日目に復活され、天に昇られたのです。私どもは、神から〔生まれた〕言（ロゴス）が肉となられ、人間となられたとはいかなることか考察するにあたって、これらの言葉とこれらの教え（ドグマ）に従わなければなりません。実に、私どもが言おうとしているのは、言（ロゴス）の本性（フュシス）が変化して肉（サルクス）となられたということでも、〔言（ロゴス）の本性が〕魂と肉体（ソーマ）から成る人間全体（*ὅλον ἄνθρωπον*）に変形したということでもありません。むしろ、私どもが主張しますのは次のことです。すなわち、言（ロゴス）は、一個別者（ヒュポスタシス）として[*2]、名状しがたく把握しがたい方法で、理性的な魂（*ψυχῇ λογικῇ*）に生かされた肉（サルクス）を自分に合一させて（*ἑνώσας ἑαυτῷ*）、人間となられ、人の子と呼ばれましたが、それは単に意志や恵みによることではなく、単に役割（プロソーポン）を受け入れたことによるのでもありません。また、〔私どもは次のことも主張いたします〕真の合一（ヘノーシス）となるような結合された〔神と人間の〕本性（フュシス）はそれぞれ異なるものではありますが、双方から成るひとりのキリスト、ひとりの子がおられるのです。〔二つの〕本性（フュシス）の相違は合一（ヘノーシス）によって取り除かれたのではなく、合一（ヘノーシス）のための名状しがたく言語に絶する結束（*συνδρομῇ*）によって、私どものために、神性と人間性とが唯一の主、キリスト、子となったのです。

（4）　こうして、代々（よよ）に先立って存在を有しておられ、父から生まれておられたのですが、肉（サルクス）に即して女から生まれたと言われるのです。この方の神性は聖なる処女（おとめ）の内に、その存在の元（アルケー）をもつのではなく、父からの〔誕生の〕後に、〔神性〕そのもののために第二の誕生を必要とされたのでもありません。実に、あらゆる代々に先立って存在しておられ、父とともに永遠に存在される方が、存在されるために第二の元（アルケー）を必要とされたと主張するのは、条理を逸したことであるとともに、愚かなことでもあります。しかしながら、「私たちのため、また私たちの救いのために」、言（ロゴス）は一個別者（ヒュポスタシス）に即して[*3]人間性をご自分に結び合わせ、女から出生されたので、肉による出生が語られるのです。実に、まず初めに、普通の人間が聖なる処女から生まれ、その後、言（ロゴス）がその人間の上に降ったのではありません。逆に、ご自分の肉の誕生をご自分のものとされたことで、〔処女の〕胎内で〔人間性と〕合一した〔言（ロゴス）〕が肉による誕生を甘受されたと言われるのです。

(5) 同様に、この方は苦しみを受け、復活されたと私どもは言いますが、神の言（ロゴス）が、ご自分の本性（フュシス）において、苦しみを受けられたのでも、打たれたのでも、刺し貫かれたのでも、他のもろもろの傷を受けられたのでもありません。実に、神性は苦しみを受けることはありません。非身体〔非物体〕的なものだからです。生まれたものである、この方ご自身の肉体（ソーマ）が苦しみを受けたので、この方ご自身が私どものためにそれらの苦しみを受けられたと言われるのです。実に、この方は、苦しむ肉体（ソーマ）の内にあっても、苦しむことのない方（ὁ ἀπαθής）であられたのです。私どもは、この方の死についてもまったく同様に考えております。神の言（ロゴス）は、本性（フュシス）に即して、不死の方、朽ちない方、生命であり、生かす方であられます。パウロが言っておりますように、神の恵みによって、すべての人のために、その肉体（ソーマ）が死を味わったので〔ヘブ二：九〕、この方ご自身が、私どものために死の苦しみを受けられたと言われるのです。その〔言（ロゴス）としての〕本性（フュシス）に関する限り、この方は死を体験されることはありませんでした。実に、そのようなことを言ったり考えたりするのは常軌を逸したことです。まさしく先に述べましたように、この方の肉（サルクス）が死を味わわれたのです。また同様に、この方の肉（サルクス）が復活させられたときにも、これまた同様に、この方の復活として語られます。しかし、この方が腐敗に屈したと言うのではありません。断じてそうではありません。この方の肉体《ソーマ》が復活させられたということです。

(6) このようにして、私どもは唯一のキリスト、〔唯一の〕主を表明するのです。私どもは言《ロゴス》とともに一人の人間を礼拝しているとは言いません。「ともに」と言うことで、区分を設けているような印象を与えないためです。私どもは唯一の同じ〔主〕を礼拝しているのです。この方の肉体《ソーマ》は言《ロゴス》にとって〈よそもの〉（ἀλλότριον）ではなく、それとともに〔言《ロゴス》〕は父の許に座しておられるのです。しかしながら、ふたりの子が〔父の許に〕座しているというのではありません。固有の肉《サルクス》との合一に即して（καθ' ἕνωσιν μετὰ τῆς ἰδίας σαρκός）ひとりの方なのです。もし、私どもが、「一個別者《ヒュポスタシス》に即した合一《ヘノーシス》」（καθ' ὑπόστασιν ἕνωσιν）をありえないこと、あるいは不適当なこととして退けるなら、ふたりの子を語ることになってしまいます。その結果必然的に、一個の人間であるが特別に〈子〉と呼んで敬われた方と、それとは別に、本性的に子としての名前と実質を特別に有しておられる神の言《ロゴス》とを区別しなければならなくなります。それゆえにこそ、唯一の主イエス・キリストをふたりの〈子〉に分けてはならないのです。

(7) まさに、たとえ、ある人々がもろもろの役割《プロソーポン》の合一《ヘノーシス》を認めようとも、これに優る信仰の正しい表明はけっしてないでしょう。実際、聖書は、言《ロゴス》は人間の役割《プロソーポン》をご自分に結び合わされたとは述べておらず、肉《サルクス》となったと述べているのです〔ヨハ一：一四参照〕。さて、言《ロゴス》が肉《サルクス》になられたということは、私どもと同様に、血と肉とを具えられた〔ヘブ二：一四参照〕ということにほかなりません。私どもの肉体《ソーマ》をご自分のものとされ、神であられること、父なる神から生まれた方であられることを放棄することなく、肉（サルクス）を受容されても、〔かつて〕存在されたままであり続けられつつ、人間として女から生まれ出られたのです。これが、あらゆるところで尊ばれている精確な信仰の教えです。聖なる教父たちもそのように考えていたことがわかるでしょう。こうして、彼ら〔教父たち〕は聖なる処女を神の母（テオトコス）と呼ぶのをためらわなかったのです。むろん、言（ロゴス）の本性（フュシス）もしくはその神性が聖なる処女からその存在の元（アルケー）を得たということではなく、理性的な魂に生かされた聖なる肉体（ソーマ）が〔処女から〕生まれたという意味で、一個別者（ヒュポスタシス）に即しこの〔肉体〕と合一した言（ロゴス）が肉（サルクス）に即して生まれたと言われるのです。

さて、以上のことをここに私が記しましたのはキリストの愛に駆られてのことであり、兄弟として〔貴殿を〕激励し、〔貴殿が〕私どもといっしょに以上の〔教え〕を考え、かつ教えていることを、キリストと選ばれた天使たちの前で証言されるよう切に勧めるためです。それもひとえに諸教会間の平和が保たれ、神の祭司たちのあいだの一致と愛の絆が断たれることのないためです。

貴殿の下にある共同体によろしくお伝え下さい。私どもと共にある共同体が、キリストにおいて貴殿によろしくと申しております。

アレクサンドレイアのキュリロスへの第二の手紙（ネストリオス）

いとも敬虔で敬神の念篤い同輩キュリロス殿に、ネストリオスより主においてご挨拶申し上げます。

（1）貴殿のお手紙に私は驚愕させられましたが、その中で私に向けられました侮辱には目をつむることにしましょう。忍耐が癒してくれるでしょうし、時間の経過がおのずと事態を明らかにして答えてくれるでしょう。しかしながら、沈黙を守ることは許されないでしょう。もし私が沈黙していれば、大きな危険を招きかねないからです。ですから、私のできます範囲で、曖昧で未消化な饒舌による放言に陥らないように気をつけつつ、長々と論じることなく、簡潔に述べてみようと思います。親愛なる貴殿のお手紙のいとも叡知に満ちた言葉を手掛かりに、それを文字通り引用しつつ、答えていきたいと思います。さて、貴殿のお手紙に収められた驚嘆に値する教えの言葉とはいかなるものでしょうか。

「聖にして偉大な〔ニカイアでの〕教会会議は、〔次のように宣言いたしました。すなわち〕その本性（フュシス）に即して、父であられる神から生まれた独り子であられる子、真の神からの真の神、光からの光であられる方、この方を通して父がすべてのものを造られた方ご自身が、降って来られ、肉となられ、人間となられ、苦しまれ、復活された」と言われます。

(2) これは猊下ご自身のお言葉であり、〔猊下も〕ご自分のお言葉とお認めになられることでしょう。しかし、私どもの〔言葉〕、敬神のための兄弟的な勧告にも耳を傾けてください。それは、偉大なパウロが愛弟子テモテに切に勧めた言葉です。「〔聖書の〕朗読と勧めと教えに専念しなさい。そうすれば、あなたは自分自身と、あなた〔の言葉〕を聞く人々とを救うことになります」〔一テモ四：一三、四：一六〕。「専念しなさい」ということはどういうことでしょうか。それらの聖なる〔教父たちの〕伝承を表面的に読むなら、貴殿は赦しを求めるに値する無知に陥ることになる、ということです。つまり、父とともに永遠の方である言(ロゴス)が苦しみうる方であると彼らは主張したと、貴殿は考えられたのです。[*4] よろしければ、もっと細心の注意を払って、彼らの言葉を検討してみて下さい。そうすれば、この神聖なる教父たちの合唱隊は、同一本質(ホモウーシオス)の者である神性が苦しみうるものであるとも、父とともに永遠のものである神性がごく最近になって生まれたとも、壊滅された神殿を復興した〔神性〕が復活したとも主張していないことがおわかりになるでしょう。そして、貴殿が私の兄弟的な治癒に耳を傾けられれば、聖なる教父たちの言葉を引用しつつ、私は、彼らの言葉についての貴殿の誤解ならびに、その〔誤解〕を通しての聖書の言葉についての〔誤解〕から貴殿を解き放つことができるでしょう。

(3) 〔教父たちは〕次のように言っております。「私はまた、私たちの主イエス・キリスト、〔神の〕独り子なる子を信じる」。彼らがどのようにして、まず初めに、神性と人間性に共通する

「主」、「イエス・キリスト」、「独り子」、「子」といった基本的な名称を提示し、そのうえで受肉、復活、受難に関する伝承を打ち立てているかに注目して下さい。それは、まず初めに、双方の本性（フュシス）に共通することを表示する名称を提示することで、子であることと主であることに関わる事柄が〔人間性から〕切り離されることのないよう、また〔二つの〕本性（フュシス）に関わることが子の身分の単一性の内に混同されて消滅してしまう危険性を避けようとしたのです。

(4) 実に、この点に関して彼らの教師となったのはパウロでした。〔パウロは〕神的な受肉について言及するにあたって、また受難について論じようとするにあたって、まず初めに、双方の本性（フュシス）に共通する――少し前の個所で述べましたように――「キリスト」という名称を掲げ、そのうえで〔二つの〕本性（フュシス）のそれぞれに関わる事柄を言い添えているのです。〔パウロは〕実際にどのようなことを述べているのでしょう。〔次のように述べています、〕「あなたがたのあいだでこのことを心がけなさい。それはキリスト・イエスにも見られることです。〔キリスト〕は神の姿形でありながら、神と等しい者であることに固執しようとは思わず」――一言一言引用するのはやめます――「死に至るまで、それも十字架の死に至るまで従順なものとなられました」〔フィリ二・五―八〕。実に、死について言及しようとするときには、それによって神である言（ロゴス）が苦しみうるものであると思われないように、単一のプロソーポンにおける苦しみうる本質（ウーシア）と苦しみえない本質を表示するものとして「キリスト」という名称を掲げているのです。*5 それは、何の危惧もなしに、キリストは苦しみうるものであり、かつ苦しみえないものであると称することができるからです。つまり、神性によって苦しみえないものであり、肉体の本性（フュシス）によって苦しみうるものだからです。

(5) この点に関して私は多くのことを語ることができますし、まず第一に彼ら聖なる教父たちは救いの営み(オイコノミア)にもとづく誕生について言及しているのではなく、受肉について言及していることを指摘できるでしょう。しかし、冒頭で簡潔に述べると約束したことを覚えておりますので、敬愛する貴殿が指摘された第二の点に進むことにいたします。

(6) そこでの、人間性と神性という概念にもとづく〔二つの〕本性(フュシス)の区別と、一つのプロソーポンにおける両者の結合*6、そしてまた、神なる言(ロゴス)は女からの第二の誕生を必要としたとは言えないこと、神性が苦しみに服することはないという宣言に私は賛同いたします。実に、そのように表明することはまったく正統なことであり、主の〔二つの〕本性(フュシス)に関する、あらゆる異端者たちの謬説に反対するものです。しかしながら、その他の点は、たとえ何らかの知恵が隠されているにせよ、聴衆の耳には理解しがたいものであり、それを理解するには貴殿の綿密な研究を俟たなければなりません。私にとりましては、先に述べられたことを覆すものと思われます。実に、初めの個所で苦しみえないと宣言された方、第二の誕生を受け入れることはないと宣言された方が、ここでは、どうしてか私にはわかりませんが、苦しみうるもの、ごく最近造られたものとして提示され、その結果、本性(フュシス)に即して神なる言(ロゴス)に固有な事柄が、神殿との結合によって壊滅されてしまっておりますし、あるいは神的な本性(フュシス)と分かちえない、何の罪もない神殿が罪人たちのために誕生と死を甘受したことが、人々にとって大して意味がないかのようにみなされておりますし、あるいは「この神殿を壊してみよ。三日で建て直してみせる」〔ヨハ二：一九〕と言われたのであって、「私の神性を壊してみよ。三日で建て直してみせる」と言われたのではない、ユダヤ人に対する主の言葉を信じてはならないかのように見受けられるのです。

(7) ここでもまた、長々と論じてしまったようですが、〔初めに〕約束したことはしっかりと覚えております。簡潔を旨としていますが、これだけは言わなければなりません。

聖書のあらゆる個所で、主の救いの営み（オイコノミア）に言及されるときには、私どものための誕生と受難はキリストの神性ではなく人間性に帰されているのです。その結果、精確を期した呼称に従えば、聖なる処女（おとめ）は「神の母（テオトコス）」ではなく「キリストの母（クリストトコス）」と呼ばれなければなりません。では、福音書記者の言葉を聞いて下さい。こう言っています、「アブラハムの子ダビデの子、イエス・キリストの系図」〔マタ一：一〕。神なる言（ロゴス）がダビデの子ではなかったことは確かです。よろしければ、他の証言を受け入れて下さい。「ヤコブはマリアの夫ヨセフを儲けた。この〔マリア〕からキリストと呼ばれるイエスがお生まれになった」〔マタ一：一六〕。次のように私どもに証言する別の言葉にも注目して下さい。「イエス・キリストの誕生の次第は次のようであった。彼の母マリアはヨセフと婚約していたが、聖霊によって身ごもっていることが明らかになった」〔マタ一：一八〕。独り子の神性が聖霊による被造物であると考える人が誰かいるでしょうか。「イエスの母がそこにいた」〔ヨハ二：一〕という言葉については何と言うべきでしょう。さらに、次のようにも言われているのです。「イエスの母マリアとともに」〔使一：一四〕、「〔マリアの胎〕の子は聖霊によって宿ったのである」〔マタ一：二〇〕、「子供とその母親を連れて、エジプトに逃げよ」〔マタ二：一三〕、「子に関するものです。〔子は〕肉によればダビデの子孫から生まれた」〔ロマ一：三〕。

そしてまた、受難についてはˆ次のように言われていますˇ、「神は、罪ˆを取り除くˇために子を罪深い肉と同じ姿でˆこの世にˇ送り、その肉において罪を罪として処断されたのです」ˆロマ八：三ˇ、「キリストは、私たちの罪のために死んだ」ˆ一コリ一五：三ˇ、「キリストは肉によって苦しみをお受けになった」ˆ一ペト四：一ˇ、「これは、あなたがたのために裂かれた」――私の神性ではなく――「私の体である」ˆ一コリ一一：二四ˇ。

そして、他の無数のˆ聖書のˇ言葉が、子の神性は最近のものではなく、肉体的な受難に服したのでもなく、神性の本性（フュシス）と一つに結ばれた肉がˆ最近のものであり、受難に服したˇことを人類に証言しているのです。ˆ肉が神性と一つに結ばれたことˇから、キリストはダビデの主そのもの、ˆダビデのˇ子と呼ばれるのです。「〈あなたたちはキリストのことをどう思うか。誰の子だろうか〉。彼らが、〈ダビデの子です〉と言うと、イエスは言われた。〈では、どうしてダビデは、霊を受けて、ˆキリストをˇ主と呼んでいるのだろうか。「主は私の主にお告げになった。私の右の座に着きなさい」とˇ」ˆマタ二二：四二-四四ˇと述べられています。肉に即して絶対にダビデの子であり、神性に即して主であられるのです。それゆえ、肉体は子の神性の神殿、気高く神的な結合に即して一つにされた神殿であり、その結果、神的な本性（フュシス）がˆ神殿の本性ˇをご自分のものとされたと表明することは、福音の伝承に適う、正しいものです。しかしながら、兄弟よ、この取得を名目にして、結合された肉に固有な事柄、すなわち誕生、受難、死といったことをもˆ神性にˇ帰すことは、異教徒の誤謬、あるいは常軌を逸したアポリナリオスやアレイオスや他の異端者たち、否、むしろ彼らよりもずっと邪悪な者たちの病んだ思いによって欺かれることにほかなりません。[*7] 実に、取得という言葉に引きずられた彼らは、必然的に、取得のゆえに、神なる言(ロゴス)は乳で養育され、少しずつ成長し、受難にあたって恐れを覚え、天使の助けを必要としたとせざるをえないのです。割礼、犠牲、飢え、渇きについては何も言いますまい。それらは肉に付随することであり、私どものために生じたこととして崇むべきことではありますが、それらが神性に帰されるなら、間違って解釈され、冒瀆を犯したものとして私どもを正しく断罪する原因となるのです。

(8) 以上は聖なる教父たちの伝承であり、聖書の教えていることです。同様に、神の人々への愛と威光についても語ることができるでしょう。「これらのことを熟慮しなさい。それに励みなさい。そうすれば、あなたの進歩はすべての人に明らかになるでしょう」〔一テモ四：一五〕と、パウロも皆に対して語っている通りです。ですから、貴殿が躓いた人々に対し十分配慮して下さるのであれば、神的な事柄を気遣い、私どもに関わることをも考慮なさる貴殿の魂に、私は感謝を捧げることでしょう。しかしながら、貴殿はマニ教徒とみなされて聖なる教会会議によって断罪された者たち、[*8] あるいは貴殿の権威の下にある聖職者たちによって惑わされてしまったことを知って下さい。実に、教会の状況は日ましに進展しており、キリストの恵みによって民は、その盛況を目にして、預言者とともに「大水が海を覆うように、地は主の知識で満たされるであろう」〔イザ一一：九〕と叫ぶまでに増大しているのです。皇帝がたは、正しい教えが光を放っている現状にしごく満足しておられますし、簡単に申せば、神と教会の正しい信仰に敵対するあらゆる異端者に関して、「サウルの家は次第に衰えていき、ダビデの家はますます勢力を増していった」〔サム下三：一〕という言葉が、私どものあいだで、日ごとに実現されているのを看取することができるのです。

(9) 以上は、兄弟から兄弟に向けた、私どもの勧告です。パウロが私どもの口を通して叫ぶことでしょう。「異論を唱えたい人がいるとしても、そのような習慣は、私たちにも神の教会にもありません」〔一コリ一一：一六〕。私と、私と共にある者一同より、貴殿と共におられるキリストにおける兄弟の皆様に、心よりご挨拶申し上げます。いとも尊く、敬神の念篤い君よ、いつまでもご健在であられますように。私どものためにお祈り下さい。

ネストリオスへの第三の手紙（アレクサンドレイアのキュリロス第一七書簡）

いとも敬虔で、いとも神から愛された同輩の司教ネストリオス殿に、キュリロスならびにエジプト教会管区からアレクサンドレイアに参集した教会会議は、主においてご挨拶申し上げます。

(1) 「私よりも父や母を愛する者は、私にふさわしくない。私よりも息子や娘を愛する者は、私にふさわしくない」〔マタ一〇：三七〕と、私どもの救い主がはっきりと言っておられますのに、私ども一同の主、救い主よりも〔貴殿を〕愛するように猊下に要求されております私どもといたしましては、いかに苦しまなければならないことでしょう。いったい誰が、裁きの日に私どもを助けることができましょう。〔主〕に対して貴殿がなしておられる誹謗に、長きにわたる沈黙を守っていたとしますれば、私どもはいかなる弁明を見出しうるのでしょう。そのようなことを考え、かつ教えることで、ただ貴殿お一人を害するのであれば、私どもが憂慮するまでのこともありますまい。しかしながら、貴殿は教会全体に躓きを与え、ご当地〔すなわちコンスタンティノポリス〕のみならず、あまねく全地の民々のあいだに、異質で未聞の異端のパン種を混入されたのです。実際、貴殿の声明を収めた書物が流布しております。私どもがそれでも沈黙を守るに足る理由が何かありましょうか。どうしてキリストの次の言葉を思い起こさずにいられましょう。〔キリストはこう言われたのです、〕「私が来たのは地上に平和をもたらすためだと思ってはならない。剣をもたらすために来たのだ。私は敵対させるために来たからである。人をその父に、娘をその母に」〔マタ一〇：三四‐三五参照〕。実に、信仰が損なわれようとしているときに、両親に対する畏敬は、陳腐な状況に適さぬ〔戯言〕として破棄されるがよい。子供や親族に対する愛情を育む法も黙するがよい。敬虔な者たちにとって、そうなっては生きるよりも死ぬほうがましである。聖書に記されているように、「さらに優った甦りに達するため」〔ヘブ一一：三五〕に。

(2) したがいまして、いとも聖にして、いとも敬虔な兄弟、私どもの同輩の司教ケレスティヌス殿が主宰し、偉大なる都ローマに招集されました聖なる教会会議〔四三〇年八月〕とともに、この第三の手紙をもって、私どもは貴殿に、貴殿が考え、かつ教えておられるかくも愚かしく邪な教説から離れ、それに代えて、目撃者であり、言（ロゴス）の奉仕者であった〔ルカ一：二参照〕聖なる使徒たちと福音書記者たちを通して、初めから諸教会に伝承された正統な信仰に立ち戻られるよう忠告し、厳（おごそ）かに勧める次第であります。いとも聖にして、いとも敬虔な、私どもの同輩のローマの司教ケレスティヌス殿が前述の手紙の中で指定しておられる期日までに、もしも猊下がそのようになさらない場合には、貴殿は私どもとともにいかなる聖職位も有されることなく、また神の祭司ならびに司教たちのあいだでいかなる場も位階をも有されないことをご承知下さい。実に、諸教会がかくも混乱をきたし、信徒たちが躓き、正統な信仰が顧みられず、貴殿が私どもとともに正統な教えを愛する者であられ、聖なる教父たちの敬神の念に従う者であられたなら、救いを得るよう貴殿が配慮しなければならないはずの羊の群れが貴殿によって散り散りにされていることをなおざりにすることは、私どもには断じてできません。しかも、信仰のゆえに猊下によって排斥されたり罷免された信徒ならびに聖職者たちと、私どもは皆、交わりを保っております。

実際、正統な教えを有していると認められた者たちが、まさに貴殿に反対した廉(かど)で、貴殿の判決によって不正な取り扱いを受けることは、義(ただ)しいことではありません。実に、このことは、私どもの同輩であり、偉大な都ローマの司教である聖なるケレスティヌス殿に宛てて貴殿ご自身が記された手紙の中で、貴殿ご自身が明らかにしておられることなのです。

しかしながら、猊下におかれましては、〔信仰の〕危機に直面した時期に、ニカイアに招集された聖にして偉大な教会会議において、聖霊によって、宣言された信仰箇条を〔私どもと〕ともに表明されるだけでは不十分でしょう。と申しますのも、貴殿はそれを正しく理解しても、正しく解釈してもおられず、むしろ、その条文を声高らかに表明されるにしても、曲げて〔理解して〕おられるからです。貴殿の場合は、書面で聴従の意を表明され、宣誓のうえ、貴殿の汚らわしく神を冒瀆する教説を排斥し、私ども一同、すなわち、東西の司教たち、教師たち、信徒の指導者たちが〔考え、教えている〕ことを貴殿も考え、教える旨表明されなければなりません。ローマでの聖なる教会会議と私ども一同は、アレクサンドレイアの教会から猊下に宛てて書かれたもろもろの手紙が正統で非の打ちどころのないものであることで意見の一致を見ました。しかしながら、私どもは私どものこの手紙に、考え教えなければならない事柄と、排斥されなければならない事柄とを添付することにしました。

実に、東西の正統な司教たちが皆、共に同意している、カトリックの、使徒伝来の教会の信仰は以下のものです。

(3) われわれは、唯一の神、万物を支配する父、すべての見えるものと見えないものとの造り主を信じる。また、唯一の主、イエス・キリスト、神の子を〔信じる〕。彼は父から生まれた独り子、すなわち父の本質（ウーシア）から〔生まれた者〕、神からの神、光からの光、真の神からの真の神、造られた者ではなく生まれた者、父と同一本質（ホモウーシオス）の者である。天と地にあるすべてのものは彼を通して成った〔造られた〕。彼はわれわれ人間のため、われわれの救いのために降り、肉となり、人間となり、苦しみ、三日目に復活し、天に昇った。彼はまた生ける者と死せる者とを裁くために来るであろう。また、聖霊を〔信じる〕。

「〔子が〕かつて存在しなかった時があった」とか、「〔子は〕生まれる前には存在しなかった」とか、「存在しないものから成った〔造られた〕」もしくは「別の基体（ヒュポスタシス）または本質（ウーシア）から〔成った〕者である」などと主張する者たち、また「神の子は変化・変換する者である」などと主張する者たちをカトリックの使徒伝来の教会は排斥する。[*9] あらゆる点で、〔聖なる教父たち〕のうちにあって語った聖霊によって彼らが作成した、聖なる教父たちの信仰宣言に従い、そこに示された考えが意図するところに従って、あたかも王道を進むかのように、私どもは次のように主張いたします。〔神の〕独り子であり神の言（ロゴス）であり、父の本質（ウーシア）そのものから生まれた方、真の神からの真の神、光からの光、この方を通して、天にあるものも地にあるものも、すべてのものが成った〔造られた〕この方は、私どもの救いのために降って来られ、空しくされるまでご自分を低くされて

〔フィリ二・七−八参照〕、肉となられ、人間となられた、すなわち聖なる処女(おとめ)から肉をとられ、母胎から〔肉〕をご自分のものとして造られ、私ども〔と同じ〕誕生を耐え忍ばれ、人間として女から生まれ出られたのです。かつてあられた〔状態〕を失われることなく、肉と血とをとって生まれたとはいえ、かつてあられた〔状態〕にとどまられたのであり、明らかに本性(フュシス)においても真に神〔であり続けられたのです〕。肉が神性の本性(フュシス)に変化したとも、神の言(ロゴス)の名状しがたい本性(フュシス)が肉の本性(フュシス)に変化したとも、私どもは主張しません。聖書によれば〔マラ三・六〕、この方は変わることのない、絶対に変化しない方であり、常に同じ方であり続けられるからです。そして、見えるものであられ、産着に包まれ、この方を産んだ処女の懐に抱かれた赤子であられたときにも、神としてすべての被造物を満たしておられ、この方を生んだ方〔父〕とともに玉座に君臨しておられたのです。神性は量も大きさももたぬものであり、限定を受けることはないからです。

(4) 言(ロゴス)は個別者として(καθ' ὑπόστασιν)肉と合一されたこと(ἡνῶσθαι)を宣言して、私どもはひとりの子、主イエス・キリストを礼拝しております。あたかも栄誉と主権の合一(ヘノーシス)によって互いに結合している(συνημμένους)かのように、神と人間とを区別し、分割することはありません。実に、そのような〔発言〕は戯言であり、〔私どもの〕与り知らぬことです。また、神の言(ロゴス)を別に〈キリスト〉(Χριστός)と呼び、同様に女から〔生まれた〕者を別にもうひとりの〈きりすと〉(χριστός)と呼ぶことはせず、その方ご自身の肉とともに、唯一のキリスト、父なる神の言(ロゴス)を認めております。受けるに値する人々に〈霊〉を授けられる方であられましたが、人間としては人々のあいだで塗油されました。それも、聖なる福音書記者ヨハネが言っておりますように、限りなく〔〈霊〉を注がれたのです〕」〔ヨハ三：三四参照〕。

さらに、普通の人間の内に〔宿られる〕ように、聖なる処女から生まれた者の内に神の言（ロゴス）は宿られたなどとも私どもは言いません。キリストは神を担う人間であると考えられることのないためです。実際、たとえ言（ロゴス）は私たちの内に宿られたと言われていようとも〔ヨハ一：一四参照〕、またキリストの内には「満ち溢れる神性が、余すところなく、形をとって宿っていた」と言われていようとも〔コロ二：九〕、肉となられたことで、聖なる者たちに宿られると言われるのと同様に、〔言（ロゴス）は〕この方の内に臨まれたとは私どもは考えていませんし、それを「宿り」（κατοίκησις）という言葉で定義することもありません。本性（フュシス）に即して〔個別者として〕*10合一され、しかも肉に変わらずに、人間の魂が〔魂〕自身の肉体の内にあると言われるように、〔肉体を〕「住まい」（κατοίκησις）とされたのです。

（5） したがって、子であり主であられるキリストは唯一であり〔一コリ八：六参照〕、単に、栄誉と主権の合一によって、人間が神との結合（συνάφεια）を有しているためではありません。実に、栄誉が等しいということは本性（フュシス）が合一されているということではありません。たとえば、ペトロとヨハネとは〔二人とも〕使徒であり、聖なる弟子であるということに準じて栄誉を等しくしていますが、だからといって、二人は一人ではないのです。さらにまた、私どもは、結合（シュナフェイア）の様式を〈並存〉（παράθεσις）としては考えていません。その〔表現〕は本性（フュシス）的に〔個別者として〕合一されていること〔を表現する〕には不十分だからです。また、修得的な参与（μέθεξις σχετική）とも〔考えません〕。聖書によれば、主に結びつけられた私どもも〔主〕と一つの霊になるようなものだからです〔一コリ六：一七参照〕。さらに、結合（シュナフェイア）という言葉をも、合一（ヘノーシス）を表現するには適当ではないものとして、私どもは斥けます。また、父である神の言（ロゴス）をキリストの神とか主とか呼ぶこともしません。再び、公然と、子であり主である唯一のキリストを二つに分けないためであり、この方ご自身をご自分の神ならびに主とすることで、〔神を〕冒瀆するという非難を浴びることのないためです。すでに述べましたように、基体（ヒュポスタシス）に即して〔個別者として〕[*11]肉と合一された神の言（ロゴス）が、万物の神、万物の主であられるのです。この方はご自分の僕（しもべ）であられるのでも、〔ご自分の〕主であられるのでもありません〔ヨハ一三：一二－一六参照〕。そのように考えたり主張するのは、愚かしいことであり、不敬きわまりないことです。実に、この方は、本性（フュシス）によって、また〔父〕の本質（ウーシア）に由来する方として神であられますが、神をご自分の父と呼ばれました〔ヨハ二〇：一七など〕。また、この方は、神であり続けられつつ、人間性の本性（フュシス）に固有な法則に即して、神の下にある人間となられたことを、私どもは知らないわけではありません。しかし、この方が、ご自分の神もしくは主になることがどうしてできたでしょう。ですから、人間として、またご自分を空しくされた範囲に似つかわしい限りにおいて、ご自分が、私どものように神の下にある人間であると言われるのです〔ヨハ八：二八－三〇、ヘブ四：一四－一五参照〕。こうして、この方は、神として、律法を告げ知らせ、律法の授与者であられましたが、「律法の下に生まれた」〔ガラ四：四〕のです。

（6）私どもはキリストについて次のように言うことを拒否します。すなわち、「〔肉を〕担った方であるがゆえに、担われた者を私は敬う。見えない方であるがゆえに、見える者を私は礼拝する」。次のように言うのは、それ以上に恐ろしいことです。「とられた者は、とった方の呼称を用いて神と名づけられる」[*12]。実に、このようなことを言う者は、再び〔この唯一の方を〕ふたりのキリストに区別し、人間を別に一方に置き、神を同じように〔もう一方に置くのです〕。〔このようなことを言う者は〕合一（ヘノーシス）を公然と否定しているのです。〔合一〕によって、別々の者が共に礼拝されるのではなく、また神が〔他の者と〕交わっているのでもないのです。むしろ、この方ご自身の肉とともに、唯一の礼拝をもって尊ばれている、ひとりのキリスト・イエス、独り子である子が考えられているのです。私どもは次のように宣言します。すなわち、父なる神から生まれた子、独り子なる神ご自身が、その固有の本性（フュシス）によれば苦しみを受けえない方であり続けられたが、聖書に記されているように、私どものために肉において苦しみをお受けになったのです〔一ペト四：一参照〕。そして、十字架に付けられた肉体においてなんら動ずることなく、ご自分の肉の苦しみをご自分のものとされたのです。本性（フュシス）によって生命〔そのもの〕であられ、ご自身が復活であられましたが、ご自分の肉体を〔死に〕渡すことで、神の恵みによって、すべての人のために死を味わわれました〔ヘブ二：九参照〕。それは、名状しがたい力をもって、まずご自分の肉によって死を踏みにじった後、「死者のなかから最初に生まれた方」〔コロ一：一八〕、そして「眠りに就いた人たちの初穂」〔一コリ一五：二〇〕となられるためであり、ほんの少し前に述べたように、神の恵みによって、すべての人のために死を味わい、陰府を潰滅させた後、三日目に復活して、人間の本性（フュシス）のために不滅へと昇る道を開くためでした。ですから、たとえ死者の復活はひとりの人間を通して実現されると言われているにしても〔ヨハ一一：二五、ロマ五：一二参照〕、この人間とは神から生まれた言(ロゴス)であり、この方を通して死の支配は滅ぼされたと私どもは考えております。そして、聖書に記されているように、義をもって全地を裁くために、定められた時に、御父の栄光のうちに、ひとりの子、主として来られるでしょう〔詩九七:九、使一七:三一参照〕。

(7) しかし、ぜひとも次のことを言い添えたいと思います。独り子なる神の子、すなわちイエス・キリストの、肉による死を告げ知らせ、死者のなかからの復活と昇天を宣言しつつ、私どもは諸教会において血を流すことのない犠牲を献げる礼拝を行っております。こうして、私ども一同の救い主であるキリストの聖なる肉と尊い血に与る者となって、私どもは霊的な祝福に近づき、聖なるものとされるのです。普通の肉としてそれをいただくのではありません。断じてそうではありません。またそれを、栄誉の合一(ヘノーシス)に即して言(ロゴス)と結合され、聖なるものとされたひとりの男の〔肉〕として〔いただく〕のでも、神聖な住まいとなったものとして〔いただく〕のでもありません。そうではなく、真に生命を与える、言(ロゴス)ご自身の〔肉〕そのものとして〔いただくのです〕。神として本性(フュシス)によって生命であられた方が、ご自分の肉と一つのものとなられたときに、それを「生命を与えるもの」と宣言されたからです。ですから、たとえ「はっきり言っておく。人の子の肉を食べ、その血を飲まなければ」〔ヨハ六:五三〕〔云々〕と私どもに言われていようとも、私ども一人と同じ人間の〔肉〕であるとは私どもは考えないのです。実際、人間の肉が、いったいどうして、その本性(フュシス)に従って生命を与えるものでありえましょう。そうではなく、私どものために人の子となられ、また〔人の子と〕呼ばれた方ご自身の真の〔肉〕となったものとして〔それをいただくのです〕。

(8)　また、私どもは、福音書の中での私どもの救い主の発言を、二つの基体（ヒュポスタシス）〔個別者〕にも〔二つの〕人物（プロソーポン）にも配分することはしません。たとえ相異なる二つの実在物から分かちがたく一つになっているものと考えられるにせよ、ひとりにして唯一のキリストは二重（*διπλοῦς*）のものではありません。まさに、人間は魂と肉体とから成っていると考えられますが、二重のものとは考えられず、双方から成る一つのものと考えられるのと同じです。私どもは正しく理解していますので、人間としての発言も神としての発言も、ひとりの方によって語られたものであると主張するのです。実に、神として、ご自分について、「私を見た者は、父を見たのだ」〔ヨハ一四・九〕とか、「私と父とは一つである」〔ヨハ一〇・三〇〕とか語られるとき、本質（ウーシア）を同じくすることによってご自分の父と一つであり、〔父の〕栄光の反映、具現、像であられる〔ヘブ一・三参照〕ことに即した、この方の名状しがたい神的な本質（ウーシア）を私どもは考えます。他方、人間としての限界を軽んじられずに、ユダヤ人に対して、「今、あなたたちは、真理をあなたたちに語った人間である私を殺そうとしている」〔ヨハ八・四〇〕と語られたときにも、ここでもまた、この方の人間としての限界からも、この方が父と等しく、まったく似た方として、神なる言（ロゴス）であられると私どもは認めるのです。実に、本性（フュシス）によって神であられるお方が肉、すなわち理性的な魂によって生かされる人間となられたと信じなければならないとすれば、この方の発言が、たとえ人間にふさわしいものとしてなされていようと、それを恥としなければならないいかなる理由がありましょう。私どもと同じ人間となられなければならなかったこの方が、どうして人間にふさわしい言葉を避けなければならないのでしょうか。私どものために、ご自分から進んで、ご自分を空しくされるまで低くされた方が、いったいどのような理由から空しくされたことにふさわしい言葉を避けなければならないのでしょうか。ですから、福音書の中でのすべての発言は、ひとりの人物(プロソーポン)、言(ロゴス)の受肉した唯一の基体(ヒュポスタシス)(ὑποστάσει μιᾷ τῆς τοῦ λόγου σεσαρκωμένῃ)に帰さなければならないのです。聖書によれば、主イエス・キリストはただおひとりだからです。

(9) また、私どものほうからこの方に〔捧げられ〕、この方を通して父である神ならびに聖霊に捧げられる信仰の告白を、父である神に捧げる祭司の務めを果たす方として、「私たちの信仰を宣言する使者、大祭司」〔ヘブ三:一〕と呼ばれようとも、それでもなお、この方は、本性(フュシス)として独り子なる神の子であると私どもは主張します。そしてまた、その祭司職の名と実質を、この方以外の他〔の人間〕に帰すことはありません。この方こそ、ご自分を香りのよい供え物として父である神に捧げて〔エフェ五:二参照〕、神と人々とのあいだの仲介者〔一テモ二:五〕、平和を回復する者となられたからです。そのゆえにこそ、次のように語られたのです。「あなたは、生贄(いけにえ)や献げ物を望まれず、むしろ私のために肉体を具えて下さいました。あなたは、焼き尽くす献げ物や罪を贖うための生贄を好まれませんでした。そこで、私は言いました。〈ご覧下さい。私は来ました。聖書の巻物に私について書いてある通り、神よ、御心を行うために〉」〔ヘブ一〇:五-七、詩四〇:七-九〕。この方は、ご自分の肉体を香りのよい供え物として捧げられましたが、それは、ご自身のためというよりも、私どものためでした。神として、あらゆる罪に勝っておられた方が、ご自分のために供え物や生贄を捧げる必要があるでしょうか。「すべての〔人〕が罪を犯し、神の栄光を受けられなくなっている」〔ロマ三:二三〕とすれば、当然、私どもは悪行に向かうものとなっており、人間の本性（フュシス）は罪に弱いものとなっているのです。〔しかし、この方はそうではありません。〕このため私どもは、この方の栄光よりも劣っているのです。では、私どもを通して、私どものために、真の仔羊が屠られたことに、どうして疑問の余地がありえましょうか。また、この方はご自分と私どものためにご自分を捧げられたと言うことは、何としても不敬のそしりを免れないでしょう。この方は、いかなる点でも過ちを犯されなかったし、罪を犯すこともなかったのです。したがって、当然、それを必要とする罪がなかったというのに、いかなる生贄を必要としたのでしょう。

(10) また、この方は聖霊に関して、「その方は私に栄光を与える」〔ヨハ一六：一四〕と言っておられますが、私どもは正しく理解しておりますので、他の者からの栄光を必要としていたかのように、唯一のキリスト、子が聖霊から栄光を得たとは主張しません。この方の〈霊〉は、この方より優っているのでも、上にあるのでもないからです。ご自分の神性の証明として、偉大な御業（みわざ）のために、ご自分の〈霊〉を用いられましたので、〔〈霊〉〕によって栄光が与えられると言われたのです。それはまさに、私どもの誰かが、自分に具わっている力とか、何かしらに関する知識について、「それらが私に栄光を与える」と言うのと同じことです。実に、たとえ〈霊〉は独自の基体（ヒュポスタシス）〔個別者〕として存在しており、確かに、この方〔〈霊〉〕ご自身として、〈霊〉であって子ではないにしても、〔子と〕無縁の者ではありません。〔〈霊〉は〕真理の霊と呼ばれ、キリストは真理であられるからです。また、〔子が〕父である神から〔出て来られた〕ように、〔〈霊〉〕も〔子〕から出て来られるのです。それゆえ、〈霊〉は、私どもの主イエス・キリストが天に昇られた後、聖なる使徒たちの手を通して働かれ、〔主に〕栄光を与えられたのです。ですから、この方〔主イエス・キリスト〕は、本性（フュシス）によって、神であられ、ご自分の〈霊〉を通して働いておられると信じられるのです。また、このために、この方は言われたのです。「〔〈霊〉は〕私のものを受けて、あなたがたに告げるからである」〔ヨハ一六：一四〕。また、参与（*μετοχή*）によって知恵ある者であり力ある者であると、私どもは主張することもけっしてありません。〔〈霊〉は〕完全きわまりない方であり、いかなる善をも欠くことのない方だからです。〔〈霊〉は〕父の力ならびに知恵の〈霊〉であられるので、つまり子の〔力ならびに知恵の〈霊〉であられるので〕、〈霊〉ご自身が〕知恵ならびに力そのものなのです。

(11) また、基体（ヒュポスタシス）に即して〔一個別者として〕肉と合一された神を聖なる処女は肉体的に出産したので、彼女を〈神の母（テオトコス）〉と私どもは呼びますが、それは言（ロゴス）の本性（フュシス）が、肉からその存在の元（アルケー）を得たからではありません。実に、〔言（ロゴス）は〕「元（はじめ）にあった」、「言（ロゴス）は神であった」、そして「言（ロゴス）は神とともにあった」〔ヨハ一：一〕のであり、この方は代々（よよ）の造り主であり、父とともに永遠の方であり、万物の形成者であられました。また、すでに前の個所で述べたように、基体（ヒュポスタシス）に即して〔個別者として〕人間性をご自分に合一されたことで、彼女の母胎からの肉をもっての誕生を甘受されたのです。むろん、ご自分の本性のために、代々（よよ）の終わりの時に、時間の内に誕生しなければならなかったのではありません。私どもの存在の元を祝福するためであり、そして、肉と合一されたこの方を女が生んだことによって、土から成った私どもの肉体を死に送り込む、全人類に対する呪いに終止符が打たれるためでした。また、「お前は苦しんで子を生む」〔創三：

一六〕という言葉がこの方によって破棄されたとき、「強い死が彼らを飲み込んだ」、「しかし、神はすべての顔から涙を拭い去られた」〔七十人訳、イザ二五・八〕という預言者の言葉が真実であることが明らかにされるためでした。実に、このために、救いの計画に即して、この方は聖なる使徒たちとともにガリラヤのカナに招かれたときに出かけられ、結婚を祝福された〔ヨハ二・一―二〕と、私どもは主張するのです。

(12) 以上の考えを私どもが学びましたのは、聖なる使徒たちと福音書記者たち、神感による聖書全巻、祝された教父たちの真実の信仰宣言からです。猊下も、これらのすべてに同意されなければなりませんし、それも偽りなしにすべての点に賛同されなければなりません。

以下は、猊下が排斥[*13]されなければならない諸点を私どもがこの手紙に付加するものです。

(一) インマヌエルが真に神であること、それゆえ、聖なる処女が〈神の母〉(テオトコス)であること――彼女は肉体的に、肉となられた神の言(ロゴス)を生んだのである――を信仰告白しない者は排斥される。

(二) 父である神の言(ロゴス)は、基体(ヒュポスタシス)に即して〔個別者として〕肉と合一されたこと、固有の肉とともに唯一のキリストがおられること、この方は明らかに神であられ、同様に人間でもあられることを信仰告白しない者は排斥される。

(三) 本性的な(フュシス)〔個別者としての〕合一(ヘノーシス)による一致(シュノドス)ではなく、栄誉による、すなわち主権と権威による結合のみによって両者を結びつけて、合一(ヘノーシス)の後、唯一であるキリストを〔二つの〕基体(ヒュポスタシス)〔個別者〕に分ける者は排斥される。[*14]

(四) 聖なる人々によってキリストに関するものとして言われているものであれ、〔キリスト〕

によってご自分に関することとして言われているものであれ、福音書および使徒の文書の中に見られる諸発言をふたりの人物（プロソーポン）、すなわち二つの基体（ヒュポスタシス）〔個別者〕に帰し、ある〔発言〕を神の言（ロゴス）とは別の者と考えられた人間に帰し、ある〔発言〕を神にふさわしいものとして父である神からの言（ロゴス）に帰す者は排斥される。

㈤ キリストは〈神を担った人間〉であると大胆不敵にも主張し、言（ロゴス）が肉となり、われわれと同様に血と肉を共有されたからといって、〔キリストは〕唯一の子として、本性（フュシス）によって、真に神であるのではないと主張する者は排斥される。

㈥ 父である神の言（ロゴス）はキリストの神および主であると言い、聖書によれば、言（ロゴス）が肉となったのであるから、〔キリスト〕ご自身が神であり、同じく人間でもあると信仰告白しない者は排斥される。

㈦ イエスは人間として、神の言（ロゴス）によって動かされていたとか、〔独り子とは〕別の者であるかのように、独り子の栄光が〔イエス〕に付与されたと言う者は排斥される。

㈧ 〔言（ロゴス）によって〕とられた人間は、神なる言（ロゴス）とともに礼拝され、ともに讃美され、〔言（ロゴス）と〕ともに神と呼ばれなければならない――常に付加される「ともに」という言葉は、〔言（ロゴス）とこの人間とが〕別々に存在するかのように考えるよう強いるので――と大胆不敵にも主張し、言（ロゴス）が肉となられたにもかかわらず、唯一の礼拝をもってインマヌエルを尊ばず、唯一の栄唱を〔インマヌエルに〕捧げない者は排斥される。

㈨ 唯一の主イエス・キリストは〈霊〉によって栄光を与えられ、別の方の力であるかのように、この〔〈霊〉〕を用いられたと言い、また、この〔〈霊〉〕から汚れた霊どもに対して働く力および人々のあいだで奇跡を行う力を得たと言い、〈霊〉は、その〔〈霊〉〕を通して奇跡を行われたその方ご自身のものであると言わない者は排斥される。

（一〇）キリストは大祭司であり、われわれの宣言する信仰の使者〔使徒〕であり〔ヘブ三：一〕、われわれのために、ご自分を香りのよい供え物として父である神に捧げて下さった〔エフェ五：二〕と聖書は述べている。したがって、われわれの使徒、大祭司となられたのは、肉〔となられ〕、われわれと同じ人間となられた言（ロゴス）ではなく、〔言（ロゴス）とは〕別の者、別に女から〔生まれた〕人間であると言う者、あるいは、この方は、われわれのためだけでなく自分自身のためにも自分を供え物として捧げた——罪を知らない者は供え物を捧げる必要はないので——と言う者は排斥される。[*15]

（一一）主の肉は生命を与えるものであり、父である神からの言（ロゴス）ご自身の〔肉〕であると信仰告白せず、〔言（ロゴス）とは〕別のある者、栄誉によって〔言（ロゴス）〕と結ばれた者の、すなわち単に神聖な住まいとして所有された者の〔肉〕であると言い、われわれの主張するように、すべてのものを生かす力をもつ言（ロゴス）ご自身の肉とされたのであるから、生命を与えるものであると信仰告白しない者は排斥される。

（一二）神の言（ロゴス）は、神として生命〔そのもの〕であられ、生命を与える方であられたが、肉において苦しみを受けられ、肉において十字架に付けられ、肉において死を味わわれ、死者のなかから最初に生まれた者〔コロ一：一八〕となられたと信仰告白しない者は排斥される。

訳註

*1――三二五年のニカイア公会議のこと。

*2――*καθ' ὑπόστασιν*. P・ネメシェギに倣って「同一の自律存在となるように」と訳すべきか（「デンチンガー編『カトリック教会文書資料集』の和訳をめぐって」『カトリック研究』第一四巻〔一九七五年〕、一八八―一八九頁参照）。A.-J. Festugière は personnellement と訳している（Éphèse et Chalcédoine. Actes des Conciles, Paris 1982, p. 49）。

*3――前註2参照。

*4――文字通りのキュリロスの言葉ではない。キュリロスは、『ネストリオスへの第二の手紙』（本巻収録）で、「神の言（ロゴス）が、ご自分の本性（フュシス）において苦しみを受けられたのではなく、……この方ご自身の肉体が苦しみを受けた」と述べている。しかし、ネストリオスにとって、神の言（ロゴス）に関して言われることは神的本性そのものに帰されるものであり、「言（ロゴス）が十字架上で死んだ」とか「マリアから生まれた」ということは神的本性を侵害することになる。神性と人間性に共通するキリストという名称を用いて、「キリストが死んだ」あるいは「生まれた」ということを彼は認める。J・メイエンドルフは「ネストリオス主義の本質的な曖昧さは、まさに言（ロゴス）とキリストとのあいだに暗黙のうちに認められた主体の二元性にある」（『東方キリスト教思想におけるキリスト』小高毅訳、教文館、一九九五年）と指摘する。

*5――ここで「本質（ウーシア）」という語は、一般的な意味での「本性（フュシス）」と同義語として用いられている。「プロソーポン」については次註参照。

*6――キュリロスが「ヒュポスタシスに即した合一」（*ἕνωσις καθ' ὑπόστασιν*）を語るのに対して、ネストリオスは「一つのプロソーポンにおける結合」（*συνάφεια προσώπου*）を掲げるが、彼は両者を同義

と見ている。ネストリオスは少し前の個所で、キリストにおける二つの本質＝本性を認めているが、プロソーポンは一つであるとしている。モプスエスティアのテオドロス（Theodoros　三五〇頃―四二八年、司教在位三九二―歿年）も、「結合のゆえに二つの本性が一つのプロソーポンとなっている」ことを主張している（Homiliae catecheticae VI, 3）。「プロソーポン」（*πρόσωπον*）というギリシア語はラテン語の「ペルソナ」（persona）に対応するが、ここで「プロソーポン」は「ヒュポスタシスの表れ」、「具体的な存在の外的な表れ」を意味する。

*7――キュリロスが、唯一の神的な主体（受肉した言）が人間として生まれ、苦しむと主張するところから、アンティオケイア学派は一貫してキュリロスをアポリナリオス（Apollinarios　三一〇頃―九〇年頃）主義的であり、アレイオス主義的であると非難する。

*8――コンスタンティノポリスでの教会会議で断罪された（ACO I, 1, 7, pp.17-172）同市の教会の司祭であったフィリッポス（Philippos）のこと。

*9――ほぼ文字通りのニカイア信条の引用。

*10――キュリロスにおいて、フュシス（*φύσις*）、ヒュポスタシス（*ὑπόστασις*）、プロソーポン（*πρόσωπον*）は同義語であり、具体的な個別者を意味する。したがって、「本性に即した」と訳することに問題がある。ただし、この表現は、その後キリスト論論争でたびたび掲げられることになる。このため、あえて「本性に即して〔個別者として〕」といった訳し方をした。

*11――前註参照。

*12――ネストリオスの説教からの引用。

*13――「われらと共におられる神」の意味。「受肉した神なる言」を最もよく表す名称としてキュリロスは好んで用いる。

*14――これは、最も強くアンティオケイアのキリスト論に反対する条文である。ここで用いられる「本性的な合一」（ἕνωσις φυσική）という表現は、包括的な意味で「真の」（ἀληθής）合一を意味すると、キュリロス自身説明している（Thesaurus de sancta et consubstantiali Trinitate, PG 75, 300; 332; 405）。しかし、アポリナリオスの言う意味で取られかねないものである。

*15――この条文はキュロスのテオドレトス（Theodoretos　三九三頃―四六六年頃、司教在位四二三―歿年）の考えを拒否するものである。

神秘神学

ディオニュシオス・アレオパギテス
今　義博訳

解題

新約聖書「使徒言行録」第一七章三四節には、アテナイでパウロの説教を聞きキリスト教に入信した者として「アレオパゴスの議員ディオニュシオス」の名が挙げられている。この人物を作者とする一連の文書があった（巻末底本書誌参照）。「ディオニュシオス文書」（Corpus Dionysiacum）と称されたこれらの文書は六世紀前半から流布する。証聖者マクシモス（Maximos Homologetes 五八〇―六六二年）はこれを真作として、東方教会では「聖書に次ぐ権威」をもつ文書として受け入れられた。西方ではエリウゲナ（Johannes Eriugena 八〇一／二五―七七年以降）によるラテン語訳の出現、さらに同時代のヒルドゥイヌス（Hilduinus 八五五／六一年歿）により著者が初代パリ司教で殉教者の聖ディオニュシウス（聖ドニ。Dionysius 二五〇年頃歿）と同一人物であるとの権威づけが行われたこともあり、きわめて影響力のあるテクストとなった。明らかに新プラトン主義の影響が見られるこの文書群が六世紀前半に作成されたことは、十九世紀末から二十世紀初頭にようやく明らかになった。しかし著者は特定できないため、著者名を「偽ディオニュシオス・アレオパギテス」（Pseudo-Dionysius Areopagita）と呼ぶ習慣がある。

偽ディオニュシオスによれば最高の「神学（テオロギア）」（神についての語り）は「否定神学」である。「否定」は神認識ないし神語りへの人間自身の認識能力および言語能力の不適合性を意味し、圧倒的な神の超越へと向かう人間の自己超越を示す。そのため神を語るに際しての「否定」は、「肯定」「否定」の対立を超えた「否定」であって、テクストには撞着語法が多用されることとなる。所載した『神秘神学』（De mystica theologia）は「否定」を重ね知られざる神へと上昇した至高の境地を言葉少なく記す。最終的には神には「沈黙」こそがふさわしいのである。

神秘神学

第一章

神の闇とはどのようなものか。

第一節

神秘神学

997A

存在を超え、
神を超え、
善を超えている、
三一なるものよ
神としての知恵によって

997B

キリスト教徒を指揮する者よ
神秘なる言葉の[*1]、
不可知をも超え[*2]、
光をも超えた、
このうえない最高の頂へ
われらを導き給え

そこでは
純一なる、
絶対的なる、
不変なる、
神学の神秘が
隠れた神秘なる沈黙の、
光を超えた
闇[*3]に隠れていて
このうえない暗闇で
このうえなく光を超えているものを

1000A

輝くことを超えて輝かせ
触れることも
見ることも
まったくできないところで
目の見えなくなった知性[4]を
美しさを超えている美しさで
充たすことを超えて充たす

まことにこのように私は祈る。だが、親愛なるテモテ[5]よ、神秘なる観想の対象に対して真剣に取り組むために、感覚作用と知性活動を捨て去り、感覚と知性で捉えうる一切のものを捨て去り、あらゆる非存在と存在を捨て去りなさい。[6]そして、できる限り、あらゆる存在と知識を超えている合一[7]へ無知によって昇り[8]なさい。実際、あなたは、自分自身と一切のものからの完全に無条件で絶対的な超脱[9]によって、あなたが一切のものを除去するとともに一切のものから解放されることによって、[10]存在を超えている、神の闇の光へと引き上げられるであろう。

第二節

これらのことがいまだ神秘を教示されていない人々にけっして聞き知られることのないよう注

1000B
意しなさい。[*11] そういう人々とは、存在するものに囚われている人々のことを言っているのであるが、彼らは超存在的に存在するものを超えているものがあるという考えを抱くことはけっしてなく、自分の有する知識で「闇を自分の隠れ家」〔詩一八：一二〕とした方を知っていると思っているのである。だが、神秘の観想が彼らを超えているとすれば、彼ら以上に神秘の観想から遠い人々については何と言うべきであろうか。そういう人々は皆、万物を超越している原因を存在するもののうちで最低のものによって特徴づけ、その原因が彼らの作り上げた神らしからぬものやさまざまな姿形のものよりもけっして優ってはいないと考えているのである。その原因に対しては、万物の原因という限りでは、存在するものを付与するということのすべてを付与し肯定するべきであり、[*12] 万物を超えている超存在という限りでは、いっそう正しいことだが、そのことをすべて否定するべきであるが、[*13] 否定と肯定が対立していると考えるべきではなく、その原因は欠如を超えてはるかに先にあって、あらゆる除去と付与を超えていると考えるべきである。[*14]

第三節

1000C
たとえば、聖なるバルトロマイ[*15]は、神のことばは多いとともに最も少なく、福音は広大で長いと同時に簡潔であるというふうに述べている。私の思うには、彼は、万物の善なる原因は言葉数が多いとともに言葉数が少なく、言葉も知性の働きももっていないので無言でさえあるということを自然本性を超えて知っていたのである。というのも、その善なる原因は超存在的に万物を超

1000D 1001A

越しているのであって、浄と不浄のすべて[16]を乗り越えた人々にのみ、あらゆる聖なる頂を登り越えた人々にのみ、あらゆる神からの光と天上の音と言葉をも凌駕した人々にのみ、聖書に述べられているように、万物の彼方にある方が真に存在しているところの「闇の中〔密雲〕に」〔出二〇：二一〕入っていった人々にのみ、曇りなく明らかに真に開示されるのである。

というのは、聖なるモーセ[17]も単に初めに自分自身を浄化するよう命じられるだけでなく、次には浄化されていない人々から遠ざかるようにも命じられるのであり、すべての浄化を終えた後でさまざまな音色の喇叭（らっぱ）の音を聞き、清らかに閃くさまざまな光とさまざまに発散される光線を見るのである。それから彼は群衆から遠ざかり、選ばれた祭司たちといっしょに聖なる登攀の頂点に達する。彼は彼らの面前で神自身に会うのではないし、彼が見るのは、神自身ではなく（神は見ることができないのだから）、神のいた場所なのである[18]。

（このことは、見られるものや考えられるもののなかで最も神聖で最高のものでさえも、万物を超越している方によって発せられた言葉のなかでは一種の仮の言葉であることを意味していると思われる[19]。その言葉によって、あらゆる考えを超えたその方の臨在はその方のいとも聖なる場所に立脚しつつ、知性が知ることのできる最高点で示されるのである。）

それから、モーセは目に見える事物と〔彼を〕見ている人々そのものから離れて、真に神秘なる無知の闇に入っていく[20]。この闇の中で彼はあらゆる認識による把握をやめて[21]、まったく触れることもできず見ることもできないものに関わり、彼の全体は、あらゆるものの彼方のものであってしかも何ものでもないものに属して、自分自身にも他のものにも属さないこととなり[22]、あらゆる知識を無知により完全に静止させることでより高度な意味で一つになり、[*23] 何も知らないことによって知性を超えて知ることになるのである。

1025A

第二章
万物の原因であって万物を超えているものにいかにして合一し、讃美するべきか。

われわれは光を超えたその闇のところに行くことができるよう、また、見ることも知ることもなしに観想と知識を超えている方を、見ることも知ることもなしに見て知ることができるよう祈ろう。実際、そうすることこそが真に見ることであり知ることなのである。また、自然物の彫像を彫る人[*24]が、隠れているものに対する純粋な観想を覆い隠している阻害物をすべて取り除けば、そのように除去するだけでその彫像は隠れて見えなかった美しさをそれ自身で輝かすのであるが、いわばそのように、すべての存在するものを除去することによって、存在を超えているものを存在を超えて讃えることができるようわれわれは祈ろう。

1025B

ところで、私が思うには、除去は付与と反対に讃えなければならない。というのも、われわれは最高のものから始めて、中間のものを通り、最低のものへと下降しながら付与したのに対して、この場合、最低のものから最高のものへと上昇しながらそれらすべてを除去するのだからである。われわれがそうするのは、すべての存在するものにおいて知られるすべてのものによって覆い隠されているあの無知を曇りなく明らかに知るためであり、存在するものにおけるすべての光によって隠されて見えないあの超存在的なる闇を見るためである。

第三章
肯定神学とはどのようなものか、否定神学とはどのようなものか。

ところで、『神学概論』[25]においてわれわれは肯定神学の最も重要な事柄を讃えた。すなわち、神の善なる本性が一つであると言われるのはどうしてか、三つと言われるのはどうしてか、その本性に関して父であることや子であることが語られるのはなぜか、霊の神学〔聖霊の神性に関する教え〕が示していることはどういう意味か、非物質的で不可分なる善からどのようにして善性の核心に存する光が生じるのか、またその放射にもかかわらずその善はどのようにして自分自身においても、その放射された光においても、その相互のあいだでも、ともに永遠なる止留から離れることなくとどまっているのであるか、存在を超えているイエスはどのようにして人間本性の現実において存在を有するのか、ということ、そのほか聖書によって明らかにされた事柄のすべてを、『神学概論』では讃えたのである。

他方、『神名論』では、どうして〔神が〕善と呼ばれ、存在と呼ばれ、生命、知恵、力と呼ばれるのかということ[26]、そのほか知性によって捉えられる神の名称に属するものをすべて讃えた。

1033B

また『象徴神学』[*27]では、神に属する事柄に関する、感覚によって捉えられるものからの転喩をいくつかと、神の姿形、諸部分、器官をいくつかと、神の場所と世界をいくつかと、激情、苦悩、激怒、酩酊と泥酔[*28]、誓いと呪い、眠りと目覚めのいくつかと、そのほか象徴的な神の姿形に属する、聖なるものとして作られた形象表現のすべてを讃えた。

ところで、あなたも気づいたことと思うが、最後の著作〔『象徴神学』〕は最初の二つの著作〔『神学概論』と『神名論』〕よりもずっと言葉数が多い。実際、『神学概論』と神の名称の説明〔『神名論』〕は『象徴神学』よりも言葉数がより少なくなければならなかったのである。なぜならば、高みに目を向ければ向けるほど、知性によって捉えられたものをますます総括的に見ることのために言葉が制限されるのだからである。まさしくそうだとしても、知性を超えている闇の中に入っていく者が見出すであろうものは、言葉数が少ないなどということではなく、完全な無言と知性の無化である。その場合も、言葉はその高みから最低の所に下降すると、その下降の程度に従ってその分だけ量が増大したのである。しかし次に、下の方から上の方へ昇っていくと、その上昇の度合いに従って言葉は縮小され、その上昇がすべて終わった後はまったく無言となって、言い表せない者と完全に一つになるであろう。

1033C

しかし、いったいなぜ神に関する付与〔肯定〕は最高のものから行い、神に関する除去〔否定〕は最低のものから始めるのかと、あなたは尋ねるであろう。それは、あらゆる付与を超えているものを付与するには、そのものにいっそうよく類似しているものから仮定的に肯定を付与することが必要であり、他方、あらゆる除去を超えているものを除去するには、そのものからいっそう

1033D

遠ざかっているものから除去することが必要だからである。神は〔肯定的に言う場合には〕空気や石である〔と肯定する〕より先に、生命や善である〔と肯定するべき〕ではないだろうか。また、〔否定的に言う場合には〕語られないとか考えられない〔と否定する〕より先に、泥酔していないとか激怒していない〔と否定するべき〕ではないだろうか。

第四章

感覚によって捉えることのできるすべてのものの原因は、卓越性のゆえに、感覚によって捉えることのできるもののうちの何ものでもないこと。

1040D

そういうわけでわれわれは次のように言う。万物の原因であって万物を超えているものは、非存在にもあらず、生命なきものにもあらず、理性なきものにもあらず、知性なきものにもあらず、また、身体ももたず、姿ももたず、形ももたず、質ももたず、量ももたず、また、いかなる場所にも存在せず、見られもせず、感覚で触れることもできず、感覚もせず、感覚されることもできず、また、物質による苦痛に悩まされて無秩序や混乱に陥ることもなく、感覚で捉えられる偶然の出来事に屈従して無力になることもなく、光を欠くこともなく、変化もなく、消滅もなく、分割もなく、欠如もなく、流転もなく、そのほか感覚で捉えられるどんなものでもないし、そのようなどんなものも有することもない。

1045D 1048A 1048B

第五章

知性によって捉えることのできるすべてのものの原因は、卓越性のゆえに、知性によって捉えることのできるもののうちの何ものでもないこと。

さらに上昇しながらわれわれは言う。それ〔万物の原因であって万物を超えているもの〕は魂でも知性でもなく、想像も臆断も理性も知性ももたず、理性でも知性でもなく、語られも考えられもせず、数でも秩序でもなく、大でも小でもなく、等も不等もなく、類似性でも不類似性でもなく、静止しているのでも動いているのでも何もなさずにいるのでもなく、力をもっているのでも力であるのでも光であるのでもなく、生きているのでも生命であるのでもなく、存在でも永遠でも時間でもなく、それを知性で捉えることのできる接触でも認識でもなく、真理でも主権でも知恵でもなく、一者でも一性でもなく、神性でも善性でもなく、われわれが知っているような霊でもなく、子性でも父性でもなく、われわれやほかの人に認められる存在のなかの何かほかのものでもなく、存在しないもののうちのあるものでも存在するもののうちのあるものでもなく、存在するものはそれをそれとして知ることもなく、それは存在するものを存在するものとして知ることもなく、それには言葉も名称も知識もなく、それは闇でも光でもなく、偽でも真でもなく、それには付与も除去もまったくなく、われわれはそれの後に続くものには付与も除去も行うが、それ自身を付与も除去もしない。万物の完全で一なる原因はあらゆる付与を超えているのであり、あらゆるものから絶対的に隔絶して一切のものの彼方にあるものの卓越性はあらゆる除去を超えているのだから。

訳註

＊1――「神秘なる言葉」はあらゆる言葉以前の、あらゆる言葉を超えた言葉である。ゆえに、以下に見られるようにそれは「沈黙」や「無言」とも表現される。

＊2――後註7参照。

＊3――この「闇」はもちろんわれわれにとって現実的な光のない状態としての闇のことではない。それは確かにわれわれにとってあらゆる光を超えているものとしての闇であるとはいえ、そのあらゆる光を超えたところに普通の（光の欠如という）意味での闇と同質の闇があるということでもなく、またそれとは異質の闇があるということでもない。「それ」があらゆる光を超えているがゆえに、光にあらざるものであることを示すために「闇」と言ったのである。それゆえ、あらゆる存在を超えているものを「超存在」と呼ぶのと同様に、その闇は一応「超光」と言ってもよい。しかし「闇」がいかに高度な意味で光を超越するものを意味するとしても、それは言葉による喩えにすぎず、概念による限定にすぎない。あらゆる言葉を超えているものを言葉で規定すること自体がすでに無効なのであるから、「それ」を「闇」と言ったとたんに「それ」はその「闇」から逃れているのであり、「闇」ではないことになる。つまり「それ」はどのような「光」でもないばかりか、どのような「闇」でも「超光」でもない。

そうだからといって、「それ」に対して単に沈黙し無言でいることも「何も言えない」と言うことも正しいことではない。そのような態度は言葉の次元を超えているものに対して依然として沈黙や無言という言葉の次元の内にとどまっているにすぎないからである。要するに、「それ」に対しては言葉の次元で「言う」ことも「言わない」ことも間違いであり、「言う」ことも「言わない」ことも正当性を得るためには言葉の次元そのものを超えていなければならない。逆に言えば、言葉の次元を超えて「それ」に即している限りは、「言う」ことも「言わない」こともすべてが正しいであろう。

確かに「それ」を言葉で表現するために光と闇の比喩を用いる限りは言葉の働きや制約に従い、それらの比喩の意味連関に従わざるをえない。だが、その表現は本来言葉を超えているものについての、言葉を超えた次元からの言葉による表現であるから、言葉のあらゆる働きや制約を超えたところから、言葉のあらゆる働きや制約に則りつつそれらを自由に駆使することができる。だから、次の文で言われるように、「このうえない暗闇で　このうえなく光を超えているものを　輝くことを超えて輝かせ」ると表現できることになる。この表現に見られるような言語の矛盾的表現は言語を超えた次元からのみ、その次元に立つことによってのみ正当化されるのであるから、ディオニュシオスを読む者は彼の立っているその次元に自らも立つことによって彼の言葉を理解しうることになる。

＊4――われわれの知性のことである。その典型的な例がシナイ山登攀におけるモーセに見られている。

＊5――使徒パウロの弟子の一人であるテモテのことを指しているのであろう。使一六：一以下および一テモ、二テモ参照。『天上位階論』(De coelesti hierarchia〔今義博訳、本集成第三巻『後期ギリシア教父・ビザンティン思想』一九九四年、所収〕)の標題のなかにも出てくる(「司祭ディオニュシオスより同僚の司祭テモテへ」)。

＊6――感性界と知性界の区別というプラトン的な概念の枠組みの伝統に従った表現で、ディオニュシオスが

多用するものである。その意味では「存在」は知性によって捉えられるものを意味し、それに対して「非存在」は感覚によって捉えられるものを意味している。知性は感覚を超えており、神の神秘はその知性をも超えている。それゆえ、神の神秘の観想のためには「存在」をも超えていかなければならない。哲学史的にはすでにプラトンは最高の普遍的統一者としての「善」を「存在の彼方」(Respublica 509B〔『国家』藤沢令夫訳、岩波書店、一九七六年〕)に見、プロティノスはそれを仮に「一者」とも呼んで「存在を超えるもの」、「認識を超えるもの」とした。ディオニュシオスは哲学的にはそういうプラトン主義や新プラトン主義の伝統下にいる。

*7――いわゆる「神秘的合一」(unio mystica)である。前註6参照。

*8――むろんここの「無知」は普通の意味での無知ではない。ここでは感覚も知性も超えて昇るのであるから、われわれのあらゆる知が及ばない次元、あらゆる知を超えている次元に立つという意味での「無知」である。だから「超知」と言ってもよい。

*9――ディオニュシオスのエクスタシス(*ἔκστασις*)の概念内容が窺える個所である。それは自分自身からの離脱と同時に他の一切のものからの離脱という二面での離脱を含んでいる。そしてそれは自分自身からの離脱であるがゆえに、自力で達成できることではありえず、神の力に依存するものである。『神名論』(De divinis nominibus〔『神名論』熊田陽一郎訳、教文館、一九九二年〕)に「神の愛(エロース)は超脱(エクスタシス)的であって、愛されたものが自分自身に属していることを許さず、〔自分の〕愛する相手に属するようにさせる」(IV, 13)と言われているように、神の愛は自分自身を超脱して被造物を愛し、そして神の愛によって愛された者は自分自身にとどまっていることはなく、神から受けた愛によって自らも神を愛し、自分自身を超脱して神との合一へ向かって上昇する。

*10――一切のものから「解放される」(*ἀπολύω*)ということは一切のものから隔絶して自由になることを

意味するが、他方それはギリシア語本来の意味としてもギリシア教父の用語法の伝統としても「死ぬ」ことを含意するものであった。この意味を汲み取れば、一切のものを「除去する」ことが、同時にそのように除去する（つまり否定神学を遂行する）者自身が除去したものによって以前の自分に「死ぬ」ことになる。そのように自分に死んでこそ「自分自身からの超脱」つまりエクスタシスが実現する。

*11――すでにプラトンの『テアイテトス』（Theaetetus（田中美知太郎訳、岩波書店、一九七四年））に「では、いいかね、誰も外道の者は聞いていないだろうね、よくあたりを見て、気をつけてくれたまえよ。この連中ときてはしかし、自分たちの手でしっかりとつかめるものでなければ、何ひとつだってあるとは思わないんで、作用だろうが、生成だろうが、目に見えないものはいっさい、有の部類に入れることを肯なわぬやからなんだからね」（155E）という表現がある。

*12――これがいわゆる肯定神学であり、それは神についてあらゆる被造性を「付与する」（*τιθέναι*）。

*13――これがいわゆる否定神学であり、神についてあらゆる被造性を「否定する」（*ἀποφάσκειν*）。

*14――理性的次元領域においては肯定と否定、あるいは付加と除去は対立するが、神の次元領域はそれらの対立の彼方にある（存在と非存在の対立をはじめ、その他あらゆる種類の対立についても同様に）。

*15――キリストの十二使徒の一人で、聖書にはマタ一〇：三、マコ三：一八、ルカ六：一四、使一：一三に名前が挙げられているが、彼自身の言葉は記されていない。

*16――文字通りには「汚れたものと清浄なもののすべて」とでも訳せるものであるが、日本語の語調を考慮して前後を入れ換えて「浄と不浄のすべて」と訳した。そこには宗教的な意味が込められているであろう。

*17――モーセのシナイ山登攀に関する「出エジプト記」の叙述（一九章以下）を下地にしているが、ディオ

ニュシオスにとってはすでにそのテーマを論じたニュッサのグレゴリオス（Gregorios　三五五頃―九四年）の『モーセの生涯』（De vita Moysis〔谷隆一郎訳、教文館、一九九二年〕）があった。

＊18――出三三：二一「さらに、主は言われた。〈見よ、一つの場所が私のかたわらにある。あなたはその岩のそばに立ちなさい〉」。

＊19――「出エジプト記」に述べられている、主がモーセに対して発した言葉のことである。

＊20――Cf. Gregorius Nyssenus, De vita Moysis II, 162ss.

＊21――「出エジプト記」の次の記述にもとづいている。「また〔主は〕言われた。〈あなたは私の顔を見ることはできない。人は私を見て、なお生きることはできないからである〉。さらに、主は言われた。〈見よ、一つの場所が私のかたわらにある。あなたはその岩のそばに立ちなさい。わが栄光が通り過ぎるとき、私はあなたをその岩の裂け目に入れ、私が通り過ぎるまで、私の手であなたを覆う。私が手を離すとき、あなたは私の後ろを見るが、私の顔は見えない〉」（出三三：二〇―二三）。

＊22――これは第一章第一節の終わり近くに述べられた「エクスタシス」の状態である。

＊23――Cf. Pseudo-Dionysius Areopagita, De divinis nominibus I, 5.

＊24――「彫像を彫る人」の喩えはプロティノスの『エネアデス』（Enneades I, 6, 9〔田中美知太郎・水地宗明・田之頭安彦訳、中央公論社、一九八六―八七年〕）に由来するものであろう。そこでは、訳文に従って表記すると、プロティノスは、「観る」ことが生起するためには「観る者」が「観られるもの（対象）」と「似たもの」とならなければならないと主張している。すなわち、「神や美を観ようとする者は、まず自らがまったく神のような者となり、美しい者となりきらなければならない」。このような思想はディオニュシオスのこのあたりの叙述には一見かならずしも明確に表れていないように見えるが、「見ることも知ることもなしに観想と知識を超えている方を、見ることも知ることも

なしに見て知る」と本文少し後の「存在を超えているものを存在を超えて讃えることができる」というところにそれを看て取ることができる。このことはディオニュシオスの否定神学における「除去」が、除去する者自身のあり方を同時に革新していく作業（修行）であることを示唆している。

＊25——*Θεολογικαὶ ὑποτυπώσεις.* 実在が確かめられていない。著者ディオニュシオスによる虚構か。書名そのものは『神名論』に何度も言及され、その内容の概略は De divinis nomininibus I, 1-4 に紹介されている。

＊26——これら五つの名称については De divinis nominibus I-VIII で論じられている。

＊27——*Συμβολικὴ θεολογία.* 実在が確かめられていない。著者ディオニュシオスによる虚構か。書名としては本書でも再度言及されるほか De divinis nominidus I, 8 や De coelesti hierarchia XV でも言及されている。Cf. Pseudo-Dionysius Areopagita, Epistulae 9.（『書簡集』月川和雄訳、本集成第三巻所収）

＊28——ルカ二一：三四に「泥酔と酩酊」（新共同訳では「放縦や深酒」）という句があるが、この表現は神自身のそういう状態を述べたものではない。

愛についての四〇〇の断章

証聖者マクシモス
谷　隆一郎訳

解題

証聖者マクシモス（Maximos Homologetes; Maximus Confessor　五八〇―六六二年）はコンスタンティノポリスの名家に生まれた。聖書と教父の伝統のみならず、ヘレニズム的な教養を広く身に着け、ヘラクレイオス帝（Herakleios　在位六一〇―四一年）の筆頭書記官に任ぜられたが、三年でこれを辞しコンスタンティノポリス近郊の修道院に入る。だが六二六年、ペルシア、スラヴの侵入によりやむなく旅程に身を置き、北アフリカのカルタゴに辿り着いて、同地の深い霊性に触れることになる。『愛についての四〇〇の断章』（Capita de caritate）はその壮年期の作品であり、修道生活に資する古来の師父の言葉を簡素にまとめたものである（ここでは序言と最初の一〇〇の断章を収載する）。オリゲネス（Origenes　一八五頃―二五四年頃）以来の東方霊性を豊かに受け継ぐ本書は、後のビザンティン霊性の礎となる。だが静かなテクストとは裏腹に、彼の後半生は厳しい論争と受難に晒されるものだった。

当時、キリストに神的意志のみを認める「単意説」が皇帝の支持を得ていた。しかし神性を強調するあまり人間的意志をキリストに認めないこの主張は、福音書に記されたゲツセマネでのイエスの祈り（マコ一四：三六）を蔑ろにし、イエスの神人性を揺るがすとして、強い批判が巻き起こった。六四五年頃よりマクシモスも論戦に加わり、キリストの人間的意志が救済に果たす積極的役割を強調し、単意説論駁の主導的役割を担った。次代の皇帝コンスタンス二世（Konstans II　在位六四一―六八年）は六六二年に彼を捕縛、単意説に抗って語り記したマクシモスの舌と右手を切断したとされる。カフカスのラジカに追放された彼はこの地で亡くなった。キリストに神的意志とともに人間的意志があるとする「両意説」は、六八〇／八一年の第三回コンスタンティノポリス公会議でようやく正統性が認められた。「証聖者（コンフェッソル）」とは、拷問の中で正統信仰を保ち続けた彼への尊称である。

愛についての四〇〇の断章

序言

尊敬するエルピディオス神父[*1]よ、『修道の生について[*2]』の論述に加えて「愛について」の論述を、福音書の数に倣い、四つの一〇〇ずつの断章にまとめてお送りいたします[*3]。それはおそらくあなたのご期待に添いうるようなものではないでしょうが、私としてはあたう限りの努力を傾けて成ったものであります。ただ、この著作がかならずしも私自身の思惟の所産ではないことに、あなたは気づかれるでありましょう。すなわち、私は聖なる師父たちの言葉を渉猟し、そこから「愛」という主題にふさわしいものを選び出して、読者の記憶に適したかたちになすべく、それらの多くを短い断章にまとめたにすぎないのです。

これらの断章をあなたの許に送るにあたってお願いしたいのは、それらを虚心坦懐に味読し、そこから有益なものだけをひたすら探し求めていただきたいということです。そして、文体の貧しさは大目に見て、霊的な有益さを欠いた私の限られた能力のために祈って下されば幸いです。

このように申し上げたからといって、どうかあなたがいたずらに困惑されないよう、お願いします。私はただ自分に与えられた務めを果たしたにすぎないのですから。というのも、今日言葉によって人の心を騒がせている人々は数多くいるのですが、真に行為によって人に教えたり教えられたりする例は、まことに少ないからです。したがって、以下のおのおのの章に細心の注意を払って下さい。思うに、それらは確かに、かならずしもすべてが誰にとっても理解しやすいとは言えません。むしろ逆に、多くの章句は、たとい一見単純に見えようとも、大部分の読者にとってやはり探究を必要としています。かくして、おそらく魂にとって真に有益なことが、それらの言葉から引き出されてくることでしょう。けれども、そのことは、純粋な心、神への畏れ、そして愛をもってそれらの言葉を受容し読み解く人々において、ひたすら神の恵みにより生起してくるのであります。しかし、この著作であれ他のものであれ、霊的な益のためにではなく、著者を非難するためにいろいろな章句をかき集めるような人々にとっては――彼らは自分が著者よりも知恵ある者だということを虚偽なる仕方で示そうとしているのでしょうが――、いかなる益もけっして生じることがないでありましょう。

第一の一〇〇の断章

(1) 愛（ἀγάπη）とは魂の善きあり方・秩序（διάθεσις ψυχῆς ἀγαθή）であって、それによっては、いかなる存在者も神の知（γνῶσις τοῦ Θεοῦ）に優って尊ばれることがない。[*4] そして、地上的な何ものかへの執着をもっている人は、右のような愛によって秩序づけられた姿に達することができないのである。

（2） 情念からの解放・離脱（ἀπάθεια 不受動心）が愛を生み出し、神への希望（ἐλπίς）がそうした情念からの解放を生み出す。神への希望は忍耐と寛大な心によって育まれる。忍耐はまったき自制・克己の生み出すところであり、神への畏れ（φόβος）が自制を生む。また、そうした神への畏れは主への信・信仰（πίστις）によって生み出されるのである。

（3） 主を信じる人は罪を畏れる。罪を畏れる人はもろもろの情念（πάθος）を制する。情念を制する人はさまざまの苦しみに耐える。苦しみに耐える人は神への希望をもつに至る。神への希望はすべての地上的な執着から人を離脱せしめる。そして、かく離脱せしめられた精神は神への愛をもつであろう。

（4） 神を愛する人は神の知を、神によって創られたあらゆるものよりも価値あるものとみなし、たえざる憧れ・欲求によって神の知を追い求める。

（5） もしあらゆる存在者が、神から、また神のために創られたとすれば、神は、神によって創られたいかなるものにも優って、より善い。それゆえ、より善きものを捨てて、より悪しきものに執着してしまう人は、自分が、神自身よりも神によって創られたもののほうを価値あるものとしているということを自ら露呈させているのである。

（6） 神への愛に確固として精神（νοῦς）を据えている人は、見えるもののすべてを、そして自分自身の身体をも、何か自分にとって疎遠なものであるかのように蔑（なみ）する。

(7) もし魂(ψυχή)が身体よりもより善きものであり、世界を創った神が世界よりも比較を絶してより善いのであれば、魂よりも身体を尊び、神によって創られた世界を神よりも尊ぶ人は、偶像を拝する者(εἰδωλολάτρης)となんら異なるところがない。

(8) 精神を神への愛と献身とから引き離して、何か感覚的なものに結びつけてしまうような人は、魂よりも身体を尊び、神によって生じたものを創り手たる神よりも尊んでいるのである。

(9) もし精神の生命が知の照らし(ὁ φωτισμός τῆς γνώσεως)であり、神への愛こそがそうした知の照らしを生むのであれば、まさに、神的な愛よりも大いなるものは何もないと言えよう〔一コリ一三:一三参照〕。

(10) 精神が神への愛に燃え立って自己の外に出るとき、自己自身をも他のいかなる存在者をもまったく感知しない。なぜなら、神的な無限の光に照らされた人は、神によって生ぜしめられたすべてのものに対してなんら感ずるところがないからである。それはちょうど、太陽が高く昇ったときには、目の感覚が星をなんら感覚しえないのと同様である。

(11) すべての徳は神的な愛に向けて精神を促す。が、とりわけ純粋な祈り(ἡ καθαρὰ προσευχή)はすべてに優って、そうした働きをなす。というのは、純粋な祈りによってこそ精神は神へとはばたく翼を得て、あらゆる存在者の外に出るからである。

(12) 精神が愛を通していわば神的な知によって奪い去られ、もろもろの存在者の外に出て神的な無限性(ἀπειρία)を感得するとき、[*5] 神的なイザヤによれば、精神はまさに自己自身の卑小な姿を思い知り、かの預言者の言葉を自らのものとして次のように叫ぶのである。「おお、私はなんと憐れなことか。私は心貫かれ、汚れた唇の者。私は汚れた唇の民の中に住んでいる。しかも、私の目は万軍の王なる主を仰ぎ見た」〔イザ六：五〕。

(13) 神を愛する人は、たといいまだ浄められていない人々の情念のゆえに悲嘆に暮れるようなことがあっても、自己自身を愛するかのようにすべての人を愛さずにはおれない。それゆえ、彼らが回心して正しい生を送るようになるのを見るなら、限りなく、また言い尽くしえぬ喜びを享受するのである。

(14) 情念に囚われた魂は不純であって、欲望や憎しみの思いに満たされている。

(15) なんらか過ちを犯した他の人に対して、憎しみのほんの痕跡なりとも自分の心に抱く人は、神への愛からまったく離れてしまっている。なぜなら、神への愛は、およそ人間への憎しみとまったく相容れないからである。

(16) 「私を愛する人は」と、主は語る、「私の掟（*ἐντολή*）を守る。すなわち、互いに愛し合うように、ということこそ私の掟である」〔ヨハ一四：一五〕。それゆえ、隣人を愛さない人は、その掟を守らないのだが、その掟を守らない人は主を愛することもできない。

(17) すべての人を等しく愛しうる人は幸福（*μακάριος*）である。

(18) 可滅的で移ろいゆくようないかなる事柄にも執着しない人は幸福である。

(19) すべての存在者を超えゆき、たえず神的な美（*ὡραιότης*）を喜ぶ精神は、幸福である。

(20) 欲望を満足させようとして肉の思いを抱き〔ロマ一三：一四〕、移りゆく事柄のゆえに隣人に対して邪心を抱くような人は、創造主の代わりに被造物を拝しているのである〔ロマ一：二五〕。

(21) 自分の身体を快楽と病とから解放されたあり方に保つ人は、身体というものをより善きものに仕える共働者（σύνδουλος）となすのである。

(22) この世的な欲望のすべてから逃れ出る人は、地上的苦しみのすべてを超えたところに身を置く。

(23) 神を愛する人は、また確かに隣人をも愛するであろう。こうした人は富を蓄え込むことができず、かえってそれを必要とする人おのおのに分かち与え、神の意志に適う仕方で神の家の仕え人となるのである。

(24) 神に倣って施しをする人は、身体の必要に関しては、邪悪な人と善き人、正しい人と不正な人との区別を設けない。むしろ彼は、人々の必要に応じて、すべての人に等しく分配するのである。もとより、善き志向・択び（προαίρεσις）によっては、邪悪な人よりも徳ある人を尊いものとするとしても。

(25) 神は本性的に善であり、また情念なき存在であって、すべての人を自らの働きの果として等しく（ἐξ ἴσου）愛する。ただ、神は徳ある人に対しては、その意志によって神と一体となった者として栄光を与えるのだが、邪悪な者に対しては、神の善性（ἀγαθότης）によって憐れみを垂れ、この生において彼を教育しつつ回心せしめるのである。ちょうどそのように、意志によって善であり、情念から解放されている人は、すべての人間を等しく愛する。その際、彼は徳ある人をその本性と善き択び・意志のゆえに愛し、他方、邪悪な人をその本性のゆえに、そして彼が思慮に乏しく、暗黒を彷徨っているのを憐れに思い、同苦・共感（συμπάθεια）のゆえに愛するのである。

(26) 愛の姿は、単に金銭を分かち与えるという行いを通して、それと知られるだけではなく、むしろ神の言葉を分かち与え、身体的な献身をなすということを通して、いっそうよく知られる。

(27) この世的なさまざまな事柄を純粋に拒否し、作意なき仕方で愛によって隣人に仕える人は、すみやかにすべての情念から自由にせしめられ、神的な愛と知とに分け与る者とされるのである。

(28) 神的な愛を自らの内に実現する人は、神的なエレミヤによれば、自らの神なる主の背中を追い求めて倦み疲れることがない。かえって彼は、あらゆる苦悩、非難、そして侮辱をも高貴に耐え忍び、いかなる人をも悪しざまに思うことがないのである。

(29) 他の人から侮辱されたり、なんらかのことで傷つけられたりしたとき、怒りの思いに囚われぬようよく警戒するがよい。それは、苦しみによってあなたが愛から切り離され、憎しみの領域に身を置くことにならないためである。

(30) あなたがなんらかの侮辱や不名誉によってはなはだしく傷つけられたとき、それはかえってあなた自身にとって大いに有益なことだと知るがよい。不名誉な屈辱を受けることによって、あなたから虚栄心が神の摂理により追放されるからである。

(31) 火の観念が身体を暖めることがないように、愛なき信は魂の内に知の照らしを実らせることがない。

(32) 太陽の光が健康な目を自らの方に引きつけるように、神の知(ἡ γνῶσις τοῦ Θεοῦ)もまた、清い精神を本性的に、愛によって神自身の方へと引き寄せるのである。

(33) 無知から切り離され、神的な光に照らされた精神は、純粋で清い。

(34) 情念から自由になって、神的な愛からたえず喜びを受ける魂は、純粋で清い。

(35) 咎むべき情念とは、自然・本性（φύσις）に反する魂の運動のことである。

(36) 情念からの解放・離脱（ἀπάθεια 不受動心）とは、魂の平和な状態のことであって、そこにあって魂は、悪へと動かされがたいものとなっているのである。

(37) 愛の実りを熱心に獲得する人は、たとい幾多の悪をこうむろうとも、愛から遠ざかることがない。このことについては、キリストの弟子ステファノや彼に倣う人々が証しとなろう〔使七：五九-六〇〕。すなわち、実に主ご自身も、主を殺そうとする人々のために祈り、彼らがその業の重大さを知らないがゆえに、彼らの赦しを父なる神に請い求めたのである。

(38) 愛には寛大さと憐れみの心とがともなうとすれば、怒りや悪意をもってことをなす人は、明らかに愛から遠ざけられることになる。そして、愛から遠ざかる人は、実は神から遠ざかるのである。「神は愛である」〔一ヨハ四：八〕のだから。

(39) 「自分が主の宮（ναὸς Κυρίου）であると語ってはならない」と、神的なエレミヤは言う〔エレ七：四〕。あなたはまた、「われわれの主イエス・キリストへの信仰のみが、私を救うことができる」と言ってはならない。なぜならそのことは、もしあなたが善き業を通してキリストへの愛を獲得することがなければ、けっして達成されえないからである。つまり、単に信じることだけなら、「悪霊すら信じかつ震える」〔ヤコ二：一九〕のである。

(40) 愛の果・実り（ἔργον ἀγάπης）とは、隣人に対して秩序ある善き業をなすこと、寛大、忍耐、そしてあらゆる事物を正しい判断・ロゴスの下に使用することにほかならない。

(41) 神を愛する人は、何か移ろいゆくことのために他の人を苦しめたり、自ら苦しんだりしない。彼はただ、救いに関わる唯一の苦しみを〔兄弟に〕苦しませ、自らもまたこうむるのである。それこそは、恵まれた人パウロが苦しみ、かつコリント人に与えたところのものである〔二コリ七・八以下参照〕。

(42) 神を愛する人は、この地上にあって天使的な生を送る。*6 すなわち、そうした人は断食し、夜を徹して祈り、詩編を唱え、すべての人のために常に善きことを思うのである。

(43) もし人が何ごとかを欲するならば、その人はそれに到達しようと苦心を重ねる。だが、あらゆる善きもの、欲求すべきもののなかで、神的なものこそは比較を絶してより善く、より欲求されるべきものである。したがって、まさに本性として（φύσει）善であり欲求さるべきものに到達するために、われわれはあたう限りの努力を払うべきである。

(44) あなたの身体を恥ずべき行為によって、またあなたの魂を邪悪な思いによって汚してはならない。かくして、神の平安（εἰρήνη）があなたに訪れ、愛をもたらすことになろう。

(45) あなたの身体を断食と徹夜の業によって苦しめ、詩編の朗唱と祈りとにたゆまず専心するがよい。そうすれば、節制の聖性（ὁ ἁγιασμὸς τῆς σωφροσύνης）があなたに降り、それが愛をもたらすのである。

(46) 神的な知（γνῶσις）にふさわしい者とされ、愛を通してかの知の照らしを得た人は、虚栄（κενοδοξία）の霊によって翻弄されることがない。が、他方、そうした神的な知にいまだにふさわしい者とされぬ人は、たやすく悪霊に惑わされる。しかし、その人がもし、自分のすべての行為においてそれらすべてを神のためになしつつ神へとまなざしを据えるならば、彼は神に助けられて容易に神へと逃れるであろう。

(47) 愛によって実現されるものたる神的な知にいまだ達しない人は、神に即してなされた自分の行為を誇る。しかし、神的な知を得るにふさわしいとされた人は、始祖アブラハムの言を心底から発する。すなわち、神的な顕現にまみえるにふさわしい者とされたとき、アブラハムは「私は土であり灰であるにすぎない」〔創一八：二七〕と語ったのである。

(48) 主を畏れる人は、常に謙遜（*ταπεινοφροσύνη*）を友とし、謙遜から来る促しによって神的な愛と感謝とへと導かれる。なぜなら彼は、この世に倣ったかつての生の流儀、さまざまな種類の逸脱・罪、そして若き日より自分を襲った誘惑の数々を想起し、さらには、いかに主がそれらすべてのことから自分を救い出し、情念に囚われた生から神に即した生へと自分を回心せしめたかということを思い知るからである。かくして、彼は主への畏れとともに愛をも受け取り、深い謙遜でもって、われわれの生の守り手、導き手たる神にたえず感謝を捧げるのである。

(49) 欲望や怒りの思いを許容することによって、あなたの精神を汚してしまってはならない。さもなければ、純粋な祈りから落下して、結局は怠惰な霊の犠牲になってしまうであろう。

[*7](50) 邪悪な汚れた想念を友とするときはいつでも、精神は神との親しい交わり（*παρρησία*）を失う。

(51) 情念に衝き動かされた無思慮な人は、怒りに囚われて動揺しているとき、愚かにも急いで兄弟たちに背を向けて立ち去ろうとする。が、ほかのとき、欲望に燃え立たせられると、今度は心を変えて彼らと会おうとする。しかし思慮深い人は、いずれの場合にも反対の振舞いをなすのである。すなわち、怒りのときには、そうした心の乱れの原因を除去して、兄弟たちへの怒りから自らを解放し、欲望が生じたときには、あらゆる非理性的な衝動や関わり方を自制するのである。

(52) 誘惑のとき、あなたの修道院を捨てることなく、想念の波、とりわけ苦しみと無力感との波に気高く耐えよ。神の摂理により、そのように苦難を通して試練を受けるなら、あなたは神への確固たる希望を抱くことになろう。しかしあなたが修道院を離れるならば、節操のない、臆病な、そして不安定な者とみなされるであろう。

(53) もしあなたが神に適った愛から落下したくなければ、あなたから苦しみを受けたまま兄弟を眠りに就かせてはならず、またあなたも兄弟から苦しみを受けたまま眠りに就いてはならない。むしろ、「行って兄弟と和解し」、清い良心とともに、熱い祈りによって愛の「贈り物を」キリストに捧げるがよい〔マタ五：二四〕。

(54) もし人が霊のすべての賜物をもっていても、愛がなければ、神的な使徒の言うごとく、なんら益するところがない〔一コリ一三：一-三〕。それゆえ、愛を獲得するために、われわれはあたう限りの熱意を傾けるべきである。

(55) もし、「愛というものが、隣人に対していかなる悪をもなさないのだとすれば」〔ロマ一三：一〇〕、兄弟のことを妬み、その名声に苛立ち、彼が称讃を受けるのを嘲りでもって汚したり、あるいはなんらかの悪意を抱いたりする人はまさに、自分自身を愛の外に追いやり、永遠の審判を受けるべき者としているのである。

(56) もし、「愛が法の完成（*πλήρωμα νόμου*）であるならば」〔ロマ：一〇〕、兄弟に対して恨みを抱いたり、計略をめぐらせたり、呪ったり、さらには彼の失敗を喜んだりする人は、法に背いているのであり、永遠の罰を受けるにふさわしいのである。

(57) もし、「人が兄弟を中傷し、彼を裁くならば、そしてつまりは法を中傷し、法を裁くならば」〔ヤコ四：一一〕——そして、キリストの法は愛である——、およそ中傷する人はキリストの愛から落下し、自分が自分の永遠の罰の原因となっているのである。

(58) 隣人を安易に悪しざまに語ったり、そうした言葉に耳を傾けることによって、中傷する人の言葉に耳を貸したり、あら捜しをする人の耳にあなたの言葉を吹き込んではならない。さもなければ、あなたは神的な愛から落下し、永遠の生命から切り離されてしまうであろう。

(59) あなたの父親に対する悪口を許してはならず、また彼を侮る者を鼓舞してもならない。さもなければ、主があなたの行為に怒り、あなたを生ける者の地から追放してしまうであろう。

(60) あなたの耳に他者を中傷する言を吐く人を黙らせるがよい。さもなければ、あなたは彼に対して二重の罪を犯すことになるであろう。すなわち、あなた自身をこの破滅的な情念に馴染ませ、さらにまた隣人について悪しざまに言うことを彼にやめさせないということになるからである。

(61) 「私はあなたたちに言う」と主は語る、「あなたたちの敵を愛し、あなたたちを憎む人々に善きことをなし、あなたたちを侮辱する人々のために祈れ」〔ルカ六：二七‐二八〕。しかし、なにゆえこうしたことを主は命じたのか。それは、主があなたを憎しみ、苦悩、怒り、恨みから解放し、すべての財産のうちで最大のものたるまったき愛にふさわしい者となすためである。すなわち、すべての人間を、神に倣って（κατὰ μίμησιν Θεοῦ）等しく愛する人でなければ、まったき愛をもつことはできない。実に神は、すべての人間を等しく愛し、「彼らが救われて、真理の知（ἐπί γνωσις ἀληθείας）に至ることを望んでいる」〔一テモ二：四〕からである

(62)「私はあなたたちに言う。悪に逆らってはならない。誰かがあなたの右の頰を打つなら左の頰をも向けよ。あなたを訴えて下着を取ろうとする者には、上着をも取らせよ。一ミリオン行くよう強いるなら、彼とともに二ミリオン行くがよい」〔マタ五：三九‐四一〕。なにゆえであろうか。それは、主があなたを怒りや悲しみから守り、あなたの忍耐を通して人を訓育し、善なる父のごとく主があなたたち二人を愛の軛の下へと導くためである。

(63)われわれは、われわれがかつて経験した事柄についての、情念による像を持ち運んでいる。そうした情念の像を克服する人は、その像が生じる元の事柄をも克服する。実に、さまざまな事柄の想念・記憶に対する闘いは、その事柄に対する闘いよりもいっそう困難なのである。というのも、心の中での罪のほうが、具体的行為における罪よりもたやすく犯されるからである。

(64)情念には、身体的なものと精神的なものとがある。身体的情念は身体から衝動を受け取り、精神的情念は外なる事物から衝動を受け取る。しかるに、愛と節制は両者を取り除く。すなわち、愛は精神的な情念を、節制は身体的な情念を取り除くのである。

(65) 情念のあるものは魂の気概的部分（*θυμικός*）に属し、他のものは欲望的部分（*ἐπιθυμητικός*）に属する。が、いずれも感覚によって動かされるのである。すなわち、魂が愛と節制との外に出てしまうとき、情念が惹き起こされるのである。

(66) 魂の気概的部分に属する情念は、欲望的部分の情念よりも、これに抗しゆくのが困難である。それゆえ、それに対するより善き治療・救済策（*φάρμακον*）として、愛の掟が主によって与えられたのである。

(67) 忘却や無知（*ἄγνοια*）といった他の情念はすべて、魂の気概的部分、欲望的部分、そして知性的部分のいずれかに関わる。しかし、怠惰（*ἀκηδία*）だけは魂のすべての力を虜にして、ほとんどすべての情念をいっしょに駆り立てる。したがって怠惰は、他のすべての情念に勝って、最も厄介な代物なのである。そこで主は、それに抗する治療を与えるべく、美しくも次のように言う、「あなたたちの忍耐の内に、あなたたちの魂を保持せよ」〔ルカ二一：一九〕と。

(68) 兄弟の誰かを、とりわけ理由もなく打ってはならない。さもなければ、彼は苦悩に耐えかねて修道院を離れてしまうであろう。そのときあなたも、良心の呵責を免れることがないであろう。そしてそれは、祈りのときにあなたに苦しみをもたらし、神的な親密さ（*παρρησία*　神との語らい）から精神を締め出してしまうのである。

(69) 誰か他の人についてあなたの躓きとなるような疑いや、そうしたものをもたらす人々を容認してはならない。なぜなら、意図的にせよ意図的でないにせよ生じた事柄から、なんらかの仕方で躓きを得る人は、平和の道を知らないからである。ここに平和とは、神の知を愛する人々を愛を通して神の知へと導くところのものなのである。

(70) 人についてのさまざまな判断によっていまだに左右されている人、つまり、あれこれの理由である人を愛し、かつ他の人を憎んだり、また同じ人を同一の動機から、あるときは愛するが別のときは憎んだりする人は、けっして完全な愛を有してはいないのである。

(71) 完全な愛というものは、人間のさまざまに異なった特徴に目をとめるあまりに、人間の一つの本性（φύσις 本質）を分裂させはしない。それはかえって、人間の一つの本性を注視して、すべての人間を等しく愛するのである。すなわち、まったき愛は、真摯な人々を友として、邪悪な人々を敵としてそれぞれに愛し、彼らに善きことをなし、寛大な心で彼らのなすことをすべて耐え忍ぶ。その際、悪しきことをまったく考えず、彼らのためにすべてを受容するのである。それは、もし時が与えられて、可能ならば彼らも友とならんがためである。だが、そうはならなくとも、愛はその本来の姿を変えることなく、愛の実りを常に、すべての人間に対して証示してゆく。そのためにこそ、われわれの主なる神、イエス・キリストは、自らの愛をわれわれに示しつつ、人類のすべてのために受難し、すべての人々に復活（ἀνάστασις）の希望を恵み与えたのである。もとより、おのおのの人は自己自身を〔自らの自由にもとづいて〕栄光か罰かにふさわしい者と定めるのであるが。

(72) 名誉や不名誉、富や貧困、快楽や苦痛といったことを蔑せぬ人は、いまだ完全な愛を獲得していない。つまり、完全な愛とは、単にこれらのことを蔑するだけではなくて、この移ろいゆく生それ自体と死をも越えゆくものなのである。

(73) 完全な愛を与えられるに至った人の語るところに、よくよく耳を傾けるがよい。すなわち、「いったい誰が、キリストの愛からわれわれを引き離すことができようか。艱難か、苦しみか、迫害か、飢えか、裸か、危険か、剣か。〈あなたのために、われわれは日々死にさらされて、屠られるべき羊のごときものとされている〉〔詩四四：二三〕と記されている通りである。しかし、これらすべてのことにおいてわれわれは、われわれを愛する方によって輝かしい勝利を収めている。すなわち、私は確信している。死も生命も、天使も、支配する者も力ある者も、現在のものも未来のものも、高いところにあるものも低いところにあるものも、他のいかなる被造物も、われわれの主キリスト・イエスにある神の愛からわれわれを引き離すことはできない」〔ロマ八：三五-三九〕。聖人とはまさに、神への愛についてこのように語り、かつなす人々のことである。

(74) 隣人への愛については、また次のように語られているのを聞くがよい。「私はキリストにあって真理を語り、偽りを言わない。私の良心も聖霊において証ししているのだが、私には大きな悲しみがあり、私の心にはたえざる痛みがある。私自身、私の兄弟たち、つまり肉による同胞のためならば、キリストから引き離され、神から見捨てられた者となってもよいと祈念している。彼らはイスラエルの民である」云々〔ロマ九：一-四〕。そして、モーセも他の聖人も同様に語っているのである〔出三二：三二以下参照〕。

(75) 名誉や快楽を蔑しない人、そしてそれらを増大させたり、またそれらによって生み出されるところの貪欲（φιλαργυρία）を蔑しない人は、怒りの機会を切り捨てることができない。そして怒りの機会を切り捨てえない人は、完全な愛に達することができないのである。

(76) 謙遜(ταπείνωσις)と受苦(κακοπάθεια 悪を忍ぶこと)とは、あらゆる罪(ἁμαρτία)から人間を解放する。すなわち、謙遜は魂の情念を、受苦は身体の情念を切り捨てるのである。このことは、幸福なるダビデが、その神への祈りにおいて語っているところであった。「私の卑しさ〔謙遜〕と労苦を見そなわし給え。そして、私のすべての罪を赦し給え」〔詩二五:一八〕。

(77) 掟を通してこそ、主はその掟を実行する人々を情念から浄められた者とする。また、神的な教えを通してこそ、主はわれわれに知の照らしを恵み与えるのである。

(78) 教えはすべて、あるいは神に、あるいは見えるものと見えざるものに、あるいはそれらにおける神の摂理・予見(πρόνοια)と審判に関わる。

(79) 施しは魂の気概的部分を癒し、断食は欲望を弱める。祈りは心ないし精神を浄め、およそ存在者の観想へと精神を具えさせる。確かに主は、魂のもろもろの力にふさわしい掟をわれわれに与えたのである。

(80) 「私に学ぶがよい」と主は語る。「私は心の柔和で謙遜な者だからである」云々〔マタ一一:二九〕。柔和さは魂を静けさのうちに守り、謙遜は自惚れと虚栄とから精神を解放するのである。

(81) 神への畏れ(φόβος)には二種ある。一つは、罰への恐れからわれわれの内に生じてくるものであるが、固有の秩序によって、そうした神への畏れから、自制と忍耐、神への希望、情念からの解放〔不受動心〕が生じ、最後のものからは神への愛が生じるのである。他の一つは、愛そのものと結びついている畏れであって、それは魂の内に常に畏敬の念を生む。愛の親密さによらなければ神を侮る結果となってしまうであろうから。

(82) 完全な愛は、魂から第一の種類の畏れを取り除く。そうした愛を有するとき、魂はもはや罰を畏れることがないのである。また第二の種類の畏れは、以下に語られるように、常に愛に結びついている。すなわち、まず第一の畏れには、次の文章がふさわしい。「主を畏れることによって、すべての人は悪から離れる」〔七十人訳、箴一五：二七〕。「主を畏れることは知恵の始め(ἀρχὴ σοφίας)である」〔同一：七〕。また第二の畏れに対しては次の言葉がある。「主を畏れることは聖なることであって、代々に永く存続する」〔詩一九：一〇〕。そして「主を畏れる人には欠けるところがない」〔同三四：一〇〕。

(83) 「さてそこで、あなたの地上にある肢体を死に至らしめよ。それはすなわち姦淫(πορνεία)、不浄(ἀκαθαρσία)、情念(πάθος)、悪しき欲望(ἐπιθυμία)、貪欲(πλεονεξία)といったものである」〔コロ三：五〕。ここに、地とは肉の思いを名づけたものであり、姦淫とは現実の罪のことである。そして、不浄とはそうした罪への同意を、情念とは感覚的な像に満ちた想念を指す。さらに欲望とは欲望の想念を端的に許容することであり、貪欲とはそうした欲望を生み出し、増大させるもののことなのである。神的な使徒は、こうしたすべてのものを肉の思いの肢体とみなし、それらが死に絶えることを命じたのである。

(84) 第一に、記憶(μνήμη)が精神に端的な想念・思惟をもたらす。想念がしばしばとどまると、情念が惹き起こされる。情念が除去されなければ、それは精神を同意へと促す。同意がひとたび生ずれば、そのとき現実の罪が結果してくることになる。それゆえ、最高の知恵に恵まれたパウロは、異邦人の改宗者に宛てた手紙の中で、まず最初に罪の行為をやめるよう命じ、次に順を追って遡行し、罪の原因を除去するよう命じているのである。すなわち、すでに述べたごとく、罪の原因となるのは貪欲であって、それが情念を生み出し増大させるのである。思うにそこにおいて貪欲とは、食への執着のことであって、それが姦淫の母とも糧ともなる〔コロ三：五〕。なぜなら、貪欲は単に財だけに関わるものではなく、悪しき食のあり方にも関わるからである。それはちょうど、自制（*ἐγκράτεια*）が食に関してだけでなく、財にも関わるのと同様である。

(85) 脚を縛られた燕は、たとえ飛び立とうとしても、綱に引っ張られて地に落ちてしまう。それと同様に、情念からの解放・離脱（*ἀπάθεια*）を達成していない精神は、天的な知（*γνῶσις*）に向かって飛び立とうとしても、情念に引き寄せられて地に落ちてしまうのである。

(86) 精神は、自らがさまざまな情念・欲望から完全に解放されたとき、存在者の観想（*θεωρία τῶν ὄντων*）へと真直ぐに向かい、聖なる三位一体の知へと進みゆくのである。

(87) 清い状態にある精神が、事物の知・観念を把握するとき、精神は霊的な観想へと動かされる。しかし、怠惰のために不純なものとなるとき、精神は一方で他の事物の単なる観念を作り上げ、他方では人間についての恥ずべき考え、悪しき考えに逆戻りしてしまうのである。

(88) 祈りにあって、この世のいかなる観念も精神を乱すことがないならば、あなたは情念からの解放・離脱の境地にあると知るがよい。

(89) 魂がそれ自身の健やかさを感じ始めるとき、魂は夢の中の像（*φαντασία*）をも単純で静かなものとみなし始める。

(90) 見えるものの美が感覚的な目を引きつけるように、見えざるものの知は精神を自分の方へと引きつける。ここに見えざるものとは、非物体的なもののことである。

(91) 事物から何もこうむらないのは大きなことである。しかし事物の像・観念から自由で不受動のままとどまるのは、いっそう大きなことである。それゆえ、われわれに対する悪霊の闘いとしては、事物を媒介とするよりも思考を媒介とする闘いのほうが、より厳しい。

(92) 徳(アレテー)をよく形成し、知において豊かな者となった人は、さまざまな事物をその本性に適った仕方で見る。彼は正しい理(ロゴス)に即してすべてのことをなしかつ考察し、けっして惑わされることがない。実際、われわれは事物を正しく用いるか誤って用いるかに従って、徳ある者とも邪悪な者ともなるのである。

(93) 情念から最高度に離脱していることの特徴は、身体が目覚めているときであれ眠っているときであれ、心に常に生じてくる事物の観念が純粋であることである。

(94) もろもろの掟を実行することによって、精神は情念を脱ぎ捨てていく。また、見えるものを霊的に観想していくことによって、精神はもろもろの事物についての情念に満ちた思惟を脱ぎ捨てる。そして見えざるものの知によって、およそ見えるものの観想をも脱ぎ捨てるのだが、それは聖なる三位一体の知(ἡ γνῶσις τῆς ἁγίας Τριάδος)によるのである。

(95) 太陽が昇って世界を照らすとき、太陽は、それ自身と、太陽によって照らされた事物とを露わに示す。同様に、正義(δικαιοσύνη)の太陽〔マラ三:二〇〕は、それが清い精神の上に昇るとき、正義の太陽それ自身を証示するとともに、それによって生み出されたもの、生み出されるであろうすべてのものの意味・根拠（*λόγος*）を露わに示すのである。

(96) われわれは神を、その実体（*οὐσία*）からしてではなくて、神の大いなる業・働き（*μεγαλουργία*）ともろもろの存在者に対する摂理（*πρόνοια*）の姿からして、かろうじて知る。すなわち、あたかも鏡を通して見るごとく、神のもろもろの業と摂理を通して、われわれは神の無限の善性（*ἀγαθότης*）と知恵（*σοφία*）と力（*δύναμις*）とを感得する（*κατανοοῦμεν*）のである。*8

(97) 清い精神（*ὁ καθαρὸς νοῦς*）というものは、人間的な事柄の純粋な思惟の内に、あるいは見えるもの、見えざるものの自然・本性的な観想の内に、そして聖なる三位一体の光の内に見出される。

(98) 見えるものの観想の域に達したとき、精神は、そうした諸事物の本性的な意味を、あるいはそれらによって指し示されるものを、そして原因（*αἰτία*）それ自身を探究するのである。

(99) また、見えざるものの観想の域に与ったとき、精神は、そうしたものの本性的な意味、それらのものの生成の原因と結果とを、さらにはそれらについての摂理と審判（*κρίσις*）とを探究する。

(100) 神の内に誕生したとき、精神は愛の欲求に燃え立たしめられて、まず神の実体・存在そのものについてのもろもろの意味・根拠を探究する。しかし神に固有なものをなんら満足のいく仕方で見出さない。なぜなら、そのことはあらゆる被造的本性にとって不可能であり、等しく拒否されているからである。しかし、神の属性に関わることからは、探究の励みを得るのである。それはすなわち、神の永遠性、無限性、無限定性、善性、知恵、そして存在者を創造し主宰し裁く力といったもののことである。したがって、神について十全に把握されうるのは、ただ「無限ということ」（*ἀπειρία*）だけである。すなわち、神について何も知りえないということそれ自体が、精神・知性を超えて知ることとなのである。それは「神学者」たるグレゴリオスやディオニュシオスが語っている通りである。[*9]

訳註

*1――Elpidios. この人については、マクシモスの上長たる修道者であること以外、未詳。

*2――Liber asceticus. ある老神父と修道者との対話というかたちでの著作。PG 90, 912-956.

*3――オリゲネス以来の伝統にあって、一〇〇という数は聖なる数とみなされていた。この点マクシモスは、特にオリゲネス、エウアグリオス（Euagrios Pontikos 三四五頃―九九年）、ナジアンゾスのグレゴリオス（Gregorios 三二五／三〇―九〇年頃）、偽ディオニュシオス（Dionysios Areopagites 五〇〇年頃）らに負っている。

*4――愛は「神を知ること」を究極の目的として、そこへと定位されている。が、その際、神の知とは、人間にとって神を直接の対象として直視したり限定したりすることではありえず、むしろ魂が神（＝存在）へと無限に開かれた姿・かたちそのものと言うべきであろう。次のI・2にあるごとく、アパテイア（情念からの解放）が愛を生むとされるゆえんである。

*5――この場合 *ἀπειρία* とは、通常の限定された経験をたえず超えていくことといった意味合いを有する。なお本書I・100、II・27など参照。

*6――オリゲネス、ニュッサのグレゴリオス（Gregorios 三三五頃―九四年）などにあって、修道の生は

しばしば「天使的な生」と呼ばれている。

＊7――*παρρησία* とは、古代ギリシアにあって市民間の言論の自由を意味したが、ここでは神的ペルソナの現存に支えられた「神との近しさ」を表すものとなっている。

＊8――善性、知恵、力の三者は、父、子、聖霊という三位一体に対応している。

＊9――こうした意味連関のゆえに、「無限性」ということは、古代ギリシアにおけるよりもはるかに積極的な意味を担うことになる。

知識の泉

ダマスコスのヨアンネス
小高 毅訳

解題

ダマスコスのヨアンネス（Ioannes 六五〇頃―七五〇年頃）の生涯は、伝記はあるもののその信憑性は薄く、詳細は不明である。六五〇年頃にダマスコスの裕福なアラブ人キリスト者の家庭に生まれた。祖父も父もビザンティン皇帝の、六三六年以降はカリフの官吏を勤めていた。ヨアンネス自身も父の協力者としてカリフに仕えたが、七〇〇年頃にカリフの反キリスト教政策により引退し、エルサレム近郊の修道院に入る。その後エルサレム総主教より司祭に叙階され、修道院とエルサレムの聖堂で説教し、著作に勤む。一〇〇歳を越える人生での数多の著述は、生前から高い評価を得ていた。

主著『知識の泉』（Fons scientiae）は晩年、七四三年以降に執筆されている。同書は三部構成であり、第一部「哲学的な章（弁証論）」（Capita philosophica; Dialectica. 六八章）、第二部「異端論」（Liber de haeresibus. 一〇三項目。一〇一―一〇三項は真正性に疑義がある）、第三部が「正統信仰の解明（正統信仰論）」（Expositio fidei; De fide orthodoxa. 一〇〇章）である。哲学と異端史（教会史・教理史）を踏まえて神学に進むこの課程は、現代までも神学教育に受け継がれる。所載は第三部（一部省略）である。この一〇〇章は内容に即して、以下に分かれる。第一―一四章：三一神論、第一五―四四章：創造と摂理、第四五―八一章：キリスト論、第八二―一〇〇章：諸問題（洗礼、エウカリスティア〔感謝の祭儀〕、十字架崇敬など）。この区分はオリゲネス（一八五頃―二五四年頃）の『諸原理について』（De principiis〔小高毅訳、創文社、一九七八年〕）に端を発するキリスト教教理の体系的叙述の形式を踏襲する。記述に私見を入れず先達の要覧作成を意図しているため、独創性はないが統合として秀逸である。本書はすでに十世紀後半にはアラビア語に翻訳され、ラテン語には一一四五年以前おそらくハンガリーで「正統信仰論」第四五―五二章の部分訳が、その後一一五三―五四年に教皇エウゲニウス三世

（Eugenius III　在位一一四五—五三年）の要請で「正統信仰論」の全訳がなされている。さらにロバート・グロステスト（Robert Grosseteste　一一七〇頃—一二五三年）以下、近世に至るまで数種のラテン語全訳が続き、ラテン中世への影響はきわめて大きかった。

第一部「哲学的な章（弁証論）」では本書全体の議論で基本となる哲学的諸概念が説明される。主にはアリストテレスの論理学的著作とポルフュリオス（Porphyrios　二三二／三三—三〇五年頃）の『エイサゴーゲー（アリストテレス・カテゴリー論入門）』（Isagoge; In Aristotelis Categorias commentarium）、アンモニオス（Ammonios Hermeiou　四四五以前—五一七／二六年）の『ポルリフュリオス・エイサゴーゲー註解』（In Porphyrii Isagogen sive V voces）に依拠するが、神学上の適応に鑑み「聖なる教父たち」——無記名だがアタナシオス（Athanasios　二九五頃—三七三年）とシナイのアナスタシオス（Anastasios Sinaita　七〇〇年以降歿）——からの引用もある。

第三部の理解のみならず、ヨアンネスに至る教義形成に伴う論理学的基礎概念の変奏の概観のために、とくに重要な概念について第一部よりの小高毅による訳出と本訳における訳語の方針（本集成第三巻、五九五—五九九頁）を以下に再掲する。

*

オン（ὄν）、**ウーシア**（οὐσία）、**シュンベベーコス**（συμβεβηκός）

「オン〔存在〕」とは、在るものすべてに共通する名辞である。これは、ウーシアと附帯的なもの（シュンベベーコス）に分けられる。実体は基本的なもの（κυριώτερον）である。自らの内に（ἐν ἑαυτῷ）実在を有しており、他のものの内に〔実在を有する〕ものではないからである。ところが、附帯的なものは自らの内にはありえず、他のものの内にあると考えられる。……ウーシアは次のように定義される。すなわち、ウーシアは自ら実在するもの（αὐθύπαρκτον）であり、実在のために他のものを必要としないものである。

附帯的なものは自ら存在しえないものであり、他のものの内に実在を有している。したがって、神と全被造物はウーシアである。しかし、神はウーシアであるにしても、むしろ超ウーシア（*ὑπερούσια*）である」（Dialectica 4, PG 94, 536-537）。

ウーシア

「ウーシアは〈自ら実在するもの〉（*πρᾶγμα αὐθύπαρκτον*）であり、実存（*σύστασις*）のために他のものを必要としないものである。ウーシアとは、〈自ら実在するもの〉であり、存在（*τὸ εἶναι*）を他のものの内にもたないところのすべてのものである。すなわち、他のものによらずにあるもの（*τὸ μὴ δι' ἄλλο ὄν*）、他のものの内に実存をもたず、実存のために他のものを必要としないものであり、自らの内に〔自らによって〕あり、その内に附帯的なものがその実在をもつところのものである」（Dialectica 39, PG 94, 605）。

ヒュポスタシス（*ὑπόστασις*）、**エンヒュポスタトン**（*ἐνυπόστατον*）、**アンヒュポスタトン**（*ἀνυπόστατον*）

「ヒュポスタシスという語は二つの意味をもつ。概括的に（*ἁπλῶς*）言われるときには、単純に（*ἁπλῶς*）ウーシアを意味する。ところが、ヒュポスタシスそれ自体（*καθ' ἑαυτὴν ὑπόστασις*）〔を言うときには〕個体（*τὸ ἄτομον*）および区別された個人（*τὸ ἀφοριστικὸν πρόσωπον*）を意味する。エンヒュポスタトンも二つの意味をもつ。絶対的な意味で（*ἁπλῶς*）存在するもの（*τὸ ὄν*）を意味する。この意味によれば、ウーシアだけでなく附帯的なものもエンヒュポスタトンと呼ぶ。ところが、この語はヒュポスタシス自体、すなわち個体をも意味する。アンヒュポスタトンも二重〔の意味〕で用いられる。実に、絶対に、けっして存在しないものがアンヒュポスタトンと言われる。また、附帯的なものもアンヒュポスタトンと言われる。附帯的なものは自己の実在を有しておらず、実体の内に実在するからである」（Dialectica 29, PG 94, 589）。

ヒュポスタシス

「ヒュポスタシスという名辞は二つの意味をもつ。ときとしては単純に実在（*ὕπαρξις*）を意味する。この意味で、ウーシアとヒュポスタシスとは同じ意味である。このため、聖なる教父のなかのある人々は、〈諸フュシス、すなわち、諸ヒュポスタシス〉と言ったのである。またときとしては自ら個別のものとして存在する実在（*ἡ καθ᾽ αὑτὸ καὶ ἰδιοσύστατον ὕπαρξις*）を意味する。これによれば、数的に別々の個体、すなわちペトロとかパウロとか、ある一頭の馬といった個体を意味する」（Dialectica 42, PG 94, 612）。

フュシス（*φύσις*）

「フュシスは存在するものらそれぞれの運動と静止の元（アルケー）である。……その運動と静止との元（アルケー）並びに原因――それによって、附帯的なものによるのではなく、ウーシアとして（*οὐσιωδῶς*）、すなわちフュシスとして（*φυσικῶς*）そのように運動させられたり静止させられたりするよう生ぜしめるもの――がフュシスと呼ばれる。……それゆえ、これはウーシアにほかならない。なぜなら、ウーシアからそのような力、すなわち運動とか静止の力をもつからである。それで、ウーシアが運動と静止の原因なのである。さて、フュシスは ***πεφυκέναι***〔生ぜしめられた、本来あるところのもの〕に語源を有するのである」（Dialectica 40, PG 94, 605-608）。

モルフェー（*μορφή*）

「モルフェーとは、本体的な相違によって、いわば形づくられ、特殊化されたウーシアであり、最も特殊な種（*τὸ εἰδικώτατον εἶδος*）である。……

それゆえ、聖なる教父たちは、最も特殊な種にウーシア、フュシス、モルフェーという名辞を付し、ウーシアとフュシスとモルフェーとは同一のもの、すなわち最も特殊な種であると言っている。また、最も特殊な種〔という名〕の下にある諸個体は、同一ウーシア、同一フュシス、同一種、同一類、同一モルフェー〔のものである〕と、彼らは言う。他方、最も特殊な種らは別のウーシア、別のフュシス、別の種、別の類、別のモルフェーのものらであるとも言う」（Dialectica 41, PG 94, 608-609）。

プロソーポン（*πρόσωπον*）

「プロソーポンとは、自分の諸活動と諸固有性を通して明白なもの、自分と同一フュシスのものらからは区別された現れ方をわれわれに提示するものである。……次のことを知らなければならない。すなわち、聖なる教父たちは、同一のものをヒュポスタシスともプロソーポンとも個体とも呼んだのである。つまり、自ら個別のものとして存在し、ウーシアと附帯的なものから成るものとして実在する、数的に別々のもの、ある確固としたもの、たとえばペトロとかパウロとか、ある一頭の馬とかを意味するのである」（Dialectica 43, PG 94, 612）。

さて、これらの語は神学上多義的に用いられてきた言葉である。本文中でそのつど括弧の中に原語を挿入したりルビを付したりするのは、あまりにも繁雑で読みにくくなることを考え、ここに本訳で用いる訳語を提示することにする。

以上のヨアンネスの説明を踏まえて、ウーシアを「本体」、フュシスを「本性」、モルフェーを「姿形」、プロソーポンを「位格」もしくは「様相」、ヒュポスタシスを「実体（個体）」もしくは「個別者」、アンヒュポスタトンを「非実体的なもの」、エンヒュポスタトンを「実在するもの」と訳出することにする。

ヒュポスタシスを「自立存在」とする訳もあるが、この訳語はens a se（自ら存在するもの）を意味するとも解されるので、先のヨアンネスの説明に鑑みて本訳では避けることにした。

また、これに付随してホモウーシオスを「同一本体のもの」、キリスト論上の重要概念である「位格的統合」（unio hypostatica）を表現する熟語 *καθ᾽ ὑπόστασιν* は「一個別者として（の合一）」と訳出する。さらに、エネルゲイア（*ἐνέργεια*）は「活動」、ヘノーシス（*ἕνωσις*）は「合一」、シュナフェイア（*συνάφεια*）は「統合」と訳出する。

知識の泉
第三部　正統信仰の解明

第一章（一）(1)　神は把握しえないこと、聖なる預言者と使徒ならびに福音書記者がわれわれに伝授しなかったことを探究したり詮索したりしてはならないこと。

「いまだかつて神を見た者はいない。父の懐にいる方、独り子こそ〔神を〕示されたのである」〔ヨハ一：一八〕。したがって、神性は名状しがたく、把握しがたいものである。「子と、子が示そうと思う者のほかには、父を知る者はなく、父のほかに子を〔知る者は〕ない」〔マタ一一：二七〕。そして、聖霊も神のことを知っている。人の霊が、人の内にあることを知っているのと同様である〔一コリ二：一一〕。最初の祝福された本性〔を失って〕以来、〔神〕がご自分を開示されない限り、神を知る者はなかった。それはなにも人間だけのことではなく、この世を超えた勢力、すなわちケルビムやセラフィムにとってさえそうである。

しかしながら、神はわれわれを完全な無知のうちに捨てて置かれたのではない。神の存在に関する知識は、本性的に、すべての者に植えつけられているのである。また、被造界そのものも、その調和も、その統合性も神的な本性の偉大さを公示しているのである〔知一三：五参照〕。そして、〔神〕は、われわれの能力に応じて、まず律法と預言者を通して、次いでご自分の独り子、われわれの主、神、救い主、イエス・キリストを通して、ご自分に関する知識をわれわれに明らかにしたのである。したがって、われわれは、律法と預言者と使徒と福音書記者を通してわれわれに伝えられたすべてのことを受け容れ、認識し、尊び、それらを踏み越えて探究することはしない。実に、善なる方である神は、あらゆる善の創始者であり、いかなる悪意にも辛苦にも服すことのない方である。「悪意は神的な本性からはかけ離れて、〔神的な本性は〕不動なるもの（アパトゥース）、ひとえに善なるものだからである」[*1]。したがって、すべてを知り、それぞれの益を考慮する〔神〕は、知ることがわれわれの益となることを開示したが、〔われわれには〕耐ええないことは秘密にしたのである。〔開示された〕ことでわれわれは満足し、それらのことの内にとどまり、昔からの地境を移さず〔箴二二：二八〕、神聖なる伝承を踏み越えることはするまい。

第二章㈠⑵　言葉で語りうることと語りえないこと、知りうることと知りえないことについて。

さて、神について語ったり聞きたいと思っている者は、神に関すること（テオロギア）であれ救いの営み（オイコノミア）〔受肉〕に関することであれ[*2]、すべてが言葉で語りえないものでも、すべてが語りうるものでもなく、すべてが知りえないものでも、すべてが知りうるものでもないことをはっきりと知らなければならない。知りうることと語りうることとは別々のことである。語ることと知ることが別であるのと同様である。そのうえ、神について漠然とわかったことの多くは、ふさわしく表現されえず、われわれを超えたことについては、われわれ〔人間について語るか〕のように語らざるをえないのである。このため、われわれは、神について眠りとか怒りとか無頓着とか、手とか足とか、さらにそれに類したことを語るのである。

さて、神は元なく、終わりなく、永遠で永久な方、創造されざる方、不変不易な方、純一かつ単一な方、非物体的で、目に見えない方、触れえず、限定しえず、無窮かつ無限な方、把握しがたく、測り知れぬ方、善なる方、義なる方、全能の方、全被造物の形成者、すべてを支配する方、すべてのものの監督者、すべてを配慮する方、支配者、審判者であると、われわれは知っており、また信仰告白している。また、神はひとり、すなわち唯一の本体であること、三つの個別者、[*3]すなわち父と子と聖霊との内に知られ、また存在していること、父と子と聖霊は、生まれざる者であること、生まれた者であること、発出した者であることを除いて、すべての点で一つであることと、神なる、神の御言、独り子が憐れみの情に駆られ、われわれの救いのために、父の厚情と聖霊の協力によって子種なしに汚れを受けることなく懐胎され、聖なる処女、神の母なるマリアから生まれ、聖霊によって〔マリア〕から〔生まれ〕完全な人間となったこと、この方は完全な神であると同時に完全な人間であり、二つの本性、神の〔本性〕と人間の〔本性〕とから成り、意志と活動と自由をもつ二つの知的本性を具えており、約言すれば、それぞれに、つまり神性と人間性のそれぞれにあてはめられる定義と原則に即して完全な方であり、かつまた唯一の実体〔個体〕に合成されていること、この方は飢え、渇き、疲れ、十字架に付けられ、死んで墓所にあるという苦しみを忍び、三日目に復活させられ、そこからわれわれの許に来、また再び来ることになるであろうこと、天に挙げられたこと〔をわれわれは知っており、信仰告白している〕。これは、聖書と、聖者から成る合唱隊がこぞって証ししていることである。

ところが、神の本体は何か、いかにして万物の内にあるのか、いかにして神から神が生ぜしめられ、生み出されたのか、いかにして神なる独り子が自らを無にして、本性に反する別の法によって形づくられたものとして、処女の血によって人間となったのか、いかにして足を濡らさずに水の上を歩いたのか〔マタ一四：二五参照〕といったことは、われわれには知りえず、語ることもできないのである。[*4] 旧約と新約聖書の神聖な言葉を通して、語られ、あるいは明らかにされたことで、神にふさわしいかたちでわれわれに告げ知らされたこと以外は、神について何も語ることも、完全に認識することもできないのである。[*5]

第三章（一(3)）　証明。神は存在すること。

さて、神が存在することは、聖書、すなわち旧約聖書と新約聖書とを受け容れた人々のみならず、ギリシア人の多くの人々にとっても疑問のないところである。すでに述べたように、神の存在に関する知識は本性的に植えつけられているからである。ところが、邪悪な者の悪行が人々の本性に勢力を伸ばし、ある人々を、口にするもおぞましい、あらゆる悪のなかでも最悪の、滅びの深淵へと連れ下ろし、神はいないとまで言わせてしまった。彼らの愚かさを明らかにして、預言者ダビデは言っている。「愚かな者は心に言う、〈神はいない〉と」〔詩一四：一〕。そこで、いとも聖なる霊から知恵を授けられた、主の弟子と使徒たちは、その力と恵みによって、神からのしるしを行使して、奇跡という網で彼らを生け捕りにして、無知の深みから、神を知ることからくる光へと運び上げたのである。同様に、彼らの恵みと威厳とを受け継いだ牧者と教師たちも、霊の照らしの恵みを受けて、奇跡の力と恵みの言葉によって、闇の中にある者たちを照らし、横道にそれた者たちを正しい道に導くのである。しかし、快楽への惑溺によって自らをそれに値しない者としてしまったがために、奇跡の恵みも教えるための恵みも受けていないわれわれは、父と子と聖霊を呼び求めつつ、恵みの仲介者たちがわれわれに伝えてくれたことのうちのごくわずかな事柄について検討するにとどめなければならないのである。

存在するものは皆、創造されたものか、創造されざるものかのいずれかである。さて、創造されたものであれば、かならず可変的なものでもある。変化に存在の元（はじめ）を有するものとして、それらのものは、腐敗するか自らの意志によって変化するものとして、かならず変化に服するものなのである。ところが、創造されざるものであれば、論理的な帰結として、かならず不可変のものである。その存在が相反するものは、その存在の様態、すなわち固有性も相反するものだからである。さて、天使たちをも含めて、われわれの感覚の下にあるすべての存在するものは、変化転変し、さまざまな方法で変動し、変節するということに同意しない者が誰かあろうか。知性的な者たち、すなわち天使と魂と悪霊たちは、自由意志（プロアイレシス）に即して、善における進歩もしくは善からの離脱、奮発もしくは弛緩といった変化を遂げ、他のものたちは誕生とか破壊、増加とか減少に即して、また質の変化とか場所の変動に即して変化する。したがって、可変的な存在するものはかならず創造されたものでもある。創造された存在するものはかならず何者かによって形成されたのである。それに対して、形成者（デーミウールゴス）は創造されざる者でなければならない。もし彼が創造された者であるなら、かならず何者かによって創造されたのであり、何者か創造されざる者にまでわれわれは遡らざるをえないのである。したがって、万物の形成者は創造されざる者であり、不可変の者である。神でないとすれば誰がこのような〔形成者〕でありえようか。

また、被造界の調和と保存と統治も、万物を統合し、調和させ、保存し、常に配慮する神が存在することをわれわれに教えている。一致させ、分解しえないものとして常に結束させるなにかしら全能の力がなければ、いったいどうして火と水、大気と大地といった相反する本性〔を有するもの〕らが、一つの世界を共に形成し、分解しえないものとして存続することができようか。*6

天にあるものらと地上のものら、大気中を動くものらと水中を動くものら、否、むしろこれらに先立つものら、天と地と大気、そして火と水の本性を秩序づけたのは何か。これらのものをいっしょにし、配分したのは何者か。これらのものを動かし、絶えることなく妨害されることもない運行へと導くのは何か。それによって万物が動かされ、統括されるところの原則を万物に組み入れる技師がこれらのものにはいないのか。これらのものの技師は何者か。これらのものを造り、存在へと導き出す者こそ、その方ではないのか。このような力を自発性に帰すことはできまい。

仮に生成は自発性によるとしても、秩序は何に由来するのか。それがお気に召すなら、われわれもその〔仮定を〕受け入れよう。だが、それによってこれらのものが最初の〔場〕に存続するところの諸原則を維持し、保全するのは何か。間違いなく、自発性以外の何ものかであるはずである。神以外の何でありえようか。*7

第四章（一(4)）神は何であるかについて、〔神が何であるかは〕把握不可能であること。

そこで、神が存在することは明らかである。しかし、本体と本性の点からは、〔神〕はまったく把握不可能なものであり、認識不可能なものである。〔神が〕非物体的なものであることも明らかである。無限のもの、限定されないもの、無形のもの、触れることのできないもの、見えないもの、純一なもの、単一なものが、どうして物体でありえようか。もし限定され、受動的なものであるとすれば、どうして尊崇されるもの〔不可変のもの〕*8であありえようか。また、諸要素から構成され、再び〔諸要素〕に分解するものが、どうして不動のもの(アパテス)でありえようか。複合は衝突の原因であり、衝突は分離の、分離は解体の原因である。解体は神にまったく縁のないものである。

さて、聖書の言うように、「天をも地をも、私は満たしているではないかと主は言われる」〔エレ二三：二四〕とすれば、神が万物に浸透し、万物を満たすことがどうして保守されようか。実に、諸液体が混合され、混和されるときのように、分割し分割され、織り合わされ、対置されることなしには、物体がもろもろの物体に浸透することはできないのである。

ところで、ギリシアの賢者のあいだで第五の物体――そのような〔物体は存在〕不能である――と言われるような、非物質的な物体をある人々は主張するにしても、彼ら〔ギリシアの賢者たち〕が第五の物体と言う天と同様、それもまた動かされるものである。では、それを動かすのは何者か。実に、動かされるものは、他の何者かによって動かされるのである。それは何者か。不動のものに辿り着くまで、無限にこの〔問いを繰り返さなければならない〕。実に、最初の動かす者は不動のものであり、それが神性である。また、動かされるものは場所に限定されるものではないことがどうしてありえようか。したがって、神性のみが不動のものであり、その不動性によって万物を動かすのである。当然、神性は非物体的なものであると限定されることになる。

しかしながら、以上のことは〔神の〕本体について表示するものではない。生まれざるもの、元（はじめ）のないもの、不可変のもの、不滅のもの、そしてまた、神に関すること、あるいは神について語りうることが〔神の本体を表示するもの〕でないのと同様である。これらは〔神が〕何であるかを指摘するのではなく、何でないかを指摘するにすぎない。[*9] あるものの本体が何であるか語ろうとする者は、何でないかではなく、何であるかを示さなければならない。ところが、神について、本体的に何であるのか語るのは不可能である。そこでむしろ、あらゆるものから分離させることで推論を進めるほうがふさわしいのである。〔神は〕存在するものらの一つではないからである。それは〔神が〕非存在であるからではなく、万物を超える存在であり、存在自体をも超えたものだからである。また、認識（グノーシス）は存在するものらに関わるものであるとすれば、認識を超えるものはかならず本体を超えるものである。逆にまた、本体を超えるものは認識を超えるものでもある。*10 それゆえ、神性は無限で、把握しえないものであり、把握しうるのは〔神性〕のこの無限性と把握不可能性のみである。神についてわれわれが断定的に語ることは何であれ、本性〔そのもの〕ではなく、本性に関わることを明らかにするにすぎない。善にせよ義にせよ賢慮にせよ、他の何かにせよ、語るにしても神の本性を語るのではなく、本性に関わることを語るにすぎない。さらに、神について断定的に言われることでも、それらは絶対否定の意味をもっているのである。たとえば神における闇について語るが、われわれは闇を考えているのではない。むしろ、〔われわれが言わんとするのは〕光ではないということであり、光を超えているということである。*11

第五章（一(5)）　証明。神は唯一であり多数ではないこと。

神が存在すること、また〔神〕の本体は把握しえないものであることは十分に論証された。そしてまた、〔神は〕唯一であり多数ではないことは、聖書に信を置く人々にとって疑問とされるものではない。実に、主は〔律〕法制定の冒頭で言っておられる。「私は主、あなたの神、あなたをエジプトから導き出した〔神〕である。あなたには、私をおいてほかに神があってはならない」〔出二〇：二-三〕。また言う。「聞け、イスラエルよ。お前の神、主は唯一である」〔申六：四〕。さらに、預言者イザヤを通して、「主は言われる、〈私は第一の神であり、私は終わりであり、私をおいて神はない。私の前に別の神は造られず、私の後にも存在しない、私をおいて神はない〉」

〔イザ四四：六、四三：一〇〕。また、聖なる福音書の中で、主は父に向かって次のように言っておられる。「永遠の生命とは、唯一のまことの神であられるあなたを知ることです」〔ヨハ一七：三〕。

聖書に信を置かない人々に対して、われわれは次のように論証できよう。神性は完全なものであり、善性の点で、知恵の点で、力の点で欠けるところなく、元(はじめ)なく、終わりなく、永遠で、限定されることのないものであり、要するにすべての点で完全なものである。ところが、もしわれわれが多数の神が存在すると語るとすれば、かならずや多数の〔神〕のあいだに相違を考量することになろう。だが、もし〔神々〕のあいだに相違はまったくないとすれば、多数の〔神〕が存在するのではなく、むしろ唯一の〔神が〕存在することになる。もし、〔神々〕のあいだに相違があるとすれば、どこに完全性があるのか。事実、善性の点ででであれ、力の点ででであれ、知恵の点ででであれ、時の点ででであれ、場の点ででであれ、完全性に欠けるとすれば、どうして神でありえようか。あらゆる点での同一性のゆえに、〔神は〕唯一であり多数ではないと証明されることになろう。*12 多数の〔神〕が存在するとすれば、いったいどうして限定されることのないものであるのである。〔という特性〕が保持されようか。ひとりの〔神〕が存在する場には、他の〔神〕は存在しえないのである。また、いったいどうして多数の〔神〕によって世界は統治され、解体させられることなく、破壊されることもないのであろうか、多数の統治者のあいだには闘争がつきものであるのに。相違が対立を招くのである。それぞれが一部分を支配していると主張する人もいるであろう。だが、彼らにそれを割り当て、秩序づけたのは何者か。これこそまさに神にほかなるまい。したがって、神は唯一であり、完全で、限定されることのない方であり、万物の創造者、統合者、統治者であり、あらゆる完全性を超越し、先行する方である。

そのうえさらに、二元性の元（アルケー）が単一性にあることはきわめて当然なことなのである。[*13]

第六章（一6）　神の御言（みことば）について。

ところで、唯一単一の神は御言（アロゴス）を欠くものではない。だが、非実体的な（アンヒュポスタトン）ものとして御言を有しているのではなく、〔御言〕は初めがあるものでなく、終わりがあるものでもない。実に、神が御言を欠くものであったときはなかった。〔神は〕ご自身から生まれたご自分の御言を常に有している。その〔御言〕はわれわれの言葉のように非実体的な（アンヒュポスタトス）ものではなく、大気中に消散されるものではなく、実在する（エンヒュポスタトン）もの、生けるもの、完全なもの、〔神〕の外に出たものではなく、常に〔神〕の内にあるものである。[*14]実際、〔神〕の外にあるとすれば、どこに存在するのであろう。実に、われわれの本性は死すべきものであり、いとも簡単に消滅するものであるから、このためわれわれの言葉は実体を欠く（アンヒュポスタトン）ものなのである。だが、神は常に存在し、完全なもの、実在する（エンヒュポスタトン）もの、常に存在する、生けるもの、生みの親がもっているものをすべて有するものとして、ご自分の御言を有している。精神から発せられたわれわれの言葉が精神とまったく同じものではなく、完全に別のものでもない――精神からのものとして〔精神〕とは別のものであり、精神を明らかにするものとして完全に精神と別のものでもなく、本性的には一つのものであるが、基体（ヒュポケイメノン）としては別のものである――ように、神の御言も、自ら実在するものとして、その方の許に自分の実体〔個体〕を有するところの、〔神〕とは区別されるが、神の許に見出されることどもをご自分の内に提示するのであるから、本性的に〔神〕と同じものなのである。実に、あらゆる点での完全性は、父の許に見出されるように、〔父〕から生まれた御言の許にも見出されるに違いないのである。

第七章(一(7)) 聖霊について。

ところで、御言(みことば)は霊〔息吹〕をもっているはずでもある。われわれの言葉も霊〔息吹〕と関わりのないものではないからである。とはいえ、われわれの場合、霊〔息吹〕はわれわれの本体と異質のものである。それは、肉体の維持のために、吸い込まれ吐き出される空気の吸入ならびに運行である。まさにそれが、発声を機会に、言葉の表出ならびに〔音声〕において明らかにされる言葉の力を生じさせるのである。[*15] 純一かつ単一な神的本性の場合、神の御言はわれわれの言葉以上に完全なものであるので、神の霊〔息吹〕の存在が敬虔に信仰告白されなければならない。複合体であるわれわれの場合のように、霊〔息吹〕を神とは異質の何ものかであり、外から〔神の内に〕持ち込まれたものであると考えるのは敬神に悖(もと)ることである。神の御言〔について語られるの〕を聞くとき、それを非実体的(アンヒュポスタトン)なものとも、学習によって生ぜしめられるものとも、音声を通して発せられるものとも、空中に鳴り響き消滅するものともわれわれは考えたりしない。むしろ、実体的に実在するもの、意志と活動と全能の力を具えたものと考えている。同様に、神の霊

〔息吹〕について学んだわれわれは、〔霊を〕御言と共にあるもの、〔御言〕の活動を現すものと考え、非実体的（アンヒュポスタトン）な風とは考えない。〔神〕の内にある霊〔息吹〕をわれわれの息吹に似たものと考えるなら、壮大な神的本性をいとも卑賤なものへと貶めることになる。むしろ、われわれは、〔霊は〕実体的な力、独自の固有性と固有の実体〔個体〕をもつものとみなされ、父から出で来、御言の内に憩い、〔御言〕の存在を明らかにするものであるが、その内にある神と、それと共にある御言から切り離されることなく、力強く、非存在へと消滅することのないもの、御言に類似して一個別者として存在するもの、生けるもの、意志をもつもの、自ら運動するもの、活力あるもの、常に善を欲するもの、自分の意図と合致するすべての計画の遂行に力を尽くすもの、元（はじめ）も終わりもないものと考えている。御言が父を欠くこと、霊〔息吹〕が御言を欠くことはいまだかつてなかったのである。

こうして、本性に則した一性（ヘノテース）のゆえに、ギリシア人の多神観の誤謬は締め出され、御言と霊を受け容れることでユダヤ人の教説は浄化されるとともに、双方の宗派の有用な点は保持される。すなわち、ユダヤ教の見解からは本性的な一性（ヘノテース）が、ギリシア思想からは一個別者としての相違[*16]のみが保持されるのである。

御言と霊を受け容れることに対して、ユダヤ人が異議を唱えるなら、聖書によって論駁され、轡（くつわ）をはめられるがよい。実に、ダビデが御言について次のように述べている。「主よ、とこしえに、あなたの御言は天に存続しています」〔詩一一九：八九〕。そしてまた、「その御言を遣わして彼らを癒された」〔詩一〇七：二〇〕。さて、発音される言葉が遣わされることはないし、とこしえに存続することもない。また、霊について同じダビデが言っている。「あなたがあなたの霊を送られると、彼らは創造される」〔詩一〇四：三〇〕、そして「主の御言によって天は固められ、〔主〕の口の息吹〔霊〕によって〔天〕のすべての勢力は〔造られた〕」〔詩三三：六〕。そして、ヨブも言う。「神の霊が私を造り、全能者(パントクラトール)の息吹が私を維持してくれた」〔ヨブ三三：四〕。さて、遣わされ、造り、固め、維持する霊〔息吹〕は、〔空中に〕消滅する息ではありえない。神の口が肉体の一部を指すのではないのと同様である。実に、双方〔息と口〕とも神にふさわしいかたちで理解されなければならないのである。*17

第八章（一(8)）聖なる三位について。

それゆえ、われわれは信じる。唯一の神、元(はじめ)のない唯一の元(アルケー)、創造されざる方、生まれざる方、不滅の方、不死の方、永遠の方、無限の方、限定されない方、制限されない方、無限に力ある方、純一・単一の方、非物体的な方、不変転の方、動じない方、不可変の方、不易の方、見えない方、善と義の泉、叡知の、近づきがたい光、いかなる秤をもってしても量ることはできず、ただご自分の意志によってのみ測られる力――望むことは何でもできるからである〔詩一三五：六〕――、見えるものと見えないもの、すべての造られたものの造形者、万物を統括し保持する方、すべてを配慮する方、終わりない不滅の王権をもって万物を支配し、治め、統治する方、いかなる矛盾をも有せず、すべてを満たし、いかなるものにも包含されず、むしろ逆に、ありとあらゆるものを包含し、一つに保持する、第一の所有者、なんら損なうことなしにあらゆる本体に浸透している方、万物の彼方にある方、超本体（ὑπερούσια）としてすべての本体からはるかにかけ離れた方、もろもろの存在を超えている方、超神、超善、超充溢、原理（アルケー）と秩序全体を定める方、あらゆる原理と秩序を超えている方、本体と生命と言（ロゴス）と概念を超えた方、光そのもの、善そのもの、生命そのもの、他のもの、すなわち、存在するものらの何ものからもその存在を得たのではない方として本体そのもの（αὐτοουσία）、存在するものらにとって存在の、生けるものらにとって生命の、言（ロゴス）に参与しているものらにとって言（ロゴス）の源泉そのものである方、万物にとってあらゆる善の原因、万物の生成に先立って万物を知っている方、唯一の本体、唯一の神性、唯一の力（デュナミス）、唯一の意志、唯一の活動、唯一の元（アルケー）、唯一の権能、唯一の主権、唯一の王国、まったく逆説的〔不思議〕なことに、混合されることなく（ἀσυγχύτως）結合され、切り離されることなく（ἀδιαστάτως）区別される、三つの完全なる個別者において知られ、唯一の礼拝をもって礼拝され、あらゆる理性的な被造物によって信じられ、崇め尊ばれる方を。父と子と聖霊を〔信じ〕、〔父と子と聖霊〕においてわれわれは洗礼を授けられたのである。というのも、「彼らに父と子と聖霊の名によって洗礼を授けなさい」〔マタ二八：一九〕と言われ、このように洗礼を授けるよう、主が使徒たちに命じたからである。

　唯一の父、万物の元（アルケー）かつ原因、いかなるものからも生まれざる方、ただひとり原因のないもの、生まれざるものである方、万物の造り主、本性によってご自分の唯一の独り子、主にして神なる、われらの救い主イエス・キリストの父、いとも聖なる霊の発出者[*18]を〔われわれは信じる〕。

また神の独り子なるひとりの子、われらの主イエス・キリスト、あらゆる代々に先立って父から生まれた方、光からの光、真の神からの真の神、造られた方ではなく生まれた方、父と同一本体の方、この方を通して万物が造られた方を〔われわれは信じる〕。「あらゆる代々に先立って」という言葉でわれわれが言わんとするのは次のことである。この方の誕生は無時間的なもの、元のないものである。神の子は非存在から存在へと引き出されたのではないからである。この方は、栄光の反映、父の実体の完全な現れ〔ヘブ一・三〕、神の生ける知恵と力〔一コリ一・二四〕、実在する御言、見えない神の実体的かつ完全な、生ける像〔コロ一・一五〕。永遠に無時間的に父から生まれた方として、常に、父と共に、父の内におられる。実に、父ではなかったとき、子が存在しなかったときはない。父と同時に、父から生まれた子が同時に存在した。子なしに父とは呼ばれないからである。さて、子を有していなかったときがあり、そのときは父でなかったとすれば、また、その後、子を得たのだとすれば、それまでは父ではなかったが、その後は父となったのであり、父ではなかったのが父となったことで変わったのである。このような〔考え〕はあらゆる冒瀆のなかでも冒瀆極まりないものである。神は本性的に子を儲ける力を欠いていると主張することはできないのである。この子を儲ける力は、自分自身から、つまり自分の本体から、本性に即して似たものを生む力のことである。

したがって、子の誕生に関して、時が介在した、あるいは子の実在は父の後に生じたなどと主張するのは不敬なことである。実に、子の誕生は、〔父〕ご自身から、すなわち、父の本性からのものであるとわれわれは主張する。また、もし父から生まれた子は、元から父と共に実在されることを認めないとすれば、われわれは父の実体の変化を唱道することになる。父ではなかったのが後に父になったからである。実に、被造界は、その後成ったにせよ、神の本体からのものではなく、〔神〕の意志と力によって非存在から存在へと引き出されたのであり、神の本性の変化をともなうものではない。実に、誕生とは、生む者の本体から本体に即して似た、生まれる者が生ぜしめられることであるのに対して、創造ならびに造成とは、まったく〔本体と〕類似しない創造されるものおよび造成されるものが、創造する者ならびに造成する者の本体からではなく、外から生ぜしめられることなのである。

したがって、ただひとり不動の方、不可変の方、不易の方、常に同じ方である神にとっては、出産も創造もいかなる変動ももたらすものではない。実に、純一かつ単一な方であるので、本性によって不動かつ不変転の方として〔神〕は、出産においてであれ創造においてであれ、変動や流動を甘受することは本性的になく、いかなる協働をも必要としない。むしろ、本性に属する業、ご自身の本体からの発生として、その出産は無時間的かつ永遠のものであるので、産出者は変化をこうむることなく、最初の神と後からの神であるのではなく、付加を迎え入れることもない。さて、神に関して、創造は意志の業であるので、神とともに永遠のものではない。なぜなら、非存在から存在へと引き出されたものが、元なく常に存在する方とともに永遠のものであることは本性的にありえないことだからである。そのうえ、人間と神は同じように造るのではない。[*19] 人間は非存在から存在へと引き出すのではけっしてなく、造るものは何であれすでに実在する物質から造るのであり、ただ意志することではなく、あらかじめ考え巡らし、産出するものを精神の内に思い描き、そのうえで手を使って作業し、労苦と辛苦とを耐え忍び、しばしば作業の意図通りの結果にはならず失敗する。ところが、神はただ意志するだけで、万物を非存在から存在へと引き出したのである。このように神と人間は同じように生ぜしめるのではない。神は無時間的な方、元のない方、不動の方、変転のない方、非物体的な方、唯一の方、終わりのない方であるので、無時間的に、元なしに、なんら損なわれることなしに、変転なしに、交合なしに子を儲けるのであり、〔神〕の把握しがたい出産には元もなければ終わりもない。不変性のゆえに〔その出産は〕無時間的なものであり、不動性と非物体性のゆえに変転のないものであり、また非物体性と、他者を必要としない唯一の神であることのゆえに交合なしのものであり、元なく、無時間的で、終わりなく、常に同じように存在するがゆえに〔その出産は〕把握しがたいものである。実に元のないものは終わりのないものであるが、天使たちのように、恵みによって終わりのないものはけっして元のないものではないのである。

したがって、常に存在する神はご自分の御言を完全なものとして、元なく終わりなしに生ぜしめる。時間を超越した本性と実在を有している神が、時間の内に子を儲けるはずがないからである。ところが、人間はまったく違ったかたちで子を儲ける。誕生と死、流動と増加〔成長〕の下にあり、肉体をまとっており、本性的に男性と女性とに生み出されたものであり、男性は女性の助けを必要としているからである。万物の彼方にあり、あらゆる思いと認識を超えている方が〔われわれを〕慈しんで下さらんことを。

したがって、聖にして普遍的かつ使徒的な教会は、次のように教えているのである。すなわち、父と同時にその独り子が存在する。〔独り子は〕無時間的に、変動なしに、なんら損なわれることなしに、把握しがたいかたちで——神ただおひとりがすべてを知っている——〔父〕から生まれた。火と〔火〕からの光が同時に存在し、火が初めにあり光はその後に〔存在する〕のではなく〔双方が〕同時に〔存在する〕ように、また光は火から常に生ぜしめられ、常に〔火〕の内にあり、けっして〔火〕から切り離されえないように、子も、けっして〔父〕から切り離されえない方として、父から生まれ、常に〔父〕の内にいるのである。しかしながら、光は火から切り離しえないかたちで生ぜしめられ、常に〔火〕の内にあり続けるとはいえ、火とは別の独自の実体〔個体〕をもつのではない。火の本性的な性質をもつものだからである。ところが、切り離しえず見えないかたちで父から生まれ、〔父〕の内に常にいる、独り子なる神の子は、父とは別の独自の実体〔個体〕をもっているのである。

さて、御言は「反映〔輝き〕」とも呼ばれるが、それは、交合なしに、なんら損なわれることなしに、無時間的に、変動なしに、切り離されることなしに父から生ぜしめられたからである。また、「子」とも「父の実体の完全な現れ」とも〔呼ばれるが、それは〕完全なもの、実在するもの（エンヒュポスタトン）、生まれざるものである点を除いてすべての点で父に似たものだからである。さらに、「独り子」とも〔呼ばれるが、それは〕この方だけがただひとりの父からのみ生まれたからである。実に、他の誕生で神の子の誕生に似たものはなく、別の神の子は存在しないのである。聖霊もまた父から発するにせよ、それは生産によるものではなく、発出によるものである。これは別の実在の様式であり、子の出産と同様に、理解しがたく認識しがたいものである。それゆえ、生まれざるものである点を除いて、父がもっているものは皆、〔子〕のものでもあるが、〔生まれざるものである点を除くということは〕本体の相違を意味するのでも、威厳の相違を意味するのでもなく、実在の様式を意味するものである。それは、アダムは生まれざる者であり――神によって形づくられたものであるから――、セトは生まれた者であり――アダムの子であるから――、エバはアダムの肋骨(あばら)から発出された者である――彼女も生まれた者ではない――のに似ている。〔この三者は〕本性によって互いに異なっているのではなく――〔三者〕とも人間である――、実在の様式によって〔異なっているのである〕[*20]。

次の点を知らなければならない。すなわち、「ニュー」(ν)を一つにして書かれる「アゲネートン」(ἀγένητον)という語は「創造されざるもの」もしくは「成らざるもの〔造られざるもの〕」を意味し、ニューを二つにして書かれる「アゲンネートン」(ἀγέννητον)という語は「生まれざるもの」を示す。したがって、第一の意味によれば、本体間の相違が明らかにされる。ある本体は「創造されざるもの」もしくは「アゲネートン」――ニューは一つ――であるが、別の本体は「成ったもの」もしくは「創造されたもの」である。第二の意味によれば、本体間の相違が明らかにされるのではない。生けるものら全種の最初の実体〔個体〕は「生まれざるもの(アゲンネートス)」であり、「成らざるもの(アゲネートス)」ではない。それらのものは、形成者によって創造され、その御言によって生成へと引き出されたのであるが、生まれたものではない。それから生ぜしめられる別のものがなにかしら先に実在するのではないからである。

したがって、第一の意味では、聖なる神性の三つのいとも神々しい個別者は共通している――

三者は同一本体（ホモウーシオス）のもの、「創造されざるもの」として実在しているからである——が、第二の意味では、断じてそうではない——ただ父おひとりが「生まれざる者」であり、その存在は他の実体〔個体〕に由来するものではない——、そしてただ子だけが「生まれた者」であり——父の本体から元（はじめ）なしに無時間的に生まれた——、そして聖霊だけが父の本体から発出するのであり、〔聖霊は〕生み出されたものではなく発出されたものである。聖書の教えはこのようなものであるが、産出と発出の方法は〔われわれの〕理解を超えたものである。

　また、次のことも知らなければならない。すなわち、「父性」と「子性」と「発出」という言葉が祝された神性に帰されたのはわれわれによることではなく、逆に〔聖書〕からわれわれに伝授されたものである。神々しい使徒〔パウロ〕が言っている通りである。「こういうわけで、私は父の前に跪（ひざまず）きます。〔父〕から、天と地にあるすべての父性がその名を与えられています」〔エフェ三：一四－一五〕。

　さて、父は子の元（アルケー）であり、〔子よりも〕偉大であるとわれわれは主張するにせよ、時間とか本性によって〔父〕が子より先んじていることをわれわれは示唆するのではない——「〔子〕を通して〔神は〕世界を造られた」〔ヘブ一：二〕のである——、原因という点以外には、他のいかなる点でも〔父は子に先んじる〕ものではない。つまり、子は父から生まれたのであって、父が子から生まれたのではないということであり、父は本性的に子の原因であるということである。これは、火は光から生ぜしめられるとは言わず、光が火から生ぜしめられると言うのと同じである。したがって、父は子の元（アルケー）であり、〔子より〕偉大であると言われるのを耳にするとき、原因〔という概念〕でそれを理解しなければならない。また、火と光の本体は別々のものであるとわれわれは主張しないように、父と子は別々の本体をもっていると言うことはできない。両者の本体は一つの同じものである。また、〔火〕から生ぜしめられた光を通して火は明らかにされるとわれわれは言うが、〔火〕からの光は火の補助的な道具であるとはせず、本性的な力であると〔われわれは主張する〕。同様に、父は、ご自分が造るすべてのものを、ご自分の子である独り子を通して、それも奉仕の手段〔道具〕としてではなく、本性的に実在する力として〔の独り子を通して〕造るのであるとわれわれは主張する。また、火が光を放つと言い、さらに火の光が光を放つとわれわれは言う。同様に、父が造るものは皆、同じように子も造るのである〔ヨハ五・一九参照〕。しかしながら、光は火とは別の実体として創造されたのではないが、子は、父の実体〔個体〕から切り離しえない、完全な実体〔個体〕である。これは先に証明したことである。実にそれ自体の内に、聖なる三位の様態(トロポス)を完全に表現する類似物(エイコーン)を被造界の内に見出すことは不可能である。被造界は複合体であり、流転するもの、可変的なもの、限定されたもの、姿形のあるもの、朽ちるものである。それがいったいどうして、これらのすべてからはるかにかけ離れた超実体的な神的本体を明確に示すことができようか。全被造物は先に挙げた多くの条件に制約されており、自らの本性に即して消滅に服するものなのである。

同様に、われわれは信じる、主にして生命を与える方である聖霊を。〔聖霊は〕父から発出した方、子の内に宿っている方、父と子と同一本体のもの(ホモウーシオス)、ともに永遠の方として父と子とともに崇められ[*21]、栄光を帰される方、神の霊、廉直な方、指導者、生命と聖化の泉、父と子とともに神であり、〔神〕と呼ばれる方、創造されず、満ち足りており、形成し、万物を支配し、全能で、あらゆる力をもち、その力は限りなく、全被造物を支配し、〔自らは〕支配されることなく、〔全被造物を〕満たし、〔自らは〕満たされることなく、参与し、〔自らは〕参与することなく、聖化し、〔自らは〕聖化されることなく、あらゆる訴えを受け入れる方として弁護する方(パラクレートス)、あらゆる点で父と子に類似しており、父から発出し、子を通して分与され、全被造物によって共有され、ご自身によって万物を創造し、本体を与え、聖化し、保持している方、実在するもの(エンヒュポスタトン)として独自の実体〔個体〕の内に存在し、父と子から分割されず、切り離しえず、父と子がもっているものは何であれすべてもっているが、生まれざるものであることと生まれたものであることとを除く。なぜなら、父は原因のない方、生まれざる方であり――実に、〔父は〕何ものにも由来せず、その存在は自らに由来するものではなく、もっているものの何一つとして〔他の何ものかに由来する〕ものではない――、むしろご自身が、万物が今あるように本性的に存在する元(アルケー)であり、原因である。それに対して、子は父から生まれたものである。聖霊ご自身もまた父からのものであるが、出生によるのではなく発出による。そして、出生と発出とは違うものであることをわれわれは学んだ。その相違の様式については何も〔学んで〕いない。ところで、子の父からの出生と聖霊の〔父からの〕発出は同時のものである。*23

したがって、子がもっているものは何であれすべて、霊もまた父からのものとしてもっている。それには存在そのものも含まれる。もし、父が存在しないとすれば、子も霊も存在しない。もし、父が何かしらをもっていないとすれば、子も霊もそれをもっていない。それで、父のゆえに、すなわち、父が存在するがゆえに、子も霊も存在する。子と霊がもっているものは何であれ、父のゆえ、すなわち父がそれらをもっているからである。ただし、生まれざるものであること、生まれたものであること、発出したものであることは別である。なぜなら、本体によってではなく、個別者としてのご自分の特徴によって、分割されることなしに、区別されるものとして、ただこれらの個別者としての固有性においてのみ聖なる三つの個別者は互いに相違しているからである。

　三つのうちどの個別者も完全なものであるとわれわれは主張する。三つの不完全なものから一つの完全な本性が合成されていると認識することなく、むしろ、三つの完全な個別者の内に純一で、卓越し、優れた唯一の本体が〔存在すると認識する〕ためである。実に、不完全なものらから成っているものは皆、かならず合成されたものであり、完全な実体〔個体〕から一つの合成物が生じることはありえないのである。それゆえ、われわれは、もろもろの実体〔個体〕から成る一つの種とは言わず、もろもろの実体〔個体〕の内にある〔一つの種〕と言うのである。自ら一つの事物を作り上げておきながら種〔としての性質〕を保持しないものらを、われわれは不完全なものらと言うのである。石とか木材とか鉄とかは、それぞれ自体として、独自の本性に即して完全なものであるが、それらのものから作り上げられた家屋という観点から言えば、それらは皆、不完全なものである。それらのどれ一つとして、それ自体で家ではないからである。

　したがって、もろもろの実体〔個体〕の完全性をわれわれは主張する。神的な本性が合成されたものであるなどと考えないためである。「合成は分離の元（はじめ）だからである」[*24]。また、三つの個別者がそれぞれの内に〔存在している〕とわれわれは主張する。神々の群れとか集いといった〔考え〕

を持ち込まないためである。三つの個別者のゆえに、合成されざるもの、混合されざるものであり、〔三つの〕個別者が同一本体のもの（ホモウーシオス）であり、相互に内在しているがゆえに、また意志と活動と力と権能と、いわば運動の同一性のゆえに、神は不可分であり唯一であるとわれわれは認識するのである。実に、神と〔神〕の御言と霊とは唯一の神なのである。

さて、次のことを知っておく必要がある。事物として〔実際に〕観察されるものと、理性（ロゴス）と思惟（エピノイア）によって〔観察される〕ものとは別々のものなのである。したがって、すべての被造物には、事実上、もろもろの実体〔個体〕間の区別が認められる。実際、ペトロはパウロとは区別されたものとして、事実上観察される。ところが、共通性とか相互関係とか一性（τὸ ἕν）は、理性と思惟によって観察される。ペトロとパウロは同じ本性に属し、共通の一つの本性を有していると、精神によってわれわれは認識する。実に、彼らはそれぞれ理性的で死すべき生き物であり、それぞれが理性的かつ知性的な魂によって生かされた肉体である。それゆえ共通の本性そのものは、理性（ロゴス）によって観察されるのである。ところが、もろもろの実体〔個体〕は互いに内在するものではない。それぞれが固有のものとして、また別個のものとして、すなわちそれ自体別のものとして区別される。他のものと自らを分かつ多くの相違を有しているからである。実際、場所によって分離され、時間の上でも異なっており、判断や力、姿形、すなわち外見や状態や気質や品位や習慣、そして多くの特徴ある固有性によって、さらにそれら以上に何よりも互いに内在しておらず、別々のものとして存在している事実上区別されるのである。ここから、二人あるいは三人、そして多くの人々について、われわれは語るのである。

さて、以上のことは全被造物に認められることである。しかしながら、聖なる、超本体の、万物を超越している、理解しがたい三位の場合は逆である。この場合は、共通性と一性は、ともに永遠のものであることならびに本体と活動と意志の同一性を通して、また判断の一致と、権能と力と善の同一性――類似性とは言わない、同一性である――と、一つの躍動である運動を通して、事実上観察されるのである。実に、唯一の本体、唯一の善、唯一の力、唯一の意志、唯一の活動、唯一の権能が存在するのであって、互いに類似する三つのものではなく、唯一かつ同一のものであり、三つの個別者の唯一かつ同一の運動なのである。「〔三位〕のそれぞれが、自らに対するのと劣らない一性を他者とともに有している」[*25]のである。すなわち、「生まれざるものであること」と「生まれたものであること」と「発出されたものであること」を別にして、すべてにわたって父と子と聖霊は一つである。この区別は思惟によって〔認識される〕。なぜなら、われわれは唯一の神を知っているのであり、原因と結果、そして個別者としての完全性、すなわち実在の様式に即した、父性と子性と発出性という〔三者〕の固有性の内にのみ相違を理解しているからである。[*26]実に、名状しがたい神性に関しては、われわれの場合のように、場による相違を云々することはできない――〔三つの〕個別者は互いに内在しており、だからと言って混合されることなく、むしろ「私は父の内におり、父は私の内におられる」〔ヨハ一四：一一〕という主の言葉の通りに固く結ばれている――、意志とか判断とか活動とか力とか、事実上の、決定的な区分をわれわれの内に生じさせるようないかなるものによる相違を〔云々することもできないのである〕。このためわれわれは、父と子と聖霊とは三神であるとは言わず、唯一の神、聖なる三位であると主張する。

子と霊とは唯一の原因に帰されるが、サベリオスが混同するように、一つに糾合されるとか混合されることはないからである。すでに述べたように〔三者は〕一つになっているが混合されてはおらず、互いに固く結ばれている。そして、互いのうちに交流(ペリコーレーシス)*27があるが、そこにはいかなる混和・混合もなく、アレイオスの分割のような、分離や本体による区分もないのである。もし簡潔に表現する必要があれば、次のように言えよう。実に、神性は分割されたものらの内にあっても分割されえない。それはあたかも、互いに固く結ばれた、切れ目のない三つの太陽の内に、光の一つの融合および結合があるようなものである。*28したがって、神性、そして第一原因と唯一の元(モナルキア)、神性の一性と同一性、いうなれば運動と意志の〔一性と同一性〕、そして本体と力と活動と主権の同一性に目を注ぐとき、われわれに現れるのは一性(ἕν)なのである。これに対して、神性がそこにあるものら、あるいは、いっそう厳密に言えば神性であるところのものと、無時間的に、同一の栄光をもって、切れ目なしに第一原因から出たものら、すなわち〔子と霊の二つの〕個別者に目を注ぐとき、礼拝されるのが三者なのである。ひとりの父、御父(ホ・パテール)、元(アルケー)のない方、つまり原因のない方、なぜなら、いかなるものにも由来しないからである。ひとりの子、御子(ホ・ヒュイオス)、元(アルケー)のない、つまり原因のないものではない方、なぜなら、父に由来するからである。しかし、時間的な元(はじめ)を想定するといけないので〔言い添えよう〕、元(はじめ)のない方でもある。時間の造り主であって、時間の下にはないからである。一つの聖なる霊、御霊(ト・プネウマ)、父から発した方、それは、子としての誕生によってではなく、発出による。父は〔子を〕生んだからといって、生まれざるものであることをやめることなく、生まれざる方から生まれたからといって、子は生まれたものであることを〔やめるのでは〕なく――どうしてそのようなことがありえようか――、発出され、なおかつ神であるからといって、霊が父に変わるのでも子に変わるのでもないからである。実に、固有性は不動のものである。変動したり変化したりするものであったなら、いったいどうして固有性が存続しえようか。もし子が父であるなら、厳密な意味で父ではない。厳密な意味で父はひとりなのである。もし父が子であるなら、厳密な意味で子ではない。厳密な意味で子はひとりであり、聖霊は一つなのである。

次の点を知らなければならない。父はなんらかのものに由来するとわれわれは言わない。〔父〕は子の父であるとわれわれは言う。また、子は原因ならびに父であるとわれわれは言わない。〔子〕は父からのものであり、父の子であるとわれわれは言う。そしてまた、聖霊も父からのものであるとわれわれは言い、父の霊とわれわれは呼ぶ。霊は子からのものであるとわれわれは言わないが、子の霊とわれわれは呼ぶ。神聖な使徒〔パウロ〕が言っている。「キリストの霊をもたない者は、キリストに属していません」〔ロマ八：九〕。そして〔霊は〕子を通してわれわれに明らかにされ、分与されたとわれわれは表明する。〔子は〕「息を吹きかけて」、「聖霊を受けなさい」と弟子たちに言ったからである〔ヨハ二〇：二二〕。これは、光線と輝きは太陽からのものであり、〔太陽〕自身は光線と輝きの源泉であるが、光線を通して輝きはわれわれに分与され、われわれを照らすもの、われわれに享受されるものは〔輝き〕であるのと同様である。さらに、子は霊のものであるとも、霊からのものであるともわれわれは言わないのである。

第九章（一(9)） 神について語りうることについて。

神性は純一で単一〔非合成〕なものである。多数の異なったものから構成されたものは合成されたものである。そこで、もし、創造されざるもの、元（はじめ）のないもの、非物体的なもの、不死のもの、永遠のもの、善なるもの、創造的なもの、その他これらに類する事柄を、実体的な相違として神について語るとすれば、〔神は〕それらのものから構成されたものであることになり、純一なものではなく、合成されたものであることになる。このような〔考え〕は不敬の極みである。したがって、神について語られる事柄のどれ一つとして、本体に即して何であるかを語るものと考えてはならず、むしろそれは何でないか、あるいは対立するものとして区別されるものらの何かと、あるいは〔神の〕本性と活動（エネルゲイア）に付随するものらの何かとのなんらかの関係を〔語っているにすぎないと考えなければならない〕。

さて、神に帰されたもろもろの名称のなかでも最も基本的なものは「在る者（ホ・オーン）」であると思われる。これは、〔神〕ご自身が山の上でモーセと語り合ったときに、「イスラエルの子らに言うがよい。〈在る者（ホ・オーン）〉が私を遣わされた」〔出三：一四〕と言っている通りである。実に、本体の無限で果てしない海のように、〔神〕はありとあらゆる存在をご自分の内に包含しているのである。*29

第二の名称は神（テオス）である。〔この名称は〕テエイン（θέειν 走る）*30、ありとあらゆるものを配慮して回ることに由来するか、あるいはアイテイン（αἴθειν）、すなわち焼くことに由来する——実に「神は」すべての悪を「焼き尽くす火である」〔申四：二四〕——か、あるいは、すべてをテアスタイ（*θεᾶσθαι* 観照する）に由来する——何ものもその目から逃れえず、万物を監視する者〔二マカ九：五〕である。実に、「あらゆることをその起こる前から」観(み)ており〔スザ四二〕、時間に関係なしに〔すべてを〕思い浮かべており、それぞれのものは、予定と像と範例となるところの、時間に関係のない〔神〕の意志と意図に応じて、予定された時のうちに生じるのである。

ところで、第一の〔名称〕は、〔神〕の存在ならびにその存在の本質を表現するものであるのに対して、第二の〔名称〕は活動を表すものである。さらに、「元(はじめ)のないもの」、「朽ちざるもの」、「生まれざるもの」、あるいは「創造されざるもの」、「非物体的なもの」、「見えざるもの」、そしてこれらに類した〔名称〕は、〔神〕が何でないかを明らかにしている。すなわち、その存在には元(はじめ)がないこと、朽ちないこと、創造されないこと、物体ではないこと、見えないことを〔明らかにしている〕。ところが、「善なるもの」、「義なるもの」、「聖なるもの」、そしてこれらに類する〔名称〕は、本性に付随するものであり、本体そのものを明らかにするものではない。また、「主」とか「王」とか、これらに類する〔名称〕は、対極にあるものたちとの関係を明らかにしている。つまり、〔神は〕支配される者たちの主であり、統治される者たちの王であり、形成された者たちの形成者であり、牧される者たちの牧者なのである。

第一〇章（一(10)）　神の合一と区分について。

したがって、これらのすべての〔名称〕は、神性全体に共通するものとして、同様かつ一様に、分け隔てなく、一致して帰されるものと取らなければならないが、[*31]「父」と「子」と「霊」、「原因のないもの」と「原因によって生じたもの」、「生まれざるもの」と「生まれたもの」と「発出されたもの」という〔名称〕は、別様に帰されるものと取らなければならない。これらの〔名称〕は本体を明らかにするものではなく、〔三者〕相互の関係と実在の様態を明らかにするものである。

ところで、以上のことを知り、以上の〔名称〕によって神的本体にまで導かれたとしても、われわれは〔神的〕本体そのものを把握するのではなく、本体の周辺を〔把握するにすぎない〕。それは、魂が非物体的なものであり、量的なものではなく、無形なものであると知っているにしても、われわれはその本体を把握することはないし、肉体が白かったり黒かったりするのを知っているにしても、本体の周辺のことを〔把握するにすぎない〕のと同様である。真の教え(ロゴス)は、神が純一なものであり、すべてのものを暖め、それぞれの本性的な性向と受容能力に応じてそれぞれに働きかける力を万物の形成者である神から得たものとして、そのような働きをなす太陽の光線のように、善なるもので、すべてを動かしめる、唯一純一なる活動を有していることを教える。

ところが、神の言(ロゴス)の神的で慈愛に満ちた受肉に関することは何であれ、完全に区別されるのである。この場合は、われわれと同じ人間となった神の言(ロゴス)が、不可変の神にして神の子として行った言語に絶する不思議な業と、是認を別にすれば、父と霊はいかなる点でも共同することはないのである。[*32]

第一一章(一一) 神について身体的に語ることについて。

聖書においては、あたかも肉体をもっているかのように、神に関して多くの事柄が象徴的に語られているのであるから、次のことを知っておかなければならない。人間であり、厚い肉体という衣をまとっている者としてわれわれは、われわれの〔あり方〕に応じた像とか類型とか象徴を用いることなしには、神聖で崇高、非物質的な神の活動について考えたり語ったりすることはできないのである。したがって、あたかも肉体をもっているかのように、神について語られたことは何であれ、象徴的に語られているのであって、非常に崇高な意味をもっている。実に、神性は純一で形のない方なのである。こうして、神の目とか瞼とかまなざしとかは、すべてを見守っている〔神〕の力および何一つ見逃すことのない知識のことであるとわれわれは考えよう。われわれの場合、この感覚を通して知識はより完全なもの、より確実なものとなることに応じてのことである。耳とか聴くこととかは、〔神が〕好意をもっていることならびにわれわれの願いを受け容れることと〔である〕。われわれも、この感覚を通して、嘆願する者たちに対して寛大になり、彼らの嘆願に好意をもって耳を傾けるのである。口とか話すこととかは〔神〕の望みの表明のことである。われわれの場合、口と語ることとを通して、心の内の思いを明らかにするものだからである。食べ物とか飲み物とかは〔神〕の意志へのわれわれの協力のことである。われわれも、味覚を通して本性の必然的な要求を満たすのである。嗅覚とは、〔神〕に対するわれわれの思いと誠意とが受け容れられることである。われわれの場合、この感覚を通して芳香が嗅ぎ取られるからである。顔とは、〔神〕が御業を通して〔ご自分を〕明らかにすることならびに現すことである。

顔貌を通してわれわれは〔神を〕示されるからである。手は〔神〕の活動のことである。われわれも、自分の手を通して、必要で、なおかつ価値のあることを成し遂げるものである。右手とは、時宜を得た〔神〕の助けのことである。われわれも、優雅で価値のあること、多大な力を必要とすることを成し遂げるために右手を用いるからである。触れることとは、〔神〕の非常に厳格な、非常に些細なものらや隠されたものらに対する判定ならびに取り立てのことである。われわれの場合、われわれに触れられたものらは何一つとして隠すことはできないからである。足とか歩みとかは、必要としている者たちを助けるため、あるいは敵を撃退するため、あるいは他のなんらかのことを行うために到来し到着することである。われわれの場合、足を用いることによって到来が成し遂げられるからである。誓いとは、〔神〕の意志の不変性を言う。われわれの場合、誓いを通して、他者との協定は堅固なものとされるからである。怒りとか憤激とかは、悪に対する憤激ならびに反撃のことである。われわれも意に反することを嫌い、怒るのである。忘却と睡眠とか微睡（まどろみ）とかは、敵意をもつ者たちに対する反撃の猶予およびご自分に属する者たちに対する援助の延期のことである。[*33] 要するに、神について身体的に語られていることはすべて、なんらかの隠された意図を含んでいるのであり、われわれ〔の本性〕にふさわしいそれらのことを通して、われわれを凌駕する事柄が教えられているのである。ただし、神の言（ロゴス）の肉体をもっての到来に関することが語られる場合は別である。なぜなら、〔神の言（ロゴス）〕はわれわれの救いのために、人間のすべて、すなわち、理性的な魂と肉体、そして人間の本性に固有なもの、本性的であり、非難されることのない情動を受け取ったからである。

第一二章(一(12)) 前章の続き。

さて、神聖なディオニュシオス・アレオパギテスが述べているように、聖なる御言(みことば)からわれわれは次のことを学んだのである。[*34] すなわち、神は万物の原因であり元(アルケー)であり、存在するものらの本体、生命あるものらの生命、言葉(ロゴス)を話すものらの言葉(ロゴス)、知性を有しているものらの精神(ヌース)、転落したものらへの呼びかけならびに復興、本性に即して朽ちるものとなり果てたものらの刷新ならびに変容、神聖ならざる衝動に駆られ動揺しているものらの聖なる基盤、立っている者らのよりどころ、〔神〕へと導かれる者らの道ならびに彼らに差し伸ばされた導きの手である。さらに言い添えよう。〔神〕は〔神〕によって造られたものらの父である――実に、無から存在へと〔われわれを〕引き出したわれわれの神は、われわれを儲けた父親以上に〔われわれの〕父である。彼らも〔自分の〕存在と子を儲ける力とを〔神〕から得ているからである――。〔また、神は〕後に従う者らならびに〔神〕によって牧されている者らの牧者であり、照らされている者らの照明、入信の秘義に導かれた者らへの秘義の授与者、神化される者らの神化の元、不和にある者らの平和〔の源〕、純粋な者らの純粋〔の源〕、一致を求める者らの一致、あらゆる元(アルケー)の、超実体的で卓越した元(アルケー)、個々人の能力に応じ、許される範囲での、隠された事柄、すなわち、〔神〕の知識の善い賦与である。[*35]

第一三章(一(13)) 神の場、神性のみが名状しがたいものであることについて。

場とは物体的なものであり、それによって包まれているものを包み、包まれているものの限界を成すものである。たとえば大気は包むものであり、肉体は〔包まれるものである〕。しかし、包んでいるところの大気全体が、包まれた肉体の場であるのではなく、包まれた肉体に触れている、包み込んでいるところの大気の境界が〔場となるのである〕。必然的に、包むものは包まれたものの内にはないのである。

ところで、精神的で非物体的な本性のものがそこにあると考えられ、現にそこにあり、そこにあって活動し、物体的にではなく精神的に包まれている——なぜなら、それは形をもたず、そのため物体的に包み込まれないので——ところの精神的な場も存在する。さて、神は非物質的で限界されざる者であるので、場の内にはいないのである。実に、万物を満たし、万物の上におり、万物を統合している方として〔神〕ご自身がご自分の場なのである。*36 しかしながら、〔神も〕一つの場にいると言われる。そして、そこが神の場と言われ、そこにおいて〔神〕の活動は明らかなものとなるのである。〔神〕は、混合することなしに万物に浸透しており、個々の適合性と受容能力に応じて、つまり本性と意志の純粋さに応じて、万物にご自分の活動を分与している。非物質的なものは物質的なものよりも純粋であり、有徳なものは悪の軛につながれたものよりも〔純粋である〕。それゆえ、神の場と言われるのは、〔神〕の活動と恩恵とを満ち溢れんばかりに体験する場のことである。このため、天は〔神〕の王座なのである〔イザ六六：一〕——そこに〔神〕

の意志を行い、たえず〔神〕に栄光を帰している天使たちがいるからである。また、〔天〕は〔神〕の憩いの場であり——地は〔神〕の足台である〔イザ六六：一〕——肉体を通して〔地上〕で人々と共に住まわれたからである〔バル三：三八〕——。また、〔神〕の聖なる肉体が神の足と呼ばれているのである。そしてまた、教会も神の場と言われる。〔神〕への栄唱のための場、いわば神域として区別し、そこを〔神〕との出会いの場としているからである。同様に、肉体を通してであれ肉体を介さずにであれ、そこにおいて〔神〕の活動がわれわれに明らかにされるもろもろの場もまた神の場と言われるのである。

さらに、次のことも知っておく必要がある。すなわち、神性は〔部分に〕分けられないものであり、全体が全体としてあらゆるところに存在し、一部が一部のところへと物体的に分割されるのではなく、全体があらゆるものの内に、かつ全体があらゆるものの上に存在するのである。

天使は、姿や形をもつかのように、物体的に一つの場の内に包まれることはないが、それにもかかわらず精神的な形で臨在し、その本性に応じた活動をなすがゆえに、また別のところではなく、そこで活動しているその場に精神的に限定されるがゆえに、一つの場に存在すると言われる。実に、異なったいくつかの場で同時に活動することはできないのである。あらゆるところで同時に活動することはただ神のみに可能なことなのである。天使は、本性的な迅速さと、素早く、ということはつまり迅速に移動することによって、異なったいくつかの場所で活動する。しかし、あらゆるところにあり、万物の上にある神性は、あらゆるところで、同時に、唯一かつ単一の活動をもって活動するのである。

ところで、魂は肉体と互いに結ばれている。〔魂〕全体が〔肉体〕全体と〔結ばれている〕のであって、一つの部分が別の部分と結ばれているのではない。また、〔魂〕は〔肉体〕に包まれているのではなく、火が鉄を〔包む〕ように〔魂〕が〔肉体〕を包んでいるのである。そしてまた、〔魂〕は〔肉体〕の内にあるが、自分の活動をもって活動するのである。

さて、限定されるものとは、場所によって、あるいは時間によって、あるいは把握されることで包含されるものであり、限定されざるものとは、それらの何によっても包まれえないものである。したがって、元のないものであり、終わりのないものであり、万物を包み、いかなる把握によっても包まれることのないものである神性のみが、限定されざるものである。実に、ただ〔神性〕のみが把握しがたいもの、見えないもの、何者にも知りえないものであって、〔神性〕だけがご自分を観照しうるものなのである。ところが、天使は時間によっても――存在の元があるから――、精神的な形でであれ、すでに述べたように、場所によっても、また把握によっても――その本性はある程度相互に知られており、創造主によって完全に規定されているので――限定されているのである。そして、肉体も元と終わりと、物体的な場所と把握によって〔限定されているのである〕。

したがって、神は完全に不易なもの、不可変なもの〔である〕。われわれの手の内にない万物を、〔神〕がその予知によってあらかじめ定めたのであり、それぞれが自分のためのふさわしい時と場とに応じているのである。このため「父は誰をも裁かず、裁きは一切子に任せておられる」〔ヨハ五：二二〕のである。もちろん、父が裁いたのであり、子も聖霊も神として〔裁いたのである」。しかし、子自身が、人間として、肉体をもって降って来、栄光の座に着き――降下とか着座とかは限定されたものである肉体に属するものである――、義をもって地上のすべてを裁くであろう。

すべては、場所的にではなく本性的に神からかけ離れている。われわれの場合、思慮も知恵も決意も、状態と同じく生じては去っていく。しかし、神の場合はそうではない。〔神〕の場合は、何も生じることなく、去ることもない。不可変のものであり不易のものであり、神について付随的なものは何一つとして語られるべきではないからである。善と神とは本性によって一致を見ている。たえず神を乞い求める者は神を見る。神は万物の内にあるからである。実に、存在するものらは存在する方に依存しており、存在する方の内にその存在を有していないなら、何ものも存在しえないのである。それらの本性を保持する者として神は、万物に混合している。神なる御言（みことば）は、一個別者として、ご自分のものとした聖なる肉体と合一され、われわれの〔本性〕と混ぜ合わされたが、そこには混乱はない。子と聖霊のほかに父を見た者は一人もない〔ヨハ六：四六〕。

子は父の望み、知恵、力である。神に関して性質を語ってはならない。神は本体と性質から合成されたものであると言うことのないためである。子は父に由来するものであり、〔子〕が有しているものは何であれすべて〔父〕に由来するものとして有しているのである。このため、子は自分からは何一つ行うことはできないのである〔ヨハ五：三〇〕。実際、父の〔活動〕とは別の独自の活動をもっていることはないのである。[*37]

神は本性的に見えない方であるが、活動によって見えるものとなり、世界の形成と統治から知られるのである〔知一三：一、一三：五、ロマ一：二〇〕。

子は父の像であり、霊は子の〔像〕である。この〔霊〕を通して、キリストは人間の内に住まわれ、〔人間〕を像にかたどられたものとするのである。

聖霊は神である。〔聖霊は〕生まれざる方と生まれた方との中間であって、子を通して父と一つに結ばれている。神の霊、キリストの霊、キリストの精神（ヌース）、主の霊、主そのもの（αὐτοκύριος）、〔神の〕子とする霊、真理の〔霊〕、自由の〔霊〕、知恵の〔霊〕と呼ばれる——これらすべての造り主だからである。*38 その本体によって万物を満たし、万物を一つに保持し、本体によって世界を満たしているが、世界はその力を収めきれるものではない。

神は永遠の、不可変の、存在するものらを形成する、敬神の念篤い良心によって礼拝される本体である。

父でもある神は、なんらかの者から生まれたのではない者として、永久に生まれざる方として、共に永遠の者である子を生んだ方である。子も神であり、時間なしに、永遠に、流転なしに、苦難なしに、切り離されることなしに、〔父〕から生まれた者として、永遠に生まれる方である。聖霊も神であり、実在し、切り離されることなく父から発出され、子の内に憩うており、父と子と同一本体（ホモウーシオス）の、聖化の力である。

言（ロゴス）は、本体的に（οὐσιωδῶς）常に父と共に存在する方である。さらに、言（ロゴス）は、それによって〔精神〕が運動し、考え、推論するところの精神（ヌース）の本性的な運動である。それはあたかも、「精神」の光ならびに反映〔輝き〕のようなものである。さらにまた言（ロゴス）は、心の中で語られる内的な〔思い〕でもある。そしてさらに言（ロゴス）は思惟の使者でもある。ところで、神である言（ロゴス）は実体的に存在し、実在するものでもあるが、他の三種の言（ロゴス）は魂の能力であって、固有の実体〔個体〕をもつものとして観照されるものではない。これらの〔三種の言（ロゴス）のうちの〕第一のものは、本性的に〔精神〕から常に湧き出される、精神（ヌース）からの本性的な産物であり、第二のものは内的な〔言（ロゴス）〕と言われ、第三のものは発せられた〔言（ロゴス）〕と言われるものである。

霊（プネウマ）〔という語〕は多様な意味で解される。聖霊〔のことである〕。そして、聖霊のもろもろの力もまたもろもろの霊（プネウマタ）と言われる。さらに善い使い〔天使〕も霊（プネウマ）であり、悪魔もまた霊（プネウマ）であり、魂もまた霊（プネウマ）である。そして、精神（ヌース）が霊（プネウマ）と呼ばれたときもあったのである。さらにまた風と大気も霊（プネウマ）なのである。

第一四章（一（14））　神の本性の固有性について。

創造されざるもの、元（はじめ）のないもの、不死なるもの、無限なるもの、永遠なるもの、非物質的なもの、善なるもの、創造的なもの、義なるもの、照らすもの、不変なるもの、苦しみなきもの、限定されざるもの、包含されざるもの、制限されざるもの、定義されざるもの、非物体的なもの、見えざるもの、想像を絶するもの、欠けるもののなきもの、絶対的支配と権威をもつもの、すべてを支配するもの、生命を与えるもの、全能なるもの、無限の力をもつもの、聖化し譲与するもの、ありとあらゆるものを包み保持し、すべてを配慮するもの。これらのすべて、そしてこれに類することを、〔神は〕本性によって有しており、それらは他のところから得られたものではない。むしろ、それぞれの受容能力に応じて、ご自分の造られたものらに、あらゆる善を分与することこそ〔神の本性〕なのである。

〔三つの〕個別者は互いの内に宿り住んでいる。〔三者〕は切り離されえないもの、互いに分かたれないものとして、互いに混合することなしに、互いにしっかりと結合している。互いに密着しているというのでも、互いに混じり合っているというのでもなく、互いに内在し合っているのである。実に、子は父と霊の内に、霊は父と子の内に、そして父は子と霊の内にあるが、融合とか混合とか混乱とかが生ずることはけっしてないのである。そして、そこには唯一かつ同一の運動がある。まさしく三つの個別者の躍動は一つ、運動は唯一であり、これは創造された本性の内には見出されえないものなのである。

また、神的な輝きと活動は唯一・純一・不可分なものであり、分割されたものらに多様な形で現れ、それらすべてのものに、その固有の本性の構成要素を分け与えるにしても、純一なものであり続ける。分割されたものらの内で多様なものとなるにしても不可分であり、分割されたものらを自己の純一性へと寄せ集め、立ち戻らせる――万物は〔純一なる神的な輝きと活動〕を目指し、その内に実在を有しているからである――。また、万物に個々の本性に応じた存在を分け与える。〔神的な輝きと活動〕は、存在するものらの存在、生命あるものらの生命、理性的で言葉を語る存在者らの理性・言葉（ロゴス）、知性的なものらの知性であり、精神（ヌース）を超えたもの、言（ロゴス）を超えたもの、生命を超えたもの、本体を超えたものなのである。

さらにまた、〔神性は〕何ものにも自分自身は〔浸透されること〕なく、混合することなしに万物に浸透するものである。さらに、その純一なる知識によってすべてを知っており、過去のことも現在のことも将来のことも、それらが生じる前にすべては、神的で、すべてを見通される、非物質的な目によって見極められている。また、誤ることのないこと、罪を赦し、救うことも〔神の特性である〕。また、〔神は〕欲することは何であれ、すべてできるが、できることを何でも欲するのではない。世界を滅ぼすこともできるが、〔神は〕それを欲しないのである。

〔中略――第一五章（二(1)）代（アイオーン）について／第一六章（二(2)）創造について／第一七章（二(3)）天使について／第一八章（二(4)）悪魔と悪霊について／第一九章（二(5)）見える被造物について／第二〇章（二(6)）天について／第二一章（二(7)）光、火、光るもの、太陽、月、星について／第二二章（二(8)）空気と風について／第二三章（二(9)）水について／第二四章（二(10)）大地とそこから出るものについて／第二五章（二(11)）楽園について／第二六章（二(12)）人間について／第二七章（二(13)）快楽について／第二八章（二(14)）苦悩について／第二九章（二(15)）恐怖について／第三〇章（二(16)）怒りについて／第三一章（二(17)）空想の産物について／第三二章（二(18)）感覚について／第三三章（二(19)）思考について／第三四章（二(20)）記憶について／第三五章（二(21)）心的言葉と語られた言葉について／第三六章（二(22)）受動と能動について／第三七章（二(23)）活動について／第三八章（二(24)）随意的なことと不随意的なことについて／第三九章（二(25)）われわれにかかっていること、すなわち自由な決断について／第四〇章（二(26)）なされたことについて／第四一章（二(27)）自由意志をもつものとして造られた理由について／第四二章（二(28)）われわれによらないものごとについて／第四三章（二(29)）摂理について／第四四章（二(30)）予知と予定について」

第四五章（三(1)）神の救いの営み（オイコノミア）について、われわれに対する配慮ならびにわれわれの救いについて。

さて、人間は元凶である悪魔の攻撃を受け、その誘惑に屈し、創造主の命令を守れず、恵みを剝奪され、神との親しい交わりを失ってしまい、艱難に満ちた生涯の苛酷さ——「無花果（いちじく）の葉」はこれを意味している——で覆われ、屍体、すなわち肉体の可死性と愚鈍性——「皮の衣」はこれを意味する——とをまとわされ〔創三：七、三：二一〕、神の正しい判決に即して楽園から追放され、死の宣告を受け、腐敗に服したのである。この〔人間〕に存在を与え、〔人間が〕善く存在するよう恩恵を施される方、同情厚い方は、〔この人間を〕見捨てることなく、かえって、まずさまざまな方法で教育し、回心へと呼び戻された——嘆息と戦慄によって、大洪水と人類の大部分を破滅させることによって、言語の混乱と区分によって、天使たちの監督によって、多くの町の焼失によって、さまざまなかたちでの顕現によって、戦争、勝利、敗北によって、しるしと前兆とさまざまな力ある業によって、律法によって、預言者たちによって。これらのすべてを通して熱望したのは、さまざまなかたちで蔓延し人間を奴隷とし、あらゆるたぐいの悪を人の生の内に蓄積させたもろもろの罪を無にすることであり、善き存在への人間の帰還であった。獰猛な野生の獣が人の生を破滅させるように、罪を通して死がこの世に入り込んだので、罪のない、罪によって死に服することのない者が贖いをなさねばならず、さらに〔人間の〕本性は頑健にされ新たにされ、行動によって教導され、破滅に背を向けて永遠の生命へと導く徳の道を学ぶ必要があった。そして、ついに人間に対する愛の壮大な海が明らかにされた。実に、創造者、主ご自身がご自分の被造物のための戦いを引き受け、行動を通して教師となった。そして、敵は神性への希望を餌にして人間を捕えたので、肉体という防御物を餌にして捕え、同時に神の善性と知恵と義と力が明らかにされたのである。善性とは、ご自分の被造物の虚弱さを蔑視せずに転落した〔被造物〕に同情し、手を差し伸ばしたことである。義とは、人間が敗北したとき、暴虐者を打ち破るために別のある〔暴虐〕者を造らず、力ずくで人間を死から奪い取りもせず、むしろ、かつて死が罪によって奴隷にしてしまったものを逆に、善にして義なる方が勝利者とし、似た者によって似た者を救い出したことである。これは、困難なことであった。知恵とは、この困難を解決するふさわしい手段を見出したことである。[*39] 実に、父である神の好意から、独り子、神の御言(みことば)、父の懐にある神、父と聖霊と同一本体(ホモウーシオス)の方、代に先立つ方、元(はじめ)のない方、元(はじめ)にあり、父なる神と共にあり、神である方、神の姿形である方が天を傾けて降って来た、すなわちその卑賤ならざる気高さを名状しがたく把握しがたい自己卑下をもって、卑賤にならずに、ご自分の僕(しもべ)たちの状態にまで自己卑下したのである——これが「へりくだり」の意味である——。そして、神として完全でありながらも、完全な人間となり、あらゆる新しいことのなかでも最も新しいこと、太陽の下で唯一の新しいことを成し遂げ、それによって神の無限の力を現したのである。神が人間となること以上に偉大なことがあろうか。御言は、変化することなしに、聖霊と、終生処女にして神の母なる聖なるマリアによって肉となり、神と人間との仲介者として行動し、この唯一の人間を愛する方は、男の意志にも情欲にも男との交合にもよらず、安楽な出産にもよらず、聖霊とアダムの最初の子孫によって処女の汚れない胎内に懐胎されたのである。そして、この方は父に従う者となった。われわれに似た者として、われわれの内のとられたものによってわれわれの不従順を癒し、それなしには救いに至ることのできない従順の、われわれの模範となったのである。

第四六章（三⑵）　神の御言の懐胎の方法ならびにその神聖な受肉について。

主の天使が、ダビデの部族出身の聖なる処女の許に遣わされた。「というのは、主がユダ族出身であることは明らかであり」、「この部族の誰も祭壇の奉仕に携わったことはありません」〔ヘブ七：一四、七：一三〕と、神聖な使徒〔パウロ〕が述べている。これについては後にいっそう詳細に述べることになろう。彼女に良い知らせを告げて、〔天使〕は言った。「おめでとう、恵まれた方。主があなたと共におられる」〔ルカ一：二八〕。彼女がこの言葉にとまどうと、天使は彼女に言った。「マリア、恐れることはない。あなたは主から恵みをいただいた。あなたは男の子を産むが、その子をイエスと名づけなさい。その子は自分の民を罪から救うであろう」〔ルカ一：三〇-三一、マタ一：二一〕。ここから、「イエス」という名は救い主の意味に解される。彼女は途方にくれて言った。「どうして、そのようなことがありえましょうか。私は男の人を知りませんのに」。天使は彼女に答えた。「聖霊があなたに降り、いと高き方の力があなたを包む。だから、生まれる子は聖なる者、神の子と呼ばれるであろう」。彼女は〔天使〕に言った。「私は主の婢（はしため）です。お言葉通り、この身になりますように」〔ルカ一：三四―三八〕。

こうして、聖なる処女の同意の後、天使が伝えた主の言葉の通り、聖霊が彼女に降り、彼女を浄め、神的な御言を受け容れるとともに出産する力を与えた。*40 そのとき、いと高き神の知恵と力として実在する方、神の子、父と同一本体（ホモウーシオス）の方が彼女を包み、神的な種子のように、われわれの〔土から〕捏（こ）ね上げられた〔肉体〕の初穂として、彼女の無垢でいとも清い血から、知性的で精神を具えた魂によって生かされた肉体をご自分のために形成した。これは〔男の〕子種によることではなく、聖霊を通しての創造によることである。また少しずつ付加することでその形態は完成されたのではなく、一気に完成されたのである。神の御言ご自身が、実体〔個別者〕として肉に対して働きかけたのである。神なる御言は、それ自体としてすでに実在していた肉に合一されたのではなく、*41 限定されることなしに、聖なる処女の胎内に宿り、ご自分の実体〔個体〕の内に、聖なる処女の血に由来する、知性的で精神を具えた魂によって生かされた肉体を人間の〔土から〕捏ね上げられた〔肉体〕の初穂として受け取り、御言ご自身が肉の内に実在するものとなったのである。このようにして、一個の肉体であると同時に、知性的で精神を具えた生きた肉体であり、同時にまた知性的で精神を具えた、生きた神の御言の肉体でもあるのである。このため、一個の人間が神になったとわれわれは言わず、神が人間となったと言うのである。実に、本性によって完全な神である方が、自ら本性によって完全な人間となったのであり、この方ご自身はその本性を変えたのでも、救いの営み〔受肉〕を装ったのでもない。むしろ、聖なる処女からとられ、ご自分の内にその存在を有している、知性的で精神を具えた生きた肉体と、混合することなく、変化することなく、分割することなく、一個別者として合一したのである。ご自分の神的本性を肉体の本体に変えたのではなく、ご自分の肉体の本体をご自分の神的本性に変えたのでもなく、ご自分の神的本性と、ご自分をとられた人間的本性とから構成される一つの本性になったのでもない。

第四七章〔三(3)〕 二つの本性について。

〔二つの〕本性は、不変かつ不易に、互いに合一しており、神的な本性は固有の単一性を捨てることなく、人間的な〔本性〕が神的な本性に変えられることなく、実在せざるものへと成り下がることもなく、二つの〔本性〕から合成された一つの本性となっているのでもない。実に、合成された本性は、それらによって合成されているところの諸本性のいずれとも同一本体ではありえず、別々のものから〔また新たな〕別のものが作り出されたのである。たとえば、肉体は四つの基本的元素から構成されているが、火と同一本体であると言われないし、火と呼ばれることもなく、空気とも水とも地とも呼ばれず、それらのどれかと同一本体であると言われることもない。したがって、異端者が言っているように、キリストは合一の後、単一な本性から合成された〔本性〕へと変化したのであって、一つの合成された本性を有していたとすれば、単一な本性である父と同一本体（ホモウーシオス）のものではなく、母とも〔同一本体のもの〕ではないことになる[*42]——彼女は神性と人間性から構成されているのではないからである。また、彼は神性を有しているのでも人間性を有しているのでもなく、神とも人間とも呼ばれえないことになり、ただキリストとのみ呼ばれることになろう。彼ら〔異端者〕によれば、「キリスト」という名称は個別者としての彼に付された名称ではなく、一つの本性に付されたものなのである。

さて、われわれは次のように宣言する。キリストは合成された一つの本性を有しているのではなく、人間が魂と肉体から成っているように、あるいは肉体が四つの基本的元素から成っているように、別々のものから成る〔新たな〕別のものであるのでもなく、別々のものから成っているが〔元のままの〕同じものらであり続けるのである。実に、神性と人間性から成る〔キリスト〕その方が完全なる神であり完全なる人間であり、二つの〔本性〕から成り、二つの本性の内にあると言われると、われわれは信仰宣言するのである。

「キリスト」という名称は個別者に付されたものであり、一方だけを指すものではなく、二つの本性をもって実在する方を指すものであると、われわれは主張する。同じこの方がご自分を塗油したのである。つまり、神としてご自分の神性をもって肉体を塗油し、しかも人間として塗油したのである。同じこの方が、〔神〕であり〔人間〕であるからである。人間性への塗油が神性なのである。実際、もし合成された一つの本性を有しているキリストが父と同一本体（ホモウーシオス）のものであるとすれば、父もまた合成されたものとなり、肉と同一本体のものでもあることになる。このような〔考え〕は条理を逸した冒瀆の極みである。

いったいどうして、相反する〔二つの〕異なった本体をもつものが唯一の本性を受け容れることができようか。いったいどうして、同一の本性が同時に創造されたものでありかつ創造されざるもの、死すべきものでありかつ不死のもの、限定されるものでありかつ限定されざるものでありえようか。

キリストは唯一の本性を有していると主張する者たちは、その〔本性〕は単一なものであるとすれば、彼らは〔キリスト〕は神以外の何ものでもないと表明し、人間となったのは見せかけにすぎないとすることになるか、ネストリオス*43に倣って〔キリストは〕単なる人間であると〔表明することになろう〕。では、神性における完全さと人間性における完全さはどこにあるのか。合一の後〔キリスト〕は合成されたただ一つの本性を有していると主張する彼らが、いったいどうして、キリストは二つの本性を有していると言うことができようか。実に、合一の前、キリストはただ一つの本性を有していたことは、誰の目にも明らかなことである。

しかしながら、異端者たちの誤謬の原因は、本性と実体〔個体〕とは同一のものであると彼らが主張するところにある。*44 さて、人々は唯一の本性を有しているとわれわれが言うとき、魂と肉体といったことを念頭において、われわれはそのように言うのではないことを知らなければならない。互いに結び合わさったものとして魂と肉体とが唯一の本性を有していると言うことはできないのである。むしろ、人々の数多くの実体〔個体〕が存在するが、すべての人が本性を同一にしており――すべての人は魂と肉体から構成されており、すべての人が魂の本性を共有しており、肉体の本体を所有している――、多数の者が共通の種に属し、さまざまな実体〔個体〕が唯一の本性を有しているとわれわれは言うのであり、当然ながら個々の実体〔個体〕は二つの本性を有しており、二つの本性、すなわち魂と肉体の〔本性〕から成り立っているのである。

ところで、われわれの主イエス・キリストの場合は、共通の種をとるということはありえない。神性と人間性とから成り、人間性と神性とにおいて完全な神であり、同時に完全な人間でもある、もうひとり別のキリストが存在したことはなかったし、今もなく将来もないからである。ここから、われわれの主イエス・キリストの場合は、唯一の本性を有していると言うことはできないのである。それゆえ、〔キリストは〕二つの完全な本性、神性と人間性から成る合一がなされたとわれわれは主張する。〔しかしこの合一は〕神から見放されたディオスコロス[45]とセウェロス[46]、そして彼らの呪われた群れが言うように、混合も混乱も混和もなしになされたのであり、神に敵対するネストリオス、ディオドロス[47]、そしてモプスエスティアのテオドロス[48]、ならびに彼らの悪魔的な集団が言うように、外見上のこと（προσωπική）でも体裁上のことでも、品位とか意志の同一性とか栄誉の同等性とか名前とか考えを等しくすることによるものではない。むしろ、それは結合（シュンテシス）による、すなわち変化なく、混合なく、不易で、不可分で、切り離されることのない実体〔個体〕によるものである。そして、完全なものであり続ける二つの本性において、受肉した神の子の実体〔個体〕は唯一であるとのわれわれの信仰を宣言し[49]、神性の実体〔個体〕とその人間性の〔実体・個体〕とは同一のものであると主張し、合一の後も〔キリスト〕において二つの本性は維持されると宣言し、双方をそれぞれ切り離さず、唯一の結合された実体〔個体〕の内に双方を結びつけるのである。実に、この合一は本体的なものである、すなわち、真実のものであり見せかけではないとわれわれは主張する。本体的なものであるというのは、二つの本性から唯一の合成された本性が作り上げられたということではなく、〔二つの本性が〕神の子の結合された唯一の実体〔個別者〕となる真の〔合一〕によって互いに合一しているということである。そして、〔二つの本性〕の本質的な相違は維持され続けるとわれわれは定義する。実に、創造されたものは創造されたものであり続け、創造されざるものは創造されざるものであり続けたのであり、死すべきものは死すべきものとしてとどまり、不死のものは不死のものとしてとどまったのであり、限定されるものは限定されるものとして、限定されざるものは限定されざるものとして、見えるものは見えるものとして、見えざるものは見えざるものとして〔とどまるのである〕。「実に、一方は不思議な御業によって照り輝き、他方は侮辱に屈したのである」[50]。

御言(みことば)は人間に属するもろもろの事柄をご自分のものとし——その聖なる肉体に属する事柄はご自分のものであるから——、諸部分の相互の交流(ペリコーレーシス)[51]を通しての交換という方法によって、また一個別者としての合一によって、さらに「他方との交わりをもってそれぞれの姿形において行われる」[52]神的なことと人間的なこととは一つの同じことであることによって、ご自分のものを肉体に分与する。このため、栄光の主が十字架に付けられたと言われるが〔一コリ二：八〕、その神的な本性は苦しみを受けなかったのであり、主ご自身が言っているように〔ヨハ三：一三〕、人の子は受難の前に天にいたと宣言されるのである。実に、栄光の主と、本性的に真に人の子である方、すなわち、〔主が〕なられた人間とはひとりの同じ方なのであり、一方によって不思議な御業を行い、他方によって自ら苦しみを耐え忍んだとはいえ、不思議な御業も受難も同じこの方のものであるとわれわれは認めるのである。まさしくわれわれは知っているのである、この方の実体〔個体〕は唯一であるのと同様に、〔二つの〕本性の本質的な相違は維持され続けると。互いに有している相違が維持されないとすれば、いったいどのようにして、この相違は維持されるのか。実に、相違とは、相違するもののあいだの相違なのである。したがって、キリストの〔二つの〕本性はそれぞれ相違している、すなわち本体に応じて〔相違していること〕に応じて、〔キリスト〕は両極端に結びついていると、われわれは言うのである。すなわち神性によって父と霊に、人間性によってその母とわれわれとに〔結びついているのである〕。実に、この方は神性によって父と霊と同一本体(ホモウーシオス)の方であり、人間性によって母とすべての人と〔同一本体の方なのである〕。しかしながら、この方の〔二つの〕本性は結合されていることに応じて、この方は父と霊とから、そして母と他の人々から相違していると、われわれは言うのである。実に、この方の〔二つの〕本性は、結合された唯一の実体〔個体〕を有するものとして、実体〔個体〕によって結び合わされているのであり、この点で父と霊と、母とわれわれと相違しているのである。

第四八章〔三(4)〕　交換の方法について。

しばしば述べてきたが、本体と実体〔個体〕とは別々のものであり、本体とは同種の実体〔個体〕らの含む共通した種——たとえば神、人間——を意味し、実体(ヒュポスタシス)とは個体(アトモス)、つまり父、子、聖霊、ペトロ、パウロといった〔個体〕を指すものである。さらに、次のことも知っておかなければならない。神性と人間性という名辞は本体もしくは本性を表示するものであり、神とか人間とかいった〔名辞〕は本性に関して用いられるものである。たとえば「神は把握しがたい本体である」とか「神は唯一である」と言う場合がそれである。しかし、一般的な名辞を特定のものを指すものとして用いて実体に適用される場合もある。聖書が次のように述べる場合がそれである。「それゆえ神、あなたの神はあなたに油を注がれた」〔詩四五・八〕――ここでは父と子を指している。また、次のように言われる場合もそうである。「ウツの地にある人がいた」〔ヨブ一・一〕――ここではヨブ一人のことが言われているのである。

ところで、われわれの主イエス・キリストの場合、われわれは二つの本性と、双方から合成された唯一の実体〔個別者〕とを認めるのであるから、本性を考察するときには、われわれは神性と人間性と呼び、〔二つの〕本性から合成された実体〔個別者〕を考察する際には、ときとしてわれわれは双方をいっしょにして「キリスト」とか「神にして人間」とか「受肉した神」と名づけ、ときとしては〔二つの本性〕の一方をとってただ「神」とか「神の子」と、あるいはただ「人間」とか「人の子」とか名づけ、さらにときとしては崇高な諸〔属性〕の一つをもって、あるいは卑賤な諸〔属性〕の一つをもって呼ぶのである。実に、この方は〔神と人間との双方〕に類似したひとりの方であって、原因なしに、父に由来する者として永遠に存在する方であり、かつまた人類への愛ゆえに後に〔人間と〕なった方なのである。*53

したがって、神性について語るとき、われわれは人間の諸属性を〔神性〕に帰することなく――神性が苦しみうるものであるとか創造されたものであるとわれわれは言わない――、その肉体もしくは人間性が神性の属性であると主張することもない——創造されざる肉体とか人間性をわれわれは主張しない——。これに対して、実体〔個別者〕の場合は、〔神性と人間性の〕双方から、あるいはその一方から名づけ、双方の本性の固有性を〔その一つの個別者〕に帰するのである。そして、神と人間、創造された者と創造されざる者、苦しみうる者と苦しみえない者〔という双方〕がキリスト——この〔名称〕は双方に適用される——と呼ばれる。また、〔二つの本性〕の一方から「神の子」とか「神」とか呼ばれるときにも、共存する本性の固有性、すなわち肉の〔固有性〕を甘受しているのであり、「苦しむ神」とか「十字架に付けられた栄光の主」〔一コリ二・八〕とも呼ばれるのである。〔もちろん、このように言われるのは〕神としてではなく、同時に人間でもある方としてである。また、「人間」とか「人の子」とか呼ばれるときにも、神的な実体の諸固有性と気品とを保持しているのであり、「代(よ)に先立って〔生まれた〕子供」とか「元(はじめ)のない人間」とか呼ばれる。〔もちろん、このように言われるのは、普通の〕子供あるいは人間としてではなく、代(よ)に先立って存在し、終わりの時に〔人間の〕子供となった神としてである。これが、一個別者としての同一性と相互の交流(ペリコーレーシス)による、自己の固有性を他方に与えるそれぞれの本性の交換の方法なのである。このゆえに、われわれはキリストについて次のように言うことができるのである。「この方は地上に現れたわれわれの神である」〔バル三・三六、三・三八〕。そして「この人間は創造されざる者であり、苦しみえない者、限定されざる者である」と。

第四九章（三(5)）　本性の数について。

神性に関しては唯一の本性をわれわれは宣言するが、真に存在する三つの個別者〔が存在すると〕主張する。*[54] そして、すべては本性的なものであり、本質的に単一なものであるとわれわれは主張するが、ただ三つの固有性においてのみ〔三つの〕個別者間の相違、すなわち原因のないものであること、原因から生じたものであることと父であることと子であること、発出されたものであること〔という相違〕をわれわれは認める。*[55] この〔三者〕は互いに分離することなく、切り離しえないものであるとわれわれは認め、混合することなしに互いに浸透し合っているとわれわれは信じている。そして、混合することなしに三者が存在し、合一されているとはいえ、切り離されることなしに区別されたものであるとわれわれは認める。〔三者は〕それぞれそれ自身として（καθ' ἑαυτήν）実在する、つまり完全な個別者であり、自分の固有性あるいは実在の異なった様式を有しているが、本体と本性的なもろもろの固有性によって合一されており、父の実体〔個体〕から切り離されず分離されないことによって、ひとりの神であり、かつまた〔ひとりの神と〕言われるのである。これと同様のことを、聖なる三者のうちのひとりである、神なる言（ロゴス）、われわれの主イエス・キリストの、神的で、言葉で表現しえず、あらゆる分別と理解を超えた救いの営み（オイコノミア）〔受肉〕に関してもわれわれは宣言する。すなわち、神性と人間性とが互いに合流し、一個別者として合一されており、二つの本性から成る合成された唯一の個別者〔をわれわれは宣言する〕。また、この二つの本性は、合一の後も、唯一の合成された個別者の内に、すなわちひとりのキリストの内に、真にそれ自体として存在していること、そして混合されることなしに合一されており、分割されることなしに異なったものであり、数えられうるものではあるが、その本性的な固有性を保持していることをわれわれは主張する。聖なる三者の三つの個別者が混合することなしに合一されており、かつまた切り離されることなしに区別され、数えられ、その数は分割することも分離することも断絶させることもなく、相互のあいだに切断を生じさせることもない――父と子と聖霊はひとりの神であるとわれわれは認めている――ように、同様にして、キリストの〔二つの〕本性も、合一されているとはいえ、混合されることなしに合一されているのであり、相互に交流し合っているとはいえ、双方に変化や変換をもたらすことはない。実に、それぞれの本性が、変換しえない自己の本性的な固有性を保持しているのである。それゆえ、〔二つの本性は二つと〕数えられるが、この数は分割をもたらすものではないのである。実に、キリストはひとりであり、神性と人間性とにおいて完全な者なのである。そもそも数というものは、分割とか合一の原因を生ぜしめるものではなく、むしろ合一されたものであれ分割されたものであれ、数え上げられたものらの量を意味するものである。たとえば、合一されたものらとは、五〇の石から成る壁であり、分割されたものらとは、平原に撒き散らされた五〇の石である。また、合一されたものらとは、炭火の中の二つの本性、私の言わんとするのは、火の〔本性〕と木材の〔本性〕である。だが、これらは分割されるものでもある。なぜなら、火の本性と木材の〔本性〕とは別々のものだからである。この〔二つ〕は、数によってではなく、別の方法で合一されたものであり、かつまた分割されるものである。したがって、神性の三つの個別者は、たとえ互いに合一されていようとも、混合をもたらすことなく、諸個別者の相違を抹消することもないがゆえに、唯一の実体〔個別者〕であると言うことはできないように、一個別者として合一されたキリストの二つの本性も唯一の本性であるとは言うことができないのである。われわれは、〔二つの本性〕の相違を抹消したり、混合したり、無にしたりしてはならないからである。

第五〇章（三(6)）〔三つの〕神的な個別者の一つにおいて、神的な本性全体が人間的な本性全体と合一し、部分には分けられないこと。

共通で普遍的なものらは、それらに従属する特殊なものらによって述語される。さて、本体は共通のものであり、実体は特殊なものである。特殊なものは本性の一部分を所有するのではなく、部分を有するものでもない。むしろ、特殊なものとは、個体として数的に〔特殊なのである〕。実に、もろもろの実体〔個体〕は、本性によってではなく、数の上で異なっていると言われるのである。本体は実体〔個体〕によって述語される。同種の諸実体〔個体〕のそれぞれにおいて、本体は完全なものだからである。それゆえ、もろもろの実体〔個体〕が相互に異なるのは、本体に即してのことではなく、附帯的なものらに即してのことである。この〔附帯的なものら〕が、それらの特徴となる固有のものらなのである。それらは本体ではなく実体〔個体〕の特徴となるものである。そして、実体〔個体〕は附帯的なものをともなった本体と定義される。こうして、実体〔個体〕は個別化されたものとともに共通のものをも有している。本体はそれ自体として（καθ' ἑαυτήν）存在するのではなく、もろもろの実体〔個体〕の内に観察されるものである。したがって、もろもろの実体〔個体〕の一つが苦しむとき、本体全体が、〔本体〕に即して実体〔個体〕が、そのもろもろの実体〔個体〕の一つにおいて苦しんだと言われるのである〔一コリ一二：二六参照〕。しかしながら、だからといってかならずしも同種のすべての実体〔個体〕が苦しんでいる一つの実体〔個体〕と共に苦しむというのではない。

さて、われわれは次のように信仰告白している。神性の本性はその〔三つの〕個別者のそれぞれの内に完全に全体として存在する。父の内に〔神性の〕全体が、子の内に全体が、聖霊の内に全体が〔存在する〕。それゆえ、父は完全な神であり、子は完全な神であり、聖霊は完全な神である。同様に、次のようにわれわれは言う。聖なる三者のひとり、神なる言（ロゴス）の受肉において、神性の完全なる本性全体が、その〔三つの〕個別者の一つにおいて、人間的な本性の全体と合一したのである。部分と部分との〔合一〕ではない。したがって、神聖な使徒〔パウロ〕は言うのである。「〔キリスト〕の内には、神性の充満全体が見える形をとって」すなわち〔キリスト〕の肉体の内に「宿っている」〔コロ二：九〕。そして、彼の弟子であり、神感を得た者、神的な事柄に関して秀でたディオニュシオスも言っている。「〔神性〕の〔三つの〕実体〔個別者〕の一つにおいて、〔神性〕が全体的にわれわれと交わられた」[*56]。しかし、聖なる神性の諸個別者のすべてが、つまり三つの〔個別者〕が、一個別者として人間的なもろもろの実体〔個体〕すべてと合一したと言うように、われわれは強制されてはならない。善意と意志による〔共有〕を別にすれば、父と聖霊が神なる言（ロゴス）の受肉を共有することは絶対になかったからである。神性の本体全体が人間的な本性全体と合一されたと、われわれは主張する。初めにわれわれを造られたときにわれわれの本性に植えつけられたものらの何かを欠くことなく、肉体と知性的かつ理性的な魂とそれらに固有なものらの――これらの一つを欠く生き物は人間ではない――すべてを神なる言(ロゴス)は受け取ったのである。実に、〔言(ロゴス)はご自分の〕全体において私の全体を受け取り、全体として全体と合一したのである。こうして〔人間の〕全体に救いの恵みがもたらされたのである。「受け取られなかったものは癒されえない」[*57]からである。

　したがって、神の清浄さと肉体の粗雑さとを調停する仲立ちの精神(ヌース)をもって、神の言(ロゴス)は肉体と合一する。[*58]精神は魂と肉体を主導するものである。〔精神は〕魂より清浄なるものではあるが、神は精神よりもいっそう清浄なるものである。より強いものによって譲歩せしめられるとき、精神は自分の主導能力を発揮する。より強いものに屈し、服するということは、神の意志が望むことが実現されることである。

　精神(ヌース)は、一個別者として自分に合一した神性の座となったのである。それは、確かに肉体の場合も同様である。しかし、〔単に肉体と〕共に住むということではない。それは、異端者たちが説いている呪わしい見解である。彼らは、非物質的なものを物体的に判定して、「一メディムノスの容器は二メディムノスの穀物を収めることはできない」と主張する。[*59]だが、〔キリスト〕において神的な本性の一部が人間的な本性の一部と合一したのであれば、いったいどうして、キリストは完全な神にして完全な人間であり父と同一本体(ホモウーシオス)の方でありわれわれと〔同一本体の方〕であると言われることがありえようか。

　さらに、われわれの本性は、死者のなかから呼び起こされ、引き上げられ、父の右の座に着かされたとわれわれは言うが、個体としての人々の全体が呼び起こされ、父の右の座に着いたと言うのではなく、本性全体が個別者としてのキリストにおいて〔そのようにされたと言うのである〕。確かに、神聖な使徒〔パウロ〕は次のように述べている、「〔神は〕キリストにおいて私たちを共に復活させ、共に〔天の座に〕着かせて下さいました」〔エフェ二：六〕と。

さらにまた、われわれは次のように主張する。この合一は共通の本体によってなされたのである。というのも、あらゆる本体はその〔本体〕によって包含されたあらゆる実体〔個体〕に共通するものであり、部分的で個別化された本性あるいは本体といったものは見出されえないからである。さもなければ、いくつかの実体〔個体〕は同一本体であり、かつまた本体を異にするものらであると言わざるをえず、また聖なる三者は神性に即して同一本体であり、かつまた本体を異にするものらであると〔言わざるをえなくなるの〕である。したがって、もろもろの実体〔個体〕のそれぞれの内に同一の本性が確認されるのである。こうして、祝されたアタナシオスとキュリロスに倣って、受肉した言（ロゴス）の本性について語る際、神性が肉体と合一したとわれわれは言うのである。このためにこそわれわれは、言（ロゴス）の本性が苦しんだと言うことができるのである——というのも、〔言（ロゴス）〕の内にあって神性が苦しんだのではない——。われわれが言うのは、キリストにおいて人間的な本性が苦しんだということであるが、人々のあらゆる実体〔個体〕が〔キリストにおいて苦しんだ〕ということではない。キリストはご自分の人間的な本性によって苦しんだと、われわれは信仰告白するのである。こうして、われわれは、言（ロゴス）の本性と言うとき、言（ロゴス）ご自身を指して言っているのである。言（ロゴス）は本体による共通性と実体〔個体〕による個別性とを有しているのである。

第五一章（三(7)） 神なる御言(みことば)の一つに合成された実体〔個体〕について。

さて、神なる御言の神的な実体〔個体〕は時間なしに、永遠に、純一なるもの、単一なるもの〔合成されざるもの〕、創造されざるもの、非物体的なもの、見えないもの、触れることのできないもの、限定されないものとして先在し、父と同一本体(ホモウーシオス)の方として父がもっているものはすべてをもっており、出生の方法と関係によって父の実体〔個体〕と異なっており、それを完全に保守しており、父の実体〔個体〕から片時も離れたことはないが、終わりの時に、父の懐から離れることなしに、御言は〔男の〕子種によらず、〔われわれには〕把握しがたく、ただご自身が知っている方法で、聖なる処女(おとめ)の胎内に——名状しがたい方法で——宿られ、代々(よよ)に先立って存在されたご自分の実体〔個体〕そのものの内に、聖なる処女に由来する肉体をご自分のために実在させたと、われわれは主張する。

したがって、この方はすべてのものの内に、すべてのものの上におり、かつまた聖なる神の母(テオトコス)の胎内にいたが、それは受肉という活動によることである。こうして、この方は受肉し、彼女からわれわれの粘土の初穂、すなわち、理性的・知性的な魂によって生かされた肉をとった。こうして、神なる御言の実体〔個体〕そのものが肉と呼ばれるのであり、かつて単一のものであった御言の実体〔個体〕が合成されたもの、神性と人間性という二つの完全な本性から合成されたものとなったのである。また、この方は、それによって父と霊から区別される、神なる御言の神聖なる子としての特徴的で他と区別される固有性と、それによって母と他の人々から区別される、肉の特徴的で他と区別される固有性とを有している。また、この方は、それによって父と聖霊と一つであるところの神的な本性の固有性と、それによって母とわれわれと一つであるところの人間的な本性のしるしとを有している。さらにまたこの方は、ご自身が神であると同時に人間でもあることで、父と霊から、また母とわれわれから異なっている。実に、ここにキリストの最も独特な固有性をわれわれは認めるのである。

それゆえ、受肉の〔人となった〕後もこの方は神のひとりの子であり、またこの方は人の子、ひとりのキリスト、ひとりの主、ただひとりの独り子、神の御言、イエス、われわれの主であるとわれわれは信仰告白する。この方の二つの誕生、すなわち代（よ）に先立ち、原因とか理拠（ロゴス）とか時とか本性を超えた父から一つの〔誕生〕と、終わりの時のわれわれのための、われわれと同様であり、かつまたわれわれを超えた一つの〔誕生〕をわれわれは崇め尊ぶ――「われわれのため」とはわれわれの救いのためということであり、「われわれと同様な」とは、受胎の時から女によって人間となったということであり、「われわれを超えた」とは、妊娠の法を超えて、〔人の〕子種からではなく聖霊と聖なる処女から〔生まれた〕ということである――。われわれと同じ人間性を剝奪して、この方はただ神のみであるとわれわれは宣言しないし、この方から神性を奪い去って、この方はただの人間であるとも、別々のふたりの方であるとも〔宣言し〕ない。むしろ、われわれは、この同じひとりの方が神であると同時に人間であり、完全な神であり完全な人間であり、全体として神であり全体として人間であり、ご自分のものとして肉体をもっていても完全な神であり、いとも神聖な神性をご自分のものとして有していても完全な人間であると〔われわれは宣言する〕。「完全な神であり完全な人間である」と言うことで、〔二つの〕本性の充全性と完全性を明らかにし、「全体として神であり全体として人間である」と言うことで、〔一つの〕実体〔個体〕の単一性と不可分性を明らかにするのである。

また、祝されたキュリロスに従い、[*60]「受肉した神なる御言の唯一の本性」をわれわれは信仰告白するが、「受肉した」と言うことで肉の本体を指している。したがって、御言はご自分の非物質性を放棄することなく受肉し、〔御言〕全体が受肉したが、〔御言〕全体は制限されないものでもある。〔御言〕は、肉体の面からは小さく、制限されたものとなるが、神性の面からは制限されないものである。その肉体はその制限されることのない神性と同じ外延をもつものではないからである。

したがって、この方全体（ὅλος）が完全な神であるが、全部（ὅλον）が神なのではない――ただ神のみであるのではなく、人間でもあるからである――。また、この方全体（ホロス）が完全な人間であるが、「全部（ホロン）」が人間なのではない――ただ人間のみであるのではなく、神でもあるからである――。「全部（ホロン）」とは本性を表示するものであり、「全体（ホロス）」とは実体〔個体〕を表示するものである。それは、「別のもの」（ἄλλον）が本性を、「別の者」（ἄλλος）が実体〔個体〕を表示するのと同様である。

さらに次のことも知っておかなければならない。主の〔二つの〕本性は互いに交流し合っているとわれわれは主張するにしても、この相互交流（ペリコーレーシス）は神的な本性に由来するものであるとわれわれは知っている。〔神的な本性〕は欲するままにすべてのものにいきわたり、浸透するが、何ものも〔神的な本性〕に〔浸透することは〕ないからである。そして、〔神的な本性〕は不受苦なもの（ἀπαθής）であり続け、肉体の情動（πάθος）に参与することなしに、自分の気品を肉体に分与する。実に、太陽が自分の活動をわれわれに分与しつつも、われわれの参与するものではないままであるとすれば、太陽の創造者であり主である方は、いっそうそうであるはずである。

第五二章（三8）　主の〔二つの〕本性は連続する数量とみなされるべきものか、それとも分割された数量とみなされるべきか問う人々へ。

主の〔二つの〕本性に関して、それらが連続する数量とみなされるべきか、区分された数量とみなされるべきか問う人がいれば、われわれは次のように答えよう。*61 主の〔二つの〕本性は一つの肉体でも、一つの外観でも、一つの線でも、時でも、場でもない。したがって、連続する数量とみなされるべきである。それらは数え上げられる連続するものらである。

また、次のことをも知らなければならない。数というものは異なったものらに関わるものであり、まったく異なるものではないものらは数え上げることはできない。異なっていることに即して、それらは数え上げられるのである。たとえばペトロとパウロとが一つである限り、数え上げることはできない。本体を理拠にすれば一つであるので、二つの本性と言うことはできないが、実体〔個体〕に即すれば異なっているので、二つの実体〔個体〕と言われる。こうして、数は異なったものらに関わるものであり、それらが互いに異なっているそのあり方に即して、それらのものは数え上げられるのである。さて、キリストの〔二つの〕本性は一個別者として混合なしに合一されているが、相違という理拠とあり方によって切り離されることなしに区別される。合一されているというそのあり方によって、それらは数え上げられることはない。キリストの〔二つの〕本性は二つであるとわれわれが主張するのは、一個別者としてのことではないからである。切り離されることなしに区別されるそのあり方によって、それらは数え上げられる。実に、相違という理拠とあり方によってキリストの本性は二つある。一個別者として合一され、相互に交流（ペリコーレーシス）し合っているものとして、それぞれが自己の本性的相違を保持しつつ、混合なしに合一されている。したがって、相違というあり方によって、そしてただその点でのみ、それらは数え上げられるのであるから、それらは区分された数量とみなされるべきものなのである。

さて、完全な神かつ完全な人間であるキリストはただひとりである。この〔キリスト〕を、その汚れない肉体とともに、われわれは唯一の礼拝をもって父と霊とともに礼拝する。その肉体は礼拝されるべきではないと言わない——その〔肉体〕のための実体〔個体〕となった、御言（みことば）の唯一の実体〔個体〕において礼拝されるからである——。被造物を崇拝するのではない——単なる肉体としてではなく、神性に合一されたもの、また神の御言の唯一の位格（プロソーポン）および唯一の実体〔個体〕に属するその二つの本性のうちの一つとしてわれわれは礼拝するからである。[*62] われわれは真赤に燃えた燃えさしに触れるのを恐れる。火が木材に結合されているからである。キリストの一つのものとなった二つの〔本性〕を私は礼拝する。神性が肉体と合一されているからである。第四の位格を三位の内に導入するのではない――断じてそうではない。むしろ、神の御言とその肉体とが一つの位格となっていることを私は信仰告白する。実に、御言の受肉の後も三位は三位であり続けるのである。*63

第五三章（三⑨）　実体〔個体〕（アンヒュポスタトス）なしの本性は存在しえないのではないかという問いに対する答え。*64

実に、実体〔個体〕（アンヒュポスタトス）なしの本性あるいは位格（アプロソーポス）なしの本体は存在しない――実体〔個体〕および位格の内に本体および本性は省察されるからである――にしても、実体〔個体〕に即して互いに合一された〔二つの〕本性が自己の実体〔個体〕を所持する必然性はないのである。実に、基体（アンヒュポスタトス）なしのものとして存在するのでも、双方が自分に固有の実体〔個体〕をもつのでもなく、双方が唯一かつ同一の〔実体・個体〕をもつものとして、唯一の実体〔個体〕の内に合流することも可能である。実に、御言（みことば）の実体〔個体〕そのものが双方の本性の実体〔個体〕となっているので、そのうちの一つが実体〔個体〕（アンヒュポスタトス）なしとして存在することも、双方がそれぞれ異なった実体〔個体〕をもつものとして存在することも、あるときは一方の〔実体・個体〕であり、またあるときはもう一方の〔実体・個体〕であるといったことも許されない。常に、切り離されることなく、分割されることのない双方の唯一の実体〔個体〕が存するのである。〔その実体・個体は〕分割されず、切り離されず、一部は一方に、一部はもう一方に配分されず、分かたれることなく欠けることなく全体が一方のもの、全体がもう一方のものでもある。実に、神の御言の肉はそれ自体として実在するものとして存在したのではなく、神の御言の実体〔個体〕とは別の実体〔個体〕であったのでもない。〔御言の実体・個体〕の内に実在するものとして、それ自体として即自的な実体〔個体〕ではなく、むしろ〔他の実体・個体の内に〕実在する（エンヒュポスタトス）ものとなったのである。それゆえ、基礎〔個体〕なし（アンヒュポスタトス）のものでもなければ、三位の内に別の実体〔個体〕を導入するのでもないのである。

第五四章（三(10)）　トリサギオンについて。

以上のことから、愚かな洗い張り屋のペトロス[*65]によってなされたトリサギオン[*66]への挿入が神を冒瀆するものであるとわれわれは考える。というのは、第四の位格を持ち込み、父の力として実在する（エンヒュポスタトス）神の子と、「剛毅なる方」とは別の存在として十字架に付けられた方とを別々のものとして立て、あるいは聖なる三位を苦しみうるものと考え、父と聖霊が子とともに十字架に付けられたと考えるからである。このような冒瀆、挿入された戯言を口にするのはやめるがよい。実に、「聖なる神」という語は父に関するものとわれわれは解するが、神性を示す名称を〔父〕のみに留保することなく、子も聖霊も神であると認める。また、「聖にして剛毅なる方」という語は子に関するものとわれわれはみなしているが、父と聖霊から剛毅を剝奪するのではない。また、

「聖にして不死なる方」という語は聖霊にわれわれは関連づけるが、父と子を不死性から除外するのではない。むしろ、神に呈する名称のすべてを〔三つの〕個別者のそれぞれに、端的かつ無条件に帰する。こうして、神聖な使徒〔パウロ〕の次の発言に忠実に倣うのである。「私たちにとっては、唯一の神なる父がおられ、万物はこの方に由来し、私たちもこの方に由来する。また、唯一の主、イエス・キリストがおられ、万物はこの方により、私たちもこの方によって〔存在〕する」〔一コリ八：六〕。同様に、神学者グレゴリオス[*67]もある個所で次のように述べている。「われわれにとっては、唯一の神なる父がおられ、万物はこの方に由来する。また、唯一の主、イエス・キリストがおられ、万物はこの方による。また、唯一の聖霊がおられ、万物はこの方の内にある[*68]」。「この方に由来する」、「この方による」、「この方の内にある」といった語は諸本性を区別するものではない――そうであれば前置詞あるいは名前の順序は変更しえないものとなる――。むしろ、それらは唯一の混合しえない本性の諸特性をしるしづけるものである。このことは、同じ使徒〔パウロ〕の次の言葉を細心の注意を払って読むなら、それらが再び一つに収斂することからも明らかである。〔使徒は言う、〕「万物はこの方に由来し、この方により、この方へと向かっている。この方に栄光が永遠にありますように、アーメン」〔ロマ一一：三六〕。

実に、トリサギオンは子のみに対してではなく、聖なる三位に対して唱えられるものであることを、神聖にして聖なるアタナシオス、バシレイオス、グレゴリオス[*69]、そして神感を受けた教父たちの一団がこぞって、三重の聖性の讃美をもって、聖なるセラフィムが本体を超越した神性の三つの個別者をわれわれに暗示したと証言している[*70]。それに対して、唯一の主権を通して、神聖にして至高なる三位の唯一の本体と王国とを明らかにしている。まさに、神学者グレゴリオスが述べている。「したがって、このようにして、セラフィムによってすっかり覆い隠された、聖なるものらのなかでも聖なる方に、唯一の主権と神性に収斂される三重の神性の讃美によって栄光が帰される。このことは、われわれの先人たちによっていとも美しく、いとも崇高に論じられたことでもある」[*71]。

ところで、教会史を書き上げた人々が次のようなことを述べている[*72]。プロクロスが総主教であったときのこと、コンスタンティノポリスの人々は、ある災害の脅威から逃れるために神に懇願を捧げていた。一人の子供が会衆のなかから引き出され、天使のような教師たちによって次のようなトリサギオンの讃歌がその子に教え込まれた。「聖なる神、聖にして剛毅なる方、聖にして不死なる方、われらを憐れみ給え」。再び子供が〔会衆のなかに〕戻って来て、教えられたことを知らせると、群衆はこぞってその讃歌を歌った。災害の脅威は回避された。また、聖にして偉大な第四回公会議(シュノドス)、つまりカルケドンにおける〔公会議〕でも、そのようなかたちでトリサギオンの讃歌が歌われたと伝えられている[*73]。実に、聖なる同司教会議の議事録に、そのように記録されているのである。したがって、天使によって教えられ、災禍が回避されたことで保証され、多数の聖なる教父たちから成る司教会議で承認され確かなものとされ、三つの個別者から成る神性を表明するものとしてまず初めにセラフィムによって歌われたトリサギオンの讃歌が、あたかもセラフィムよりも優っているかのように、洗い張り屋〔のペトロス〕の愚劣な見解によって踏みにじられ、歪曲されたことは、笑いの種であり、まったく子供じみたことである。ああ、なんと不遜なことか、無分別と言ってすむことではない。たとえ悪霊どもに八つ裂きにされようとも、次のようにわれわれは言うだろう、「聖なる神、聖にして剛毅なる方、聖にして不死なる方、われらを憐れみ給え」と。

第五五章（三11） 種ならびに個の観点から見た本性について、合一と受肉の相違について、また「神なる御言の受肉した唯一の本性」という言葉をいかに理解すべきか。

本性というものは単に理論的に知られる――それ自体として実在しないからである――。あるいは、同種の諸実体〔個体〕の内に共通し、それらを結びつけるものとして知られる。そしてこの場合、種において観察された本性と言われる。あるいは、一つの実体〔個体〕において、附帯的なものらを加えたうえで、全面的に同一なものとして知られる。そしてこの場合、個において観察された本性と言われる。それゆえ、受肉した神なる御言は、単に理論的に知られる本性を受け取ったのではない――これは受肉ではなく、受肉を偽るもの、見せかけるものだからである――。種において観察された〔本性〕を受け取ったのでもない――すべての実体〔個体〕を受け取ったのではないからである――。むしろ、種におけるものと同じものである、個において〔観察された本性〕を受け取ったのである――われわれの〔土から〕捏ね上げられた〔肉体〕の初穂を受け取ったからである――が、前からそれ自体で実在し個であったものとして〔御言〕によって受け取られたのではない。むしろ〔御言〕の実体〔個体〕の内に存在するものとなったのである。

実に神なる御言の実体〔個体〕そのものが、肉にとって基礎〔実体・個体〕となったのである。このようにして「御言は肉となった」〔ヨハ一：一四〕のであり、言うまでもなく、変化することなく、かつ変形することとなしに、御言は肉となり、神が人間となったのである。実に、御言は神であり、この人間は一個別者としての合一によって神である。したがって、御言の本性は、個における本性と同じものであると言いうる。それは、絶対的かつ排他的に個すなわち実体〔個体〕を意味するのでも、諸実体〔個体〕間に共通するものを意味するのでもなく、諸実体〔個体〕の一つに観察され、見出された共通の本性を意味するのである。

したがって、合一と受肉は別々のものである。合一は結合を意味するにすぎないが、だからといって、それによって結合が生じるのではけっしてない。それに対して、受肉は、「人間になること」と言われることと同じであるが、それは肉もしくは人間との結合を意味する。それはまた、燃え上がる鉄が火と合一していることを示すようなものである。したがって、祝されたキュリロス自身が、スケンソスへの第二の手紙の中で、「神なる御言の受肉した唯一の本性」という言葉を説明して、次のように述べている。「もしわれわれが〈御言の唯一の本性〉とのみ言って口を閉ざし、〈受肉した〉と言い添えず、いってみれば救いの営み(オイコノミア)を度外視するなら、〈唯一の本性が完全なものであるとすれば、人間性における完全性はどこにあるのか〉とか、〈われわれのと同じ本体がどうして実在したのか〉といった見せかけの問いを口にする者たちの発言も根拠のないものではないことになろう。だが、〈受肉した〉と言うことで、人間性における完全性とわれわれのと同じ本体の指摘とが導入されたのであるから、葦の杖にすがるのはやめるがよい[*74]」。したがって、ここで彼は御言の「本性」〔という語〕を本性の意味で用いている。もし実体〔個体〕の意味で本性という語を採ったのであれば、「受肉した」という語なしにそれを語っても不条理なことではなかったからである。端的に「神なる御言の唯一の実体〔個体〕」と言っても、われわれは誤りを犯すことにはならないのである。ビュザンティオンのレオンティオスもまた同じように、この言葉を実体〔個体〕ではなく本性に関するものと解している。[*75] 第二の異端宣告文を非難したテオドレトスに対して、祝されたキュリロス自身が次のように述べている。「御言の本性すなわち実体〔個体〕、それは御言ご自身である」[*76]。したがって、「御言の本性」と言うことは、単に実体〔個体〕を意味するのでも、諸実体〔個体〕に共通するものを意味するのでもなく、むしろ御言の実体〔個体〕において全体的に観察される共通した本性を意味するのである。

さて、御言の本性が受肉した、すなわち肉と合一したと言われているのである。だが、御言の本性が肉において苦しんだとは、いまだかつてわれわれは教えられたことはないし、今もない。キリストは肉において苦しんだと、われわれは教えられてきた。したがって、「御言の本性」と言うことは、実体〔個体〕を意味しているのではない。したがって、残されているのは、受肉とは肉との合一であり、御言が肉となったということは御言の実体〔個体〕そのものが変化することなしに肉の実体〔個体〕となったと言うことである。そしてまた、神が人間となり、人間が神になったとも言われる。御言である神が変容することなしに人間となったからである。だが、神性が人間となったとか、受肉したとか、人間性をまとったとか言われるのを、われわれはいまだかつて聞いたことがない。だが、〔神〕の〔三つの〕個別者の一つにおいて神性が人間性と合一されたと、われわれは教えられてきた。また、神が一つの形をとったとか、別の、すなわちわれわれのと同じ本体となったとか言われる。神という御名は〔三つの〕個別者のそれぞれに適用されるが、われわれは神性〔という語〕を実体〔個体〕に関して用いることはできない。父だけが、あるいは子だけが、あるいは聖霊だけが神性〔を有している〕と、われわれは聞いたことがないからである。神性〔という語〕は本性を示し、父〔という名〕は実体〔個体〕を示すものであり、同様に人間〔という語〕は本性を、ペトロ〔という名〕は実体〔個体〕を示すものなのである。それに対して、神〔という語〕は本性の共通性を意味し、〔三つの〕個別者のそれぞれに、あたかも家名のように適用される。人間〔という語〕も同じである。神とは神的本性をもつものであり、人間とは人間的〔本性をもつものなのである〕。

以上のすべてのほかに、次のことを知らなければならない。奇跡に関連すること、善意と意志に関することを除くと、父と聖霊とが御言の受肉をともにすることはまったくなかったのである。[*77]

第五六章（三(12)）　聖なる処女は神の母であること。

さて、聖なる処女はまさしく真に神の母であると、われわれは宣言する。[*78] 彼女から生まれた方が真に神である以上、真の神が受肉したものとして彼女から生まれたのであり、〔この聖なる処女〕は真に神の母である。神が彼女から生まれたとわれわれは言うが、御言の神性がその存在の元を彼女から得たという意味ではない。むしろ、代々に先立って、時間に関わりなく父から生まれ、元（はじめ）なしに永遠に父と霊とともに実在した神なる御言ご自身が、終わりの時に、われわれの救いのために彼女の胎内に宿り、変化することなしに、彼女によって受肉し、生まれたという意味である。実に、聖なる処女は単なる人間ではなく真の神を、それも剝き出しの〔神〕ではなく受肉した〔神〕を生んだのであり、その肉体は天から降って来たものではなく、管を通るように彼女〔の胎〕を通り抜けたのでもなく、*79 われわれと同一本体（ホモウーシオス）の肉を彼女から受け取り、それを自らの内に実在するものとしたのである。もし、その肉体が天からもってこられたものであり、われわれのと同じ本性から得たものではなかったとすれば、人間となる必然性はどこにあったのか。神なる御言が人間となったのは、次のことのためであった。すなわち、罪を犯し、堕落し、朽ちるものとなった本性が、自分を欺いた僭主に打ち勝つためであり、こうして破滅から解放されるためである。神聖な使徒〔パウロ〕が次のように述べている通りである。「死が一人の人によって来たのだから、死者の復活も一人の人によって来るのです」〔一コリ一五：二一〕。初めのことが真実であれば、第二のこともまた真実である。

さて、「最初のアダムは土からのもので、地に属する者であり、第二のアダム、主は天からのものである」〔一コリ一五：四七〕とも〔パウロ〕が言っているにしても、その肉体が天からのものであると言っているのではなく、単なる人間ではないことを明らかにしているのである。注目するがよい。彼はその方が双方であることを示して、アダムおよび主と呼んでいるのである。実に、アダムという語は「地から生じたもの」の意味に解される〔創二：七参照〕。人間の本性は塵から形づくられたものであるから、「地から生じたもの」であることは確かである。これに対して、主という語は神的本体を指し示すものなのである。

さらにまた、使徒〔パウロ〕は次のように述べている。「神は、独り子なるご自分の子を女から生まれた者としてお遣わしになった」〔ガラ四：四〕。「女を通して」とは言わず、「女から」と言っている。したがって、神聖な使徒〔パウロ〕が意味したことは、同じひとりの方が独り子なる神の子、処女から〔生まれて〕人間となった神であり、かつまた処女から生まれた神の子、肉体をもって生まれた、それゆえ、人間となった神であり、預言者の内に宿ったように、あらかじめ形づくられていた人間の内に宿ったのではなく、同じひとりの方が本体的かつ真に人間となった、すなわち理性的かつ知性的な魂に生かされた肉をご自分の実体〔個体〕の内に実在させ、その同じ方がその〔肉〕の実体〔個体〕となったことである。実に、「女から生まれた者」とはこのことを意味しているのである。もしわれわれと同一本体（ホモウーシオス）の人間とならなかったなら、いったいどうして神の御言ご自身が律法の下にあるものとなりえたであろうか。

それゆえ、正当かつ真なることとして、われわれは聖なるマリアを神の母（テオトコス）と呼ぶ。この名称は救いの営み（オイコノミア）〔受肉〕の秘義全体を凝縮するものだからである。実に、生んだ女が神の母（テオトコス）であるとすれば、彼女から生まれた者は絶対に神であり、また絶対に人間でもある。もし人間となったのではないとすれば、いったいどうして代々（よよ）に先立って存在していた神が女から生まれたのであろうか。また人間の子が人間であることは確かである。さて、女から生まれたこの方ご自身が神であるとすれば、神的かつ元（はじめ）のない本体に即して父なる神から生まれた方と、終わりの時に、元（はじめ）をもった、時間の下にある、つまり人間的な、本体に即して女から生まれた方とはひとりの方であることは明らかである。このことは、われわれの主イエス・キリストには唯一の実体〔個体〕と二つの本性と二つの誕生があることを意味している。

だが、聖なる処女をキリストの母(クリストトコス)とはわれわれは呼ばない。なぜなら、その父サタンとともに寸断されてしまったが、汚らわしく、破廉恥で、ユダヤ人の心をもったネストリオスが、神の母(テオトコス)と呼ぶのを拒否し、ただ一人すべての被造物に優って崇敬するに値する神の母(テオトコス)を侮辱するために侮蔑の言葉として案出した恥辱の器だからである。[*80] 実に、ダビデ王も大祭司アロンもキリストであり——王権も祭司職も塗油によって授けられる——、神を担う人(テオフォロス)は皆キリストと呼ばれうる。しかし、彼らの誰一人として本性によって神であるのではない。こうして、呪わしいネストリオスは処女から生まれた方を神を担う者(テオフォロス)と呼んで侮辱したのである。この方を神を担う者と言ったり考えたりするという事態がわれわれに生じないように。受肉した神と〔言い、考えるように〕。実に、御言ご自身が肉となり、処女によって受胎し、〔肉を〕受け取った後、神として〔われわれの許に〕出て来られたが、その存在に到来すると同時に、〔肉は御言〕によって神化された。こうして、御言による肉の受容、実在、神化という三つのことが同時に生じた。またこうして、ただ御言の本性のためだけではなく、妊娠および実在、すなわち御言が懐胎され、御言ご自身の内における肉が実在するようになると同時に奇跡的になされた人間性の神化のためにも、聖なる処女は神の母(テオトコス)と考えられ言われるのである。驚くべきことに、神の母(テオメーテール)ご自身が、〔御言の肉を〕造形するために〔万物を〕造形する方に奉仕し、〔御言が〕人間となるために、万物の創造主なる神に奉仕したのである。〔御言は〕受け容れたものを神化するが、その合一は合一された〔二つの〕ものを合一されたものとして保持するのである。つまり、キリストの神的〔本性〕だけでなく人間性をも〔保持するのである〕。それは、われわれの〔本性〕を超えたものであり、かつまたわれわれのと同じものである。だが、まず初めにわれわれのと同じものになり、後にわれわれの〔本性〕を超えたものとなったのではなく、実在の初めから双方であった。受胎の瞬間から御言ご自身の内にその実在を有していたからである。したがって、それは自己の本性に即して人間的なものであるが、神のものであり、驚くべきことに神的なものでもある。そのうえまた、生ける肉の諸固有性をも有している。救いの営み（オイコノミア）〔受肉〕のゆえに、御言は、本性的な運動の秩序に即した真に本性的なものとして、それらを受け取ったからである。

第五七章（三(13)） 二つの本性の諸固有性について。

この同じ方が完全な神であり、完全な人間でもあると信仰告白するのであるから、この同じ方は不出生という点を除いて、父のもつすべてと、ただ罪だけを除いて最初のアダムのもつすべて、肉体と理性的で知性的な魂とを有しているとわれわれは主張する。この方は、二つの本性に即応して、二つの本性に属する二重の本性的な特性、二つの本性的な意志すなわち神的〔意志〕と人間的〔意志〕、二つの本性的な活動すなわち神的〔活動〕と人間的〔活動〕、二つの本性的自由すなわち神的〔自由〕と人間的〔自由〕、そして知恵と知識すなわち神的なものと人間的なものとを有しているとわれわれは主張する。実に、父なる神と同一本体（ホモウーシオス）の方であるので、神として自由に意志し、活動するのであり、われわれと同一本体の方でもあるので、この同じ方が人間として自由に意志し、活動するのである。実に、奇跡はこの方のものであり、苦しみもまたこの方のものなのである。

第五八章（三⒁）　われらの主イエス・キリストの〔二つの〕意志と自由について。

さて、キリストには二つの本性があるので、〔キリスト〕には二つの本性的な意志と本性的な活動があるとわれわれは主張する。その二つの本性は唯一の実体〔個体〕に属しているので、双方に即して本性的に意志し活動する方は唯一の同じ方であり、それらによって、それらの内にわれらの神キリストはおり、それらが〔われらの主キリスト〕であり、〔主キリスト〕は別々にではなく合一のうちに意志し活動するとわれわれは主張する。実に、「他方との交わりのうちにそれぞれのかたちで意志する」[*81]のである。実に、同じ本体のものらは、その意志も活動も同じものらである。だが、異なる本体のものらは、その意志も活動も別のものらである[*82]。逆に、意志と活動が同じものらは、その本体も同じものらである。だが、意志と活動が別のものらは、その本体も別のものらである。

このため、父と子と聖霊の場合、われわれはその活動と意志の同一性からその本性の同一性に気づくのである。だが、神聖なる救いの営み（オイコノミア）〔受肉〕の場合、われわれはその活動と意志の相違から〔二つの〕本性の相違に気づくとともに、〔二つの〕本性の相違を知ったことで、われわれは

〔二つの〕意志と活動の相違をもともに信仰告白するのである。実に、唯一の同じキリストの〔二つの〕本性の数は敬虔に理解され語られれば、唯一のキリストを切り離すことにはならず、むしろ〔二つの〕本性の相違が合一のうちに保守されることを明らかにするように、〔キリスト〕の〔二つの〕本性に本体的に属する〔二つの〕意志と活動の数――〔キリストは〕われわれの救いのために、双方の本性に即して意志し活動する――もそれと同様である。それは分割を導入するものではない。断じてそうではない。むしろ、それはただ合一によっても〔二つの本性が〕保全され保守されることを明らかにしているのである。実に、意志と活動は実体〔個体〕に属するものではなく、本性に属するものであると、われわれは主張するのである。私が言わんとするのは、それに即して意志されたことを意志し、行動に移されたことを成し遂げる意志と活動の能力のことである。もし、それらが実体〔個体〕に属するものであるとすれば、聖なる三位の三つの個別者は異なる意志と異なる活動を有すると言うよう、われわれは強いられていることになるのである。

さて、意志することと、いかに意志するかということは同じではないことを知らなければならない。[*83] 意志することは、見ることと同様に本性に属する――あらゆる人に属するものである――。だが、良きにせよ悪しきにせよ、いかに見るかということと同様に、いかに意志するかということは本性ではなく、われわれの判断に関わることである――すべての人が同様に意志するのでも見るのでもないからである――。活動に関しても同様のことをわれわれは認める。いかに意志するか、いかに見るか、いかに活動するかといったことは、意志したり見たり活動したりする〔能力の〕使用方法であって、それを用いる人だけに関わるものであり、一般に相違と言われるものに即して、その人を他の人々から分かつものである。

したがって、端的に意志することは意志もしくは意志の能力と言われ、それは理性的な欲求および本性的な意志である。だが、いかに意志するかということ、あるいは意志に従属するところのものは、意志されたところのもの、判断にもとづく意志である。意志の〔能力〕とは本性的に意志することである。たとえば神の本性は意志の〔能力をもつ〕ものであり、同様に人間〔本性〕も意志の〔能力をもつ〕ものである。また、意志する者は意志を用いるもの、もしくは実体〔個体〕である。たとえばペトロがそうである。

したがって、キリストはひとりであり、その実体〔個体〕も唯一であるので、神として、また人間として意志し活動するのも同じひとりの方である。*84 だが、理性的なものとして意志を具えた二つの本性を有している――理性的なものはすべて意志を具え、自由なものだからである――のであるから、〔キリスト〕には二つの意志あるいは本性的な意志の〔能力〕があるとわれわれは主張するであろう。その〔二つの〕本性の双方に即して、同じひとりの方が意志する者だからであり、われわれに本性的に内在する意志の能力を受け取ったからである。また、キリストはひとりであり、双方の本性に即して意志するのも同じひとりの方であるので、この方の場合、意志されることも同じ一つのことであるとわれわれは主張するであろう。だが、神として本性的に意志したことだけを意志したのではない――食べること、飲むこと、これらに類したことを意志するのは神としてのことではないからである――。むしろ、人間の本性が要請することをも、判断の対立に応じてではなく、〔二つの〕本性の固有性に応じて意志したのである。その神的な意志が意志し、肉において苦しむこと、〔肉に〕固有なことを行うことを意志したとき、〔キリスト〕はそれらのことを本性的に意志したのである。

さて、意志が本性的に人間に具わっていることは、以下のことから明らかである。[*85] 神的な〔生命〕を除くと、三種の生命が存在する。植物的な〔生命〕と感覚的な〔生命〕と知性的な〔生命〕である。植物的な〔生命〕に固有なことは、栄養を摂取し、成長し、実を結ぶという運動である。感覚的な〔生命〕に属するのは、衝動による運動である。理性的かつ知性的な〔生命〕に属するのが自由な〔運動〕である。さて、本性に即して、栄養を摂取する〔運動〕が植物的な〔生命〕に、衝動による運動が感覚的な〔生命〕に具わっているとすれば、当然、本性に即して自由な〔運動〕が理性的かつ知性的な〔生命〕に具わっていることになる。さて自由な決断（*αὐτεξουσιότης*）とは意志（*θέλησις*）にほかならない。したがって、御言は生ける、知性と自由を具えた肉となったのであるから、意志を具えたものとなったのである。

また、本性的なものは学んで習得するものではないから、考えること、生きること、飢えること、渇くこと、眠るといったことを学ぶ者は一人として存在しないのである。また、意志することもわれわれは学ばない。つまり、意志することは本性的なことなのである。

さらにまた、非理性的なものらにおいては本性が指揮しているが、意志に即して自由に運動する人間においては〔本性〕は指揮されているとすれば、当然、人間は本性によって意志するものなのである。

さらにまた、祝された、本体を超えた神性の像にかたどって人間は造られたとすれば、神的本性は本性によって自由な決断と意志を具えたものであるから、当然、その像として人間もまた自由な決断と意志を具えたものであることになる。教父たちは、自由な決断を意志と定義したのである。

さて、意志することはすべての人間に内在しており、ある人々に具わっているが、ある人々には具わっていないということはないとすれば、すべての人に共通して観察されるものは、その本性を有する諸個体の〔本性〕を特徴づけるものであるから、当然、人間は本性によって意志するものであることになる。[*86]

なおまた、本性には多かったり少なかったりということは認められないとすれば、意志することはすべての人に具わっており、ある人々には十分に、ある人々には少なめに〔具わっている〕ということもないのであるから、当然、人間は本性によって意志するものであることになる。であれば、人間は本性によって意志するものであるからには、主もまた単に神としてだけでなく、人間になった方としても、本性によって意志するものであることになる。実に、〔主は〕われわれの本性を受け取ったのと同様に、われわれの意志をも受け取ったのであり、このゆえにこそ、教父たちは〔主は〕われわれの意志そのものをもご自分の内に刻印されたと言うのである。[*87]

さて、もし意志が本性的なものでないとすれば、実体〔個体〕に属するものであるか、本性に反するものであるかである。もし実体〔個体〕に属するものであるとすれば、子は父とは別の意図をもつ者であることになる。実体〔個体〕に属するものは唯一の実体〔個体〕を特徴づけるものだからである。これに対して、もし本性に反するものであるとすれば、意志は本性の欠陥となる。本性に反するものは、本性に即したものらを破壊させるからである。

　万物の神なる父は父あるいは神として意志する。さて、もし父として意志するとすれば、その意志は子の意志とは別のものである。子は父ではないからである。だが、神として意志するとすれば、子は神であり、聖霊もまた神であるので、当然、本性的に〔意志するのであり〕、その意志は本性的なものであることになる。

　また、もし教父たちの言うように[*88]、一つの意志を有する者らは一つの本体であるとすれば、またキリストの神性と人間性との意志が一つであるとすれば、当然、それら〔神性と人間性〕の本性は一つの同じものであることになる。

　さらにまた、もし教父たちの言うように、本性の相違が一つの意志に現れることはないとすれば、われわれはキリストの内に一つの意志を主張することで本性上の相違を主張することができなくなるか、本性上の相違を主張することで一つの意志を主張することができなくなるかのいずれかである。

　なおまた、神聖な福音書が述べているように、主はティルスとシドンの地方に行かれ、「ある家に入り、誰にも知られたくないと思っておられたが、隠れていることはできなかった」〔マコ七：二四〕とすれば、もしその神的意志は全能でありながら意志したように隠れていることができなかったのであれば、当然、人間として意志したのでできなかったのであり、人間としても意志するものであったことになる。

さらにまた言われている。「その場所に着くと、〈渇く〉と言われた。すると、彼らは苦いものを混ぜた葡萄酒を差し出したが、なめただけで、飲もうとは〔意志〕されなかった」〔ヨハ一九：二八、マタ二七：三四〕。さて、渇いたこと、なめたが飲もうと〔意志〕しなかったことが神としてのことであったとすれば、当然、神として情動に流されたことになる。渇きも味わうことも情動だからである。だが、神としてのことでなかったとすれば、かならず人間として意志するものであったことになる。

また、祝された使徒パウロも言っている。「死に至るまで、それも十字架の死に至るまで従順なものとなった」〔フィリ二：八〕。従順というものは、現実の意志の服従のことであって、非現実的な意志の服従ではない。非理性的なものを従順なものとも不従順なものともわれわれは言わないからである。主は神として父に従順なものとなったのではなく、それはあくまでも人間としてのことであった。神感を受けたグレゴリオスが言っているように、「神としては従順なものでも不従順なものでもない。そのようなことは〔ある者の〕支配下にある者たちに関わることだからである」*89。したがってキリストは人間としても意志するものであったことになる。

ところで、われわれが本性的な意志と言うのは、強制されたものを言うのではなく自由なものを言うのである。理性的なものであれば、かならず自由なものだからである。実に、ただ神的な創造されざる本性だけでなく、知性的な創造された〔本性〕もまた、いかなる強制をも受けないのである。これは明らかなことである。本性によって善なる方である神、本性によって創造主である神は、強制されて、それらのものであるのではないからである。そこに強制を持ち込む者が誰かいるだろうか。*90

さて、自由意志(アウテクスーシオテース)という語は、ときには神に、ときには天使に、ときには人間に関してと、同義語的に用いられていることを知らなければならない。神の場合、本体を超えたものとして用いられるが、天使の場合には、その選択は習性に合致し、時間の介在のまったく認められないものとして〔用いられる〕――〔天使〕は本性によって自由意志を有しており、肉体的なことからくる反対も攻撃も受けることがないので、何の妨げもなしに、それを遂行できるからである――。ところが、人間の場合は、習性が意図よりも時間的に先行するものとして〔用いられる〕。人間は自由意志を具えており、それも本性的なものとして自由意志を具えてはいるが、悪魔の攻撃にさらされており、肉体の運動をも抱え込んでいるからである。この攻撃と肉体という重荷のゆえに、〔意志の〕遂行は習性よりも遅れをとることになるのである。

したがって、アダムが自ら意志して聴き従い、自らの意志で食べたのであれば、当然、意志がわれわれの内で最初に苦しむものとなる。さて、意志が最初に苦しむものであり、受肉した御言が〔われわれの〕本性とともに〔意志〕を受け取らなかったとすれば、当然、われわれは罪から解放されていないことになる。

さらに、本性的な能力である自由意志は〔御言〕の業であるが、それを受け取らなかったとすれば、善くないものとしてご自分が形成したものを断罪したか、あるいは、それに関する癒しをわれわれに拒否したかのいずれかであることになる。すると、完全な癒しと言ってわれわれを欺いたのであるから、自分が情動の下にあることを明らかにしたことになる。完全に救うことを意志しなかったか、できなかったからである。*91

ところで、二つの意志から合成された一つのものを、〔二つの〕全体から合成された一つの実体〔個体〕と同様に語ることはできない。その理由はまず第一に、合成されたものらは、別の原理（ロゴス）によってでも、それぞれに固有の〔原理〕によって観察されたのでもない、一つの実体〔個体〕の内に存在するものらから成るものだからである。第二に、意志と活動の合成について語るとすれば、創造されざるものと創造されたもの、見えざるものと見えるもの等々といった、本性的に別々の固有性をもつものらについて語るよう、われわれは強いられるからである。さて、〔二つの〕意志から合成された意志を何と呼んだらよいのだろうか――合成されたものを、その合成を形成するものらの名称をもって呼ぶことはできない――。さもないと〔二つの〕本性によって合成されたものを、実体〔個体〕ではなく、本性と呼ばざるをえなくなるからである。また、キリストにおける合成された一つの意志と言うとすれば、われわれは意志の点で〔キリスト〕を父から切り離すことになろう。父の意志は合成されたものではないからである。したがって、われわれに残されているのは、キリストの実体〔個体〕は合成されたものであり、〔二つの〕本性はもとより、その本性的に〔固有な〕ものらにも共通するものであると語ることである。*92

さて、まったく厳密な意味で言うとすれば、主に関して判断（*γνώμη*）とか選択といったことを語ることはできない。判断は、未知なものに関する探究ならびに熟慮の後、つまり審議と裁定の後、決意するに至るものだからである。その後に来るのが選択である。それはあるものを選び出し、他のものではなく、それを選び取ることである。さて、主は単なる人間であったのではなく、神でもあり、すべてを知っていたのであるから、吟味、探究、熟慮、そして裁定の必要はなかったし、本性的なこととして善に対する親近性と悪に対する反感とを有していた。このため、預言者イザヤも次のように言うのである。「その子は邪悪なことを退けることを知る前に、善を選び取るであろう。それゆえ、その子は善悪を知る前に、善を選び取ることで邪悪なことを却下するであろう」〔イザ七：一五–一六〕。実に、「前に」ということで、次のことが明らかにされている。彼はわれわれのように探究したり熟慮することはなかった。神であり、神的なかたちで肉に即して実在した、すなわち一個別者として肉と合一していたので、その存在そのものならびに全知によって本性的に善を有していた。美徳は本性的なものであり、本性的かつ等しくすべての人の内に宿っている、たとえわれわれ皆が等しく本性的なそれらの力を活用しないにしても。逸脱のゆえに、本性に即したことから本性に反することへとわれわれは離れ去ってしまったのである。だが、主はわれわれを本性に反することから本性に即したことへと連れ戻して下さったのである。この〔本性に即したこと〕とは、「像に即して、似姿に即して」〔創一：二六〕ということである。また修行（アスケーシス）とか、それにともなう労苦は、外から取り入れるべきものとして、徳を外から獲得することを意図するのではない。むしろ、外から取り入れられた、本性に反するものである悪を放逐するためのものである。それは、あたかも、本性的なものでなく怠惰のために付着した鉄器の錆を苦労してそぎ落として、鉄器の本来〔本性〕的な輝きを取り戻させるようなものである。

ところで、「判断（グノーメー）」という語は多種多様な意味をもっていることを知らなければならない。ときとして、この語は「勧告」を意味する。神聖な使徒〔パウロ〕が次のように述べる場合がそうである。「処女たちについて、私は主から指示を受けていませんが、勧告を述べます」〔一コリ七：二五〕。ときとして「企画」を意味する。預言者ダビデが次のように言う場合がそうである。「彼らは私の民に対して邪まな企画を巡らした」〔詩八三：四〕。ときとして「判決」を意味する。ダニエルが次のように言う場合がそうである。「どうしてこのように破廉恥な判決が出されたのか」〔ダニ二：一五〕。さらに、ときとして「信頼」、「臆断」、「思案」をも意味し、端的に言って、「判断（グノーメー）」という語は二八の異なった意味をもっているのである。[*93]

第五九章（三）(15)　われらの主イエス・キリストの内にある活動について。

さて、われらの主イエス・キリストには二つの活動があるとも、われわれは主張する。すなわち、神であり、父と同一本体（ホモウーシオス）の方として神的な活動を、人間となりわれわれと同一本体（ホモウーシオス）の方として人間本来の活動を有しているのである。[*94]

だが次の点を知らなければならない。活動（エネルゲイア）と活動的である（エネルゲーティコン）ことと行動（エネルゲーマ）と活動者（エネルゴーン）とは別々のものである。さて活動とは本性の効果的かつ本体的な運動である。活動的であることとは、そこから活動が発するところの本性である。行動とは活動の結果である。活動者とは活動に携わる者もしくは実体〔個体〕のことである。しかしながら、活動という語は行動（エネルゲーマ）の意味でも用いられ、行動（エネルゲーマ）という語は活動の意味でも用いられる。創造されたもの（クティスマ）と創造（クティシス）という語が〔相互に置き換えられうる〕のと同様である。それゆえ、「創造されたもの（クティスマ）ら」の意味で「すべての創造（クティシス）」とわれわれは言うのである。

　次のことを知らなければならない。活動は運動であり、活動するというよりも活動させられるものである。神学者グレゴリオスが聖霊に関する講話の中で次のように述べている通りである。「もし活動であるとすれば、明らかに活動させられるのであって、活動するのではなく、活動させられると同時にやむことになるであろう」[*95]。

　また次のことも知らなければならない。生命そのものも活動であり、生ける物の〔第一義的な〕[*96]活動である。また、生ける物のあらゆる営み、栄養を摂取し成長するといった植物的な〔営み〕、感覚的なものらの衝動による運動、知性的なものらの自由な運動も〔活動〕である。また、活動は能力（デュナミス）の遂行である。さて、キリストの内にこれらのすべてを観察するとすれば、当然、われわれは〔キリスト〕における人間的な活動をも表明しなければならない。

　われわれの内に形づくられる最初の思惟（ノエマ）は活動と呼ばれる。それはまた単純でなんらのつながり（スケーシス）もない活動であって、精神（ヌース）自らが見えないかたちで自分に固有の思惟をさらけ出すものであり、それなしには精神と呼ばれるのは適切なことではなくなるものである。さらにまた、言葉を口にすることでなされる思惟されたこのものの表明および説明も活動と言われる。これはなんらのつながりもないものでも単純なものでもなく、むしろ思惟と言葉によって織り成されたものとして、しっかりとしたつながりをもったものとみなされる。何かをなすために行為者がもつところのつながりもまた活動である。そして、遂行されたことも活動と呼ばれる。第一のものは魂のみに、第二のものは肉体を用いる魂に、第三のものは知性的な魂に生かされた肉体に、そして最後のものは遂行に属するものである。精神はなされることを予見し、そのうえで肉体を通して活動するものだからである。したがって、主導能力（ヘーゲモニア）は魂に属するのである。〔肉体〕を動かし操縦する〔魂〕が肉体を道具として用いるのだからである。だが、魂によって動かされ運動する肉体の活動は別のものである。いわば造られたものに触れたり、掴んだり、握ったりすることは、肉体の遂行することであるが、いわば造られるものに形を与え、形を整えるのは魂に属することである。これはわれらの主イエス・キリストの場合も同様である。不思議な業の力はその神性の活動に属するが、手の業、欲すること、「私は欲する。清くなれ」〔マタ八・三〕と言うことはその人間性の活動に属するのである。パンを裂くこととか、癩病の人が「私は欲する」〔と言われるの〕を聞くことは人間性に属することであるが、パンを増やすこととか、癩病の人を浄めることは神性に属することである。実に、双方によって、つまり魂の活動と肉体の活動とによって、ご自分の神的な活動が同類で同等の唯一かつ同一のものであることを明らかにしたのである。〔二つの〕本性は合一されており、互いに交流（ペリコーレーシス）し合っていると知っており、両者の相違を否定することなく、数え上げるが、両者が切り離されえないものであると、われわれは知っている。同様に、われわれは〔二つの〕意志と〔二つの〕活動が結合されていることを知っており、相違を認め、数え上げるが、そこに分割を持ち込むことはないのである。肉は神化されたが、その本性に固有なものは変化をこうむることがなかったように、意志と活動も神化されたが固有な限界を逸脱することはなかったのである。いずれであろうとも、またいずれの方法で、すなわち神として、あるいは人間として意志し活動するにせよ、この方はひとりであり同じ方なのである。

したがって、本性の二重性のゆえに、キリストには二つの活動があると言わざるをえない。異なる本性をもつものらは種々の活動を有しており、異なる活動をもつものらは種々の本性を有している。そして逆に、同じ本性をもつものらは同じ活動を有しており、唯一の活動をもつものらは唯一の本体を有している。神感を受けた教父たちが言う通りである。したがって、次のいずれか一方を選ばなければならない。キリストには唯一の活動があり、本体も一つであると言うか、あるいは、真理を保守しようとするなら、福音書と教父たちが言うように、二つの本体とそれらに対応する二つの活動があると表明するかである。〔キリスト〕は神性に即して父なる神と同一本体(ホモウーシオス)の方であるから、活動に即しても〔父なる神と〕等しい方である、また、人間性に即してわれわれと同一本体(ホモウーシオス)の方であるから、活動に即して〔われわれと〕等しい方である。事実、ニュッサの司教であった祝されたグレゴリオスは次のように述べているのである。「唯一の活動をもつものらは、かならず同じ力をも有している。あらゆる活動は力の遂行だからである[*97]」。創造されざる本性と創造された〔本性〕とに唯一の本性あるいは力あるいは活動が属することはありえない。もし、キリストの活動は唯一であると言うとすれば、われわれは知性的な魂の情動、つまり恐れとか苦悩とか不安とかを御言(みことば)の神性に帰さなければならなくなるであろう。

だが、彼らは次のように言うに違いあるまい。聖なる三位に関して聖なる教父たちが言っている。「唯一の本体をもつものらは唯一の活動をも有しており、種々の本体をもつものらは種々の活動を有している」。神に関して述べられること(テオロギア)を受肉に関すること(オイコノミア)に移し変えてはならない。では、われわれは次のように答えよう。もし、それが神に関して述べられることとしてのみ教父たちによって語られたのであれば、受肉の後、子は父と同じ活動を有していたのでも、同じ本体を有していたのでもないことになる。では、次の言葉を誰に振り当てたらよいのか。「私の父は今もなお働いておられる。だから、私も働く」〔ヨハ五：一七〕。「父がなさるのを見ているそのことを、子も同じように行う」〔ヨハ五：一九〕。「私を信じなくても、私の業を信じなさい」〔ヨハ一〇：三八〕。「私が行う業が、私について証しをしている」〔ヨハ一〇：二五〕。「父が死者を復活させて、生命をお与えになるように、子も、〔与えたいと〕欲する者に生命を与える」〔ヨハ五：二一〕。実に、これらの言葉はいずれも、受肉の後も、この方は父と同一本体（ホモウーシオス）の方であっただけでなく、同じ活動を有していたことを明らかにしているのである。

さらにまた、万物に対する摂理は父と聖霊だけではなく、受肉後の子にも属するものであるとすれば、それは一つの活動であるから、当然、受肉の後も、〔子〕は父と同じ活動を有していることになる。

不思議な業から、キリストは父と同じ本体を有しているとわれわれは知るとすれば、不思議な業は神の活動によって達成されるものであるから、当然、受肉の後も、〔キリスト〕は父と同じ活動を有していることになる。[*98]

さて、〔キリスト〕の神性と〔キリスト〕の肉とに属する唯一の活動があるとすれば、それは合成されたものである。すると、それは父の〔活動〕とは別の活動であるか、父もまた合成された活動を有するかのいずれかになろう。だが、〔父の〕活動が合成されたものであるとすれば、その本性も〔合成されたものである〕ことは明らかである。

　また彼らは次のように言うかもしれない。活動とともに位格が持ち込まれることになる。次のようにわれわれは答えよう。もし活動とともに位格が持ち込まれることになるとすれば、論理的な転換に即して位格とともに活動が持ち込まれることになろう。すると、聖なる三位における三つの位格もしくは個別者と同様に三つの活動が存在することになるか、活動が唯一であるのと同様に唯一の位格と唯一の個別者が存在することになろう。だが、聖なる教父たちは声を一つにして、同じ本体のものは同じ活動を有すると表明しているのである。

　また、もし活動とともに位格が持ち込まれるとすれば、キリストの活動は唯一であるとも二つであるとも主張してはならないと命じる者たちは、その位格は唯一であるとも二つであるとも主張してはならないと命じることになろう。

　真赤に焼けた短剣の場合、火と鉄器との〔二つの〕本性は保持されるように、二つの活動と双方の結果も〔保持される〕。実に、鉄器は切る力を有し、火は燃やす力を有しており、切断は鉄器の活動の結果であり、燃焼は火の〔活動の結果である〕。この双方が合一した後は、燃焼は切断から切り離せず、切断は燃焼から切り離されないにしても、燃焼しつつの切断においても、切断しつつの燃焼においても双方の相違は保持される。また、二重の本性的な活動のゆえに、二つの真赤に焼けた短剣が存在するとわれわれは言わないし、真赤に焼けた短剣は一つのものであるがゆえに、双方の本体的な相違を混合することはない。これと同様に、キリストの場合にも、その神性に属する神的で全能なる活動と、その人間性に属するわれわれと同じような〔活動〕とが〔存在する〕。〔死んでいた〕少女の手を取って、引き寄せる〔ルカ八・五四〕のは人間としての活動の結果であるが、生命を与えるのは神としての〔活動の結果である〕。しかし、神人としての活動において双方を切り離すことはできないにしても、それぞれ別々のことなのである。しかし、主の実体〔個体〕は唯一であるがゆえに、活動も唯一でなければならないとすれば、実体〔個体〕が唯一であるがゆえに、本体も唯一でなければならないことになる。

さらにまた、主の活動は唯一であると主張するとすれば、われわれはそれが神としてのものか人間としてのものか、いずれでもないか述べなければならない。だが、もし、神としてのものであると言えば、〔主〕はわれわれと同じ人間性を剝奪された、ただの神であると言うことになろう。もし、人間としてのものであると言えば、〔主〕を単なる人間として冒瀆することになろう。またもし、神としてのものでも人間としてのものでもないと言うなら、〔主は〕神でも人間でもなく、父ともわれわれとも同一本体（ホモウーシオス）の方ではない〔と言うことになろう〕。実に、合一に由来する一個別者としての自己同一性は、〔二つの〕本性の相違を消滅させることは断じてないのである。さて、〔二つの〕本性の相違は保持されるとすれば、明らかに双方の活動もまた保持されることになろう。活動なしの本性は存在しないからである。もし、主キリストの活動が唯一であるとすれば、それは創造されたものであるか創造されざるものであるかのいずれかである。本性と同様に、双方の中間の活動は存在しないからである。さて、もし創造された〔活動〕であるとすれば、それは創造された本性のみを示す。もし創造されざる〔活動〕であるとすれば、創造されざる本体のみの特徴を提示する。本性的なものは本性に完全に対応するはずだからである。本性を欠く実在は存在しえないのである。また、本性に即した活動は〔その本性〕以外のものに由来することなく、活動なしに存在したり知られたりしうる本性はないことも確かなことである。それぞれのものは活動を通して、変化しえないものとして自己の本性を証明するのである。[*99]

もしキリストの活動は唯一であるとすれば、その同じ〔活動〕が神的なことと人間的なこととを行うことになる。しかしながら、本性に即して行動するもののうちのどれ一つとして、対立することを行うことはできない。実に、火は冷たくするとともに熱くすることはないし、水が乾燥させるとともに湿らすことはない。さて、本性によって神であり、本性によって人間となった方が、唯一の活動によって不思議な業を行い、かつ苦しみを受けるということがいったいどうしてありえようか。[*100]

したがって、キリストが人間的な精神（ヌース）、すなわち知性的で理性的な魂を受け取ったとすれば、かならずや〔キリストは〕考えたはずであり、常に考えるはずである。思考することが精神の活動なのである。当然、キリストは人間として活動し、常に活動するはずである。

さて、聖なるヨアンネス・クリュソストモスが「使徒言行録」に関する第二の講話の中で次のように述べている。「この方の受難を行為と呼んだからといって、その人は過ちを犯すことにはならない。あらゆる苦難を受け容れたことで、死を滅ぼし、他のすべてを成し遂げて、偉大で驚嘆すべき業を行われたからである」[*101]。

これらのことに精通している人々が明確に述べているように、あらゆる活動はなんらかの本性の本体的な運動であるとすれば、運動のない、あるいはまったく活動のない本性をどこかに見出すことがあろうか、本性的な力の運動ではない活動を見出すことがあろうか。祝されたキュリロスによれば、何人も正気でありながら、「神と造られたものとの唯一の本性的な活動」を主張する者はいない。[*102] ラザロに生命を与えたのは、人間的な本性ではないし、神的な権能が涙を流させたのでもない〔ヨハ一一：四三－四四、一一：三五〕。涙は人間性に固有のものであり、生命は実在するものとしての生命に属する。しかしながら、実体〔個体〕の同一性のゆえに、それぞれが双方に共通するものとなっている。実に、キリストはただひとりであり、その位格もしくは実体〔個体〕もただ一つであるが、二つの本性を有している。その神性と人間性に属する〔二つの本性〕である。したがって、実体〔個体〕の同一性のゆえに、本性的に神性に由来する栄光は双方に共通するものとなっており、肉に由来する卑賤なことも双方に共通するものとなっている。一方であり他方でもある、すなわち神であり人間でもある方はただひとりであり、同じ方だからである。また、神性に属することと人間性に属することとはこの同じ方に属するものだからである。こうして、神性が奇跡を行うが、肉を切り離してのことではないし、肉は卑賤なことを行うが、神性から切り離されてのことではない。また、神性は不受苦のものであり続けるが、苦難する肉と結ばれており、救いをもたらす苦難を耐え忍ぶ。また、聖なる精神（ヌース）は御言の行動する神性と結ばれており、成し遂げられることをわきまえ知っているのである。

したがって、神性は、肉の受苦に参与しないものであり続けつつ、自らのもろもろの栄誉を肉体に譲与する。御言の神性が肉を通して活動したように、その肉は神性を通して苦難を受けたのではない。肉は神性の道具だったからである。こうして、懐胎された瞬間から双方の姿形にはいかなる区分もなく、いかなるときも双方の姿形の行動は唯一の位格に属するものとなっていたにせよ、切り離しえないかたちでなされた。それらすべてのことをわれわれはけっして混同することはない。むしろ、業の性質から、それらがどちらに属するものかわれわれは理解するのである。

したがって、キリストはご自分の〔二つの〕本性の双方に即して活動し、「〔キリスト〕においては双方の本性が他方との交わりのうちに活動する」[*103]のである。御言は、神性の主権と権能によって、御言に属するあらゆること、すなわち支配と統治に関わるあらゆることを遂行し、肉体は、自分に合一され、自らのものとなった御言の意志に応じて、肉体に属するあらゆることを果たすのである。実に、自ら生来の受苦へと突き進むことはなく、苦難から逃避することも、それを拒絶することもなく、外から襲いかかることに苦しむこともなかった。しかし、その本性と、救い(オイコノミア)の営みのゆえに肉が受苦し、自らに属することを行うことを欲し、かつそれを許した御言に従って行動したのである。それは、本性の業を通して真理が確信されるためである。

処女(おとめ)の懐胎によって本体を超えた実体を得たのと同様に、その水は土になったのではなく、神性の途方もない力によって流動しないよう堅固なものにされ、物質的な足の重みに屈しないものとなった不安定な水の上を土で造られた足で歩いたときのように、人間を超えて人間的な活動を行った。実に、人間的なことを人間的に行ったのではない――ただ人間であっただけでなく、神でもあったからである[*104]。それゆえ、その受苦は生命を与え、救いをもたらすものでもあった――。また、神的なことを神的に行いもしなかった――ただ神であっただけでなく、人間でもあったからである。それゆえ、接触とか言葉とか、それらに類することを通して奇跡を行ったのである――。

だが次のように言う者もあろう。「人間的な活動を剝奪しないために、キリストの活動は唯一であるとわれわれは主張しないが、神的な活動と対立するものであるがゆえに、人間的な活動は受動（パトス）と呼ばれる。この意味で、キリストの活動は唯一であるとわれわれは主張する。われわれは次のように答えたらよかろう。この同じ理拠に即して唯一の本性を主張する人々も人間的な〔本性〕を剝奪しないために〔そうする〕と言うが、人間的な本性は神的な本性と対立するものであるがゆえに、受苦のものであると言う。神的な活動との区別のゆえに、人間的な運動を受動（パトス）とわれわれが呼ぶことがあってはならない。一般的に言って、実在するものは何一つとして、対比もしくは比較によって知られたり定義されるものではないからである。そうであれば、存在するものらは相互に他方の原因となるものとして見出されることになろう。神的な運動は活動であるがゆえに、人間的な〔運動〕は受動（パトス）であるとすれば、必然的に、神的な本性は善きものであるがゆえに、人間的な〔本性〕は悪しきものであることになる。またこれを逆転して言えば、人間的な運動が受動（パトス）と呼ばれるがゆえに、神的な運動は活動と呼ばれることになり、人間的な本性は悪しきものであるがゆえに、神的な〔本性〕は善きものであることになろう」[*105]。また、こうしてすべての被造物は悪しきものであるとすれば、次のように述べた者は嘘をついたことになる。「神はお造りになったすべてのものをご覧になった。見よ、それはきわめて善かった」〔創一：三一〕。

したがって、われわれは次のように主張する。「聖なる教父たちは、問題となっている観念に応じて、さまざまなかたちで人間的な運動に名前を付している。彼らはそれを力（デュナミス）、活動（エネルゲイア）、

〔運動〕相違（ディアフォラ）、運動（キネーシス）、特性（イディオテース）、性質（ポイオテース）、そして受動（パトス）と呼んでいるのである。これらは神的なとの対比によるものではない。むしろ、保守されるもの、不変のものとして力（デュナミス）と呼び、特徴的なものであり、すべての同種のものに見られる完全な同一性を明らかにするものとして活動（エネルゲイア）と呼び、区別されるものとして相違（ディアフォラ）と呼び、明らかにされるものとして運動（キネーシス）と呼び、構成的なものであり他のものではなくそれだけに属するものとして特性（イディオテース）と呼び、種を形成するものとして性質（ポイオテース）と呼び、動かされるものとして受動（パトス）と呼ぶのである。実に、神に由来し、神に従うものらは皆、運動そのもの、力そのものではない以上、動かされるものとして受動的なものである。したがって、すでに述べたように、対比によるのではない。むしろ、万物を形成した原因によって、創造的に、それらの内に挿入された理拠（ロゴス）によるのである。それゆえ、神的なものともに言及するときにも、それは活動と呼ばれるのである。実に、〈双方の姿形が他方との交わりのうちに活動する〉と言った人は、〈そして四〇日間、昼も夜も断食した後、空腹を覚えられた〉〔マタ四：二〕と言う人と別のことをなしたのであろうか――欲するとき、〔本性が〕固有なことを言うのを本性に許したからである――。〔キリスト〕の内には異なった活動があると主張する人々、あるいは二重の活動、別々の活動があると主張する人々と別のことをなしたのであろうか」[*106]。名辞の対置によってそれらの表現は二つの本性を意味しているのである。しばしば数は名辞の対置ならびに神的なものと人間的なものと言うことで指示されるからである。「相違は相違したものらの相違である」。存在しないものらが、いったいどうして相違することがあろうか。

第六〇章（三(16)）　一個の人間が二つの本性と活動をもつとすれば、キリストの場合は三つの本性と活動をもつと言わなければならないと主張する者たち[*107]への反論。

個々の人間は、魂と肉体という二つの本性によって構成されており、不可変のものとしてそれらを自らの内に有しているのであるから、当然ながら、〔人間は〕二つの本性を有していると言われることとなろう。合一の後も、双方の本性的な特性を保持する。こうして、肉体は不可死のものではなく朽ち果てるものであり、魂は死すべきものではなく不可死のものである。肉体は不可視のものではなく肉眼によって見られるものであるが、〔魂〕は理性的なもの、知性的なもの、そして非物体的なものであり、〔肉体〕は可視的なもの、非理性的なものである。本体に即して区別されるものらが唯一の本性をもつことはない。当然、魂と肉体が唯一の本性をもつということもないのである。

さらにまた、人間とは理性的ではあるが死すべき生き物であり、あらゆる定義は基本となる本性を明らかにするものであり、本性の観点から理性的なものと死すべきものとは同一のものではないとすれば、当然、自らの定義の基準に即して人間は唯一の本性をもつのではないことになる。

さて、人間は唯一の本性をもつと、ときとして言わなければならないにしても、この場合、本性という語は種の意味で用いられているのである。本性のなんらかの相違に即して人間は〔別の〕人間と相違するものではなく、人間は皆同じ構成を有しており、魂と肉体によって組み立てられており、個々人が二つの本性から成っているのであるから、すべての〔人間〕は唯一の〔定義〕

の下に含められることをわれわれは言うのである。そして、これは常軌を逸したことではない。聖なるアタナシオスが、聖霊を冒瀆する者たちに対する書き物の中で、造られたものとして全被造物は一つの本性をもつと述べているからである。彼は次のように言っている。「聖霊は被造界の上にあり、造られた本性とは別ものであり、神性に属するものであることを、ここでまた看て取ることができる」[*108]。「あるものには多く、あるものには少なくということなしに、多くのものに共通して観察されるものが本体と呼ばれるのである」[*109]。したがって、すべての人間が魂と肉体とから組み立てられているのであるから、これに即して人々の本性は唯一であると言われるのである。しかしながら、主の実体〔個体〕について、その本性は唯一であると言うことはわれわれにはできない。合一の後も、〔二つの〕本性はそれぞれ本性的な特性を保持し、大勢のキリストから成る種を見出すことはできないからである。実に、神性と人間性とから成り、神であると同時に人間でもある、もうひとりのキリストは存在しなかったのである。

さらにまた、種に即して人間が一つのものであることと、本体に即して魂と肉体とが一つのものであることとは同じことではない。種に即して人間が一つのものであることは、あらゆる人間にまったく同様に認められることであるが、実体に即して魂と肉体とが一つのものであることは、双方の存在そのものを消滅させ、それらを完全な非実在へと至らしめるものだからである。一つであるということは、他方の本体に変化するか、あるいは〔二つの〕別々のものからまた別のものが生じて、双方が変化するか、あるいは自己の限界の内にとどまりつつも二つの本性であるかのいずれかである。肉体が非肉体的なものと同じものであることは、本体を理拠としてのことではない。したがって、人間に関して唯一の本性ということを言うにしても——魂と肉体との双方の本体的な性質の同一性のゆえではなく、種として包括される諸個体にまったく同様に認められることのゆえに——、キリストに関して唯一の本性を云々してはならないのである。〔キリスト〕の場合、多くの実体〔個体〕を包括する種は存在しないのである。

また、合成物は皆、直接合成された物らによって合成されていると言われる。実に、家屋は土と水から合成されていると言わず、煉瓦と木材によって合成されているとわれわれは言う。さもなければ、人間は五つの本性から、すなわち四元素と魂とから合成されているとわれわれは言わざるをえなくなるであろう。同様に、われらの主イエス・キリストの場合も、部分を一つ一つ考慮せずに、直接合成されているものら、すなわち神性と人間性とをわれわれは考慮するのである。

また、人間は二つの本性を有すると述べることで、キリストに関して三つの本性をわれわれは主張しなければならなくなるとすれば、あなたたちもまた、人間が二つの本性から成ると言うことで、キリストは三つの本性から成ると表明しなければならない。活動に関しても同様である。活動は本性に対応するはずのものだからである。人間が二つの本性をもつと言われ、そうであることを証しして神学者グレゴリオスは次のように述べている。「神と人間とは二つの本性である。魂と肉体も〔二つの本性であるからである〕」[*110]。そして、洗礼に関する講話の中でも次のように述べている。「われわれは魂と肉体、見えるものと見えないものという二重構造となっているので、水と霊とを通しての二重の浄めがあるのである」[*111]。

第六一章（三⒄）　主の肉体の本性と意志の神化について。

次のことを知らなければならない。主の肉が神化され、神と同じもの、神となったと言われるのは、本性の変換あるいは変転あるいは変化によるものではない。神学者グレゴリオスが次のように述べている通りである。「一方が神化し、他方が神化された」。「あえて言うなら、神と同じもの〔にされたのである〕」。「塗油した者が人間に、塗油されたものが神になったのである」*112。これは本性の変換によるのではなく、救いの営み（オイコノミア）〔受肉〕による合一、つまり実体〔個体〕に即した〔合一〕によること、切り離しえないかたちで〔肉〕が神なる御言（みことば）に合一されたこと、〔二つの〕本性の相互の交流（ペリコーレーシス）による。鉄器が火で焼かれる場合についてわれわれが言うのと同様である。実に、変換とか変転なしに人間となられたとわれわれは信仰告白するように、肉の神化がなされたとわれわれは信じる。実に、御言は肉となったからといって、ご自分の神性の限界を踏み越えたのでも、神にふさわしい栄誉を肉に付属するものとしたのでもない。神化された肉は自分の本性あるいは自分の本性的な諸特性を変転させたのでもない。合一の後にも〔二つの〕本性は混合されざるものであり続け、双方の諸特性は侵害されざるものであり続けたからである。御言とのまったくの混じりけのない合一、すなわち一個別者としての合一のゆえに、主の肉は神的な活動（エネルゲイア）によって豊かなものとされたが、本性に即した諸固有性が損なわれることはまったくなかったのである。〔肉が〕神的な活動を行うのは自らの活動によってではなく、自分に合一された御言を通してのことであり、〔肉〕を通して御言がご自分の活動を明らかにしたのである。実に、鉄器が真赤に焼けるにせよ、それは本性的に獲得した燃やす活動によることではなく、火との合一によってそれを得たのである。[*113]

したがって、同じ〔肉〕が自分の〔本性〕のゆえに死すべきものであり、御言との一個別者としての合一のゆえに生命を与えるものでもある。同様に、意志の神化はその本性的な運動の変換によるのではなく、〔御言〕の神的で全能の意志と合一され、人間となった神の意志となったことによる、とわれわれは主張する。このためにこそ、隠れていることを欲した〔意志した〕がそれができなかったのである〔マコ七：二四〕。ご自身の内に人間的な意志の弱さが実際に存在することを明らかにすることを、神なる御言は良しとしたからである。これに対して、癩病を患っている人の浄めを行おうと欲した〔意志した〕のは〔マタ八：三〕、神的な意志との合一のゆえである。

また、次のことも知らなければならない。本性と意志の神化は、二つの本性と二つの意志を非常に明瞭に示すものであり、それを証明するものである。燃焼は火の中で燃焼されるものの本性を変換させず、むしろ燃焼させるものと燃焼させられるものとを明らかにし、一つではなく二つであることを証明するように、神化も合成された唯一の本性を作り出すのではなく、二つの〔本性〕と一個別者としての合一とを遂行するのである。[*114]事実、神学者グレゴリオスは次のように述べている。「一方が神化し、他方が神化された」。「一方」、「他方」と言うことで、彼は二つのものが存在したことを明らかにしているのである。

第六二章(三)(18)　意志と自由意志、精神、そして知識と知恵について。

キリストは完全な神であり、完全な人間でもあると主張することで、われわれは父と母との本性的な〔特性〕をことごとく完全に彼に帰すのである。実に、この方が人間となったのは、打ち負かされた者を勝たせるためである。すべてを行うことができる方にとって、ご自分の全能の権能と力によって人間を僭主から解放することができなかったのではない。僭主が人間を打ち負かした後、神によって制圧されたとすれば、〔僭主〕の苦情を招くことになったであろう。このため、同情心に富み人を愛される神は、堕落した者自身が勝利者であることを明らかにすることを望まれ、人間となり、似た者が似た者を連れ戻したのである。

人間が理性的で知性的な生き物であることは誰も否定しないであろう。では、魂のない肉もしくは精神(ヌース)のない魂を〔キリスト〕は受け取ったとすれば、いったいどうして人間になったのであろう。それでは人間ではないのである。最初に苦しんだ者が神性との結合によって救われず、更新されず、強められなかったなら、〔キリストが〕人間となったことはどんな益をわれわれにもたらすというのであろう。「受け取られなかったものは癒されなかった」からである。したがって、弱さの下に転落した人間全体、その最も美しい部分をも受け取ったのである[*115]。全体に救いを賦与するためである。そしてまた、知恵を欠き、知識を剥奪された精神といったものはけっして存在しないのである。活動せず運動しないものであれば、それは絶対に存在しないものだからである。精神なる御言(みことば)は、像に即して〔造られた〕ものを更新しようとして、人間になったのである。精神でないとすれば、いったい何が像に即して〔造られた〕ものなのか。より良いものを無視して、より劣ったものを受け取ったのか。実に、精神は〔肉〕と共にあるものとして、また神の像であるものとして、神と肉との中間にある。したがって、精神は精神と交わり、精神は神の清浄さと肉の粗雑さとの仲立ちとなる。もし主が精神のない魂を受け取ったとすれば、理性〔言葉〕を欠く生き物の魂を受け取ったことになる。

さて、たとえ「御言は肉となった」〔ヨハ一：一四〕と福音書記者が述べているにせよ、聖書では、「七五の魂とともにヤコブはエジプトに赴いた」〔使七：一四-一五〕とあるように、ときとして人間が魂と言われ、また「すべての肉は神の救いを仰ぎ見る」〔ルカ三：六〕とあるように、ときとして〔人間が〕肉と言われていることを知らなければならない。したがって、御言は、魂のない肉でも精神のない肉でもなく、人間になったのである。事実、〔御言〕ご自身が言っている。「どうしてあなたがたは、真理をあなたがたに語っている人間である私を殺そうとするのか」〔ヨハ八：四〇〕。したがって、肉を支配しているが、御言の神性によって支配されている、理性的で知性的な魂に生かされた肉を受け取ったのである。

したがって〔キリストは〕、本性的に人間として、また神として双方の意志を有しているが、〔人間としての意志は〕自分の見解に動かされることなく、その神的な意志が意志したことを意志して、〔御言〕の意志に従い、服したのである。本性的に自己に固有のことで苦しみを受けたのは、神的な意志の許諾によることである。死を免れるよう懇願したとき、その神的な意志の意向と許諾の下に、本性的に、死を免れることを懇願し、苦闘し、恐れたのである。そして、その人間的な意志が死を選ぶことをその神的な意志が欲した〔意志した〕とき、受難はこの方にとって自発的なものとなったのである。自発的に自らを死に渡したのは、ただ単に神としてだけでなく、人間としてでもあったからである。それゆえに、死に対峙する勇気をわれわれにも賦与して下さったのである。事実、救いをもたらす受難に先立って次のように述べている。「父よ、できることなら、この杯を私から過ぎ去らせて下さい」〔マタ二六：三九〕。杯から飲まなければならなかったのは、神としてではなく、人間としてであったことは明らかである。したがって、杯が過ぎ去ることを欲する〔意志する〕のは人間としてである。この言葉は本性的な小心からの発言である。「しかし、私の意志の通りではなく」、つまり、あなたとは別の本体の私としてではなく、「あなたの意志のままに」、つまり、同一本体（ホモウーシオス）の者としてあなたから生まれたものとして、私とあなたの〔意志〕のままにである。これは勇気ある発言である。善意から真に人間となったのであるから、主の魂は、まず初めに本性的な弱さを体験し、感覚に即して肉体からの分離に対して本性的な共苦を感じ取ったのであるが、その後、神的な意志に強められて勇敢に死に対峙したのである。実に、同じこの方がその人間性をもちつつ完全な神であり、その神性をもちつつも完全な人間でもあったので、人間として同じこの方が自らにおいて、自らを通して、その人間性を父なる神に服従させ、父に従順なものとなったことで、ご自身をも最も優れた模範ならびに手本として提示したのである。

さらに〔キリストは〕、自由に、神的ならびに人間的な意志をもって意志した。自由意志はあらゆる理性的な本性に確実に植えつけられているからである。自由に論断するためでないとすれば、いったい何のために理性を有しているのであろう。創造主は理性を欠く生き物らにも、自分の本性を維持するようそれらを駆り立てるために、本性的な欲求を植えつけられたのである。理性を欠いているがゆえに、それらのものは〔本性的な欲求〕を支配することができず、本性的な欲求に支配されているのである。そのため、欲求が生ずるや否や、ただちに実行への衝動も生ずるのである。理性も決意も吟味も決断も使用しえないからである。このため、それらのものは徳を積んだからといって讃えられたり祝福されたりすることなく、悪をなしたからといって罰せられることもないのである。だが、理性的な本性は動かそうとする本性的な欲求を有しているが、本性に即したことを遵守するよう理性によって導かれ、整えられるのである。この自由意志は理性に先行し、これをわれわれは論断〔する能力〕における本性的な運動と呼ぶ。それゆえ、〔理性的な本性は〕徳を積めば讃えられ祝福されるが、悪を行えば罰せられるのである。

こうして、主の魂は自由意志によって動かされるものとして意志したが、その神的な意志が〔魂が〕意志するように意志したことを意志したのである。肉は御言の指示によって動いたのではない――モーセもあらゆる聖なる者たちも神の指示によって動いた――。むしろ、自らが神であり人間でもある方として、神的ならびに人間的な意志に即して意志したのである。[*116] それゆえ、主の二つの意志が互いに異なったものであるのは、意向によることではなく、本性的な能力によることである。その神的な意志は元(はじめ)のないもの、全能のものであり、それに応じた力をもち、不受苦のものであるが、その人間的な意志は時間の内に元(はじめ)をもち、本性的で非難に値しない情動に服するものであり、本性的に全能ではないが、真に、本性的に、神なる御言に属するものとなっていることで全能でもある。

第六三章（三⑲）　神人としての活動について。

祝されたディオニュシオスは、キリストは「われわれに対して、新しい、神人的とでも言うべき活動をされた」[117]と述べているが、人間的ならびに神的な本性から生じた唯一の活動を主張して、〔二つの〕本性的な活動の存在を否定したわけではない――そうであれば、神的ならびに人間的な本性から生じた新しい唯一の本性をわれわれは主張しなければならなくなる。聖なる教父たちによれば、「唯一の活動を有するものは唯一の本体をも有する」からである――。むしろ、彼が明らかにせんとしたのは、キリストの〔二つの〕本性的な活動の表出の新しく名状しがたい様式は、キリストの〔二つの〕本性の双方の内への相互交流（ペリコーレーシス）という名状しがたい様式に対応するものであり、人間に即したその生涯は通常のものではなく、途方もないものであり、存在するものらの本性には知られないものであること、そして名状しがたい合一に即した交換（アンティドシス）の様式であった[118]。〔二つの〕活動は切り離されておらず、〔二つの〕本性は切り離されたかたちで活動せず、むしろ双方が他方との交わりのうちに自分の固有のことを行うと、われわれは主張するのである。実に、人間的なことを人間的に行ったのではない――単なる人間ではなかったから――し、神的なことを神的に行ったのでもない――〔人間性を〕まとわない神ではなかったから――。むしろ、神であると同時に人間である方として行ったのである。〔二つの〕本性と本性上の相違について理解したのと同様に、われわれは〔二つの〕本性的な意志と活動についても理解するのである。

したがって、次のことを知らなければならない。われらの主イエス・キリストについて、われわれはときとしてその二つの本性について語り、ときとしてその一つの位格について語る。いずれも一つの考えに関係している。したがって、二つの本性がひとりのキリストであり、ひとりのキリストが二つの本性なのである。実に、「キリストは、その二つの本性の双方に即して活動する」と言おうと、「キリストにおける双方の本性が他方との交わりのうちに活動する」と言おうと同じなのである。それゆえ、神的な本性は肉の活動を共有する。神的な意志の善意によって〔肉が〕苦難を受け、固有の業を行うことを許されたからであり、肉の活動が完全に救いをもたらすものであったからである。〔救いをもたらすのは〕人間的な活動ではなく、神的な活動である。また、肉は御言(みことば)の活動する意志を〔共有する〕。神的な活動はいわば道具として肉体を通して〔業を〕遂行するからであり、神的と同時に人間的に活動する方は一つだからである。

さらに次のことをも知っておく必要がある。この方の聖なる精神(ヌース)は神の精神であること、あらゆる被造物によって礼拝されることを思惟し、理解しつつ、かつまた地上でのそのあり方と苦難とを思いめぐらしつつその本性的な活動を行い、単なる人間の精神としてではなく、一個別者として合一され神の精神とみなされたものとして思惟しつつ、理解しつつ、司りつつ、万物を司り統括する御言の神性の活動を共有するのである。

したがって、神人としての活動は次のことを明らかにするのである。神が人間となったとき、つまり受肉したとき、その人間的な活動も神的なものとなった、つまり神化されたのである。だが、その神的な活動と無縁のものとされたのではなく、その神的な活動が人間的な〔活動〕と無縁のものとなったのでもない。むしろ、双方が他方とともに観察されるのである。さて、なにかしら二つのものを一つの言葉で表現しようとするとき、その手法は迂言法(ペリフラシス)と呼ばれる。ちょうど真赤に焼けた短剣の切り裂く燃焼および焼く切断を一つのこととして言うとき、切る活動と焼く活動を別々のこととして言わず、燃焼を火に、切断を鉄器にと、それぞれを別々の本性に帰すことはないのと同様に、キリストの神人としての唯一の活動というときも、その二つの本性に属する二つの活動、すなわちその神性の神的な活動とその人間性の人間的な活動をわれわれは考えているのである。

第六四章(三(20)) 本性的で非難の余地ない情動(パトス)について。

われわれは次のように信仰告白する。〔御言は〕人間の本性的で非難の余地ない情動(パトス)をことごとく受け取ったのである。人間全体を、そして罪を除いて、人間のものであるすべてを受け取ったからである。〔罪〕は本性的なものではなく、創造主によってわれわれに植えつけられたものでもなく、悪魔が次に蒔きつけたことによって、力ずくでわれわれを屈服させることではなく、自由に、自由意志による選択のうちに生じたものだからである。本性的で非難の余地ない情動(パトス)は、われわれの意のままになるものではなく、違反行為の断罪の結果、人間の生に入ってきたものである。飢え、渇き、疲労、辛苦、落涙、破滅、死に対するしりごみ、臆すること、苦悩——汗と血の滴りはこれによる――、本性の弱さに鑑みて天使によって援助が差し伸べられた〔のもこのためである〕、そしてこれらに類するものらがそれである。それらは本性的にすべての人間の内に存在しているのである。

したがって、これらすべてを聖化するために、これらのすべてを受け取ったのである。われわれのために勝利を収め、敵対者に打ち勝つ力を本性に賦与するために、かつて屈服させられた本性が、それを通して攻撃され屈服してしまったところのものを通してかつての勝者に打ち勝つために、それらを経験し、それらに打ち勝ったのである。

さて、悪しき者は、アダムになしたように、思考を通してではなく、外から攻撃してきた。

〔アダム〕に〔攻撃をしかけたのは〕思考を通してではなく、蛇を通してのことであった。だが、主は攻撃を退け、煙のように消滅させてしまった。それは、ご自分を責め立てる情動(パトス)に打ち勝つことで、われわれが容易に打ち勝つことができるようになるためであり、こうして新しいアダムが古い〔アダム〕を救い出したのである。

確かに、われわれの本性的な情動(パトス)は、本性に即してキリストの内にあり、本性に君臨していたのである。肉が自分に固有な情動を受けるのを許したとき、それは〔キリスト〕の内で本性に即して〔情動を〕かき立てたのである。本性に君臨していたのは、主の内で本性的なものが意志に先行することはなかったからである。〔キリスト〕の場合、強制されたものは何一つとして観察されない。すべては自由になされたものである。実に、飢えたのは意志したからであり、渇いたのも意志したからであり、恐れたのも意志したからであり、死んだのも意志したからである。

第六五章（三(21)）　無知と奴隷の身分について。

次のことを知らなければならない。〔キリスト〕は無知と奴隷の状態にある本性を受け取ったのではない。自分の創造主である神の奴隷であるのは人間の本性であり、〔人間は〕将来に関する知識を有していないのである。神学者グレゴリオスの言うように、もし「見られるものと思惟されるものとを区別することができる」[*119]ものなら、肉は奴隷と無知の状態にあると言うことができよう。だが、実体〔個体〕の同一性と不可分の合一のゆえに、主の魂は他の神的な事柄と同様に、将来に関する知識にも富んでいたのである。人々の肉は自己の本性に即して生命を与えるものではないが――主の肉は一個別者として神なる御言ご自身と合一したことによって、本性に即した死を免れることはないものの、御言との実体〔個体〕に即した合一のゆえに生命を与えるものとなり――、生命を与えるものでなかったとか、生命を与えるものでは常にないとかわれわれは言うことができないのと同様に、その人間的な本性は本体的に将来に関する知識を有していなかったが、主の魂は神なる御言との合一と実体〔個体〕の同一性のゆえに、すでに述べたように、他の神的な事柄とともに、将来に関する知識にも富んでいたのである。[*120]

また、次のことも知らなければならない。〔キリスト〕を奴隷と呼ぶことはわれわれにはできないのである。「奴隷であること」とか「主であること」とかいった言葉は、「父であること」とか「子であること」と同様に、本性を示すものではなく、あるものに対する〔関係〕を示すものだからである。実に、これらの語は本体ではなく、関係を明らかにするものなのである。さて、無知について述べたのと同様のことを述べることにしよう。もし、精密な思惟によって、すなわち精神（ヌース）の精密な表象能力によって、創造されたものを創造されざるものから切り離すことができるものなら、神なる御言と合一されていないものであるからには、肉は奴隷であることになろう。だが、ひとたび一個別者として合一されたからには、いったいどうして奴隷でありえようか。キリストはひとりであるからには、主でありながら自分の奴隷ではありえない。それらのことは端的に言われるものではなく、他のものに対して言われるものだからである。さて、誰の奴隷なのか。父の〔奴隷〕と言うのか。父の奴隷であるとすれば、父が有しているすべてのものを子は有していないことになる〔ヨハ一六：一五〕[*121]。まして、自分自身の奴隷でもない。〔キリスト〕が奴隷であるとすれば、この方によって子とされたわれわれについて、使徒〔パウロ〕はいったいどうして次のように言うことができようか。「したがって、あなたは奴隷ではなく、子です」〔ガラ四：七〕。したがって、〔キリスト〕は奴隷ではなかったが、われわれのために奴隷の姿形をとったがゆえに、一般的な呼称をもって奴隷と言われ、われわれとともに奴隷と呼ばれるのである。実に、不受苦の方であったが、われわれのために受苦に服し、われわれの救いの奉仕者となったのである。さて、〔キリスト〕は奴隷であると言う人々は、ネストリオスのように、ひとりのキリストを二つに分離するのである。だが、われわれは次のように言う。〔キリスト〕は主君であり全被造界の主であり、ひとりのキリスト、神であると同時に人間である方であり、すべてを知っている。「知恵と知識の宝はすべて、〔キリスト〕の内に隠されている」〔コロ二：三〕からである。

第六六章〔三(22)〕 成長について。

年齢を重ね、年齢を重ねることで彼の内に宿っていた知恵が明らかにされたのである。さらに、人々の知恵と年齢と恵みの点での成長と、父の善意の成就、すなわち人々の神認識と救いとを自分の成長とし、われわれのものを完全に自分のものとしたのである。さて、知恵と恵みの付加を得たという意味で、彼は知恵と恵みの点で成長したのであると主張する人々は、合一がなされたのは肉が存在し始めた瞬間からではないと主張し、一個別者としての合一を尊重せず、愚考を重ねたネストリオスにたぶらかされ、「自分の言っていることも主張している事柄についても理解せずに」〔一テモ一：七〕、相対的な合一ならびに単純な合一を主張するのである。だが、肉はその存在の瞬間から、神なる御言と真に合一されていた、むしろ〔御言〕の内に存在し、〔御言〕との実体〔個体〕としての同一性を有していたとすれば、あらゆる知恵と恵みとを完全に享受しなかったことがいったいどうしてあろう。それは分与された恵みではないし、恵みに即して御言のものに参与することでもない。一個別者としての合一のゆえに人間的なことと神的なこととがひとりのキリストのものとなったということである。神であると同時に人間でもあった、この同じ方が恵みと知恵とあらゆる善の充満を世に噴出させたのである。

第六七章〔三(23)〕 臆することについて。

「臆すること（ディリア）」という語には二重の意味がある。意志に反して、魂が肉体から引き離されるときの臆することは本性的なものである。元（はじめ）から創造主によって共感と近親感とが〔魂〕に植えつけられたからであり、それゆえに本性的に死を恐れ、苦悩し、しりごみするのである。この定義は以下のようなものである。「本性に即した臆することとは、萎縮しつつ存在に固執する力である」*122。万物は創造主によって非存在から存在へと引き出されたにせよ、非存在への〔欲求〕ではなく存在への欲求を本性的に抱いている。〔自分の存在を〕支えるものらに対する渇望が、これらのものの本性に即して固有なものなのである。したがって、神なる御言（みことば）も人間となったことで、この欲求を抱いていた。そこで、食べ、飲み、眠り、これらのことを本性的なものとして体験したことで、本性を支えるものらに対する渇望を明らかにし、受難の時に自ずと死に対してしりごみしたことで、滅亡への嫌悪を明らかにしたのである。だが、生じたことは本性の法則によって生じたにせよ、われわれと同じように必然的なものとしてではなかった。自ら進んで本性的なことを受け入れようと意志したのである。したがって、このような臆すること、恐れ、苦悩は本性的で非難の余地ない情動（パトス）に属し、罪の下に置かれるものではないのである。

さらにまた、思い違いや信仰の欠如や死の時を知らないことに由来する臆することもある。夜中になんらかの音を聞いて抱くようなものがそれである。これは本性に反するものであり、われわれはそれを次のように定義する。「本性に反する臆することは理の通らない萎縮である」[*123]。このような〔臆すること〕に主は陥らなかった。それゆえ、受難の時を除いて、救いの営み（オイコノミア）〔受肉〕によって、しばしば〔恐怖によって〕萎縮することはあったにせよ、臆することはけっしてなかった。時を知らなかったのではないからである。

さて、〔主が〕真に臆したことを、聖なるアタナシオスはアポリナリオスへの反論の中で次のように述べている。「このために主は言われた。〈今、私の魂は動揺している〉〔ヨハ一二：二七〕。〈今〉とは〈〔主が〕意志したとき〉のことである。そうではあるが、それは現実を明らかにするものでもある。起きたと想像されることを語るかのように、現実に存在しないことを存在するかのように語ることはなかったからである。すべては本性によって真に起きたことである」[*124]。そして、別のことを論じた後、次のように述べている。「受苦する肉体とは別に、神性が受苦を受け容れたのではけっしてないし、苦悩し動揺する魂とは別の苦悩と動揺を指摘しているのでもなく、不安に陥り祈る知性とは別に不安に陥り祈るのでもない。たとえそれらのことは本性の敗北によるものではないとしても、それらのことは現実を明らかにするために起きたことなのである」[*125]。「それらのことは本性の敗北によるものではない」という発言は、それらを耐えたのは強制されてのものではないことを明らかにしているのである。

第六八章（三(24)）　主の祈りについて。

祈りとは精神（ヌース）の神への上昇、もしくは必要とすることを神に願うことである。では、ラザロに関して、また受難のときに主が祈ったのはいったいどうしたことか。実にその聖なる精神は、ひとたび、一個別者として神なる御言（みことば）と合一したからには、神へと上昇する必要もなければ、神に願う必要もなかったのである。実に、キリストはおひとりである。それは、われわれの様相（プロソーポン）をご自分のものとし、われわれの姿形をご自身の内に刻みつけ、われわれの模範となって、神に願うこと、そして神へと〔自らを〕高めることをわれわれに教えるためであり、その聖なる精神を通して神へと上昇する通路を開いて下さったのである。実に、苦難を受け入れたことで、それに対する勝利をわれわれにもたらして下さったように、祈って、われわれのために道を開いて下さった、つまり、神への上昇の道を開いて下さったのであり、われわれのためにご自分の父と和解して下さり、ご自分の元（はじめ）および因として〔父〕を敬い、神に逆らう者ではないことを明らかにしたのである。まさに、「父よ、私の願いを聞き入れて下さったことを感謝します。私の願いをいつも聞いて下さることを、私は知っています。しかし、私がこう言うのは、周りにいる群衆のためです。あなたが私をお遣わしになったことを、彼らに信じさせるためです」〔ヨハ一一：四一—四二〕とラザロについて〔祈って〕言ったとき、ご自分の元（はじめ）および因としてご自分の父を敬い、神に逆らう者ではないことを明らかにして、このように言ったことはきわめて明瞭なことではなかろうか。[*126]

さて、「父よ、できることなら、この杯を私から過ぎ去らせて下さい。しかし、私の意志の通りではなく、あなたの意志のままに」〔マタ二六：三九〕と〔祈って〕言ったとき、試練にあたってただ神にのみ助けを願うこと、神の意志をわれわれのものとして選び取ることをわれわれに教え、そして、真にわれわれの本性をご自分のものとした方として、真実のこととして〔二つの〕本性に対応する二つの本性的な意志を有しているが、それらは対立するものではないことを明らかにしていることが、どうして何人（なんぴと）にも明らかでないことがあろうか。[*127] われわれと同一本体（ホモウーシオス）の方として、「父よ、できることなら」と言われる。知らないからではない——神にできないことが何かあろうか——。神の意志をわれわれのものとして選び取るようわれわれを教え導くためである。神が意志せず、許さないこと、ただこれだけができないことである。「私の意志の通りではなく、あなたの意志のままに」と言うのは、父と同じことを意志する神としてであるが、同時に人間としてでもある。本性的に人間的な意志は臆するからである。

ところで、「わが神、わが神、なぜ私をお見捨てになるのですか」という言葉は、われわれの様相（プロソーポン）をご自分のものとした方としての発言である。精神の鋭敏な表象能力によって目に見えることと思惟されることとを区別しない限り、われわれとともにご自分の父と神をみなすことはできないからであり、ご自分の神性から見捨てられることもありえないからである。見捨てられ、見放されたのはわれわれであった。したがって、われわれの様相（プロソーポン）をご自分のものとして、この祈りを口にしたのである。[*128]

第六九章（三(25)）　占有について。

二つの占有があることを知らなければならない。一つは本性的で本体的なもので、もう一つは見せかけの、相対的なものである。さて、本性的で本体的な〔占有〕とは、これによって、人間に対する愛のゆえに、主がわれわれの本性とあらゆる本性的なことを受け取り、本性的に真に人間となり、〔人間にとって〕本性的なことを経験したのである。見せかけの〔占有〕とは、ある人が、関係、同情、つまり愛のゆえに、他者の様相（プロソーポン）を担い、自分のこととしてではなく、その人に関わる言葉を、その人に代わって発言する場合がそれである。われわれに対する呪い、われわれが放棄されること、そしてこれに類する本性的なものではないことを〔主が占有したのが〕これにあたる。〔主〕ご自身がそうであったのではないし、ご自分のものとしたのでもない。われわれの様相（プロソーポン）を受け取り、われわれの一人とみなしたのである。*129

第七〇章（三(26)） 主の肉体の受苦とその神性の不受苦性について。

さて、神の御言（みことば）は肉においてあらゆることを甘受したが、それのみが不受苦のものであるその神的な本性は不受苦であり続けた。神性と人間性から構成され、神性と人間性とにおいて存在したひとりのキリストは受苦したが、受苦しうる部分は本性的に受苦するものとして受苦したものの、不受苦の部分が共に受苦したのではなかった。魂は受苦のものであるので、肉体が傷つくとき、自分は傷つかないが、共に苦痛を感じ、肉体と共に受苦するのである。だが、神性は不受苦のものであるので、肉体と共に受苦することはないのである。

さて、次のことを知らなければならない。神が肉において受苦したとわれわれは言うが、神性が肉において受苦したとか、神が肉を通して受苦したということではけっしてない。ちょうど、太陽が樹木の上で輝いているとき、その樹木が斧で切り倒されたとしても、太陽は傷を負うことなく、不受苦のものであり続けるようなものである。ましてや、一個別者として肉と合一した御言の不受苦の神性は、肉が受苦するときも不受苦であり続けるのである。また、ちょうど、真赤に燃えた鉄に水を注ぐとすれば、水によって受苦するのは本性的なことである――つまり火は消えてしまうということである――が、鉄は無傷にとどまる――水によって破壊されるのは〔鉄にとって〕本性的なことではない――ようなものである。ましてや、それのみが不受苦のものである神性は、肉が受苦するとき、〔肉〕と分かたれないものであり続けるものの、受苦に至ることはないのである。ところで、例題（パラデイグマ）といったものを完全無欠のものととってはならない。似ている点と似ていない点とが看て取れるに違いないからである。そうでなければ例題ではないことになる。実に、あらゆる点で似ているものは同じものであって、例題ではないのである。まして神的なことに関しては顕著である。神学（テオロギア）と救けの営み（オイコノミア）に関して、あらゆる点で似ている例題を見出すことはできないのである。

第七一章（三(27)）　主の死においても御言（みことば）の神性は魂と肉体から切り離されえないものであり続けたこと、一つの実体〔個体〕であり続けたことについて。

われらの主イエス・キリストは罪のない方であった――「罪を犯したことがなく」〔一ペト二・二二〕、「世の罪を取り除く方」〔ヨハ一・二九〕――ので、罪を通して死がこの世に入って来た〔ロマ五・一二〕にしても、死に服することはなかった。したがって、われわれのための死を受け取って死に、われわれのための犠牲として自らを父に捧げる。われわれはこの方を侮辱したので、われわれの贖いとしてこの方が受け容れられ、それによってわれわれを断罪から解放しなければならなかったのである。主の血が僭主に差し出されることが断じてあってはならなかったからである。したがって、死が近づき、肉体という餌を飲み込んだが、〔死は〕神性という釣り針で刺し貫かれ、罪のない生命をもたらす肉体を味わったものの破滅させられ、かつて飲み込んだものをすべて吐き出すのである。まさに光が射し込むと闇は消滅するように、生命の襲来に破滅は退けられ、いたるところに生命が生じ、破滅をもたらすものを破滅が〔襲った〕のである。

また、それゆえ、人間として死に、その聖なる魂は汚れない肉体から引き離されたにしても、神性は双方、つまり魂と肉体の双方から分かたれないものであり続け、こうして唯一の実体〔個体〕は二つの実体〔個体〕に分かたれなかったのである。元(はじめ)から肉体と魂とは同様に御言の実体〔個体〕の内に存在を有しており、死にあたって互いに引き離されたときも御言の唯一の実体〔個体〕を有し続けたのである。こうして、御言の唯一の実体〔個体〕が御言と魂と肉体の実体〔個体〕だったのである。魂も肉体も御言の実体〔個体〕と別の実体〔個体〕を自分の実体〔個体〕として有したことはけっしてなかったのである。御言の実体〔個体〕は常に唯一であり、二つになったことはけっしてなかったのである。こうして、キリストの実体〔個体〕は常に唯一なのである。こうして、たとえ魂が肉体から場所的に引き離されようとも、御言を通して実体〔個体〕的に合一していたのである。

第七二章(三28)　破壊と破滅について。

「破壊(フトラ)」という語は二つの意味をもっている。飢え、渇き、疲れ、釘づけにされること、死すなわち魂の肉体からの分離といった人間の苦難を意味する。[*130]この意味に即して、主の肉体は破壊されうるものであるとわれわれは言う。これらのすべてを進んで受け容れたからである。だが、「破壊(フトラ)」という語は、肉体を構成する諸要素への肉体の完全な分解および消滅をも意味する。これは多くの人によって「破滅(ディアフトラ)」と言われ、かつそう呼ばれる。主の肉体はこのような体験をもつことはなかった。預言者ダビデが次のように言っている通りである。「あなたは私の魂を陰府(よみ)に閉じ込めることなく、あなたに聖別された者に破滅を見させません」〔詩一六:一〇〕。

したがって、無分別なユリアノスとガイアノス[*131]に従って、復活の前のキリストの肉体は第一の意味で破壊されざるものであると主張するのは不敬極まりないことである。もし破壊されざるものであったとすれば、われわれと同一本体のものではなかったし、福音書が起きたこととして語っている飢えとか、渇きとか、疲れとか、釘づけとか、脇腹の刺し傷とか、死といったことは、真に起きたのではなく、見せかけにすぎなくなってしまう。もし起きたのは見せかけであったのなら、救いの営み(オイコノミア)〔受肉〕の秘義は欺瞞であり舞台〔の上での演技〕であって、人間になったのは真実のことではなく見せかけであり、われわれが救われたのも真実のことではなく見せかけにすぎないことになる。失せよ。このようなことを主張する者たちが救いに与ることはない。[*132] しかし、われわれは真の救いを獲得したのであり、獲得するであろう。だが、「破壊」という語の第二の意味に即して、主の肉体は破壊されざるもの、すなわち破滅されざるものであると、われわれは信仰告白する。神感を得た教父たちがわれわれに伝授した通りである。しかしながら、救い主の死者のなかからの復活の後は、第一の意味でも主の肉体は破壊されざるものであるとわれわれは主張する。また、主はご自分の肉体を通して復活とそれにともなう不滅性をわれわれの肉体に賦与して下さったのであり、〔主〕ご自身がわれわれのために復活と不滅性と不受苦性の初穂となったのである。神聖な使徒〔パウロ〕が述べている、「この破壊するものが破壊せざるものをかならず着ることになる」〔一コリ一五：五三〕と。

第七三章(三(29)) 陰府(よみ)への降下について。

神化された魂は陰府に降ったが、それは義の太陽〔マラ三：二〇〕が地上の者たちに昇ったのと同様に、地の下で暗闇と死の陰に坐している者たち〔ルカ一：七九〕の上にも光が輝きわたるためであった。こうして、地上の者たちに平和の福音を宣べ伝え、囚われている者たちに解放を、目の見えない者たちに視力の回復をもたらし〔ルカ四：一八〕、信じていた者たちに対して永遠の救いの因となり、不従順な者たちに対してはその不信仰を咎める者となったのと同様に、陰府においても〔同じようにした〕のである〔一ペト三：一九〕。「天上のもの、地上のもの、地下のものがすべて、この方に対して膝をかがめるため」〔フィリ二：一〇〕であり、こうして永遠の昔から枷につながれていた者たちを解放し、死者のなかから戻って、われわれに復活の道を開いて下さったのである。

第七四章（四(1)）　復活後のことについて。

使者のなかからの復活の後、あらゆる苦難、つまり破壊、飢え、渇き、睡眠、疲れ、そしてこれらに類することを棄て去った。実に、たとえ復活の後に食べ物を口にしたにしても、それは本性の法によることではなく――飢えることはなかったので――、受苦した肉と復活した肉とが同じものであるという復活の真実を証明するための救いの営み（オイコノミア）の手段としてであった。だが、本性の諸部分も、肉体も魂も棄て去ったのではなく、肉体と理性（ロゴス）と精神（ヌース）と意志と活動を具えた魂とを所持し続け、こうして天に戻り、父の右に坐し、神としてかつ人間としてわれわれの救いを欲し〔意志し〕、万物に対する配慮と維持と管理を通して神として活動し、地上での生涯を覚えていて、あらゆる理性的な被造物によってご自分が崇敬されるのを見て、知りつつ人間として活動しているのである。実に、一個別者として神なる御言（みことば）と合一しており、単なる魂としてではなく神の魂として共に崇敬されていることを、その聖なる魂は知っているのである。また、地上から天への上昇と再度の降下は、肉体という限定されたものの活動である。「この方が天に行かれるのをあなたがたが見たのと同じありようで、この方は」あなたがたの許に「またおいでになるであろう」〔使一・一一〕と言われているのである。

第七五章〔四(2)〕 父の右に坐られたことについて。

キリストは肉体をもって父なる神の右に坐しているとわれわれは主張するが、具体的な場を占めるものとして父の右腕を言うのではない。限定されざる方が、いったいどうして具体的な場を占める右腕をもつことがありえよう。左右の腕は限定される者らに属するものである。神性の栄光と栄誉を父の右とわれわれは言うのであり、そこに神の子は父と同一本体(ホモウーシオス)の方として代々(よよ)に先立って存在し、終わりの日に受肉した方として、肉体的に、ともに栄光に浴した肉をもって坐しているのである。その肉とともに唯一の礼拝をもって、あらゆる被造物によって崇敬されているからである。*133

第七六章〔四(3)〕 キリストが二つの本性を有しているなら、あなたは創造された本性を崇敬することで創造された本性を礼拝するのか、それとも崇敬されるのは唯一の本性であり、もう一つの〔本性〕は崇敬されないと言うのかと問う人々への答え。

われわれは父と聖霊とともに神の子を崇敬するが、この方は人間となられる前は肉体をもたない方であったが、いまやこの同じ方が受肉し、神でありつつも人間となったのである。さて、見られることを思惟されることから精妙な思考をもって区別することができるものなら、この方の肉はその本性に即して、創造されたものとして崇敬されざるものであるが、神なる御言（みことば）に合一したことで、〔御言〕のゆえに、そして〔御言〕において崇敬されるのである[*134]。裸であろうと衣をまとっていようと、王は崇敬され、赤紫の衣は単なる赤紫の衣としては足で踏まれ放り投げられるが、王の衣服になると、敬われ尊ばれ、誰かがそれを軽んじようものなら、おおむね死刑に処されることになるようなものである。また、ただの木材であるうちは手で触れることのできないものではないが、火に投じられ炭火となると、それ自体のゆえではなく、結合された火のゆえに、触れることのできないものとなるようなものである。木材の本性が触れることのできないものであるのではなく、炭火、すなわち真赤に燃えた木材が触れることのできないものなのである。同様に、肉はその本性に即して崇敬されるものではないが、受肉した神なる御言において崇敬されるのである。それ自体のゆえにではなく、一個別者としてそれに合一した神なる御言のゆえに〔崇敬されるのである〕。われわれは単なる肉を崇敬するとは言わず、神の肉、すなわち受肉した神を崇敬すると言うのである。

第七七章（四(4)）　なにゆえ、父でも霊でもなく、子が人間となったのか、また人間となって何を成し遂げたのか。

父は父であって子ではない。子は子であって父ではない。聖霊は霊であって父でも子でもない。固有性は不動のものである。変動し変化するとすれば、いったいどうして固有性でありえようか。それゆえ、神の子が人間の子となるのである。その固有性が不動のものであり続けるためである。実に神の子として子が聖なる処女(おとめ)によって受肉し人間の子となり、こうして自己の固有性は変わることはないのである。

さて、神の子が人間となったのであるが、それはこの方が人間を造ったときの恵みを再び〔人間〕に賦与して下さるためであった。実に、この方は〔人間〕をご自分の像に即して精神と自由を具えたものとして、〔ご自分の〕似姿に即して、すなわち人間の本性に可能な範囲で諸徳において完全なものとして造ったのである。その諸徳とは、いわば本性にとって神性の特徴であるようなものである。それは、心配も思い煩いもなく無垢であること、善であること、知恵あるものであること、義であること、あらゆる悪から自由であることである。こうして、人間をご自分との交わりのうちに置かれた――「〔人間〕を不滅のものとして造られた」〔知二・二三〕――。そして、ご自分との交わりを通して〔人間〕を不滅へと導き上らせたのであった。しかしながら、命令違反によって、われわれが神の像の諸特徴を曇らせてぼやけさせてしまい、悪に陥ったわれわれは神との交わりを剝奪されたのである――「光と闇に何のつながりがあろうか」〔二コリ六・一四〕――。そして生命から離れてしまったわれわれは、死の破壊に服してしまった。ところが、より優れたものを分け与えられたのに、われわれがそれを保持しなかったので、この方がより劣ったもの、つまりわれわれの本性に与(くみ)するものとなるのである。それは、ご自分を通して、ご自分において、像に即して、また似姿に即して〔造られた〕ものを新たにし、有徳の生き方をわれわれに教え、ご自分を通してわれわれがそれに近づきやすいものとなし、われわれの復活の初穂となることで生命との交わりによって破壊から自由にして下さり、役立たずの、砕けた器を新たなものにして下さり、こうして神認識へとわれわれを招いて、悪魔という僭主から贖い、忍耐と謙遜によって僭主を打倒するよう強め、教えるためである。

事実、悪魔への儀礼はもはや阻止された。被造界は神聖な血によって聖化された。偶像を祀る神殿と祭壇は一掃された。神認識が植えつけられた。同一本体の三位、創造されざる神性、唯一の真の神、万物の創造主なる主が礼拝されている。諸徳が実践されている。キリストの復活を通して復活の希望が賦与された。悪魔どもはかつて配下にあった人々を恐れて身震いしている。さらにもっと驚くべきことは、これらのすべてが十字架と苦難と死を通して成就されたことである。全地に神認識の福音が宣べ伝えられ、戦争や武器や軍隊によらずに敵対者たちを敗走させたのである。少数の臆病で、無学で、迫害され、虐待され、死刑に処される人々が、肉によって十字架に付けられ死んだ方を宣べ伝えることで、知恵ある者たちと力のある者たちとに対して勝利を収めたのである。それというのも、十字架に付けられた方の全能の力が彼らと共にあったからである。かつて非常に恐れられた死が敗北し、かつて忌み嫌われ憎まれた方がいまや生命に選抜されたのである。これらはキリストの到来によって達成されたことであり、これらの〔キリスト〕の力を知らしめるものである。それは、モーセを通して、海を割って、一つの民をエジプトとファラオの下での隷属から救い出したごときものではない。全人類を死の破壊と罪という僭主の苛酷さから解放したのである。罪人たちを力ずくで徳へと駆り立てるのでも、地に埋めるのでも、火で焼くのでも、石打ちにするよう命じるのでもなく、むしろ温和と忍耐によって徳を選び取り、徳のために労苦に甘んじ、それを喜びとするよう人々を納得させたのである。かつて罪人たちは虐待されつつも、罪に固執し、罪は彼らにとって神であるとみなされていた。だがいまや、彼らは敬神と徳のために虐待されること、拷問されること、死ぬことを選ぶのである。

キリストよ、神の知恵、神の力、万物を支配する神よ、御身に栄えあれ、貧しいわれわれは、これらすべてのために何を返したらよいのでしょうか。あなたはすべてであり、われわれが救われること以外に何もあなたはわれわれに求められません。あなたご自身がそれを与えて下さり、あなたの名状しがたい善良さのゆえに、それを受ける者たちに対して恵み深い方であられます。存在を与えて下さり、善いあり方を恵みとして与えて下さり、名状しがたいへりくだりによって、かつてそのような状態から堕落した者たちを再びこの状態に高めて下さったあなたに感謝いたします。

第七八章（四(5)）　キリストの実体〔個体〕は創造されたものか、それとも創造されざるものかと問う人々に対する答え。

神なる御言（みことば）の実体〔個体〕は、受肉の前には純一で、合成されざるもの、非物体的なもの、そして創造されざるものであったが、それが受肉したとき、肉にとっての実体〔個体〕ともなり、常に有していた神性と、〔神性〕によって受け取られた肉とから合成されたものとなった。したがって、二つの本性において知られるところの二つの本性の固有性を帯びている。こうして、同じ唯一の実体〔個体〕が、その神性において創造されざるものであり、その人間性において創造されたものであり、見えるものであるとともに見えないものでもある。さもなければ、われわれは二つの実体〔個体〕であると言って、ひとりのキリストを〔二つに〕切り離すか、〔二つの〕本性の相違を否定して、変化と混合を導入せざるをえないのである。

第七九章(四(6)) いつからキリストと呼ばれたかについて。

ある人々が偽って言うように、処女(おとめ)からの受肉によって精神(ヌース)が神なる御言(みことば)と合一する前に、当時からキリストと呼ばれていたのではない。これは、魂の先在を説いたオリゲネスの愚かしい説教による虚言である。*135 聖なる終生の処女の胎内に宿り、変化することなしに肉となり、肉が神性によって塗油されたときから、神の子なる御言はキリストとなり、かつまた呼ばれたとわれわれは主張する。「これは人間性の塗油である」と神学者グレゴリオスが述べている通りである。*136 また、いとも聖なるアレクサンドレイアのキュリロスも皇帝テオドシウスに宛てた手紙の中で次のように述べている。「人間性なしの神の御言が、また御言と合一されていない、女から生まれた神殿がキリスト・イエスという名で呼ばれるはずはないと私は主張します。救いの営み(オイコノミア)〔受肉〕による合一に即して、名状しがたくも人間性と一つに結合されたとき、神の御言はキリストと理解されるのです」[137]。また、皇后に対して次のように書き送っている。「キリストという名前は、父なる神から生まれたものと理解され、かつ実在する御言にのみそれ自体に固有のものとして妥当するものであると、ある人々は言っております。だが、われわれはそのように考えたり主張したりするよう教えられてきませんでした。実に、御言が肉となったとき、キリスト・イエスという名で呼ばれたと、われわれは主張するのです。なぜなら、喜びの油で、すなわち聖霊で神なる父によって塗油された〔詩四五：八、ヘブ一：九〕ので、このためキリスト〔油注がれた者〕という名で呼ばれるからです。塗油が人間に関わるものであることは、常々正しく考えることに慣れている人には疑いのないことです」[138]。また、すべての人が讃えるアタナシオスも、救いをもたらす顕現に関する著作の中で次のように述べている。「肉に宿る前に実在した神〔なる御言〕は人間ではなく、見えざる不受苦の方として、神と共にいる神であった。肉なしにキリストという名前を受け取ったのではない。受苦と死とはこの名前に付随するものだからである」[139]。

たとえ、「それゆえ、神、あなたの神はあなたに喜びの油を注がれた」〔詩四五：八〕と聖書が述べているにしても、聖書はしばしば未来形に代えて過去形を用いることを知らなければならない。たとえば、「その後、地上に現れ、人々の中に住んだ」〔バル三：三八〕――これが語られたとき、神は現れていなかったし、人々の中に住んでいなかったのである――とか、「バビロンの川のほとりに坐り、私たちは泣いた」〔詩一三七：一〕――このことはまだ起きていなかった――がそうである。

第八〇章〔四(7)〕 聖なる神の母（テオトコス）は二つの本性を生んだのか、二つの本性が十字架に付けられたのかと問う人々への答え。

一つの「ニュー」（ν）で記される「アゲネートン」（ἀγένητον）および「ゲネートン」（γενητόν）とは本性に属するものであり、「創造されざるもの」と「創造されたもの」を意味する。だが、「アゲンネートン」（ἀγέννητον）および「ゲンネートン」（γεννητόν）、すなわち「生まれざるもの」と「生まれたもの」とは本性ではなく実体〔個体〕に属し、これらの語は二つの「ニュー」をもって表記される。さて、神的本性は「アゲネートス」、すなわち「創造されざるもの」であるが、神的本性の後に〔生じた〕すべてのものは「ゲネータ」すなわち「創造されたもの」である。したがって、神的で創造されざる本性においては、父の内に「生まれざるもの」――〔父は〕生まれたものではない――、子の内に「生まれたもの」――父から永遠に生まれた――、聖霊の内に「エクポレウトン」（ἐκπορευτόν 発出したもの）が観察される。生ける物らのそれぞれの種の第一のものらは「生まれざるもの」であり、「創造されざるもの」ではない。創造主によって造られたのであり、同種のものから生まれたのではないからである。ところで「ゲネシス」（γένεσις）とは創造のことであり、神における「ゲンネーシス」（γέννησις）とは同一本体（ホモウーシオス）のものである子の父のみからの出生のことであり、被造物における〔ゲンネーシス〕とは男性と女性の結合による同一本体（ホモウーシオス）である実体〔個体〕の出生のことである。ここから誕生は本性に属するものではなく、実体〔個体〕に属するものであることがわかる。本性に属するものであったなら、

「ゲンネートン」と「アゲンネートン」とが同一の本性の内に観察されるはずがないからである。そこで、聖なる神の母（テオトコス）は、二つの本性において知られ、神性によって父から時間なしに生まれ、終わりの時に、彼女によって受肉し、肉によって生まれた実体〔個体〕を生んだのである。

さて、聖なる神の母（テオトコス）から生まれた方が二つの本性を有していることを謎めいたものとして問題にする人々がいるなら、われわれは答えよう。確かにそうである。二つの本性を有しているのだ。「実に、同じ方が神であり、また人間である」のだ。十字架の死、復活、昇天に関しても同様である。これらは本性に属するものではなく、実体〔個体〕に属するものである。キリストは二つの本性を有する方として、受苦可能の本性によって受苦し、十字架に付けられたのである。実に、肉によって十字架に付けられたのであって、神性によってではない。これでも言い張るなら、彼らがわれわれに答えるがよい。二つの本性が死ぬのか。そうではないと、彼らは答えるはずである。したがって、二つの本性が十字架に付けられたのではない。キリストが生まれた、すなわち神なる御言（みことば）が人間となり、肉によって生まれ、肉によって十字架に付けられ、肉によって受苦し、肉によって死んだのであるが、その神性は不受苦のものであり続けたのである。

第八一章（四（8））　なぜ神の独り子は初子（ういご）と呼ばれるのか。

初子とは、独り子であれ他の兄弟たちに先立って〔生まれた者〕であれ、最初に生まれた者のことである。さて、もし神の子が初子と呼ばれ、独り子とは呼ばれなかったとすれば、この方を被造物の一つとして、被造物のなかでの初子であるとわれわれは推察したに違いない。だが、初子と独り子と呼ばれているのであるから、この方の場合は、この方が双方であることを保持しなければならない。われわれはこの方を「すべての被造物の初子」〔コロ一・一五〕と呼ぶ。この方も神からのものであり、被造物も神からのものであるが、ただこの方だけが父なる神の本体から時間なしに生まれたので、当然のこととして独り子および初子と呼ばれたのであって、「最初に創造された者」とは呼ばれなかったのである。被造物は父の本体からのものではなく、父の意志によって非存在から存在へと引き出されたからである。この方は「多くの兄弟の中の初子」〔ロマ八・二九〕でもある。独り子であるが、母親から〔生まれた者〕でもあり、われわれと同じく血と肉とに参与し、人間となったからである。われわれもまた、洗礼によって養子とされることで、この方を通して神の子らとなるのである。本性によって神の子であるこの方が、養子縁組と恵みによって神の子らとなり、この方の兄弟と呼ばれることになったわれわれの中での初子となったのである。このため、「私の父であり、あなたがたの父である方のところへ私は昇る」〔ヨハ二〇・一七〕と言ったのである。「私たちの父」とは言わず、「私の父」――明らかに本性によって――、「あなたがたの父」――恵みによって――と言ったのである。「私の神であり、あなたがたの神でもある方」〔ヨハ二〇・一七〕とも言っている。ここでも「私たちの神」とは言わず、「私の神」と言っているのである。精緻な思索によって見られることと思惟されることとを区別しさえすれば、創造主および主として「あなたがたの神」と言っているのがわかるはずである。

〔後略――第八二章（四(9)）信仰と洗礼について／第八三章（四(10)）信仰について／第八四章（四(11)）十字架について、さらにまた信仰について／第八五章（四(12)）東を向いての崇拝について／第八六章（四(13)）主の聖なる汚れなき秘跡〔聖体の秘跡〕について／第八七章（四(14)）主の系図について、聖なる神の母（テオトコス）について／第八八章（四(15)）聖人とその遺物の崇敬について／第八九章（四(16)）聖画像（イコン）について／第九〇章（四(17)）聖書について／第九一章（四(18)）キリストについて語られたことについて／第九二章（四(19)）神は悪の原因ではないこと／第九三章（四(20)）二つの元（アルケー）は存在しないこと／第九四章（四(21)）予知しておられながら、なぜ神は罪を犯し悔い改めないことになる者たちを創造されたのか／第九五章（四(22)）神の律法と罪の律法について／第九六章（四(23)）安息日について、ユダヤ人への反論／第九七章（四(24)）童貞〔処女〕性について／第九八章（四(25)）割礼について／第九九章（四(26)）反キリストについて／第一〇〇章（四(27)）復活について〕

訳註

＊1――Cf. Gregorius Nazianzenus, Orationes 28 (Orationes theologicae 2), 11, PG 36, 40B.（『神学講話』荻野弘之訳、本集成第二巻『盛期ギリシア教父』一九九二年、所収）

＊2――教父たちは伝統的に、三一神の内的な秘義、父と子と聖霊の関係、キリストの神性に関する考察を「神学」（*θεολογία*）と呼び、三一神の外への行為、創造、その維持、特に救いの営みを「オイコノミア」（*οἰκονομία*）と呼ぶ。また救いの営みの中心である受肉が「オイコノミア」と呼ばれる場合も多々ある。

＊3——*μία οὐσία, τρεῖς ὑποστάσεις*. カッパドキア三教父（バシレイオス、ニュッサのグレゴリオス、ナジアンゾスのグレゴリオス）の三一神に関する定式。

＊4——Cf. Pseudo-Dionysius Areopagita, De divinis nominibus II, 9.（『神名論』熊田陽一郎訳、教文館、一九九二年）

＊5——Cf. ibid. I, 1.

＊6——Cf. Athanasius Alexandrinus, Oratio contra gentes 35-36, PG 25, 69C-73A.

＊7——Cf. Gregorius Nazianzenus, op. cit. 28 (Orationes theologicae 2), 16, PG 36, 45D-48B.

＊8——底本では *σεπτόν*, PG 版では *ἄτρεπτον* に修正されている。

＊9——Cf. Gregorius Nazianzenus, op. cit. 28 (Orationes theologicae 2), 7-9, PG 36, 33B-37B.

＊10——Pseudo-Dionysius Areopagita, op. cit. I, 5, 16-19.

＊11——Cf. id., De mystica theologia I, 1.（『神秘神学』、本巻収録）なお PG 版では、この後に「同様にわれわれは闇と言うが、光ではないということである」という一文が付加されている。

＊12——Cf. Gregorius Nyssenus, Oratio catechetica magna prooemium.

＊13——Cf. Pseudo-Dionysius Areopagita, De divinis nominibus V, 13, 3.

＊14——Cf. Gregorius Nyssenus, op. cit. 3.

＊15——Cf. ibid. 2.

＊16——Cf. ibid. 3.

＊17——Cf. Basilius Caesariensis, De Spiritu Sancto 18, 46.

＊18——*προβολεύς*. Cf. Gregorius Nazianzenus, op. cit. 23, 7, PG 35, 1160A; 29 (Orationes theologicae 3), 2, PG 36, 76B.

＊19——Ibid. 20, 7, PG 35, 1076C-D.

＊20——Cf. ibid. 31 (Orationes theologicae 5), 11, PG 36, 144A-145B.

＊21——バシレイオス（Basileios 三三〇頃—七九年）の聖霊の神性を証明する基本的な考え。三八一年のコンスタンティノポリス公会議の信条（いわゆるニカイア・コンスタンティノポリス信条）にも採用される。

＊22——アタナシオス（アレクサンドレイアの。Athanasios 二九五頃—三七三年）とディデュモス（Didymos 三一三頃—九八年）は聖霊の神性を証明するためにこの特徴を挙げる。アタナシオス／ディデュモス『聖霊論』小高毅訳、創文社、一九九二年、参照。

＊23——この同時性の考えは特に現代において強調される。J・モルトマン『三位一体と神の国——神論』土屋清訳、新教出版社、一九九〇年、など参照。

＊24——Gregorius Nazianzenus, op. cit. 40, 5, PG 36, 365Css.

＊25——Ibid. 31 (Orationes theologicae 5), 16, PG 36, 152Ass.

＊26——Cf. Gregorius Nyssenus, Ad Ablabium quod non sint tres Dii, PG 45, 133B-C.

＊27——*περιχώρησις*. 魂が混合することなく肉体と合一していることを示すのに用いられた新プラトン主義の用語。ナジアンゾスのグレゴリオス（Gregorios 三二五／三〇—九〇年頃）はキリストの二つの本性の合一を表すために用いている（Epistulae 101, PG 37, 141C〔『クレドニオスへの第一の手紙』小高毅訳、本巻収録〕; Orationes 38, 13）。ここでヨアンネスは偽キュリロス（De sancta Trinitate, PG 77, 1172D）に従い、父と子と聖霊の三位の合一を表すために用いている。「相互内在」とも訳される。

＊28——Cf. Gregorius Nazianzenus, Orationes 31 (Orationes theologicae 5), 14, PG 36, 149A.

＊29——Cf. ibid. 38, 7, PG 36, 317B. なお、PG 版では、この後に「聖なるディオニュシオスの言うように、

〔神は〕善なる方である……」という一文が付加されている。
*30――プラトンが『クラテュロス』(Cratylus　水地宗明訳、岩波書店、一九七四年)でこの説明を提示している。アレクサンドレイアのクレメンス(Clemens　一五〇頃―二一五年以前)も『ストロマテイス』(Stromata　秋山学訳、本集成第一巻『初期ギリシア教父』所収)でこれに言及、カイサレイアのエウセビオス(Eusebios　二六三/六五頃―三三九/四〇年)は『福音の準備』(Praeparatio evangelica)で引用している。
*31――Cf. Pseudo-Dionysius Areopagita, De divinis nominibus II, 3.
*32――Cf. ibid. II, 6; Gregorius Nazianzenus, Orationes 34, 10, PG 36, 252A.
*33――Cf. Gregorius Nazianzenus, Orationes 31 (Orationes theologicae 5), 22, PG 36, 157B.
*34――Cf. Pseudo-Dionysius Areopagita, De divinis nominibus I, 3.
*35――PG 版では、以下にも神の名に関する考察が続くが、それは古い写本には見られないものである。底本では欄外に置かれているので、本訳では省略する。
*36――Cf. Gregorius Nazianzenus, Orationes 28 (Orationes theologicae 2), 8-10, PG 36, 33-40.
*37――Cf. ibid. 30 (Orationes theologicae 4), 11, PG 36, 116C.
*38――Cf. ibid. 31 (Orationes theologicae 5), 29, PG 36, 165B-C.
*39――Cf. Gregorius Nyssenus, Oratio catechetica magna 24.
*40――Cf. Gregorius Nazianzenus, Orationes 38, 13, PG 36, 325B.
*41――Cf. Proclus Constantinopolitanus, (Epistula 2) Tomus ad Armenios 5, PG 65, 860-861.
*42――Cf. Maximus Confessor, Epistulae 12, PG 91, 488-489.
*43――ネストリオス(Nestorios　三八一頃―四五一年以降)は、シリア出身、四二八年にコンスタンティ

ノポリスの司教となる。彼の発言に端を発して「テオトコス論争」が起こり、四三一年のエフェソス公会議へと進展する。エジプトの追放地で四五一年以降歿。

*44——Anastasius Sinaita, Viae dux (Ὁδηγός) 9, PG 89, 140ss.

*45——ディオスコロス（Dioskoros　在位四四四—五一年）は、キュリロスの後を継いだアレクサンドレイアの司教。キュリロスの表現を極端化し、キリスト単性説を唱える。四五四年歿。

*46——セウェロス（Seueros; Seberos　四六五頃—五三八年、在位五一二—歿年）は、アンティオケイアの司教、反カルケドン派の代表者。

*47——ディオドロス（Diodoros　三九四年以前歿、在位三七八—歿年）はタルソスの司教、モプスエスティアのテオドロス（次註49参照）とヨアンネス・クリュソストモスの師。

*48——テオドロス（Theodoros　三五〇頃—四二八年頃、在位三九二—歿年）はアンティオケイア出身のモプスエスティアの司教。ディオドロスとともに五五三年の第二回コンスタンティノポリス公会議で断罪された。アンティオケイア学派の代表的な聖書釈義家・神学者。

*49——Cf. Maximus Confessor, op. cit. 12, PG 91, 501B-C.

*50——Cf. Leo I, Epistulae 28 (Tomus Leonis), 4, PL 54, 768B.

*51——前註27参照。キリスト論でこの概念を展開したのは、ビュザンティオンのレオンティオス（Leontios　五四三年頃歿）である。Cf. Leontius Byzantinus, Libri tres contra Nestorianos et Eutychianos 1.

*52——Cf. Leo I, op. cit. 28, 4, PL 54, 772A.

*53——Cf. Gregorius Nazianzenus, Orationes 29 (Orationes theologicae 3), 19, PG 36, 100A.

*54——Cf. Leontius Byzantinus, Solutio argumentorum Severi, PG 86, 1920-1921.

*55——ニュッサのグレゴリオスの定式。Cf. Gregorius Nyssenus, Ad Ablabium quod non sint tres Dii, PG

45, 133; 144.

＊56――Cf. Pseudo-Dionysius Areopagita, De divinis nominibus II, 6.

＊57――Cf. Gregorius Nazianzenus, Epistulae 101, PG 37, 181C.

＊58――Cf. id., Orationes 38, 10, PG 36, 321A-C.

＊59――Cf. id., Epistulae 101, PG 37, 188A.

＊60――Cf. Cyrillus Alexandrinus, (Epistula 44) Commonitorium ad Eulogium presbyterum 46, PG 77, 225B; 241B. キュリロス（Kyrillos　三七〇／八〇―四四四年）はこの表現をアタナシオスのものとして用いたが、実際にはラオディケイアのアポリナリオス（Apollinarios　三一〇頃―九〇年頃）のものであった。

＊61――セウェロス派に対する反論。

＊62――Cf. Cyrillus Alexandrinus, Apologia XII anathematismorum contra Theodoretum, PG 76, 429.

＊63――PG 版では第八二章（四(9)）の後に置かれた部分が、この後に挿入されている。底本では第八一章 b として欄外に置かれている。ここではそれに従い省略する。

＊64――セウェロス派に対する反論。Cf. Leontius Byzantinus, Libri tres contra Nestorianos et Eutychianos 1.

＊65――洗い張り屋のペトロス（Petros Knapheus　四八八年歿、在位四六九頃―七一、七六―七七、八二―歿年）。アンティオケイアのキリスト単性説派の司教。

＊66――「聖なる神、聖にして剛毅なる方、聖にして不死なる方、われらを憐れみ給え」という讃歌。ペトロス・クナフェウスによって「剛毅なる方」の後に、「われらのために十字架に付けられた方」という句が挿入された。

＊67――ナジアンゾスのグレゴリオスのこと。三一神を論じた、その五つの『神学講話』のゆえに「神学者」

と称される。

＊68——Gregorius Nazianzenus, Orationes 39, 12, PG 36, 348A.

＊69——Cf. Athanasius, In illud: Omnia mihi tradita sunt (Matth. 11, 27) 6, PG 25, 217C; 220A; Basilius Caesariensis, Adversus Eunomium libri V, PG 29, 661A. ナジアンゾスのグレゴリオスに関しては後註71参照。

＊70——ユダヤ＝キリスト教徒に発する解釈。すでにOrigenes, De principiis I, 3, 4; IV, 3, 14（『諸原理について』小高毅訳、創文社、一九七八年）に見られる。

＊71——Cf. Gregorius Nazianzenus, Orationes 38, 8, PG 36, 320B-C.

＊72——Cf. Theophanes Confessor, Chronographia A. M. 5930, PG 108, 244-248. テオファネス（Theophanes 七六〇頃—八一七年）はギリシアの修道士。『年代記』（Chronographia）は二八五—八一三年を扱う。プロクロス（Proklos 四四六／四七年歿、在位四三四／三七—歿年）はトリサギオンを典礼に導入したと言われるコンスタンティノポリス司教。

＊73——Cf. J. D. Mansi, Sacrorum Conciliorum nova et amplissima collectio, 6, 936C.

＊74——Cyrillus Alexandrinus, (Epistula 46) Ad Succensum episcopum Diocaesareae, PG 77, 244A.

＊75——Pseudo-Leontius (Theodorus Raithenus ?), Liber de sectis 8, 2, PG 86, 1252D-1253A. ただし、現在では本書がビュザンティオンのレオンティオスのものか疑問視されている。

＊76——Cyrillus Alexandrinus, Apologia XII anathematismorum contra Theodoretum 2, PG 76, 401A. テオドレトス（キュロスの。Theodoretos 三九三頃—四六六年頃）はネストリオス論争をめぐりキュリロスと対立したキュロス司教（在位四二三年—歿年）。

＊77——Cf. Pseudo-Dionysius Areopagita, De divinis nominibus II, 6.

*78——Cf. Gregorius Nazianzenus, Epistulae 101, PG 37, 177-178.

*79——アポリナリオスの反論。Cf. ibid. 101, PG 37, 181B-C.

*80——Cf. Cyrillus Alexandrinus, (Epistula 1) Ad monachos Aegypti 1, PG 77, 20ss.; 本集成第三巻『後期ギリシア教父・ビザンティン思想』一九九四年、所収『キリストはひとりであること』訳註2参照。

*81——Leo I, op. cit. 28, 4, PL 54, 768B.

*82——Cf. Maximus Confessor, Disputatio cum Pyrrho, PG 91, 313D; 316A; 337B.

*83——Cf. ibid., PG 91, 292C.

*84——Cf. ibid., PG 91, 289A-C.

*85——Cf. ibid., PG 91, 301.

*86——Cf. ibid., PG 91, 304C-D.

*87——Cf. ibid., PG 91, 305B-C.

*88——ニュッサのグレゴリオスなど。Cf. J. D. Mansi, op. cit., 11, 400ff.

*89——Gregorius Nazianzenus, Orationes 30 (Orationes theologicae 4), 6, PG 36, 109B-C.

*90——Cf. Maximus Confessor, Disputatio cum Pyrrho, PG 91, 293B-C.

*91——Cf. ibid., PG 91, 324D-325B.

*92——Cf. ibid., PG 91, 296A-C.

*93——Cf. ibid., PG 91, 308C-312C.

*94——Cf. ibid., PG 91, 345A.

*95——Cf. Gregorius Nazianzenus, Orationes 31 (Orationes theologicae 5), 6, PG 36, 140A.

*96——PG 版の *πρώτη* の読みを採る。

*97 ── Gregorius Nyssenus, De oratione dominica 3, PG 44, 1160A.

*98 ── Cf. Maximus Confessor, Disputatio cum Pyrrho, PG 91, 348B-349B.

*99 ── Cf. ibid., PG 91, 337D-340A; 340C-341A; 341C-D.

*100 ── Cf. ibid., PG 91, 344A.

*101 ── Johannes Chrysostomus, In Acta apostolorum homiliae 1, 3, PG 60, 18.

*102 ── Cf. Cyrillus Alexandrinus, Thesaurus de sancta et consubstantiali Trinitate 32, 2, PG 75, 453B.

*103 ── Leo I, op. cit. 28, 4, PL 54, 768B.

*104 ── Cf. Pseudo-Dionysius Areopagita, Epistula 4 ad Gaium monachum, PG 3, 1072B.（『書簡集』月川和雄訳、本集成第三巻所収）

*105 ── Maximus Confessor, Disputatio cum Pyrrho, PG 91, 349B-D.

*106 ── Ibid., PG 91, 352A-B.

*107 ── セウェロス派のこと。Cf. Leontius Byzantinus, Libri tres contra Nestorianos et Eutychianos 1.

*108 ── Athanasius Alexandrinus, Epistula I ad Serapionem 12; 17; 22.

*109 ── Eulogius Alexandrinus, Defensiones (fragmenta), PG 86, 2953D. エウロギオス（Eulogios　在位五八〇―六〇七／〇八年）はアレクサンドレイア司教。

*110 ── Gregorius Nazianzenus, Epistulae 101, PG 37, 180A.

*111 ── Id., Orationes 40, 8, PG 36, 368A-B.

*112 ── Ibid. 38, 12, PG 36, 325B-C.

*113 ── Cf. Maximus Confessor, Disputatio cum Pyrrho, PG 91, 337D-340A.

*114 ── Ibid., PG 91, 316C-D.

*115——Gregorius Nazianzenus, Epistulae 101, PG 37, 181C-184A.

*116——Cf. Maximus Confessor, Disputatio cum Pyrrho, PG 91, 297A-B.

*117——Pseudo-Dionysius Areopagita, Epistula 4 ad Gaium monachum, PG 3, 1072C.

*118——Cf. Maximus Confessor, Disputatio cum Pyrrho, PG 91, 345C-348A.

*119——Gregorius Nazianzenus, Orationes 30, 15, PG 36, 124B.

*120——Cf. Cyrillus Alexandrinus, Thesaurus de sancta et consubstantiali Trinitate, PG 75, 368-380.

*121——Cf. Gregorius Nazianzenus, Orationes 34, 10, PG 36, 249C-252A.

*122——Maximus Confessor, Disputatio cum Pyrrho, PG 91, 297D.

*123——Ibid.

*124——Athanasius Alexandrinus, De incarnatione contra Apollinarium I, 16, PG 26, 1124A.

*125——Ibid. II, 13, PG 26, 1153B.

*126——Cf. Johannes Chrysostomus, In Johannem homiliae 64, 2, PG 59, 355.

*127——Cf. id., In Matthaeum homiliae 83, 1, PG 58, 746-747.

*128——Cf. Gregorius Nazianzenus, Orationes 30 (Orationes theologicae 4), 12, PG 36, 117C.

*129——Cf. Maximus Confessor, Opuscula theologica et polemica, Theodori Byzantini diaconi quaestiones cum Maximi solutionibus, PG 91, 220B-C.

*130——Cf. Pseudo-Leontius (Theodorus Raithenus?), Liber de sectis 10, PG 86, 1260-1261.

*131——ユリアノス（Ioulianos）はハリカルナッソスの単性説派司教で、アンティオケイアのセウェロスとともに単性説派の雄、後にセウェロスと訣別、五二七年以降歿。ガイアノス（Gaianos）は、五三五年のティモテオス四世（Timotheos IV　在位五一七―三五年）の死後、短期間アレクサンドレイア

の司教を務める。彼はユリアノスとともにセウェロスと論争する。彼らの主張した教説が、いわゆる「アフタルト・ドケティズム」（Aphthartodocetism　キリストの身体が受肉の後、本質的には不朽（アフタルトス）、受難不能であるとする単性説の一派）と言われるものである。

＊132――Cf. Anastasius Sinaita, op. cit. 23, PG 89, 300B-D.

＊133――Cf. Basilius Caesariensis, De Spiritu Sancto 6, 15, PG 32, 89; 92.

＊134――Cf. Athanasius Alexandrinus, Epistula ad Adelphium, PG 26, 1073D-1076A; Epiphanius Constantiensis, Ancoratus 51, PG 43, 105.

＊135――Cf. Origenes, De principiis II, 9, 6.

＊136――Gregorius Nazianzenus, Orationes 30 (Orationes theologicae 4), 21, PG 36, 132B.

＊137――Cyrillus Alexandrinus, Oratio ad Theodosium imperatorem de recta fide 28, PG 76, 1173C.

＊138――Id., Oratio ad Arcadiam et Marinam augustas de fide 13, PG 76, 1220C-D.

＊139――Athanasius Alexandrinus, De incarnatione contra Apollinarium II, 1-2, PG 26, 1133B.

聖画像破壊論者への第一の駁論

ストゥディオスのテオドロス
鳥巣義文訳

解題

テオドロス（Theodoros　七五九—八二六年）は、強力な聖画像破壊論者であるコンスタンティノス五世（Konstantinos V　在位七四一—七五年）治下のコンスタンティノポリスに生まれた。七八〇年に伯父が修道院長であったビテュニアのサックディオン修道院に入り、後に同院長、七九八年以降はコンスタンティノポリスのストゥディオス修道院の院長を務める。修道生活の刷新、要理教育の充実に努め、またギリシア語写本の筆写草書体の導入に尽力したとも伝える。「聖画像論争」においては崇敬擁護の立場を貫き、三巻の論駁書を記す。所載はその第一駁論（Adversus Iconomachos I）である。三度の流刑に処されるが、三度目はその擁護活動に対する皇帝レオン五世（Leon V　在位八一三—二〇年）の措置であった。流刑後もコンスタンティノポリスへの居住は許されぬまま生涯を閉じる。

聖画像崇敬は五世紀には行われている。また聖画像に囲まれた聖堂の荘厳さは周辺のスラヴ民族の改宗を促進していた。だが八世紀以降イスラームの外圧もあり、東ローマ帝国では聖画像崇敬を排斥する気運が生じ、激論のなか数次にわたって崇敬禁止政策が実施される事態におよんだ。元来、異教的偶像崇拝忌避に端を発した論争はコンスタンティノス五世によりキリスト論をもって強化されたが、テオドロスはこれに抗う。テオドロスの主張は以下である。不可視の神は描写不能だが、受肉した神キリストは見られ、描かれうる。また原型と描かれた像の関係を観れば、像は「原型の像」として原型から厳として区別されながらも原型との類似性より原型の名で呼ばれうる。キリストとその画像においても同じ関係が成立しており、キリストの像には原型たるキリストの神人性が類似性において描写されている。この類似性のゆえにキリストの聖画像は崇敬に値する。彼の指摘は、視覚芸術を前に人間が何を見、何に心打たれるのか、という広範な問題への答えを示すものでもあろう。

聖画像破壊論者への第一の駁論

序

異端説が台頭し、真理に向かって吠え立て、おぼつかない魂を虚言によって脅えさせているのだから、雄弁な者にとっていまや語るときであり、黙るとき〔コヘ三：一、三：七参照〕ではない。その際に、語り手が次の二点を踏まえて実行してくれるならばと思う。まず彼は問題点をめぐる諸議論を分類し、秩序づけ、自分の理解を補足するとよい。また彼は誰か尋ねる者があれば、自分の調査した結果を分かち合うとよい。さて、確かに私はどちらの課題にも不適当な者ではあるが、それでも教父たちの祈りと励ましに信頼しながら、自分が問題をどのように捉えているのかを可能な限り示そうと思う。神学者が言うように、何もしないですべての課題を残すより、できることで貢献することのほうがまだましだからである。そのうえ、私がすでに著した『非難の言葉』[*1]の中では、この点を十分に説明していなかったので、今度は、われわれ自身の教説と反対者の教説とを突き合わせて議論を進めることにしたい。そのような併置によって、ちょうど貨幣の

試金における ように、混ぜ物で品質を落とした不信心の貨幣は、信頼できるまがい物でない真理の通貨のなかから取り除かれるであろう。「大勢のなかにあって良い知らせを伝える者に、主は言葉を与える」〔七十人訳、詩六八：一二〕。実際、私は、ふさわしい者ではないが、論述を始めるにあたってこの「詩編」を引くことは許されよう。

(1) さて、これら、〔異説を持ち出す〕者たちよ、〔あなたがたも承知しているように〕われわれキリスト者にとっては、唯一の信仰と礼拝（λατρεία）そして崇敬（προσκύνησις）のみがあるのではなかろうか。[*2] しかもそれは父と子と聖霊へ向けられるものである。なぜなら、通常の考えによるならば、礼拝されるのは神性という本性において唯一の方であるが、知性的に把握されるのはおのおのの位格の固有性における三位だからである。

偶像礼拝との言いがかり

(2) 〔異論を唱える者の考えによれば、〕もしもわれわれの崇敬が聖画像の飾られた建物のためにたくさんの礼拝対象を有するように見えるのであれば、崇敬はもはやただ一つのものではないことになる。〔そのような崇敬は〕悪魔の策略によって異教の伝統から移入された実践にほかならず、偶像礼拝を普遍教会の中へ持ち込むものである。[*3] 実際、どんな神学者であれ、神はまったく把握しがたく、輪郭線を引きがたいもの（ἀπερίγραπτον）であるということについて同意しているからである。

〔さて、私は次のように考える。〕神が把握しがたく、また輪郭線を引きがたいということは、どんな人にも明らかである。それればかりでなく、私としては範囲がなく、制限がなく、形態がなく、また神がそれでないという状態を表すあらゆる形容辞をさらに付け加えてもよいくらいである。しかし「光と闇とに何のつながりがあるだろうか」。また、適切に言われているように、「キリストとベリアルにどんな調和があるのだろうか」〔二コリ六：一四−一五〕。聖画像が異教の神々の偶像といったい何を共有しているのであろうか。仮にわれわれが偶像を礼拝しているのであれば、われわれはそのような結果よりも先にある原因にあたるものをも崇敬し礼拝しているに違いない。ちょうどシドン人〔やモアブ人〕の憎むべき〔神〕アシュトレトとケモシュへの崇敬のように〔王下二三：一三参照〕。またアポロン、ゼウス、クロノス、そして他のすべての異教徒の神々に向けられた崇敬のように。彼らは悪魔によって邪道へと導かれたので、不注意にもその礼拝を創造の神から神の創造の産物へと向け変えてしまったのである。それゆえ、多神教において〔皮肉にも〕唯一のものである深淵へと滑り落ち、「造り主の代わりに造られたものを拝んだ」〔ロマ一：二五〕と言われている。しかしわれわれには唯一の神があり、この方を三位一体において礼拝している。また神学の教義に関すれば、〔神について〕なんらかの制限や包括的理解のようなものを捏造するどころか――このようなことは異教徒の思考の産物で、とんでもないことであるが――むしろわれわれには神が存在することさえよくわかっておらず、あるいは神が自己自身を理解する場合にも、それはどのようなものであるのかもわかっていない。しかしながら、神の善性のゆえに、三位一体のなかの一位格が人間の本性に入り、われわれと同じようになった。そこで、混合できないものの混合物が存在し、結合できないものの合成物が存在するようになった。それは輪郭づけられたものといっしょになった輪郭づけられないもの、境界づけられたものといっしょになった境界づけられないもの、制限されたものといっしょになった制限なきもの、形づくられないものといっしょになった形づくられたものについてのことである。実に逆説的である。以上の理由からキリストは肖像に描かれるのであり、見えない方が見られているのである。固有の神性によれば境界づけられない方が、輪郭線を自然にその体に受け取ったのである。両本性はそれらが定められた事柄によって表されるのであり、さもなければ、どちらかの本性は、あなたの意見が示唆するように事実を曲げていることになるであろう。

キリスト論の問題

(3)〔異論者によれば、〕キリストが身体的に輪郭線で取り囲まれている場合には、神は境界づけられない状態にとどまってはいないということになる。すなわち、もしも神性が位格的結合のゆえに肉体に一致しているのであれば、境界づけられないはずの神性は肉体の輪郭線の内側にいっしょに取り囲まれてしまっていることになる。そのうえ、いずれも他方から分離されることは不可能である。さもなければ、忌まわしい分割が導入されることになるであろうから。

〔私は次のように考える。〕あなたが論証と呼ぶ言葉の遊びによれば、神は包まれる状態にあって包まれないでいることはできない。実際に彼は産着にくるまれた。あるいは見られる状態にあって不可視にとどまることはできない。実際に彼は見られた。あるいは触れられる状態にあって接触できないものにとどまることはできない。実際に彼は触れられた。あるいは苦難の中で苦痛を感じずにとどまることはできない。実際に彼は十字架に付けられた。あるいは死において不死にとどまることはできない。実際に彼は死に至った。それならばあなたは、神が境界づけられた状態にあって、しかしなお境界づけられずにとどまったということをも理解するべきではないか。なぜなら、これも他のものと同様に〔キリストの本性の〕特性だからである。すなわち境界づけられない本性の特性とは、キリストがそれにより神であると認識される特性であり、境界づけられる本性の特性とは、それにより彼が人間と告白される特性である。一方が他方を新しいものにするのではない。あるいは以前の状態からそれるのでもない。または一方が他のものになるのでもない。そのような変化はわれわれが認めない混乱をもたらすだけである。彼は固有の位格において唯一であり同一である。また彼の二つの本性については、それらの固有の領域において混同されていない。したがって、あなたはあの輪郭づけられたもの（*τὸ περίγραπτον*）を受け入れるか、もしそうでなければ、見られる、触れられる、摑まれる、またその他のこれと同類の範疇に属する形容辞を捨て去るべきであろう。しかしそうすれば、あなたが御言葉の受肉をまったく否定していることが明瞭になるであろう。これこそ不信心の極みではなかろうか。

(4)〔異論者によれば、〕キリストを単なる人間と呼ぶことはまったく道理に合わないことである。彼らによれば、輪郭づけはただの人間に特有のものであるが、キリストは輪郭づけられないのであるから単なる人間ではない。

〔さて、〕あなたが好む輪郭づけられないという語を持ち出すときに、私にはあなたが無意味なことしか語っていないように思える。あなたはわれわれの論議を非論理的な主張ではぐらかそうとしている。立証されていないことをあなたの論証で反駁しようとし、また論理的ではないことをあなたの論理で反駁しようとしている。ところが討論の場に来て、完全に打ち負かされている。というのも、キリストはある単なる人間になったのではない、あるいは彼が特定の人間をまとったというのは正統な教えではない。むしろ彼は全体としての人間、あるいは人間の全本性を受け取ったと言うべきである。しかしながら次のことは言わなければならない。すなわち、この人間の全本性はある個人的容姿において見られたのである。そうでなければ彼はいったいどのようにして見られたであろうか。こうして彼は見られ、描かれ、触れられ、輪郭づけられる。また、食べ、飲み、成熟し、成長し、働き、空腹になり、渇き、涙を流し、汗をかき、その他何でもすべての点で普通の人のように行ったり、こうむったりする。以上のことからわれわれは、キリストがたとえ単なる人間でないとしても輪郭づけられることを認めなければならない。なぜなら彼は多くの人間のなかの一人なのではなく、人となった神である。そうでなければ、われわれは抜け目のない異端の蛇によって攻撃されるかもしれない。それはあなたが従う説であり、キリストはただ見せかけにおいてのみ、また幻想においてのみ来たと唱えている。ところで、彼が実際に人となった神であるなら、限界づけられないということをも同時に認めなければならない。それによって、われわれはキリストがその〔本性的〕起源をマリアから受けたと無駄口をたたく不信心な犬をやり過ごすことになる。このことはまったく新しい救いの営み（*oikovoμία*）の神秘である。

そこでは、御言葉の唯一の位格において神性と人性が一つになっており、御言葉は不可分に一致した両本性の特性を保有しているのである。

モーセの掟

(5)〔異論者によれば、〕肖像を飾った建物は例外なく禁止されている。なぜなら、聖書には次のように言われているからである。「あなたはいかなる像も造ってはならない。上は天にあり、下は地にあり、また地の下の水の中にある、いかなるものの形も造ってはならない。あなたはそれらに向かってひれ伏したり、それらに仕えたりしてはならない。私は主、あなたの神」〔出二〇：四-五〕。

〔私は次のように考える。〕この言葉はいったいどのような時に、また誰に向かって語られたのか。それは恵みの時以前に、律法の下で監視され〔ガラ三：二三参照〕、一つの神的位格による支配を教えられていた人々に対してである。それは、神がまだ肉体において示されていなかった時代のことであり、古代の人々は〔掟によって〕異邦人の偶像に対して保護されていた。したがって、掟は彼らの太祖アブラハムによって組織された選民のために制定されなければならなかったのであり、この人々は、聖書に記されているように、「誰一人見たことがなく、見ることのできない」〔一テモ六：一六〕唯一の神、万物の主があったがゆえに多神教の深淵を避けることができたのである。実際、神については何の表示も、肖像も、輪郭も、限定もなく、人間知性の把握力に収まりきるものは何もない。預言者の次の言葉がこれをよく示唆している。「お前たちは、神を誰に似せ、どのような像に仕立てようというのか」〔イザ四〇：一八〕。ところで、神の場合にまったく禁じられていることも、そのほかの場合にはかならずしも禁じられてはいないという事実を取り急ぎ示そう。代弁者モーセに禁止令を与えた直後に、神は彼に次のように命じている。「〈打ち出し造りで一対のケルビムを造り、贖いの座の両端、すなわち一つを一方の端に、もう一つを他の端に付けなさい。一対のケルビムは顔を贖いの座に向けて向かい合い、翼を広げてそれを覆う。私は贖いの座の上からあなたに臨み、あなたに語る〉」〔出二五：一八‐二二参照〕。さらに「レビ記」では、[*4]主はモーセに次のように言う。「〈あなたは炎の蛇を造り、旗竿の先に掲げよ。蛇に咬まれた者がそれを見上げれば、命を得る〉。モーセは青銅で一つの蛇を造り、旗竿の先に掲げた。蛇が人を咬んでも、その人が青銅の蛇を仰ぐと、命を得た」〔民二一：八‐九〕。さて今、あなたは聖書の教えの〔側面ではなく〕全体を見た。天使たちは確かにわれわれとまったく同じというわけではないし、また、蛇は地を這い回るその姿においてわれわれとは異なっているけれども、しかしそれはキリストの象徴として比喩的に受け入れられた〔ヨハ三：一四参照〕。このように、かつて神が咬まれた人々の癒しのために身を低くし蛇によって象徴されたのであれば、〔今われわれが、〕神が人となったとき以来神のものとなった身体的姿をかたどっている聖画像を掲げることは、どれほど神に嘉(よみ)されること、またふさわしいことであろうか。さらに、もしも動物の姿の象徴でさえ、それを一目見るだけで蛇に咬まれた人々を癒したとしたら、キリスト自身の聖なる画像は、それを見る人々を聖別する以外にどんなことをなすというのであろうか。

（6）〔異論者は、〕もしも以上のようであれば、神は矛盾に陥っており、自分自身に反対していると述べる。

〔しかし私に言わせれば、異論者の考えは〕狂気じみている。なぜなら禁止令は神を他の被造物、たとえば太陽、月、星またその他の万象〔申四：一九参照〕に喩えることに対して適用されている。ところが、この掟が意図しているのは、刻まれたり形づくられたりしたものによって象徴的にではあるが、イスラエルをできるだけ唯一の神の瞑想と礼拝へと導くことである。至聖所全体の形態は、万物の神によって偉大なるモーセのために象徴的に幻視のうちに素描されたのであるが、実は霊における礼拝のまぎれもない予型ではなかっただろうか。

物質と霊

（7）〔異論者によれば、〕キリストを物質的に表現することは、彼を卑しめることであり侮辱することである。聖別と義化をもってわれわれに神的なかたどりをもたらす聖霊によってキリストがわれわれのうちにかたどられる場合にも、彼は精神的瞑想の内にとどまるほうがましである。それというのも、聖書には「彫刻師の刻んだ彫像や鋳像、また偽りを教える者が何の役に立つのか。〔なぜなら〕造った者がそれに依り頼んでいる」〔ハバ二：一八参照〕と述べられており、また別の個所には、「〔もろもろの民が恐れるものは空しいもの、〕森から切り出された木片、木工が鑿（のみ）を揮って造ったもの。〔人々はそれを〕金銀で飾っている」〔エレ一〇：三-四〕とある。

〔私には、〕あなたが故意に一つのことから他のことへと転じようとするときに、ちょうど堂々巡りに陥った盲目の人のように、自己主張の繰り返しから逃れてはいないように見える。あなたが卑しく屈辱的と呼ぶ事柄は、実際には神秘の偉大さのゆえに神聖であり、また高尚なものである。なぜなら、卑しい者が高ぶるときには彼は恥じ入るべきであるが、〔逆に〕高貴な者がへりくだるときには彼には栄光が帰されるのではないだろうか〔ルカ一四：一一参照〕。このように、自らの神性の極みにあり、また非物質的な言い尽くしがたさの内にあって栄光を帰されているキリストにしてみれば、われわれに対する彼の謙遜さのゆえに、その体をもって質料的に描写されることは彼にとっては栄光なのである。万物を造られた方が物質、すなわち肉体をとられたのである。質料的に描写されることは物質の特性であるが、〔元来その特性を有しない〕方が自分が受け取ったものになること、またそのようなものと呼ばれることを拒まなかったのである。さらに、キリストが聖霊によってわれわれのうちに再びかたどられるのであるから、彼は精神的瞑想のために十全に表現されるというあなたの主張について言えば、それは洗礼の主題に関係して言えることかもしれない。しかし〔今〕、われわれは父なる神の本質の完全な現れである御言葉が〔ヘブ一：三参照〕どのようにわれわれのうちに表現されているのかについて語っているのではなく、むしろ質料的な絵の具で彼の人間としての肖像をどのように描くのかについて語っているのである。もしもただの精神的瞑想で十分であったとしたら、彼がわれわれのところへ来ることはやはり精神的な仕方だけで十分であったに違いない。しかし結果として、もしも彼が体を有していなかったのなら、われわれは彼の行いによって、またわれわれの苦しみ同様に否定しがたい彼の受難によって、それらのいずれの外観によっても欺かれていたことになろう。しかし、こうした点についてはもう十分であろう。彼は肉体をもつものとして肉体において受難したのであり、食べたり、飲んだりした。そして罪を除けば、誰もがするようなすべてのことを行ったのである〔ヘブ四：一五参照〕。したがって、あなたの考え方においては侮辱的に見えることも、実は大いに尊敬すべき、栄光に満ちた御言葉に対する真実の誉れにほかならない。そこで、われわれに反論する目的で何も知らずに聖書の個所を持ち出すのをもうやめてもらえないだろうか。偶像の外貌に関連して異教徒に対して語られた言葉を引き、それをキリストの肖像に誤用することをもうやめてもらえないだろうか。なぜなら、分別のある人ならば、偶像と聖画像の区別を理解できるのではなかろうか。一方は闇であり、他方は光ではないか。一方は人を誤らせるが、他方は信頼できる。一方は多神教に属するが、他方は神の救いの営みについての疑う余地のない証拠である。

肖像と原型

（8）〔異論者は言う。〕どうして〔聖書には〕十字架に関するようなことが聖画像についても記されていないのであろうか。使徒は「十字架の言葉は、滅んでいく者にとっては愚かなものですが、私たち救われる者には神の力です」〔一コリ一：一八〕と語り、また、「私にはキリストの十字架のほかに、誇るものがけっしてあってはなりません」〔ガラ六：一四〕とも述べる。聖書には〔十字架についての〕もっと多くの讃美の言葉が見出されるのであるが、聖画像についてはこのような行句をどこに、また、どの著者から示すことができるであろうか。

〔さて私は次のように言おう。〕ああ、この自惚れ屋め、使徒がいったい何を讃美し、何を誇っていたのか私に答えてみるがよい。十字架〔そのもの〕か、それとも十字架の模像物（τύπος）であるのか。明らかに前者である。しかし、反射が光の輝きを分けもっているように、類型も原型の栄光を分有している。なぜなら、原因について言えることは、同じことをすべての点においてその結果について言うことができるのだからである。ただし原因の場合は、それが本性によっているので真実に語ることができるのであるが、結果の場合は、〔原因との〕名辞的同一性によっているので〔原因から離れては〕真実に語ることができない。これと同様に、キリストは〔使徒によって〕初めから宣教されており、彼の肖像についての説明も彼〔自身〕との関連でなされている。そこで、あなたはキリストの肖像についての証言を、ちょうどキリスト自身に関するものと同じ程度所有しているのである。十字架の模像物についても同様で、十字架そのものに関するのと同じくらい語られている。もっとも聖書のどこにも類型あるいは肖像——これらは同様の意味であるが——については語っていない。それは、そのような叙述を期待するのは論理的ではないからである。なぜなら、結果は原因の勢力の下にあるからである。実際どの肖像も、その名の由来する当のものの固有の様相を帯びているしるし、または印象ではないだろうか。われわれは模像物を十字架と呼ぶのであるが、なぜなら、それもまた十字架であるからにほかならないのであって、二つの十字架があるわけではない。同じく、われわれはキリストの肖像をキリストと呼ぶのであるが、それがまたキリストであるからであって、二人のキリストがいるわけではない。それらの本性によってではなく、双方が共有している名前によって一方を他方から区別するのは不可能である。神聖なるバシレイオスも同様に、皇帝の肖像は皇帝と呼ばれるが、二人の皇帝がいるのでもなく、彼の権力が分散されているのでもなく、彼の栄誉が分割されているのでもない、それどころか肖像に与えられる称讃は逆にその原型へともたらされると述べている。[*5]

(9)〔異論者は次のように言う。〕ちょうど聖画像がいろいろあるように、多くのものが主たちとかキリストたちと呼ばれており、ここから多神教が始まるのである。しかし、われわれにはわれわれが崇拝している唯一の主または神のみがある。

〔さて〕どうしたものか。父は主ではないのか。子は主ではないのか。また聖霊は主ではないのか。同様にそれらはいずれも神ではないのか。しかりである。しかしそれだからといって、三つの神々また主たちがあることになるのであろうか。なんたる不信心。唯一の神また主があるのみである。あなたは聖画像についてこれと同じことを理解すべきである。たとえ多くの肖像があるとしても、ただ唯一のキリストがいるのであって、多数いるのではない。その同じ方が主であり、個々に分かれているのではない。したがって、ここでは、一方では「神」また「主」という単数の呼称が三つの位格に分割されることのない本性のために包括的に適用されているのであり、他方では同一の名称を使用することによって数多くの肖像を一つの種類にまとめているのである。このように、あなたの異論には根拠がない。

聖なる体の独自性

(10)〔異論者は言う。〕キリストは描写されうるということを認めてもよい。ただし、神から伝えられた「私の記念としてこれを行いなさい」〔一コリ一一：二四、ルカ二二：一九〕という聖なる言葉に従う場合のみである。そこでは、彼は記念という仕方による以外には表現されえないということが明言されている。したがって、ただこの方法によってのみ、表現されるものは真実であり、またその描写は聖なるものなのである。*6

〔私の見るところ、〕以前に否定したにもかかわらず、〔今〕キリストが輪郭づけられることを認めているのであるから、あなたは自己矛盾を犯しており、この事実はあなたへの反駁のためにすでに十分である。しかしあなたが提起した説を何の検討もせずに放置するのはよくないので、一つずつ反論してみよう。司祭が聖なる言葉や詩編の中で言及する件の事柄について、あなたはいったいどう説明するのか。象徴と言うのか、それとも真実と言うのか。それらが象徴にすぎないならば、なんとばかげたことであろうか。あなたは冒瀆から冒瀆へと進んでいるのであり、ちょうど、ぬかるみの中へ飛び込む人、傾斜面を越えようとしてもっと滑りやすいところへ飛び込む人のようである。あなたは自分の論拠を堅持する代わりに無神論に陥っている。しかし、もしもそれらが真実であるならば、なぜあなたは真理の神秘があたかも単なる象徴であるかのような無意味なことを話すのか。実際、それらは真実であり、信仰者は神の声に従い、キリストの体と血を拝領しているのである。「私の記念としてこれを行いなさい」と彼は言っているが〔それは〕正しい。なぜならこの神秘は、最も大切な部分によって全体を象徴し、すべての救いの営みを要約しているのであるから。「私の記念としてこれを行いなさい」と言われているが、誰にでもそれが許されているということではなく、司祭職を委ねられた者にのみである。しかし、他の神秘を祝うことまでもがわれわれに禁じられているのではない。事実、われわれは彼の生誕と顕現を記念しているし、彼が驢馬の子に乗ったことを表現するときには枝を取る。また別のときには彼の復活のしるしとして口づけを交わす。また、神殿への登場と誘惑者による誘惑については述べていなかったが、この模倣として四〇日の節欲をしており、同様の意味をもつ他の習慣をも保っている。したがって、「これらすべてを私の記念として行いなさい」という言葉は、最も優れた神秘の下に暗黙のうちに〔今挙げたような〕他のことをも包括するような、御言葉による命令と考えられよう。同じことは、木版に身体的容貌をもって表された御言葉の描写の場合、また神聖な仕方で記された福音書の場合にも考えられないであろうか。彼が要約した言葉を書き記すよう誰かに告げたと言うような言葉はどこにもない。それでも、彼は使徒の書の中に描写され、今に至るまで保持されている。紙とインクでそこに記されたどんなものでも、それと同じものが絵の具や他の物質的媒介によって聖画像に表されている。偉大なバシレイオスが述べるように、物語る言葉によって提示されるのと同じものを、絵画は静かに模写によって示している。[*7] こうした理由から、われわれはただ触れたり見たりすることによって把握されるものだけを描くのではなく、精神的瞑想によって考えられるものをも描写するよう教えられたのである。このために、初めから天使の表象ばかりでなく、左右に分けられた喜びと憂鬱の表情をともなう将来の審判の描写も習慣的に残されているのである。しかしながら、まったく描写されることのないものが一つある。

すなわち神である。本性によれば、どんな思いも彼を把握することはできず、どんな響きも彼を表現できない。ましてや彼を輪郭づけることは不可能である。〔彼を除く〕他のものは何であれ、精神によって規定され、把握されるのであるから、聴覚によっても、視覚によっても同じ価値で輪郭づけられるのである。

(11)〔異論者は言う。〕いったい何が見られたのか。キリストの肖像であるのか、あるいはキリスト自身か。しかし両方ではあるまい。なぜなら影と真実は同じものではないのであるから。それならば、おのおのが他のものの内にあるとか、あるいはどちらかが他のものの内にあると主張できるのであろうか。それが道理に適っていないのは明らかである。

〔私が思うには、〕かつて誰も、影と真実、自然と造作、原型と模像、原因と結果を本質において同一であると考えるほど、[*8]あるいはおのおのが他のものの内にあるとか、またはどちらかが他方の内にあると述べるほど、非常識ではありえなかった。これは、もしも誰かが、キリストとその肖像は本質において同一であると考えたり断言したりする場合には採らざるをえない内容であろう。しかしながら、われわれはたとえ両者が同じ名称を有する点で一致していても、キリストとその肖像は本性においては別のものであると反論する。さらに、肖像の本性を考える場合には、誰も自分が見ているものをキリストとは言わないし、キリストのかたどりとも言わない。なぜならその〔本性〕は、たぶん木であり絵の具であり、金あるいは銀、またはさまざまな物質のいずれかであろう。しかし写しの意味で原型に対する〔模像の〕類似性を考える場合には、両者はキリストとキリストの肖像である。また名前の同一性により〔双方が〕キリストであるが、キリストの肖像のほうは〔原型との〕関係のゆえにそう呼ばれているのである。このように模像はその原型の写しであるが、それはちょうど、ある名前がその指し示しているものの名前であるのと同じことである。次のように〔聖書に〕記されているのがこのことの証拠になろう。「ヨシヤはかつてこのことを告げた神の人の墓に目を遣った。そして彼は〈あそこに見える石碑は何か〉と言った。すると町の人々は彼に〈それはユダから来た神の人です〉と答えた。彼は、〈それをそのままにしておくがよい。誰も彼の骨に触れるな〉と言った」〔王下二三：一六－一八参照〕。あなたには聖書の語っていることがわかるか。それは墓を神の人と呼んでいる。つまり、そこに横たわる遺体にちなんで石碑を命名しているのである。〔これとは逆に〕模像に従って原型を命名してもどれほどのことがあるだろうか。別の個所でも、神はモーセに「私のために一対の金のケルビムを造りなさい」〔出二五：一八〕と言っており、ケルビムの模像とは言っていないのである。さて、今あなたは、写しが名称の同一性によってその原型と同様に呼ばれることを見たのであるから、愚かに挑発したり、真理に対して非論理的に論理づける試みをやめてはどうか。

(12)〔異論者は言う。〕あなたはどんな意味でキリストの神性が聖画像の内にあると言いうるのか。両方とも崇敬されるのであるから、本性によってか、あるいは違うのか。もし彼の神性が聖画像の内にあるとすれば、〔そこでは神性の〕輪郭づけがなされてしまう。しかし、もしそうでないのなら、人は肖像を崇拝していることになり、その崇拝は不信心である。なぜなら人はそれによって肖像〔そのもの〕を拝んでおり、そこで呼び求められている方をではないのだからである。ところで、キリストの体はいつも彼の神性とともに敬われるが、それは双方とも分離できない仕方で一致しているからである。これに対し、聖画像は彼と不可分に一致してはいない。

〔私の見るところ、〕あなたはまだ以前同様の道理に合わないことを語っている。原型とその模像が同じものでないならば——なぜなら、一方は真実で、他方は影であるから——、どうしてあなたは自分の抗議がそれほど賢明なものであると思うのか。主の体の場合〔を考えれば〕、両本性の結合のゆえに、彼の神性は身体的輪郭づけの下にありながらも、崇拝されまた栄光を帰されている。肉体が触れられ、摑まれ、見られるものであってみれば、ほかにどのような仕方がありうるだろうか、別の仕方では、結合に由来する輪郭づけられない本性という異質の固有性を受け取ることはできないのではなかろうか。したがって、よく言われているように、不可受苦的（*ἀπαθής*）な本質はいっしょに苦しむことはなかったが、肉体は、受難したのである。ところが聖画像の場合は状況がまったく異なる。なぜなら、描写されている肉体の本性が存在せず、ただそれへの関係だけが表現されているところでは、輪郭づけられない神性が表現されているとはとても言えないからである。したがって、神性は聖画像の中にあり、そこにおいて崇敬されているのであるが、それは神性が一致している肉体の影の中にある限りでのみそう言いうるのである。理性のあるなし、また生命のあるなしにかかわらず、神性の現存しない部分とはいったいどんなものであろうか。しかし、神性は受け取る側の本性の許容力に従って表現されるのであるから、誰かが聖画像の中に神性があると言っても、彼は間違っているのではない。神性は十字架の模造物の中にも、また他の聖なるものの中にもある。しかしながら、これらのものはあの神化された〔キリストの〕体ではないゆえに、神性は本性の一致という仕方でこれらのものの中にあるのでは

(15)〔異論者は問う。〕十字架は聖画像に勝って崇敬されるべきであるか。あるいはそれは同等に、またはより劣って崇敬されるべきであるか。

〔さて、〕私にはあなたが不要なことを述べているとしか思えない。なぜなら、それらのもののあいだには自然の秩序があるからである。もしも十字架と言う場合に原型となる十字架を意味しているのであれば、どうしてそれは崇敬に際して優位性をもたないわけがあろうか。なぜなら、〔十字架は〕その上で苦しみえない御言葉が受難したのであり、その影でさえ悪魔を懲らしめることができ、またそのしるしを身につける者からは悪魔を遠ざける力を有しているのである。しかし、そこでもしも十字架の模造物のことを考えているのであれば、あなたの質問はよく考えられたものとは言えない。さまざまの結果は原因がそれぞれ違うのと同じくらい異なって称讃されるのであり、なんらかの使用目的で受容されたものはどんなものでも、それがそのために受容されたものに対するよりも劣って称讃されるのである。そこで十字架であるが、それはキリストのゆえに受け入れられているものである。以前は、それは咎めの道具でしかなかったが、後に神的受難の使用のために受け取られてからは崇められるようになったのである。

語源的論証

(16)〔異論者によれば、〕偶像（*εἴδωλον*）と肖像（*εἰκών*）のあいだには何の相違もない。どちらも意味としては同じである。偶像は εἶδος に由来し、これは普通には形態を意味する。だがその固有の意味は「見られているもの」ではない。[*9] 肖像は ἐοικός に由来し、類似を意味する。類似物とは簡単に言えば、その原型ではないものである。このことは偶像にも肖像にもあてはまる。どちらの言葉もその意味では同じなのである。そして、ところがそれにもかかわらず、描写されたキリストを崇敬することが要請されているのに、偶像を崇敬するのは不信心である。なぜなら、それは真理の言葉によりまったく禁じられているからである。

〔さて、〕これらの類似物は神ではないとか、これらは真理を侵害しているといった理由づけからすれば、確かにこれら双方のあいだに相違はない。なぜなら、聖書はただ偶像を心に描くことばかりではなく、同様に彫像や似像、またはこのたぐいの像のいかなるものをも造形することを禁じているからである。次のように言われている。「あなたたちは偶像を造ってはならない。彫像、石柱、あるいは石像を国内に建てて、それを拝んではならない。わたしはあなたたちの神、主だからである」〔レビ二六：一〕。また別の個所では、「職人は偶像を造り、鋳造人は金を溶かしてそれに被せ、似像としなかったか」〔七十人訳、イザ四〇：一九〕とある。なぜなら、偶像礼拝の危険は肖像と偶像のいずれにも由来しうるからである。そこで、「エイコーン」という呼び名（ἡ τῆς εἰκόνος φωνὴ）が、神の本性の無限性のゆえに、古来神の肖像のためには適用を禁止されていたのであるから、われわれもそのためにこの呼称またはこれと同類の名称を用いるべきではない。むしろ、われわれは「エイコーン」という呼び名をキリストの外貌との関連で使用しよう。このことは太初に、すなわち、世界の創造において最初の人間が形づくられたときにすでに示唆されていた。神は次のように言った。「われわれにかたどり、また似せて人を造ろう」〔創一：二六〕。また、この言葉は、「これは誰の肖像か」〔マタ二二：二〇〕という神の問いかけにおいても用いられている。これらの行句において、肖像の語の特別な用法が示唆されている。われわれとしては、模像（χαρακτήρ）や肖像（ὁμοίωμα）の用法を使用し、偶像（εἴδωλον）はけっして用いない。たとえそれが類似と同じ意味を含んでいるとしてもである。この場合の使用は、古代の被造物礼拝者、または、本性、栄光、権威において不可視の三位一体を礼拝しない今日の人々、あるいはまた、御言葉の受肉を告白しない人々に限られている。聖書に記されているように、天と地を創造しなかったこれらの神々を滅び去るにまかせよう〔エレ一〇：一一参照〕。彼らは、木や石、その他のいろいろな物質から造られており、自分たちのあいだで分裂しており、本性においてばかりではなく、意思においても、栄光においても、また礼拝においても相容れない。そしてわれわれに対し、あたかも囚われ人のように女王の肖像や他のすべての賢者たちの肖像を差し出しているのである。

聖人の聖画像

(17)〔異論者によれば、〕聖人の肖像を描いたり、崇敬したりするのは正しいことではない。なぜかというと、物質的な絵画によって描写してみても、天的な栄光を有する彼らを称讃することにはならない。その代わりに、言葉において彼らを記念するほうがよい。このほうがもっと有益で、描くことよりも価値がある。

〔さて、私の知るところによれば、〕彼らは同様のことをキリストの場合にも主張しており、反駁されるのは自明である。われわれの論拠を繰り返す必要はもはやあるまい。聞くことと見ることとは等価であり、両感覚とも使用する必要がある。どちらか一方を退ける者は、もう一方をもそれといっしょに除き去らなければならないだろう。こうして双方を退けることにより、もしもわれわれが間違っていなければ、〔異論者〕は尊敬に値するあらゆる人物の崇敬を確実に廃止することができるであろう。

(18) 〔異論者は言う。〕描かれたどの人物も崇敬にふさわしいというわけではない。たぶんこの人あるいはあの人は重要ではない。あるいは称讃に値しない。

〔私の考えでは、〕しかし、われわれはここに崇敬すべき、また栄光に満ちた聖人たちを有している。なぜなら、彼らは殉教の血によって、あるいは聖なる生き方によって誉れに値する者となったのだからである。

崇敬の差異

(19) 〔しかし、異論者は言う。〕そうであるならば、崇敬がいくつもの種類になりはしないだろうか。しかし、崇敬はただ一つあるのであり、けっして多数ではないはずである。

〔私の考えは次のようである。〕確かに礼拝（ἡ λατρευτική）は唯一であり、神にのみ属している。

しかし他の〔崇敬のような〕たぐいのものは、それ以外のものにも属している。たとえば王や支配者はわれわれから敬われている、同じく主人は奴隷によって、両親は子供によって尊敬されている。しかしながら神々のようにではない。崇敬（προσκύνησις）にはこのような様相があり、それは意向によって変わる。なぜなら、ここに言及された人々は人間であり、法や恐れの理由で、または愛情などのゆえに、彼らに帰されるように定まっている栄誉に従って尊敬されているのである。そこで、誰かが崇敬の多様性をわきまえているならば、彼は模像を通して原型を（διὰ τῶν χαρακτήρων τὰ πρωτότυπα）崇敬するのであるが、その際に実は、彼は固有の仕方で神的存在にのみ厳密に崇敬を帰しており、描写されたものには類比的な仕方で敬意を表しているのである。たとえば神の母（テオトコス）には神の母にふさわしく、また聖人には聖人にふさわしくである。ところで、神の諸教会には、すべての人々の目にとまるように聖書が安置されているが、それはちょうど、聖書の言葉が耳に聞こえるように語られるのと同じである。〔視覚と聴覚の〕どちらも同等の知覚力を有しており、同程度に尊重されるべきである。しかしたぶん、視覚がより高尚な感覚であるということで、見られるもののほうが優先するかもしれない。

さてこのほかに、われわれは初めから今日に至るまで流布している習慣、たとえば神のどの教会にもある聖なる記念碑について、いったいどうするべきであろうか。また、聖なる教父たちの聖歌隊は不信心な活動であったのだろうか。非難の余地なき教会は偶像礼拝を行っていたのだろうか。また、いつまた誰によって、教会は偶像から浄められると言うのであろうか。〔異論者よ、〕あなたの抵抗は明らかに反キリストに由来する。古来の習慣また伝統についての長年の観察にもとづく見解が、いったいどのようにして覆されようか。われわれが論理的反証に対して揺らぐことのないように――もっとも、この場合には余分ではあるが――、教父たちは神から霊感を受けて、信仰の単純さを理性の論証よりも強化しようとか、古来の習慣を広めようとか告げている。ところで、もしもあなたが神の教会を聖画像の飾られた壁のために偶像の神殿と罵るのであれば、どうして〔残された〕すべての異端者たちの業を完遂しようとしないのか。さあ〔他の〕反論者たちとともに身を引くがよい。そして、もしもあなたが悔い改めないようであれば、かつてなされた異端の獣の狩りのように、あなたに向かって石を投げるよう命じる声、あなたに教会という山に触れることを禁じる声〔出一九：一二―一三参照〕を聞くがよい。

異端排斥

(20) 以上の結果として、もしも誰かが、われわれの受肉した主イエス・キリストは神性によれば描写されない方としてとどまるが、身体を有するゆえに輪郭づけられるということを否定するならば、その人は異端者である。

もしも誰かが、二つの本性は分離されない一致の内にあって、互いに他方を排斥していないのであるからという理由で、唯一の位格における二つの本性をそれぞれの特性に従って区別することをせず、むしろ御言葉の身体が輪郭づけられているのであるから、その神性も身体といっしょに輪郭づけられると主張するのであれば、その人は異端者である。

もしも誰かが、御言葉の容姿が描写されたものをキリストの聖画像と呼ばず、あるいはその呼称の同一性によってキリストと呼ばずに、むしろまやかしの偶像と罵るのであれば、その人は異端者である。

もしも誰かが、偉大なるバシレイオスが、原型〔そのもの〕への称讃はその模像に向けられる讃美のために分裂させられることはないと述べているにもかかわらず[*10]、聖画像におけるキリストに対する相対的な崇敬を偶像への崇敬と混同してしまい、その結果、相対的崇敬がキリスト自身に対する崇敬であることを否定するのであれば、その人は異端者である。

もしも誰かが、キリストの聖画像が飾られることについて、讃美するにしても侮辱するにしても〔それだけでは〕十分ではないと主張するのであれば、相対的崇敬の讃美を否定することになり、その人は異端者である。

もしも誰かが、偶像についての聖書の禁止令を変質させ、キリストの聖画像のために誤用し、その結果、キリストの教会を偶像の神殿と罵るのであれば、その人は異端者である。

もしも誰かが、キリストの聖画像を崇敬するときに、聖画像が神性と一致した彼の体の模写であるという限りにおいてではなく、むしろ神はどこにでも存在するのであるから、自然にその中に存在するキリストの神性を讃美しているのであるというのであれば、その人は異端者である。

もしも誰かが、自分は聖画像なしに、聞くことによって原型の直観へと高められるのであるからという理由で、聖画像を用いて行う精神の原型への高揚を劣悪であるとか霊的ではないとして裁き、また言葉による説明と同じ尊敬を沈黙における記念にも与える偉大なバシレイオスの立場をも拒むとすれば、[*11] その人は異端者である。

もしも誰かが、キリストの聖画像が十字架の象徴と同じくらいにいろいろなところに描かれること、また神の民の救いのために飾られることを禁止するのであれば、その人は異端者である。

もしも誰かが、神の母の聖画像や他の聖人たちの聖画像に対して、神の母自身や聖人たち自身に対して義務づけられている崇敬を捧げることをせず、そのうえ教会の救いに役立つ装飾物を偶像礼拝的な造作物にすぎないと主張するのであれば、その人は異端者である。

もしも誰かが、この聖画像を攻撃する異端説を——実際、この説は追従者を神から引き離すことでは他の諸説に劣らないのであるが——他の異端説に含めて数えることはせず、またそのような説を唱える者たちとの友好関係も〔非難に値するような〕大したことではないと述べるとすれば、その人は異端者である。

もしも誰かが、キリストの聖画像の栄誉を過大評価してしまい、その結果、その人のすべての罪がまず浄められない限りは聖画像はその人のためにはならないという理由で、聖画像に近寄りたくはないと言うとすれば、その人は愚か者である。

訳註

＊1——*Στηλιτευτικός*. 失われたテオドロスの著作の一つ。他の散佚諸著作の標題については、Marie-Hélène Congourdeau, "Théodore Stoudite (Saint)", in: Dictionnaire de Spiritualité, t. 15, Paris 1991, 401-414, 特に405参照。

＊2——ここではとりあえず *λατρεία* を「礼拝」、*προσκύνησις* を「崇敬」と訳すが、テオドロスの論述において *λατρεία*（「礼拝」また「崇拝」）の用語をただ神にのみ限定し、それと区別して *προσκύνησις*（「崇敬」）を一般的に聖人、その遺物、十字架、聖画像などに使用するといった術語上の厳密な使い分けはなされていない。この区分はたとえば第二回ニカイア公会議（七八七年）のイコン崇敬に関する決定（DS601）には反映している。

＊3——St. Theodore the Studite, On the Holy Icons, translated by Catharine P. Roth, New York 1981, p. 20 は、この非難の内容を、七五四年、コンスタンティノス五世によりコンスタンティノポリスに招集された教会会議において、聖画像崇敬が偶像礼拝の一形態として起訴された折に提出された非難と同定する。もっともこの会議の決定は、後に七八七年、第二回ニカイア公会議において無効とされている。これについて上智大学中世思想研究所編訳／監修『キリスト教史』第三巻「中世キリスト教の成立」講談社、一九八一年、一六六——一六九頁、J. Pelikan, The Christian Tradition. A History of the Development of Doctrine, 2: The Spirit of Eastern Christendom (600-1700), Chicago/London 1974, p. 113 参照。

＊4——原文には訳出したように「レビ記」と断ってあるが、続く引用文は明らかに「民数記」からのものである。

＊5——Basilius Caesariensis, De Spiritu Sancto 18, 45, PG 32, 149.

＊6——これはコンスタンティノス五世と七五四年のヒエリア教会会議の立場。これについて、Catharine P. Roth (tr.), op. cit., p.29; J. Pelikan, op. cit., pp. 109-110.

＊7——Basilius Caesariensis, In quadraginta martyres Sebastenses, PG 31, 509.

＊8——ここでは、聖画像破壊論者によって唱えられていた、肖像はその原型と同一本質を有するという説が

念頭に置かれていると考えられる。これについて、C.P. Roth, op. cit., p.31; J.Pelikan, op. cit., p.109.

＊9――ここでは「知る」を意味する *οἶδα* のことが考えられているのであろうか。この異論が誰に遡るのかは定かでない。

＊10――Basilius Caesariensis, De Spiritu Sancto 18, 45, PG 32, 149.

＊11――Id., In quadraginta martyres Sebastenses, PG 31, 509.

巻末エッセイ

解釈、ひとつの技術知、またその極端な帰結——ピエール・ルジャンドルに即して

森元庸介

学知の精華というべき場所の片隅に一丁字を識らぬ者が連れ出されるのは、ひとえに、ピエール・ルジャンドルというひとに少し特別な関心を抱いてきたからのことであろう。

ピエール・ルジャンドルは一九三〇年に生まれ、今日まで倦むことなく著作を発表しつづけてきたフランスの思想家である。ただ、「思想家」としての来歴が少し変わっている。そう述べるのにいくつか理由はあるが、この場で挙げるべきはただひとつ、かれの学問的なルーツ、そしてまた今日に至る着想のコアが中世教会法にある、というそのことだ。

法哲学という領域のあることは汎く認められているから、その意味では中世法制史の専門家が思想家であって何もおかしくないのかもしれない。しかし、ことルジャンドルに関して、事情はやはり独特である。かれは「法哲学者」と呼ばれることを喜ばない。法には哲学など端から欠けているし、哲学は法のことなどまるで知らない、と思っているからである。

ルジャンドルにいわせれば、法学の根底はむしろ思想の不在によって徴づけられている。そのことは別に法学にとって全面的に不利な証言であったりはしない。法学はなにより解釈という作業に拠った技術的な知なのであり、だからこそ創意に満ちているのでもあるからだ。そこに（少なくとも哲学を範例として通念されるような）思想という格子をあてがうと見損われることのほうが多い。人文学の良識は現にそのようにして法学を見損い、だから大抵は無用の敵意か無言の侮蔑――まさに感情複合（コンプレックス）――を向けるばかりであってきた。そうするとしかし、西洋が現にたどってきた道筋をたどり直そうとするとき、法的なもの、制度的なものという巨大な領域がすっぽりと抜け落ちることにもなり、結果、西洋の自己理解そのものに大々的な歪みがもたらされる――とはいえ、そうした自己誤認もまた、今日にまで至る西洋の自足的な惑星支配に裨益するところ大だったのではあり、かつ最後に付け加えるなら、大半の法学者はそうしたいっさいに関心を抱くことなしに、専門性の名のもとで捨て扶持のようにあてがわれた仕事を汲々とつづけている（ブルーノ・ラトゥール『法が作られているとき』〔堀口真司訳、水声社、二〇一七年〕では、ほかならぬルジャンドルがそうした無関心の対象なのであることが証言されている）。

ルジャンドルが描き出す構図のある一部分にかぎって強引に要約してみた。これだけでさまざまに懐疑と異論が湧き出すかもしれないが、とにもかくにも、思想の不在、その惑星規模かつ人類史的な帰結をときに妄想的であることを恐れず徹底して論究してきた特異な思想家がいるのだとしよう。さて、そのかれからすると、法学における思想の不在、それと裏腹になった技術的な実践は、ほかならぬ中世教会法の歴史をつうじて、あるきわめて重要な戦略的観念の錬成へ帰着し、西洋と世界の「その後」——すなわち近代そのもの——の帰趨に重大な影響を与えたのだという。この戦略的観念とは畢竟、「国家」のことであって、そのプロトタイプが教皇なのだということもいわれる（エッセンスは日本語だと以下で読むことができる。「ラテン一神教の効果としての国家」西谷修訳、『現代思想』一九九五年一〇月号、九三—一〇五頁）。だが、これについてはいま指摘するに留め、そうした戦略的観念が錬成されるにあたって為された作業の具体的なありよう、つまりすでに書き込んでおいたとおり「解釈」ということをめぐって、まとまりをいっさい顧慮せず断章めいたものを三つ並べる。

一

あまりに大ぶりな話のあとなので、ごく小さな話をしてもよいだろうか。専門的な読者には噴飯ものであろうが、「中世」における解釈ということが門外漢にどのように鮮やかな驚きをもたらすことがありうるか、ひとつのサンプルにはなるかもしれない。

いまからちょうど一五年前、ルジャンドルは日本に来て何度か講演をおこなった。その講演録を翻訳していた際、「聖書に「人間はイメージのうちを歩んでいる」という一節がある」という旨の指摘に突き当たった（in imagine ambulat homo / l'homme marche dans l'image）（『西洋が西洋について見ないでいること』拙訳、以文社、二〇〇四年、一二七頁）。主体の制定にとってイメージの次元がきわめて重要な意味を有する、と論じたくだりでのことである（ルジャンドルはそうした一次的に、人類学的な思索を大々的に展開するひとだ）。だが、それ以上の解説はほとんど加えられていない（ルジャンドルほど「解説」と無縁なひともめったにいない）。聖書の典拠はもちろん簡単に見つかる。「詩篇」三八・七、ただし新共同訳では三九・七、次のような日本語が充てられている。「ああ、人はただ影のように移ろうもの」。

一読して少し落胆したのをよく覚えている。ここでimago / eikōnは地上的な生の空しさをいう譬喩ではないか、と。もともとルジャンドルの引用ぶりには際どいところがあって、牽強付会といわれてしまえば否定しづらいこともしばしばではある。実際、「詩篇」当該箇所の前後を見渡しても、それは人間から神へ向けられた詠嘆というほかの何ごとでもなく、人間とイメージの関係を説いたものと読むのは端的に無理筋であるように思われた（ちなみに問題の章句は「ああ、人は空しくあくせくし、誰の手に渡るとも知らずに積み上げる」とつづく）。

だが、講演では触れられていないが、『〈鏡〉を持つ神』と題された先行する著作に即いてみると、ルジャンドルの解釈はさらに別の解釈を参照していたことがわかる（*Dieu au Miroir*, Paris, Fayard, 1994, pp. 115-116）。アウグスティヌス『三位一体論』の一節がそれであり、そこでアウグスティヌスは、大略、右の章句を（なるほどよろめき、さまよっているかもしれない）人間の地上的な存在になお天上的な存在の影（イメージ）が射していること、つまり人間がともあれ「神の似姿（イメージ）」ではありつづけていることの聖書的な証言として読んでいるのだった（『三位一体論』一四・四・六）。

アウグスティヌスによって、「イメージ（imago / eikōn）」という語を基点に、ただし文脈を転換させたうえで、人間の条件についての詠嘆が人間に分有された神性についての証言として再解釈され、ルジャンドルはさらにそれを人類学的な普遍相のキリスト教世界における発現の一例として読み直していたわけだ。
いわゆる「テクストに忠実な」解釈とは明白に精神を異にした解釈がある、ということを見知る機会だった。

二

無学であるのはおまえ自身の問題だからどうでもよい、また、アウグスティヌスが中世思想におけるもっとも重要な存在のひとりであることは誰でも知っている、だが、そのことが法学と何の関係があるか、と訝しく思われる向きがあるだろうか。ルジャンドルに即しつつ、話題のレヴェルを少し繰り上げてみよう。結果、鬼子の扱いを受けることの多いルジャンドルが、ある面では独特に教育的な書き手でもあるということが伝わるかもしれない。

神学と教会法学の関係はもとより微妙であって、前者からするとき、後者は不純なものを含んだ営為と映らずにはいない。単純にいって、それが地上的なことがらを相手取るからだ。ルジャンドルの著作でいえば、このことは教会法とローマ法の関係を扱った――潜在的には、キリスト教世界における法と法学の位置をめぐる不穏な問いを含んだ――博士論文（*La Pénétration du droit romain dans le droit canonique classique de Gratien à Innocent IV (1140-1254)*, Paris, Imprimerie Jouve, 1964）から指摘され、今日の人文学もそれを世俗化して引き継いでいることが折々にいわれたりする（ルジャンドルが落語の「代書屋」を知ったら、きっと愉快そうに笑うはずだ）。ただ、ごく基礎的な確認をしておくと、教会法学という字面からは何かきわめて特殊なもの、という印象を受けるかもしれないが、その一次的なマテリアルは神学のそれと特段に異なるのではなく、基幹を構成するのはもちろん聖書、そしてまさしくこの『中世思想原典集成』に精髄が取り集められた教父文学である。ただ、マテリアルを共有している、とは、逆にいえば、法学の側ではこのマテリアルに対する意味転換が大々的におこなわれるということなのであり、そのことが、ひとめぐりして神学と潜在的な競合関係を作り出しもするわけだ（これについては、逆の動き、つまり神学文献が法学文献を引くことは相対的に稀であるという事実が示唆的である）。

この転換はどのような操作に拠るか。哲学史や思想史が語られる際の標準的な単位が（いまなお、ともあれ）個々の哲学者、思想家、つまり固有名なのだとすれば、教会法学におけるそれはもっぱら命題である。結果、（さきほど見た）アウグスティヌスが聖書の章句に施したのと同様の操作が全面化される、と思い描くとよいかもしれない。つまり、アウグスティヌスであればアウグスティヌスそのひとのテクストも命題単位でばらばらに分解されたうえで（理論的には）無際限である解釈作業の用に供される（逆にいうなら、固有名は各命題に張り付けられたレッテルといった印象を与えるのであって、どこかしら不敬虔なものを感じずにいられないこともたしかだ）。

以上のことはまた、法学に顕著な「集成（compilatio）」という方法と相即的である。いや、集成ということ自体を解釈技術の一環であると考えるほうがよいかもしれないほどだが、これと関連して、中世教会法学における最大のメルクマールとなる出来事、すなわち一二世紀中葉、『グラティアヌス教令集（Decretum Gratiani）』と通称される法的文書の成立のことを少し思い起こしておくのがよい。教科書を開けば書いてあるとおり、グラティアヌスそのひとについては、かれが修道士であったこと、そして、右の『教令集』の編纂者として名指されてきたということをのぞくとほとんど何も知られていない。そのことが逆に示唆するとおり、グラティアヌスの名を冠せられるこの『教令集』は、ひとりの立法者による系統的な法典（そんなものがあると考えること自体、ひとつの擬制といってよいだろうが）といったものではなく、その本来のタイトル『矛盾教令調和集（Concordia discordantium canonum）』にも即して――トートロジーになってしまうが――強い意味での集成と理解すべきものなのである。

では、具体的にそこで何が為されているか。ルジャンドルが謹直（?）な法制史学者であることを離れ、精神分析の知見を大々的に取り込んで規範性の問題を論じ、返す刀で精神分析への批判を大々的に展開するようにもなった（ちなみに、どの立場にも与せぬそのありかたは少しピエール・ベールを思わせなくもない）最初の著作『検閲官への愛』（*L'Amour du censeur*, Paris, Seuil, 2005 [première édition: 1974]）に挙げられた例のひとつに即してみよう。扱われているのは「夫婦の性交が禁じられるのはいかなる時期か」という問いであるが、そのこと自体はいま深く考えなくてよい（気になる読者に向けて典拠を記すなら C. 33, q. 4 である）。そこではグラティアヌスによる短い註記をふたつ交えて、順にヒエロニュムス、アウグスティヌス、アンブロシウス、聖書、再びアウグスティヌス、ヨアンネス・クリュソストモス、グレゴリウス、最後に公会議決定のいずれも短い命題が引用されている、と同時に、それが実質的な作業のすべてである。逆にいうと（なるほど立法的な性格を有するといえるだろう公会議の決定を措くなら）引用された神学者たちの命題は、ここでそれ自体として読まれるのではない。それらはもとの文脈から大なり小なり切り離され、新しい見出しのもとでリサイクルされ、また付け加えるなら、そのようなものとして（現にそうなったとおり）後代の法学者による無数の「註釈」や「註解」へ引き渡されてゆく。

かくしてテクストは開かれ、それとともに作者は死ぬ——そのように考えることは文学研究の専有物でなかったことになる。

三

集成ということと不可分になった固有の解釈技術があり、その技術は、解決を与えるべき各々の問題に対して、本来はそれと無関係であったかもしれない命題を動員することを辞さない、というか積極的にそうする。極端な言い方をすれば、その歴史は牽強付会の歴史のようでもある。ただ、それが真に法学だけのことがらであるかといえば決してそうなのではなく、形式的にはスコラ神学の方法として知られる弁証法的な推論（「諾と否」）とまったく変わらない（ひるがえって、神学における諸々の『大全』もまたそれぞれに「集成」なのである）。なにもかもよく知られているとおりでないか、といわれそうである。だが、ルジャンドルは、こうしたことがらは「よく知られているが解釈されることが実に少ない」とも述べている（*L'Amour du censeur, op. cit.*, p. 85）。かれ自身がそれをどのように解釈しているのか、誇張法的ともいえるほどに遠大なその視角とともに確認してみよう。

先に見た解釈技術の錬成は教科書的には「学識法の成立」と呼ばれる歴史過程の一側面である。だが、ルジャンドルはこれを「解釈者革命（Révolution des interprètes）」と呼び直し、とくに近年――あえて個人的な会話の一端を引くなら「幼年期に立ち返ってから」――、この革命を招き寄せたもの、そして、それがもたらしたものという二点を改めて詳細に論じるようになっている（著作として、とりわけ以下を参照。*L'Autre Bible de l'Occident: le Monument romano-canonique*, Paris, Fayard, 2009）。

ひとつめの問いについて、答えはあっけないといえばあっけない。つまり、それはほとんど偶発的といってよい奇妙な結合の結果だというのである。念頭に置かれているのは、教会法が（やはり中世に）再発見されたローマ法と結合したという事態を指している。教会法にローマ法の影響があることは、法制史の教科書的な記述に読まれるとおりではある。だが、ルジャンドルはそのことの意義をいわば極限的に拡大解釈し、だから「結合」、もっといえば「モンタージュ」であるという。思い起こすべきはキリスト教、あるいは少なくとも「宗教」となる以前のそれがユダヤ的な律法主義の廃滅あるいは止揚を掲げる運動であったこと、それと対応するかのように、キリスト教に固有の聖典である新約にはそもそも（トーラーには読まれる）法的要素が欠落しており、そのことが旧約やクルアーンと顕著な対照を成しているという事情である。一言でいえば、西方キリスト教世界には「法」の内実、なにより理念が欠けていた。この欠けていたものを補塡するうえでのリソースがどこに見出されたのかといえば、それがほかならぬローマ法だったのであり、教会法の学識化（または「解釈者革命」）はこのことの実践レヴェルにおける帰結であった、というわけである。

以上は、歴史学の側でエルンスト・カントーロヴィチ、法制史の側でハロルド・J・バーマン

（ルジャンドルは両者をフランスに紹介したひとりである）の仕事などとも重なりながら、とくに教権による「帝権の模倣（imitatio imperii）」という主題について新たに敷衍したもの、といえるであろう。ただ、繰り返しになるが、ルジャンドルが真に独特であるのは、このキリスト教とローマ法のモンタージュが何とも奇妙で、だから偶発事だといってもよいはずの出来事であることを倦まず強調する点だ。実際、少なくとも(1)キリスト教とローマが、もともとはまったく異質な、あるいは対立さえするふたつの世界であったこと、(2)ローマ法を西方に伝えた『ローマ法大全』（『ユスティニアヌス法典』）は東方で成立したものであるが、ひとたび西方で吸収されるや、その由来がいわば消去されて普遍化されたこと（さりながらそれを掌握しているのはあくまで西方キリスト教会であること）、という二点にかぎって指摘するだけで、くだんの結合、モンタージュがその規模と反比例して啞然とさせられるほど必然性を欠いていることが見えてこないだろうか（いまの場合もそうだが、ルジャンドルを読んでいると、ふと、歴史の進行が巨大なパチンコ台のように感じられることがある——すべての成り行きは運任せのようなのだが、ただし、その範囲には外側から箍が嵌められている）。

ただ、偶然であったかもしれないぶん、片をつけるのがむずかしい出来事というのはある。教会法とローマ法の結合ということから一般レヴェルにおいてもたらされた、簡単には片をつけにくい帰結とは何なのかといえば、つまるところ西洋的な「法」がすぐれて技術的な知として登場した、ということにほかならない。なぜ、というのは事細かに解説せずともよいはずで、あらましはここまでにすでに述べてしまった。端的にいって、ローマ＝教会法というよく考えてみれば不可思議な合成体が成り立ちえたというそのこと自体、爾後、法がどのような思想的な根拠とも結合しうるということ——ひるがえって、その思想的な根拠なるものを根底において空洞化させうるということ——、つまりあれにでもこれにでも価値中立的に裨益する強い意味でのツールとして機能するのだということを証し立てしているのだから（このあたりの論の運びは、ピエール・クロソウスキー——かれもまた中世神学に関する独特な専門家であった——のそれと少し似ている、とふと思う）。法における思想の不在、とは終極的には、このことを指していわれるべきなのであった。

旧約から切り離されたユダヤの律法、クルアーンから切り離されたイスラーム法といったものを考えることは単に怪異を考えることである。だが、西方キリスト教、あるいはいまの文脈ではなおさら示唆的な呼称を用いるならローマ＝カトリック世界において、その怪異は成し遂げられた。結果、法は本質として柔軟なもの、変幻自在なもの、融通無碍なもの、いってしまえば節操を欠いたものとなりえて、しかし、そのことこそが西洋の比類ない戦略的キャパシティを用意することになった、とルジャンドルはいう。なるほど、キリスト教とはもともと無縁であった場所でも「法」という言葉で何かしらが共有されている（ということになった）世界、だから、それがこれから崩壊してゆくのではないかと憂慮されたりもする世界、まさに今日わたしたちが生きている世界のありようは、そのことの遠い帰結にして明らかな証左である。そして——拙速を承知で言い足そう——、このありさまを世俗的と呼ぶのであれば、世俗化の端緒は中世教会法のうちにあったことになり、ということはさらに折り返して、西洋中世は、ルジャンドルがこれまた好んで強調するとおり、なるほど「近代の坩堝」であったのだということになる──そうしたすべてが、文字どおりにテクスト操作の技術、ある独特な解釈モードの結果であったりしたなら、目を瞠ってみてよいではないか。

記してみて、こんなことを記してよかったのかといまさら尻込みをしている。一方で純然たる誤認、他方で常識の確認を取り除いたら、あとに何も残らないのでは、とも。ただ、裁かれるものはそもそも裁かれるに価するだけのものでなければならない、というのも教会法がローマ法を引き継いで定めるところだから(たとえば『グラティアヌス教令集』C. 15, q. 1, c. 2)、寝言や酔言と同レヴェルの妄言と受け流してもらえればよいのかもしれない。しかし、せめてルジャンドルに対して公正であるべく強調しておくと、かれの著作を実際に繙いてみるなら、ここに記したようなことがらよりもっと謎めいた言葉、もっと辛辣な言葉、もっと不埒な言葉が──稀には驚くほど典雅な言葉とともに──あちらこちらに見つかるはずである。

とりとめもなく、もう一言。七〇年代後半、ルジャンドルがフランスにおける中世研究の要衝、高等研究実習院(EPHE)に着任する際、内部で「あいつは臍の下の話ばかりしている」という異議があったという(『ルジャンドルとの対話』拙訳、みすず書房、二〇一〇年、二八―二九頁)。そのように「検閲」されかけることもあった思想家にとっての一次的なマテリアルも、しかし煎じ詰めるなら、この『集成』と外縁を同じくするコーパスに汲まれたのではある。だから、どこかに不埒な記述が見つかるかもしれない、と不埒な動機からこの『集成』を開くひとがあったとして、けれど、たぶん誰に咎め立てられることもないだろう。『集成』の功徳というのは、ひとつにはそうしたことなのでないか。

（もりもと　ようすけ／思想史）

(Patristische Text und Studien 12), Berlin/New York 1973, S. 7-180. 底本では，章は通し番号で付され，従来ミーニュ版などに用いられた4巻仕立ての章分けは（　）で示されている。本訳はそれを踏襲する.
［参照］PG, t. 94, Paris 1864, 789-1228. オリゲネス『諸原理について』小高毅訳，創文社，1978年. レオ一世『キリストの神秘——説教全集』熊谷賢二訳，創文社，1965年. エルサレムのキュリロス『洗礼志願者のための秘義教話』大島保彦訳／ナジアンゾスのグレゴリオス『神学講話』荻野弘之訳／ニュッサのグレゴリオス『教理大講話』篠崎榮訳，以上本集成第2巻所収. アレクサンドレイアのキュリロス『キリストはひとりであること』小高毅訳／偽ディオニュシオス・アレオパギテス『神秘神学』今義博訳（本巻所載）／同『書簡集』月川和夫訳，以上本集成第3巻所収.

ストゥディオスのテオドロス『聖画像破壊論者への第一の駁論』 Adversus Iconomachos I
［底本］PG, t. 99, Paris 1860, 328-359. 原文には区分と小見出しはないが，以下の Roth の区分と文言に従った.
［参照］St. Theodore the Studite, On the Holy Icons, translated by Catharine P. Roth, New York 1981.

286; Pseudo-Dionysius Areopagite, The Divine Names and Mystical Theology. Translated from the Greek with an Introductory Study by John D. Jones, Milwaukee 1980, pp. 209-222; Dionysius the Areopagite, The Divine Names and the Mystical Theology, Translated by C. E. Rolt, London 1920/ New Edition 1940/Ninth Impression 1979, pp.191-201; Dionigi Areopagita, Tutte Le Opere. Gerarchia Celeste, Gerarchia Ecclesiastica, Nomi Divini, Teologia Mistica, Lettere. Traduzione di Piero Scazzoso, Introduzione, prefazioni, parafrasi, note e indici di Enzo Bellini, Milano, prima edizione 1981/seconda edizione 1983, pp. 399-414; Dionysios Areopagita, Mystische Theologie und andere Schriften mit einer Probe aus der Theologie des Proklus. Aus dem Griechischen übersetzt, mit Einleitung und Kommentar versehen von Walther Tritsch, München 1956, pp. 159-172; J. Vanneste, Le mystère de Dieu. Essai sur la structure rationnelle de la doctrine mystique du pseudo-Denys l'Aréopagite, Paris 1959; Dionysius Areopagita. Von den Namen zum Unnennbaren. Auswahl und Einleitung von Endre von Ivánka, 2. Auflage Einsiedeln 1981, pp. 89-97. ディオニュシオス・アレオパギテース『神名論』・『神秘神学』熊田陽一郎訳,『キリスト教神秘主義著作集』1『ギリシア教父の神秘主義』教文館, 1992年所収. ディオニュシオス・アレオパギテス『天上位階論』(De coelesti hierarchia　今義博訳, 本集成第3巻, 1994年, 所収),『教会位階論』(De ecclesiastica hierarchia), 書簡10通 (Epistulae　今義博訳, 本集成第3巻所収)

証聖者マクシモス『愛についての四〇〇の断章』(序, 第1の100の断章) Capita de caritate

[底本] Massimo Confessore, Capitoli sulla Carità, editi criticamente con introduzione, versione e note da Aldo Ceresa-Gastaldo, Roma 1963, pp. 45-89.

[参照] St. Maximus The Confessor, The Ascetic Life/The Four Centuries on Charity, translated and annotated by Polycarp Sherwood (Ancient Christian Writers 21), London 1955, pp. 136-152; Maximus Confessor, Selected Writings, translation and notes by George C. Berthold (The Classics of Western Spirituality), London 1985, pp. 35-45.

ダマスコスのヨアンネス『知識の泉』(第3部『正統信仰の解明 (正統信仰論)』第1-81章) Fons scientiae: Expositio fidei; De fide orthodoxa

[底本] Die Schriften des Johannes von Damaskos, herausgegeben vom Byzantinischen Institut der Abtei Scheyern, II: *Ἔκδοσις ἀκριβὴς τῆς ὀρθοδόξου πίστεως*. Expositio fidei, besorgt von Bonifatius Kotter

1974, pp. 36-68.

ニュッサのグレゴリオス『雅歌講話』(第6講話) In Canticum Canticorum
[底本] Gregorii Nysseni, In Canticum Canticorum edidit Hermannus Langerbeck (Gregorii Nysseni Opera VI), Leiden 1960, pp. 171-199. 訳文欄外に底本の頁数を示した.
[参照] ニュッサのグレゴリオス『雅歌講話』(全訳) 大森正樹・宮本久雄・谷隆一郎・篠崎榮・秋山学訳, 新世社, 1991年. ニュッサのグレゴリオス『モーセの生涯』谷隆一郎訳,『キリスト教神秘主義著作集』1『ギリシア教父の神秘主義』教文館, 1992年所収. A. ニーグレン『アガペーとエロース——基督教の愛の観念の歴史』全3巻, 岸千年・大内弘助訳, 新教出版社, 1954-63年.

アレクサンドレイアのキュリロスとネストリオス往復書簡
[底本] E. Schwartz (ed.), Acta Conciliorum Oecumenicorum (=ACO), I, 1, 1, Berlin/Leibzig 1927, pp. 25-28 (Cyrillus, [Epistula 4] Ad Nestorium); pp. 29-32 (Nestorius, Ad Cyrillum Alexandrinum II); pp. 33-42 (Cyrillus, [Epistula 17] Ad Nestorium).
[参照] A.-J. Festugière, Éphèse et Chalcédoine: Actes des Conciles, Paris 1982.

ディオニュシオス・アレオパギテス『神秘神学』 De mystica theologia
[底本] Corpus Dionysiacum II, Pseudo-Dionysius Areopagita, De Coelesti Hierarchia, De Ecclesiastica Hierarchia, De Mystica Theologia, Epistulae, herausgegeben von Günter Heil und Adolf Martin Ritter (Patristische Texte und Studien 36), Berlin/New York 1991, S. 139-150. なお各章の章題は後世の中世の写本において書き加えられたものであるが, 読者の便のために翻訳では訳出した.
[参照] PG, t. 3, Paris 1857, 997-1063; Pseudo-Denys, La Théologie mystique, Lettres, Présentation, notes, bibliographie par Dom André Gozier, Traduction de Madeleine Cassingena, Guide thématique de Marie-Hélène Congourdeau, Paris 1991, pp. 17-44; Ph. Chevallier (ed.), Dionysiaca. Recueil donnant l'ensemble des traductions latines des ouvrages attribués au Denys l'Aréopage et synopse, Paris 1937 t. I, pp. 563-602/Stuttgart-Bad Cannstatt 1989, Bd. 2, pp. 708-717; Saint Denys l'Aréopagite, Oeuvres, Traduites du Grec précédées d'une introduction où l'on discute l'authenticité de ces livres et où l'on expose la doctrine qu'ils renferment, et l'influence qu'ils ont exercée au moyen âge par G. Darboy, Paris 1845/1932, pp. 275-

アレイオス『書簡集』Epistulae
［底本］H. G. Opitz, Urkunden zur Geschichte des arianischen Streites, Berlin/Leipniz 1934, S. 1-3, 12-13, 64.
［参考］H. G. Opitz, "Die Zeitfolge des arianischen Streites von den Anfängen bis zum Jahr 328", Zeitschrift für die neutestamentliche Wissenschaft und die Kunde der älteren Kirche 33 [1934]; R. P. C. Hanson, The Search for the Christian Doctrine of God, Edinburgh 1988, pp. 134ff.; R. Lorenz, Arius Judaizans?, Göttingen 1979.

アレクサンドレイアのアレクサンドロス『すべての司教への手紙』Epistula encyclica
［底本］H. G. Opitz, Urkunden zur Geschichte des arianischen Streites, Berlin/Leipniz 1934, S. 6-10.

カイサレイアのエウセビオス『教区の信徒への手紙』Epistula ad ecclesiam Caesariensem
［底本］H. G. Opitz, Urkunden zur Geschichte des arianischen Streites, Berlin/Leipniz 1934, S. 42-47.

アタナシオス『言(ロゴス)の受肉』（1-32／55-57）De incarnatione Verbi
［底本］Athanase d'Alexandrie, Sur l'Incarnation du Verve, introduction, Texte critique, traduction, notes et index par Charles Kannengiesser (Sources Chrétiennes 199), Paris 1973, pp. 258-383, 460-469.
［参照］Athanasius, Contra Gentes and De Incarnatione, edited and translated by Robert W. Thomson, Oxford 1971, pp. 134-213, 272-277.『ヘルマスの牧者』荒井献訳,『聖書の世界　別巻4・新約II　使徒教父文書』講談社, 1974年所収.

バシレイオス『ヘクサエメロン（創造の六日間）』（第1講話）Homiliae in Hexaemeron
［底本］Basile de Césarée, Homélies sur l'Hexaéméron, Texte grec, introduction et traduction de Stanislas Giet (Sources Chrétiennes 26bis), 2e édition 1968, pp. 86-137.

ナジアンゾスのグレゴリオス『クレドニオスへの第一の手紙』Epistula ad Cledonium presbyterum contra Apollinarium I
［底本］Grégoire de Nazianze, Lettres théologiques, introduction, texte critique, traduction et notes par Paul Gallay (Sources Chrétiennes 208), Paris

(eds.), Ante-Nicene Fathers, Translations of The Writings of the Fathers down to A.D. 325, volume I, Grand Rapids 1885/reprint 1985, pp. 219-237. ユスティノスの生涯，著作，および『ユダヤ人トリュフォンとの対話』の構成については，ユスティノス『第一弁明，第二弁明／ユダヤ人トリュフォンとの対話（序論）』柴田有・三小田敏雄訳，『キリスト教教父著作集』1，教文館，1992年．エウセビオス『教会史』秦剛平訳，講談社，2010年．

アレクサンドレイアのクレメンス『救われる富者は誰か』 Quis dives salvetur
［底本］Die griechischen christlichen Schriftsteller der ersten Jahrhunderte 17. Clemens Alexandrinus, dritter Band, Stromata Buch VII und VIII - Excerpta ex Theodoto - Eclogae propheticae - Quis dives salvetur - Fragmente, herausgegeben von Otto Stälin, in zweiter Auflage neu herausgegeben von Ludwig Früchtel, Berlin 1909/1970, pp. 157-191.
［参照］Clement of Alexanadria, The Exhortation to the Greeks, The Rich Man's Salvation and the Fragment of an address entitled To the Newly Baptized, with an English Translation by G. W. Butterworth (The Loeb Classical Library 92), London/Cambridge 1919/1953, pp. 270-367; Clement of Alexandria, Quis Dives Salvetur, re-edited together with an Introduction on the Mss. of Clement's Works by Mordaunt Barnard (Text and Studies, edited by J. Armitage Robinson, vol. 5, No. 2), Cambridge 1897/reprint Nendeln/Liechtenstein 1967; J.-P. Migne (ed.), Patrologia Graeca (=PG), t. 9, Paris 1857, 603-652; Clemens von Alexandreia, Ausgewählte Schriften. Aus dem Griechischen übersetzt von Otto Stählin, I. Band (Bibliothek der Kirchenväter, 2. Reihe, Bd. 7), München 1934, S. 227-280; Klemens von Alexandrien, Welcher Reiche wird gerettet werden? Deutsche Übersetzung von Otto Stählin. Bearbeitet von Manfred Wacht (Schriften der Kirchenväter 1), München 1983.『バルナバの手紙』佐竹明訳，『聖書の世界　別巻4・新約II　使徒教父文書』講談社，1974年所収．エウセビオス『教会史』秦剛平訳，講談社，2010年．

オリゲネス『創世記講話』（第1講話） In Genesim homiliae I
［底本］Origène, Homélies sur la Genèse, Nouvelle édition. Introduction de Henri de Lubac et Louis Doutreleau. Text latin. Traduction et notes de Louis Doutreleau (Sources Chrétiennes 7bis), Paris 1976, pp. 27-74.
［参照］オリゲネス『諸原理について』小高毅訳，創文社，1978年．バシレイオス『ヘクサエメロン（創造の六日間）』（本巻収録）．

収録作品底本および参照文献

『十二使徒の教え（ディダケー）』 Doctrina duodecim apostolorum; Didache
［底本］Die Apostolischen Väter. Griechisch-deutsche Parallelausgabe auf der Grundlage der Ausgaben von Franz Xavier Funk/Karl Bihlmeyer und Molly Whittaker, mit Übersetzungen von M. Dibelius und D.-A. Koch [1924], neu übersetzt und herausgegeben von Andreas Lindemann und Henning Paulsen, Tübingen 1992, S. 4-21.
［参照］Didache (Apostellehre), Barnabasbrief, Zweiter Klemensbrief, Schrift an Diognet, eingeleitet, herausgegeben, übertragen und erläutert von Klaus Wengst, Darmstadt 1984, S. 66-100; Didache/Zwölf-Apostel-Lehre, übersetzt und eingeleitet von Georg Schöllgen. Traditio Apostolica/Apostlische Überlieferung, überzetzt und eingeleitet von Wilhelm Geerlings (Fontes Christiani 1), Freiburg im Breigau 1991, S. 98-139; The Apostolic Fathers with an English translation by Kirsopp Lake, 1 (The Loeb Classical Library), London/Cambridge 1912/1930; "The Didache or Teaching of the Twelve Apostles", translated by Francis X. Glimm, in: The Apostolic Fathers, translated by Francis X. Glimm/Joseph M.-F. Marique/Gerald G. Walsh (The Fathers of the Church, A New Translation 1), Washington, D. C. 1947;『十二使徒の教訓』佐竹明訳,『聖書の世界　別巻4・新約II　使徒教父文書』講談社, 1974年所収.『バルナバの手紙』佐竹明訳, 同前所収.

ユスティノス『ユダヤ人トリュフォンとの対話』（第48-76章） Dialogus cum Tryphone Judaeo
［底本］Die ältesten Apologeten. Texte mit kurzen Einleitungen, herausgegeben von Edger J. Goodspeed, Göttingen 1914/reprint 1984, S 146-190.
［参照］Des heiligen Philosophen und Martyrers Justinus Dialog mit dem Juden Trypon, aus dem Griechischen übersetzt und mit einer Einleitung versehen von Philipp Haeuser (Bibliothek der Kirchenväter 33), Kempten/München 1917, S. 72-125; Justin, Dialogue avec Tryphon. Texte grec, traduction française. Introduction, notes et index par Georges Archambault (Textes et documents pour l'étude historique du christianisme 8/11), Paris 1909, tome I, pp. 243-358; tome II, pp. 3-13; La Philosophie passe au Christ. L'œuvre de Justin: Apologies I et II/Dialoague avec Tryphon. Introduction et postface de A. G. Hamman, Traduction de L. Pautigny et G. Archambault, revue et mise à jour, Paris 1982, pp. 205-255; A. Roberts/J. Donaldson

新約聖書

マタ……マタイによる福音書
マコ……マルコによる福音書
ルカ……ルカによる福音書
ヨハ……ヨハネによる福音書
使……使徒言行録
ロマ……ローマの信徒への手紙
一コリ……コリントの信徒への手紙一
二コリ……コリントの信徒への手紙二
ガラ……ガラテヤの信徒への手紙
エフェ……エフェソの信徒への手紙
フィリ……フィリピの信徒への手紙
コロ……コロサイの信徒への手紙
一テサ……テサロニケの信徒への手紙一
二テサ……テサロニケの信徒への手紙二
一テモ……テモテへの手紙一
二テモ……テモテへの手紙二
テト……テトスへの手紙
フィレ……フィレモンへの手紙
ヘブ……ヘブライ人への手紙
ヤコ……ヤコブの手紙
一ペト……ペトロの手紙一
二ペト……ペトロの手紙二
一ヨハ……ヨハネの手紙一
二ヨハ……ヨハネの手紙二
三ヨハ……ヨハネの手紙三
ユダ……ユダの手紙
黙……ヨハネの黙示録

聖書書名略語一覧（新共同訳聖書による）

旧約聖書

創……創世記
出……出エジプト記
レビ……レビ記
民……民数記
申……申命記
ヨシュ……ヨシュア記
士……士師記
ルツ……ルツ記
サム上……サムエル記上
サム下……サムエル記下
王上……列王記上
王下……列王記下
代上……歴代誌上
代下……歴代誌下
エズ……エズラ記
ネヘ……ネヘミヤ記
エス……エステル記
ヨブ……ヨブ記
詩……詩編
箴……箴言
コヘ……コヘレトの言葉
雅……雅歌
イザ……イザヤ書
エレ……エレミヤ書
哀……哀歌
エゼ……エゼキエル書
ダニ……ダニエル書
ホセ……ホセア書
ヨエ……ヨエル書
アモ……アモス書
オバ……オバデヤ書
ヨナ……ヨナ書
ミカ……ミカ書
ナホ……ナホム書
ハバ……ハバクク書
ゼファ……ゼファニヤ書
ハガ……ハガイ書
ゼカ……ゼカリヤ書
マラ……マラキ書

旧約聖書続編

トビ……トビト記
ユディ……ユディト記
エス・ギ……エステル記（ギリシア語）
一マカ……マカバイ記一
二マカ……マカバイ記二
知………知恵の書
シラ……シラ書（集会の書）
バル……バルク書
エレ・手……エレミヤの手紙
ダニエル書補遺
　アザ……アザルヤの祈りと三人の若者の賛歌
　スザ……スザンナ
　ベル……ベルと竜
エズ・ギ……エズラ記（ギリシア語）
エズ・ラ……エズラ記（ラテン語）
マナ……マナセの祈り

[著訳者]

秋山 学（あきやま・まなぶ）
東京大学大学院総合文化研究科博士課程修了．博士（学術）．筑波大学人文社会系教授．著書『ハンガリーのギリシア・カトリック教会——伝承と展望』（創文社）ほか．

小高 毅（おだか・たけし）
上智大学大学院神学研究科博士課程修了．著書『古代キリスト教思想家の世界』（創文社），『オリゲネス』（同）ほか．

今 義博（こん・よしひろ）
京都大学大学院文学研究科博士課程修了．山梨大学名誉教授（教育人間科学部）．著書『中世の自然観』（創文社，共著）ほか．

佐藤直子（さとう・なおこ）
解説および各作品解題執筆．上智大学大学院哲学研究科博士後期課程単位取得満期退学．上智大学文学部哲学科教授．同中世思想研究所所長．著書『中世における信仰と知』（知泉書館，編著）ほか．

杉崎直子（すぎさき・なおこ）
中央大学大学院文学研究科博士課程後期哲学専攻単位取得退学．

谷 隆一郎（たに・りゅういちろう）
東京大学大学院人文科学研究科博士課程修了．九州大学名誉教授．著書『人間と宇宙的神化——証聖者マクシモスにおける自然・本性のダイナミズムをめぐって』（知泉書館）ほか．

出村和彦（でむら・かずひこ）
東京都立大学大学院人文科学研究科博士課程修了．岡山大学ヘルスシステム統合科学研究科教授．著書『アウグスティヌス——「心」の哲学者』（岩波書店）ほか．

鳥巣義文（とりす・よしふみ）
ウィーン大学（Dr. theol.）．南山大学人文学部キリスト教学科教授．著書『エイレナイオスの救済史神学』（新世社）ほか．

久松英二（ひさまつ・えいじ）
ウィーン大学（Dr. theol.）．龍谷大学国際学部教授．著書『祈りの心身技法——十四世紀ビザンツのアトス静寂主義』（京都大学学術出版会）ほか．

宮本久雄（みやもと・ひさお）
東京大学大学院人文科学研究科修士課程修了．東京純心大学看護学部看護学科教授．著書『出会いの他者性——プロメテウスの火（暴力）から愛智の炎へ』（知泉書館）ほか．

平凡社ライブラリー 874

中世思想原典集成 精選1
ギリシア教父・ビザンティン思想

発行日…………2018年11月9日 初版第1刷

編訳・監修……上智大学中世思想研究所
発行者…………下中美都
発行所…………株式会社平凡社
〒101-0051 東京都千代田区神田神保町3-29
電話 (03)3230-6579[編集]
(03)3230-6573[営業]
振替 00180-0-29639

印刷・製本……藤原印刷株式会社
DTP…………大連拓思科技有限公司+平凡社制作
装幀……………中垣信夫

©学校法人上智学院 2018 Printed in Japan
ISBN978-4-582-76874-9
NDC分類番号132 B6変型判(16.0cm) 総ページ664

平凡社ホームページ http://www.heibonsha.co.jp/

落丁・乱丁本のお取り替えは小社読者サービス係まで
直接お送りください(送料、小社負担)。

平凡社ライブラリー 既刊より

ニコラウス・クザーヌス……………学識ある無知について
R・A・ニコルソン……………イスラムの神秘主義——スーフィズム入門
上智大学中世思想研究所 監修……キリスト教史 全11巻
J・J・ヨルゲンセン……………アシジの聖フランシスコ
K・リーゼンフーバー……………西洋古代・中世哲学史
K・リーゼンフーバー……………中世思想史
J・G・フィヒテ……………浄福なる生への導き
K・バルト……………ローマ書講解 全2巻
ジョン・B・モラル……………中世の政治思想
ジル・ドゥルーズ……………スピノザ——実践の哲学
ヤコブス・デ・ウォラギネ……………黄金伝説 全4巻
岡田温司……………もうひとつのルネサンス
山内志朗……………普遍論争——近代の源流としての
E・ガレン……………ルネサンス文化史——ある史的肖像
ジャンバッティスタ・ヴィーコ……自伝
G・W・ライプニッツ……………形而上学叙説 ライプニッツ—アルノー往復書簡